21世纪普通高等教育规划教材

管理学

栾秀云　王　丹　主编

化学工业出版社

·北京·

根据管理理论体系，本书共五篇十五章：第一篇总论，包括组织与管理、管理理论的演进与发展、组织的道德与社会责任；第二篇计划，包括目标与计划、决策、战略计划；第三篇组织，包括组织结构设计、组织职权设置、人力资源管理、组织变革与组织文化；第四篇领导，包括领导概论、激励、沟通；第五篇控制，包括控制原理与过程、控制方法。每章均设有引导案例、阅读材料、案例思考，加强学生实践训练；每章小结帮助学生全面、系统掌握基本概念和主要理论；复习思考题便于学生巩固学习的知识，并测试对所学内容的掌握程度。

　　本书可作为普通高等院校经济管理类专业及其他相关专业的管理学课程教材，也可以作为相关领域人员学习的参考用书。

图书在版编目（CIP）数据

管理学/栾秀云，王丹主编 . —北京：化学工业出版社，2012.5
21 世纪普通高等教育规划教材
ISBN 978-7-122-14052-4

Ⅰ . 管… Ⅱ . ①栾…②王… Ⅲ . 管理学-高等学校-教材 Ⅳ . C93

中国版本图书馆 CIP 数据核字（2012）第 072642 号

责任编辑：袁俊红　唐旭华　　　　　　　装帧设计：张　辉
责任校对：宋　夏

出版发行：化学工业出版社（北京市东城区青年湖南街 13 号　邮政编码 100011）
印　　装：三河市延风印装厂
787mm×1092mm　1/16　印张 20¾　字数 544 千字　　2012 年 8 月北京第 1 版第 1 次印刷

购书咨询：010-64518888（传真：010-64519686）　　售后服务：010-64518899
网　　址：http://www.cip.com.cn
凡购买本书，如有缺损质量问题，本社销售中心负责调换。

定　　价：39.80 元

前　言

  管理学是经济管理类专业的一门基础课程，通常被安排在一年级的上学期或下学期开设。对于刚刚从中学进入大学的一年级学生来说，因为没有任何企业管理的实践，要完全弄懂应用性很强的管理学基本概念与理论是十分困难的。尽管管理学的相关教材已经琳琅满目，但是我们仍然希望推出一本理论性与应用性相结合的教材，以帮助学生掌握管理学的基本概念和主要理论。

  一般的管理学教材，都是以管理的四大职能，即计划、组织、领导和控制构建全书的框架。本书也不例外，紧紧围绕管理的四大职能展开阐述，但是为了使学生能够全面系统地理解和掌握管理学的基本概念和主要理论，在每章的开始设计了学习目的与要求，有助于学生简明扼要地把握本章的重点知识；在每章的结尾设计了本章小结，有助于学生回顾和总结本章所学的重点内容；在每章的最后设计了复习思考题，便于学生巩固所学的知识，并测试对所学内容的掌握程度。学习目的与要求、本章小结和复习思考题，都紧紧围绕着管理学的基本概念和主要理论，是对管理学的基本概念和主要理论的概括和总结，从而使本书的知识点更加系统、重点更加突出，有利于学生全面系统地掌握管理学的基本概念和主要理论。

  此外，为了强化管理学的应用性，本书在每章前安排了引导案例，通过引导案例将学生引入到现实的管理实践中，并让学生能够带着问题进行学习；在每章中间都穿插了阅读材料，通过阅读材料拓展学生的管理视野；在每章结束安排了案例思考，通过案例思考使学生能够更好地理解本章的管理概念和管理理论。引导案例、阅读资料和案例思考都是对管理实践的提炼和反映，从而使教材更贴近管理实践，有利于强化对学生的实践能力训练。

  根据管理理论体系，本书共五篇十五章。第一篇总论，包括组织与管理、管理理论的演进与发展、组织的道德与社会责任；第二篇计划，包括目标与计划、决策、战略计划；第三篇组织，包括组织结构设计、组织职权设置、人力资源管理、组织变革与组织文化；第四篇领导，包括领导概论、激励、沟通；第五篇控制，包括控制原理与过程、控制方法。这五篇十五章的内容基本涵盖了管理学的主要理论体系，使学生能够对管理学有一个全面、系统的认识。

  本书可作为普通高等院校经济管理类专业及其他相关专业的管理学课程教材，也可以作为相关领域人员学习的参考用书。

  本书由辽宁石油化工大学经济管理学院具有丰富教学与科研经验的老师编写，其中栾秀云、王丹任主编，贾蔚、赵丽洲任副主编，此外参加编写的还有朱岩、韩城、张冬梅、吴美丽、于丹、陈宇。

  本书相关电子教案可免费提供给采用本书作为教材的院校使用，如有需要，请发邮件至junhongyuan@163.com 索取。

  由于编写水平有限，书中不妥之处在所难免，恳请广大专家和读者批评指正。

编　者

2012 年 5 月

目　录

第四篇 领　导

第五篇 控　制

参考文献

第一篇　总　论

第一章　组织与管理

　引导案例：

张经理的管理难题

松达公司第三分公司的领导班子刚刚作了调整，公司设备处张处长调任分公司经理。他刚一上任，一些急迫的问题和难题就一股脑儿地压向他。

时间已进入一月中旬，新一年的工作计划还没谱儿；上年的工作总结至今未做，且员工们对考核结果意见纷纷；分公司机构设置与人员思想僵化，群众意见很大；由于通勤车年久失修，接通勤的路上"趴了窝"，许多员工上班晚了近一个小时；供气车间的锅炉出了故障，导致几个车间停产；销售部经理赶来汇报，一批刚刚发出的产品由于质量问题已被退货，请示经理如何处置；总公司召集一个紧急会议，要求分公司经理必须参加……

此前，张经理曾在前任经理的陪同下，用一周时间了解了该分公司的情况，发现了大量问题，这令他十分头疼。

生产效率低下，有的订货合同不能按时交货，不但造成经济损失，而且也影响了企业信誉；产品质量不好，被用户退货的现象时有发生；与此相关的是，生产设备陈旧、老化、故障频发；工人们怨声载道，甚至扬言，"企业黄了才好，免得在这挨累，让当官儿的享清福"；管理干部也抱怨工人没积极性，不好好干活儿；一些工人严重违反操作规程而导致生产事故的事件正在等着处理……

公司的管理仍是老一套，各种制度都不健全；员工们对奖酬制度很有意见，认为分配不公。

资料来源：单凤儒，金彦龙，管理学，科学出版社，2009. 略有删改.

管理是人们在一定组织环境下所从事的一种智力活动。它随着人们共同劳动的出现而出现。由于共同劳动之无所不在，种种社会组织的普遍存在，管理也就成为人类社会中最普遍的行为之一。大到一个国家、一个大的跨国企业（集团），小到一个班组、一个小商店，无一不需要进行有效的管理。这种管理的普遍性正是推动管理成为一门科学的动力之源。

第一节　组织要素及其整合

一、组织及其要素

所谓组织，是指一群人为了某个共同目标而结合起来协同行动的集体。根据目标的不同，可以将组织划分为不同的类型，如政治组织、经济组织、教育组织、宗教组织等。

组织一般包括下列构成要素。

（1）组织成员。任何组织都是一定数量的个人的集合体。任何个人只要符合组织所需要的素质，并愿意接受组织的约束，遵守组织的规章制度，提供组织所需要的贡献，参加组织的集体活动，都有可能成为组织的一员。

（2）组织目标。组织目标是不同组织成员的黏合剂。作为组织成员的个人，之所以愿意加入组织，并与其他人协同行动，是因为他们需要实现某个依靠自身的力量而无法实现的目标。每个组织都有自己特定的终极目标。实现这个终极目标，是组织社会存在的理由。一般来说，每个组织的终极目标都不会轻易地改变，因为这种改变会导致组织性质的变更，而为实现终极目标而在不同时期从事活动的具体要求，即组织在各个时期的具体目标则会更新。组织目标，包括终极目标和阶段目标，虽然要求被全体成员共同接受，但这并不意味着不允许加入组织的每个成员存在自己的个人目标，更不意味着组织成员的个人目标与整个组织的共同目标必然是完全吻合的。事实上，在很多情况下，成员的个人目标与组织的共同目标是不一致的，有时甚至是相互矛盾的。但是，组织成员仍然愿意承认和接受这种共同目标，因为他们知道：自己个人目标的实现往往是以集体共同目标的实现为前提的，管理者的一项非常重要的任务就是为组织选择一个能被其成员广泛接受的目标。

（3）组织活动。为了实现共同目标，组织必须从事某种活动，组织活动的内容是由组织目标的性质所决定的。由于能够实现同一目标的活动形式和内容是多种多样的，因此组织必须对不同的目标活动进行权衡、比较和选择。

（4）组织资源。任何活动的进行都需要利用一定种类和数量的资源。组织不仅是人的集合，而且还是不同资源的集合。除了人以外，组织在目标活动中需要利用的资源还包括信息、物质条件以及获取信息和物质条件的资金等。

（5）组织环境。作为人的集合体，组织总是存在于一定的社会中的。组织是社会的一个基本单位，它在目标活动中必然会与外部存在的其他单位发生各种经济或非经济的联系。外部社会环境就是通过这种联系来影响组织的目标和活动。同时，组织自己也会通过这种联系，利用自己的活动去影响和改造外部环境。由于构成外部环境的众多因素是在不断变化的，因此组织与环境的交互作用也是一个不断变化的过程。

二、组织要素的整合

上述要素不是孤立地存在的。只有使这些要素相互协调，组织的社会存在才能够得以持续。为了使组织的各种要素相互协调，必须对它们加以整合。

组织要素的整合包括两个方面：各类要素内部不同个体之间的整合以及不同要素类型之间的整合。

1. 要素内部的整合

（1）组织成员的整合。组织是由两个以上，通常是更多成员构成的。不同的成员具有不同的素质和能力，可以为组织提供不同的服务。只有将不同成员的努力加以有机地协调或整合，才可能形成某种合力，并获得组织所需的贡献。

（2）组织目标的整合。组织目标是多元的。多元的组织目标既可在时间上分解为长期目标和各个时期的阶段目标，也可在空间上分解为组织的整体目标和各个部门的局部目标。阶段目标的达成是长期目标实现的前提，整体目标的实现则有赖于各部门的局部目标的达成。只有使组织在各个时期的阶段目标相互衔接、各部门的目标相互均衡，组织整体的长期目标才可能充分实现。

（3）组织活动的整合。有众多成员参加的组织活动是一个复杂，甚至是繁杂的过程。为了能使不同组织成员在相同的时间上为组织提供不同的贡献，必须将这个过程在空间上分解成许多阶段和环节。各阶段和环节的工作只有相互协调，组织活动才能有机地顺利进行。

（4）组织资源的整合。组织活动中需要利用多种不同类型的资源。这些资源具有不同的性能和质量。只有根据组织活动目标的要求，利用一定的手段和方法对这些资源进行加工转换或整合，才有可能得到组织所需要的某种"产品"（这种产品既可以是有形的物质消费品，也可以是无形的服务）。

2. 要素之间的整合

（1）活动与环境的整合。组织是在一定的环境中从事活动的，而环境又总是在不断变化的，这种变化既可能为组织发展提供机遇，也有可能对组织的继续生存造成威胁。为了有效地利用机遇、及时避开威胁，组织必须适时地根据环境变化来调整自己的活动。

（2）目标与活动的整合。目标是组织在未来从事某种活动需要达到的状况和水平的预先描述，目标在时空上的分解为组织成员在参与组织活动中应表现出何种行为提供了指南。因环境变化而导致的活动调整必然要求组织目标的描述及其分解必须随之而改变。

（3）活动与人的整合。组织的活动过程可以分解成许多阶段和环节，这些阶段和环节的不同工作具有不同的性质，对其从事者有着不同的素质和能力要求。与此同时，作为组织成员的个人也有着不同的知识结构、受教育程度以及能力素养。只有将具有不同要求的工作与表现出不同能力和素质的组织成员很好地加以整合，才能充分地利用每一个组织成员的贡献，并圆满地完成组织中的每一项工作。

上述的组织要素的整合过程，就是对组织活动的管理过程。至此，我们可以给出管理的初步定义：管理就是整合组织的各种要素。

【阅读材料1-1】

柳传志的盖房论

我对管理的理解就像一个房屋里的结构一样，房子的屋顶部分是价值链的直接相关部分——怎么去生产、怎么去销售、怎么去研发等。这一部分实际上就是运行层面，包括研发策略、销售策略、降低成本策略等诸多方面。这个层面在不同行业是完全不同的，如麦当劳与PC在相关方面肯定不一样。第二部分是围墙，这主要是管理的流程部分，如信息流、资金流、物流等，这一部分由于有科学规律可循，好的企业之间虽略有差距却大致相同。第三部分是地基，也就是企业机制和企业文化层面，包括现代法人治理结构、企业诚信形象的建立、内部激励机制等。在一部分好的企业体现的方式不同，但是本质也是一样的。对美国企业来讲，由于成熟的市场机制和企业机制已经形成，就没有必要更多地讨论地基这部分的问题，像法人治理结构、董事会与股东、管理层的关系、商誉诚信等这些都没有必要去讨论。因此，美国企业更关注于运行层面的策略和技巧。但中国市场正处于转型期，缺乏成熟和完善的机制来支撑企业发展，因此中国的企业要做大，就必须越过运行层面去关注更深层次的管理问题。所以我们十几年来的主要工作，除了研究屋顶和围墙部分以及怎样赚取利润等，另外一个主要的工作就是研究怎样把地基打好，使我们可以长期地发展下去。

资料来源：陈春花，杨忠，曹洲涛，组织行为学，机械工业出版社，2009.

第二节 企业与企业管理

组织的类型多种多样。就研究和学习管理而言，企业或许是我们最值得关注的一类组织。在管理学的理论宝库中，绝大多数内容来自企业管理领域。因而，了解与企业及企业管理相关的一些知识和概念，对于我们学好管理具有非常重要的意义。

一、企业的含义

在现代社会中，经济活动主要是以企业为单位进行的。企业是一个历史的概念，是商品经济发展的产物。人类为了生存，必须消费一定的物品。在商品经济条件下，人们为满足生存需要而必须消耗的物品或与之有关的服务主要是在市场上通过商品交换的形式获得的。专门为市场提供这种产品或服务的社会经济组织被称为企业。

因此，所谓企业，是指那些根据市场反映的社会需要来组织与安排某种商品（包括物质产品或非物质的服务）的生产和交换的社会经济单位。企业具有如下的一些特征。

（1）企业是依法设立的经济组织。企业必须按照法律规定的原则和程序设立，才能取得进行生产经营活动的合法资格，得到国家法律的保护。

（2）企业是社会基本经济组织。企业是由多个人组成的群体，拥有特定的组织结构和活动规则。企业必须有比较稳定的人员、经营场所和财产，才能够长期、连续地进行经营性活动。只是偶然或短期地从事经营性活动的组织不能看成是企业。

（3）企业是从事营利性经济活动的组织。企业作为社会经济组织的功能就是从事生产经营活动，创造社会财富。这种活动是营利性的，而非无偿的公益性活动。只是为了满足消费需要或者公益需要而进行非营利性经济活动的组织不能视为企业。

（4）企业是实行独立核算的经济组织。作为营利性的经济活动，企业必须独立核算，不实行独立经济核算的经济组织不是企业。

二、企业的任务

企业的任务可以从外部要求和内部需要这两个不同角度来考察。

1. 满足社会需要

从外部要求的角度来考察，企业的任务与企业存在的社会理由有关，即与社会为什么允许企业存在有关。从前面关于企业的定义中我们已经知道，企业是为生产和提供人们所需的某种物品而存在的，换句话说，社会之所以允许某个企业存在，是因为该企业提供了能够满足人们某种需要的物品。因此，从外部来看，企业的任务首先是要满足社会需要。

生产并提供商品性的产品或服务，只是满足社会需要的一个方面，且以这种方式满足的往往主要是消费者个人直接表现出的物质或精神生活的需要。但是，并非消费者的所有需要均通过个人的消费来得到满足，如社会安全的需要。这种需要不可能通过每个人都拥有一位保安人员来得以满足，而必须由社会来统一提供服务。我们把类似于这样的需要称为消费者的共同需要。社会设立的许多公益设施便是为了满足这类需要。政府在提供这类服务时，当然需要资金，这些资金则需要通过企业纳税或上缴利润的形式来聚集。因此，企业向国家上缴利税，在一定意义上可以认为是为了满足社会成员的共同需要。

满足社会需要还表现在企业必须通过自身规模的维持和不断扩大，保证并不断增加能够提供的工作机会，以满足社会成员的就业需要。就业是人们的一项非常主要的需要，它不仅为社会成员提供了谋生的手段，也为他们提供了释放体内必需释放的能量的机会。一个社会，如果许多成员无所事事，精力和体力不能够在劳动场所充分发挥，那么就有可能在不适当的场合释放，还有可能因此而引起某种社会动荡。所以，任何社会都把充分就业当作一项重要的目标来追求，作为微观经济组织的企业，其重要的任务之一就是要不断地创造和提供这种就业机会。

2. 获取利润

企业不仅是一个经济单位，而且是，甚至首先是一群人的集合体。这个集合体的存在是以持续进行某种活动、集合体的成员在这种活动中持续提供符合要求的贡献为前提的。从集合体的角度来看，不论是谁创办了企业，也不论是谁提供了启动企业运营所需的资金，企业一旦问世，其最重要、最迫切的目标可能就是继续生存，并力求生存得更好，使企业规模不断地扩大。从集体成员的角度来看，他们参加企业活动的目的是换取能够保证他们生活下去并生活得更好的经济收入。

为了实现企业存续和发展的目标，并使企业职工实现更多的经济利益，企业必须在生产经营活动中实现一定的利润。

所谓利润，是指企业通过销售产品得到的收入在扣除了生产经营过程中的各种消耗以后的剩余。没有利润，企业就无法追加投资去扩大生产规模；同样，没有利润，企业职工的收入就不能增加，工作和生活条件就难以改善，经济利益便难以得到保证。因此，从自身的角度来分析，企业的一项重要任务就是要实现利润。

3. 满足社会需要与获取利润的关系

满足社会需要是由企业的社会组织属性所决定的，实现利润是由企业的商品生产者性质所决定的。这两者是互为条件、互相补充的。

首先，利润是企业满足社会需要程度的标志。根据利润的定义，我们知道利润与销售收入和成本之间存在下述关系：

利润＝销售收入－销售成本＝销售量×单价－销售量×单位成本

由于在竞争市场上企业操纵价格的能力是有限的，企业难以通过任意提价的方式来增加利润，因此利润主要是销售量和销售量成本的函数。企业利润，无非是因为销售数量多和（或）单位成本低。而销售数量多则意味着企业产品在市场上深受欢迎，说明通过企业产品的使用能够满足购买者的某种需要；单位成本低，则说明企业生产单位产品消耗的资源少，说明企业能够用同样多的资源生产出更多的符合社会需要的产品。

其次，利润也是企业满足或继续满足、更好地满足社会需要的一个前提。前面已分析，没有利润，企业就难以追加投资，难以扩大经营规模。不能扩大再生产的规模，企业就无法用更多的产品来更好地满足社会需要。

因此，利润与满足社会需要是相辅相成的，只有满足社会需要，企业才能取得利润；同时，只有取得利润，企业才能更好地满足社会需要。

三、企业的活动

企业是通过提供某种产品（或服务）来完成上述任务的。为了能够提供某种产品，企业必须首先筹集生产这种产品所需要的各种资源。因此，企业为了完成基本任务而必须进行的活动主要包括以下三个环节：资源筹措、资源转换和产品销售。其中，第一、第三两个环节的工作与外界有着广泛的联系，而第二个环节的工作主要是在企业内部进行的。人们通常将第一、第三环节称为经营活动，将第二环节称为生产活动，将企业活动的整体称为生产经营活动。

1. 资源筹措

这是企业生产经营的基本工作，任何产品都是在对一定资源进行加工的基础上形成的。企业需要投入的基本资源主要有以下几类。

（1）人力资源。表现为一定数量的具有一定科学文化知识和活动技能的劳动者。这是企业生产经营过程中最活跃的要素。

（2）物力资源。表现为一定数量与质量的原材料和能源以及反映了一定技术水平的劳动工具和生产设施。其中，材料是构成产品的物质基础，劳动资料是对劳动对象进行加工的必要手段。

（3）财力资源。这是一种能够取得其他资源的资源，是推动企业生产经营周而复始不断循环的润滑剂，是用货币表现的企业长期或短期的资金。

2. 资源转换

筹措到一定数量的物质或非物质形态的资源后，企业就要组织对其转换，即组织劳动者借助劳动资料，利用一定的生产技术作用于劳动对象，使原材料改变其化学成分或物理形态，以得到符合要求的产品。资源的转换过程，就是产品的生产制造过程。这一阶段的工作是企业经营的主要内容，也是企业，特别是工业企业区别于其他社会经济组织，或这些企业之间相互区划的一个主要标志。

3. 产品销售

企业生产某种产品不是为了取得该产品的使用价值，而是为了得到该产品的价值。产品价值的实现是以使用价值的实现为条件的，而使用价值又是在消费者或用户对产品的具体使用过程中体现的。消费者要使用产品，首先必须在物质形态上占有该种产品，必须以一定的价格为代价来取得该种产品。因此，企业要实现产品的价值，就必须使产品经过惊险的市场跳跃，成功地将产品转移到消费者手中。这是企业销售工作的任务。销售活动通过确定合理的产品价格，开展充分的广告宣传，选择恰当的销售渠道，提供优良的售后服务，使企业在适当的时间和地点成功地将产品销售给适当的用户，并获得相应的销售收入，以补偿生产过程中的各种消耗，继续企业的生产经营过程。

企业生产经营活动的这三个环节既有区别，又相互依存。资源筹措为加工制造提供了物质前提；资源转换形成了可供销售的产品；产品销售实现的销售收入则使企业能够继续从外部换取内部活动所需的各种资源。

第三节　管理及管理的职能

一、管理的含义

管理是指一定组织中的管理者，通过实施管理的各项职能，合理分配、协调组织的相关资源与职能活动，带领人们既有效果又有效率地实现组织目标的过程。这一定义包含着以下几个方面的含义。

（1）管理的载体是组织。管理产生于组织之中，离开了组织的集体活动讨论管理是没有意义的。

（2）管理的本质是合理分配和协调各种资源的过程。所谓"合理"，是从管理者的角度来看的，因而有局限性和相对的合理性。

（3）管理的对象是相关资源。即包括人力资源在内的一切可以调用的资源。可以调用的资源通常包括人力、物力、财力、时间和信息等。在这些资源中，人力资源是最重要的，所以管理要以人为中心。

（4）管理是由计划、组织、领导和控制这样一系列相互联系、连续进行的活动构成的，这些活动称为管理的职能。

（5）管理的目的是为了有效地实现组织的目标。管理存在于组织之中，是为实现组织目标而服务的。

管理活动既追求效率，又追求效果。效率是指输入与输出的关系。对于给定的输入（人力、财力、物力、信息等各种资源），如果能获得更多的输出（目标），你就提高了效率；类似地，对于较少的输入，如果能够获得同样的输出，你同样也提高了效率。因为管理者经营的输入资源（人力、财力、物力、信息等）是稀缺的，所以他们必须关心这些资源的有效利用。因此，效率就是要使资源成本最小化，即"正确地做事"。效果，直白地说，就是"做正确的事"，是以结果、目标为导向的。仅仅有效率是不够的，管理还必须使活动实现预定的目标。当管理者实现了组织的目标，我们就说他们是有效果的。因此，效率涉及的是活动的方式，而效果涉及的是活动的结果。

【阅读材料1-2】

　　管理是设计并保持一种良好环境，使人们在群体状态下高效率地完成既定目标的过程。这一基本定义需要扩展为：

- 管理者要完成计划、组织、人员、领导、控制五个管理职能；
- 管理适用于任何一种组织；
- 管理适用于组织各级层的管理人员；
- 所有管理人员都有一个共同的目标——创造盈余；
- 管理关系到生产率，意指效益和效率。

　　资料来源：海因茨·韦里克，哈罗德·孔茨，管理学——全球化视角，第 11 版，马春光译，经济科学出版社，2004.

二、管理的职能

　　管理的职能就是管理者在管理过程中所从事的活动或发挥的作用。从职能的角度出发，可以将管理活动视为由计划、组织、领导和控制这四大职能所构成的一个过程。

　　1. 计划

　　计划活动就是要明确组织的目标，制定实现目标的途径或方案。计划活动是管理的起点，确定目标和途径是计划职能所要完成的两大任务。目标反映了组织活动的未来终点，指出了我们将要到哪里去。而途径则是连接当前与未来的桥梁，告诉我们如何才能到达目的地。计划职能是管理的首位职能。

　　2. 组织

　　组织职能是管理者为实现组织目标而建立组织结构并推进组织协调运行的工作过程。为了实现计划活动所确定的目标，实施计划活动所制定的行动方案，管理者必须分析需要进行哪些必要的活动，对这些活动如何分类组合，谁向谁汇报工作，各种决策权限如何在组织的不同层次上分配，如何为各种不同的职位配备适当的人员等。合理、高效的组织结构是实施管理、实现目标的组织保证。因此，不同层次、不同类型的管理者总是或多或少地履行不同性质的组织职能。

　　3. 领导

　　领导职能是指管理者指挥、激励下级，以有效实现组织目标的行为。仅仅有了目标和方案，规定了任务和分工，尚不足以使目标有效地实现。每个组织都是由人和其他各种资源有机结合而成的，人是组织活动中唯一具有能动性的因素。为了最大限度地发挥这种能动性的作用，管理者必须运用各种适当的方法，对组织的成员施加影响，努力营造出一种使组织中的成员能够全心全意、士气高昂地为实现组织目标而努力奋斗的气氛或氛围。这便是管理的领导职能所要完成的任务。凡是有下级的管理者都要履行领导职能，不同层次、类型的管理者领导职能的内容及侧重点各不相同。领导职能是管理过程中最经常、最关键的职能。

　　4. 控制

　　控制职能是指管理者为保证实际工作与目标一致而进行的活动。控制职能一般包括制定标准、衡量工作、纠正出现的偏差等一系列工作过程。工作失去控制就要偏离目标，没有控制便很难保证目标的实现，控制是管理者必不可少的职能。但是，不同层次、不同类型的管理者控制的重点内容和控制方式有很大差别。

　　这四大职能构成了本书的基本框架。

　　应当指出，尽管在理论上各项管理职能之间存在着逻辑上的先后关系，但现实中的管理活动并不是严格地按照计划、组织、领导和控制这样的顺序来进行的。组织中的各项管理活动在时间上彼此重叠，在空间上相互交融在一起。很少有管理者在一个给定的时间段内只从事某一特定的管理职能，他们往往同时进行着若干种不同的活动。

要正确处理管理职能的普遍性与差异性。一切管理者，即不论何种组织，所处何种层次，属于何种管理类型的管理者，都要履行这四大职能。但同时也必须认识到，不同组织、不同管理层次、不同管理类型的管理者，在具体履行管理职能时，又存在着很大的差异性。例如，高层次管理者更关注计划和组织职能，而基层管理者则更重视领导和控制职能，如图1-1所示。即使对同一管理职能，不同层次的管理者关注的重点也不同。例如，对计划职能，高层管理者更重视长远、战略性计划，而基层管理者则只安排短期作业计划。

图 1-1　不同层次管理者的管理职能差异

三、管理的性质

管理活动具有以下三方面的特征，即管理的二重性、管理的普遍性、管理的科学性和艺术性。

1. 管理的二重性

管理的二重性是指管理所具有的自然属性和社会属性。管理的自然属性，是指管理是由于许多人进行协作劳动而产生的具有处理人与自然的关系、合理组织生产力的属性。也可以把它称为管理的生产力属性，是有效组织共同劳动所必需的。管理的自然属性又称为组织技术性，其表现为合理组织生产力的一般职能。管理的社会属性，是指管理具有处理人与人之间的关系，并受一定的生产关系、政治制度、意识形态影响与制约的属性，因此也可以把它称为管理的生产关系属性。这两方面的属性就是管理的二重性。

掌握管理的二重性，对于我们探索管理活动的规律，学习和理解管理学，运用管理原理来指导实践，以及建立具有中国特色的管理理论体系具有十分重大的意义。

2. 管理的普遍性

管理具有普遍性。这意味着在不同的层次、不同的机构，甚至不同的国家中，管理者所从事的活动存在着高度的一致性。

组织中不同层次上的管理活动在本质上是相同或类似的。无论是基层管理者还是高层管理者，他们同样都在履行着计划、组织、领导和控制的职能，只不过从事各项职能的程度和重点有所区别而已。

不同类型的组织中的管理活动也基本上是一样的。不管是营利性组织还是非营利性组织，是大型组织还是小型组织，尽管差异确实存在，但两者之间的共性远远超过差异。

管理在不同国家和不同地区之间也是可以相互学习、相互参照的。改革开放以来，我国不仅从国外引进和吸收了大量的科学技术方面的先进成果，同时学到了大量的管理方面的好经验、好办法。

正是由于这种普遍性，我们才有可能把握管理活动的普遍规律，才有必要学习管理，从事管理活动才越来越成为一种专门的职业，不同组织间成功的经验和失败的教训才有可能进行交流。

3. 管理的科学性和艺术性

管理的科学性是管理作为一种活动过程，其间存在着一系列基本规律。管理科学发展到今天，已经形成了一套系统完整的理论体系，总结出了许多管理原理、原则与方法。人们利用这些理论和方法来指导管理实践，又以管理活动的结果来衡量管理过程所使用的理论和方法是否正确，是否行之有效，从而使管理的科学理论与方法在实践中得到不断的验证和丰富。因此，管理是一门科学，它以反映管理客观规律的管理理论和方法为指导，有一套分析问题、解决问题的方法论。

管理的艺术性就是强调其实践性，强调管理活动除了要掌握一定的管理理论和方法外，还要有灵活运用这些知识和技能的技巧和诀窍。管理者在管理工作中仅凭书本上的管理理论和方法是不能保证成功的，必须在管理实践中发挥积极性、主动性和创造性。因地制宜地将管理知识与具体管理活动相结合，才能进行有效的管理。管理的艺术性强调管理活动的灵活性与创造性，要求管理者在管理工作中，不循规蹈矩、生搬硬套，而是随着环境的变化，采用灵活应变的措施。

第四节 组织中的管理者

一、管理者

管理工作是由管理者来承担的。我们可以把组织中的成员分成两类：操作者和管理者。操作者直接从事某项工作或任务，他们只对自己的工作负责。例如，汽车装配线的装配工、学校里的教师、医院里的医生、政府部门的办事员等。这些人处于组织的最底层，不具有监督他人工作的职责。相反，管理者是组织中指挥别人活动的人，他们处于操作者之上的组织层次中。换句话说，管理者是组织中有下级的那些人。例如，组织中的总经理、处长、科长、主任等，他们通过协调他人的努力来使组织活动更加有效并实现组织的目标。管理者要为他人的工作成果负责。管理工作成绩的好坏直接决定着组织的兴衰成败。

二、管理者的层次类型

从管理组织层次、上下组织关系来分类，管理者一般分为三个基本层次，即高层管理者、中层管理者和基层管理者。根据所处的层次不同，他们将各有侧重地执行其职能。研究表明：随着管理者在组织中的晋升，他们从事更多的计划工作和更少的直接监督工作。

1. 高层管理者

高层管理者是指负责制定组织的发展战略和行动计划，有权分配组织中拥有的一切资源的管理人员。高层管理者是一个组织的高级执行者并负责全面的管理。如公司中的董事会主席、首席执行官、总裁或总经理、副总经理，学校的校长、副校长，医院的院长、副院长等。组织的兴衰成败取决于他们对环境的分析判断以及目标的选择和资源运用的决策。因此，高层管理者具备的知识要广、能力要强、素质要高。

2. 中层管理者

中层管理者位于组织层级中高层管理者和基层管理者之间，负责将战略管理者制定的总目标和计划转化为更具体的目标和活动。中层管理者负责制定具体的计划及有关细节和程序，以贯彻执行高层管理者做出的决策和计划。如公司中的地区经理、项目主管、生产主管、车间主任等都属于中层管理人员。中层管理人员不仅直接指挥、协调基层管理人员的活动，同时还要将基层的意见和要求反映到高层管理部门，他们是连接高层管理者与基层管理者的桥梁和纽带。这些人在组织中主要负责日常管理工作，在组织中起承上启下的作用。

3. 基层管理者

基层管理者也称运作管理者，是监督组织运作的低层管理者。基层管理者也称一线管理人员，他们处于作业人员之上的组织层次中，负责管理作业人员及其工作，具体指工厂里的工段长、班组长、小组长，学校里的系主任、教研室主任等。他们的主要职责是传达上级计划、指标，直接分配每一个成员的生产任务或工作任务，随时协调下属的活动，控制工作进度；解答下属提出的问题，反映下属的要求。他们工作的好坏，直接关系到组织计划能否落实，目标能否实现。所以，基层管理者在组织中有着十分重要的作用。

为了保证组织的管理工作正常运行，三个层次的管理者必须构成一个有机的整体，是不能分割的。从不同管理层次对组织的贡献来说，高层管理人员主要负责组织的战略规划、开拓发展，因而强调他们计划和组织的职能；中层管理者在组织中主要起到承上启下的作用，同时负担大量的日常管理工作，因而比较强调他们的组织职能；基层管理者往往进行体力性劳动或从事技术性工作，负责现场管理，保证执行上级命令，因而比较强调他们的领导职能。

一般来说，随着管理者在组织中层次的提升，他们要从事更多的计划工作和更少的直接监督工作。每一个管理者，无论在哪个层次上，都要行使管理的四种职能，即计划、组织、控制、领导，只是花在每项职能上的时间因管理层次的变化而变化。

另外，即便是就统一管理职能来说，不同层次管理者所从事的具体管理工作的内涵也不完全相同。例如，就计划工作而言，高层管理人员关心的是组织整体的长期战略规划，中层管理人员偏重的是中期、内部的管理性计划，基层管理人员则更侧重于短期的业务和作业计划。

三、管理者的角色

管理者究竟是做什么的？亨利·明茨伯格认为，可以通过考察管理者在工作中所扮演的角色来恰当地描述管理者究竟是做什么的。亨利·明茨伯格研究发现，管理者扮演着 10 种不同的但却高度相关的角色，这 10 种角色又可以进一步归纳为三大类：即人际角色、信息角色和决策角色，具体见表 1-1。

表 1-1　明茨伯格的管理者角色划分

角色类型	描　述	特　征　活　动
人际关系		
1. 挂名首脑	象征性的首脑，必须履行许多法律性或社会性的例行义务	接待来访者，签署法律文件
2. 领导者	负责激励和动员下属，负责人员配备、培训和交往的职责	实际上从事所有的有下属参与的活动
3. 联络者	维护自行发展起来的外部接触和联系网，向人们提供帮助和信息	发感谢信，从事外部委员会工作，从事其他由外部人员参加的活动
信息传递		
1. 监听者	寻求和获取各种特定的信息，以便透彻地理解组织环境	阅读期刊和报告，与有关人员保持私人接触
2. 传播者	将从外部人员和下级那里获取的信息传递给组织的其他成员	举行信息交流会，用电话形式传递信息
3. 发言人	向外界发布有关组织的计划、政策、行动、结果等	举行董事会议，向媒体发布信息
决策制定		
1. 企业家	寻求组织和环境中的机会制定"改革方案"以发起变革	组织战略制定和检查会议决议执行情况，以开发新项目
2. 混乱驾驭者	组织面临重大的、意外的动乱时，负责采取纠正行动	组织应对混乱和危机的战略制定
3. 资源分配者	负责分配组织中的各种资源，制定和批准所有有关的组织决策	调度、询问、授权、从事涉及预算的活动和安排下级的工作
4. 谈判者	在主要的谈判中作为组织的代表	参与工作，进行合同谈判

研究表明，明茨伯格的管理角色分类在不同的组织中和不同的管理层次上都具有一定的有效性，但管理者角色的重点随组织的层次不同而变化。特别是像挂名首脑、传播者、谈判

者、联络者和发言人的角色更多地表现在组织的高层，而领导者的角色在低层管理者身上表现得更为明显。

明茨伯格的管理角色分类与前述的管理职能并非毫无关联。例如，资源分配角色可以看成是计划职能的一部分，而企业家角色和人际关系方面的角色都可以看成是领导职能的一部分。当然，并非所有的角色都能够归入到某一个管理职能中，这部分是由于现实中的管理者还必须从事某些非管理性的工作。明茨伯格的管理角色分类有助于我们从另一个视角来加深对于管理者所从事工作的理解。

四、管理者的技能

管理者能发挥作用的大小以及能否开展行之有效的管理工作，在很大程度上取决于他们是否真正具备了管理所需的相应管理技能。

美国管理学者罗伯特·卡茨认为，任何管理人员，不管其所处的管理地位怎样，必须不同程度地具有三种技能，即技术技能、人际技能和概念技能。

1. 技术技能

技术技能是指管理者使用某一专业领域内有关的工作程序、技术知识完成组织任务的技能。如监督会计人员的管理者必须懂会计业务。技术技能对于各种层次的管理的重要性可以从图 1-2 中看出技术技能对于基层管理最重要，对于中层管理较重要，对于高层管理较不重要。

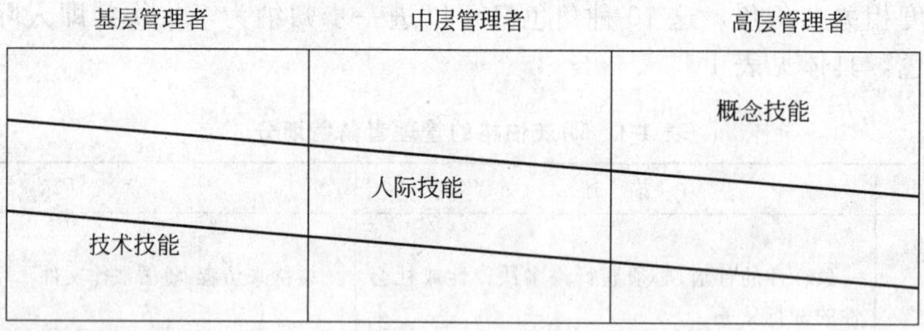

图 1-2 管理层次与管理技能要求

2. 人际技能

人际技能是指管理者在与人沟通，激励引导和鼓舞人们的热情和信心方面的技能。管理者的人际技能包括对下属的领导能力和处理各种关系的能力。人际技能对于各种层次的管理的重要性可以用图 1-2 来表示。人际技能对于所有层次的管理的重要性大体相同。

3. 概念技能

概念技能是指产生新想法并加以处理，以及将关系抽象化的思维能力。概念技能对于各种层次的管理的重要性可以用图 1-2 来表示。概念技能对于高层管理最重要，对于中层管理较重要，对于基层管理较不重要。在组织中，工作业务最出色的人不一定就是要着力提拔的人，因为作为一个基层员工，其工作出色可能仅仅因为他技术技能过硬，但如果人际技能和概念技能欠缺的话，提拔到管理岗位就会遇到很多困难。因此，如果你想成为一个优秀的管理者，就需要全面培养自己的管理技能。

本 章 小 结

（1）管理是人们在一定组织环境下所从事的一种智力活动。管理学的研究对象主要是人类的集体活动（组织）。所谓组织，是指一群人为了某个共同目标而结合起来协同行动的集体。组织一般包括组织成员、组织目标、组织活动、组织资源、组织环境等构成要素。上述要素不是孤立地存在的，为了使组织的各种要素相互协调，必须对它们加以整合，包括要素内部的整合和要素之间的整合。

（2）所谓企业，是指那些根据市场反映的社会需要来组织与安排某种商品（包括物质产品或非物质的服务）的生产和交换的社会经济单位。企业的任务可以从外部要求和内部需要这两个不同角度来考察，主要有满足社会需要、获取利润。企业是通过提供某种产品（或服务）来完成上述任务的。企业为了完成基本任务而必须进行的活动主要包括以下三个环节：资源筹措、资源转换和产品销售。

（3）管理是指一定组织中的管理者，通过实施管理的各项职能，合理分配、协调组织的相关资源与职能活动，带领人们既有效果又有效率地实现组织目标的过程。这一定义包含着以下几个方面的含义：管理的载体是组织；管理的本质是合理分配和协调各种资源的过程；管理的对象是相关资源，即包括人力资源在内的一切可以调用的资源；管理是指由计划、组织、领导和控制这样一系列相互联系、连续进行的活动构成的，这些活动称为管理的职能；管理的目的是为了有效地实现组织的目标。管理活动既追求效率，又追求效果。效率就是要使资源成本最小化，即"正确地做事"。效果，直白地说，就是"做正确的事"，是以结果、目标为导向的。管理的职能就是管理者在管理过程中所从事的活动或发挥的作用。从职能的角度出发，可以将管理活动视为由计划、组织、领导和控制这四大职能所构成的一个过程。管理活动具有以下三方面的特征，即管理的二重性，管理的普遍性，管理的科学性和艺术性。

（4）组织中的管理工作是由管理者来承担的。我们可以把组织中的成员分成两类：操作者和管理者。从管理组织层次、上下组织关系来分类，管理者一般分为三个基本层次，即高层管理者、中层管理者和基层管理者，根据所处的层次不同，他们将各有侧重地执行其职能。管理者扮演着 10 种不同的但却高度相关的角色，这 10 种角色又可以进一步归纳为三大类：即人际角色（挂名首脑、领导者、联络者）、信息角色（监听者、传播者、发言人）和决策角色（企业家、混乱驾驭者、资源分配者、谈判者）。任何管理人员，不管其所处的管理地位怎样，必须不同程度地具有三种技能，即技术技能、人际技能和概念技能。技术技能对于基层管理最重要，对于中层管理较重要，对于高层管理较不重要；人际技能对于所有层次的管理的重要性大体相同；概念技能对于高层管理最重要，对于中层管理较重要，对于基层管理较不重要。

【案例思考一】

管理者的角色

李峰是一家化工的厂长，这家工厂面临着一项指控：厂里排泄出来的废水污染了邻近的河流。因此，李峰必须到当地的污水管理局去为本厂申辩。杨树海是该厂的技术工程部经理，他负责自己那个部门的工作与销售部门相协调。李成华负责厂里的生产管理，他刚得知：向本厂提供包装纸板箱的那家供应厂商遭了火灾，至少在一个月之内无法供货，而本厂的包装车间想知道，现在他们该干什么。李成华说，他会解决这个问题的。最后一个是陈英，她负责处理办公室的工作，室里的员工之间为争一张办公桌刚发生了一场纠纷，因为它离打印机最远，环境最安静。

【案例思考题】在这家企业里，李峰、杨树海、李成华和陈英各扮演了什么角色？

【案例思考二】

升任公司总裁后的思考

郭某最近被服务多年的生产机电产品的公司聘为总裁。在他准备去接任此职位的前一天晚上，浮想联翩，回忆起他在该公司工作二十多年的情况。

他在大学时学的是工业管理，大学毕业获得学位后就到该公司工作，最初担任液压装配单位的助理监督。他当时真感到不知道如何工作，因为他对液压装配所知甚少，在管理工作上也没有实际经验，几乎每天都手忙脚乱。可是他非常认真好学，他仔细参阅该单位所制定的工作手册，并努力学习有关的技术书刊，渐渐摆脱了困境，胜任了工作。经过半年多的努力，他已有能力独力承担液压装配的监督长工作。可是，当时公司没有提升他为监督长，而是直接提升他为装配部经理，负责包括液压装配在内的四个装配单位的领导工作。

在他当助理监督时，他主要关心的是每日的作业管理，技术性很强。而当他担任装配部经理时，他发现自己不能只关心当天的装配工作状况，还得做出此后数周乃至数月的规划，还要完成许多报告和参加许多会议，而没有多少时间去从事技术工作。他工作了几年后，不但自己学会了这些工作，而且还学会如何把这些工作交给助手去做，教他们如何做好，这样，他可以腾出更多时间用于规划工作和帮助他的下属工作得更好，以及花更多的时间去参加会议、批阅报告和完成自己向上级的工作汇报。

当他担任装配部经理6年之后，正好该公司负责规划工作的副总裁辞职，郭某便主动申请担任此一职务。在同另外5名竞争者较量之后，郭某被正式提升为负责规划工作副总裁。他自信拥有担任这一新职位的能力，但由于此高级职务工作的复杂性，仍使他在刚接任时碰到了不少麻烦。例如，他感到很难预测1年之后的产品需求情况。可是一个新工厂的开工，乃至一个新产品的投入生产，一般都需要在数年前做准备。而且，在新的岗位上他还要不断处理市场营销、财务、人事、生产等部门之间的协调问题，这些他过去都不熟悉。他在新岗位上越来越感到：越是职位上升，越难于仅仅按标准的工作程序去进行工作。

但是，他还是渐渐适应了，并做出了成绩，以后又被提升为负责生产工作的副总裁，而这一职位通常是由该公司资历最深的、辈分最高的副总裁担任的。到了现在，郭某又被提升为总裁。

【案例思考题】1. 郭某当上公司总裁后，他的管理责任与过去相比有了哪些变化？

2. 你认为郭某要成功地胜任公司总裁的工作，需要扮演好哪些管理角色？

3. 作为一个管理者，郭某具备哪些管理技能？

4. 在不同的管理岗位上，哪些管理技能对郭某来说是最重要的？你觉得他具备这些技能吗？

5. 你认为郭某能否成功地胜任公司总裁的工作？为什么？

资料来源：黄梦藩，赵萍，王凤彬，管理概论，五南图书出版有限公司，1995. 略有删改.

复习思考题

一、单项选择题

1. 管理的载体是（ ）。

　　A. 管理者　　　　　　B. 技术　　　　　　C. 组织　　　　　　D. 工作

2. 协调是管理的重要职能，管理协调归根结底是正确处理（ ）。

　　A. 人与物的关系　　　　　　　　　　B. 物与物的关系

　　C. 组织与资源的关系　　　　　　　　D. 人与人的关系

3. 从发生的时间顺序看，下列四种管理职能的排列方式，哪一种更符合逻辑（ ）。

　　A. 计划、控制、组织、领导　　　　　B. 计划、领导、组织、控制

　　C. 计划、组织、控制、领导　　　　　D. 计划、组织、领导、控制

4. 管理工作中居于主导地位的是（ ）。

　　A. 组织　　　　　　B. 计划　　　　　　C. 领导　　　　　　D. 控制

5. 某企业生产的产品质量合格，并能按时完成生产任务，但市场供过于求，这反映出（ ）。

A. 厂家生产有效率，但无效果和效益

B. 厂家生产既无效率，也无效果和效益

C. 厂家生产有效率，也有效果和效益

D. 厂家生产有效率也有效果，但无效益

6. 企业高层管理人员在履行职能时，下述正确的说法是（　　　　）。

A. 强化计划、组织职能，弱化领导、控制职能

B. 强化计划、组织与控制职能，弱化领导职能

C. 强化领导、控制职能，弱化计划职能

D. 强化组织与控制职能，弱化计划、领导职能

7. 在组织保证的基础上，管理者必须选择适当的方式，有效地指挥调动和协调各方面的力量，最大限度地发挥组织效率，于是就产生了（　　　　）职能。

A. 组织　　　　　　B. 计划　　　　　　C. 领导　　　　　　D. 控制

8. 管理的领导职能主要由哪一层管理人员执行（　　　　）。

A. 高层管理人员　　B. 中层管理人员　　C. 基层管理人员　　D. 以上均是

9. 管理是一门艺术，这是强调管理的（　　　　）。

A. 复杂性　　　　　B. 有效性　　　　　C. 实践性　　　　　D. 精确性

10. 对于任何层次的管理人员来说，（　　　　）都是同等重要的。

A. 技术技能　　　　B. 人际技能　　　　C. 决策技能　　　　D. 概念技能

二、判断题

1. 管理的本质是合理分配和协调各种资源的过程。（　　　）

2. 管理的目的是为了有效地实现组织的目标。（　　　）

3. 管理既要追求效果，也要追求效率。前者是第一位的，后者是第二位的。（　　　）

4. 管理的主要目的是使资源成本最小化，因此管理最主要的是追求效率。（　　　）

5. 就管理的职能来说，高层管理者更应侧重于领导职能，基层管理者更应侧重于组织和控制职能。（　　　）

6. 管理是一门科学，不是一门艺术。（　　　）

7. 管理的自然属性是指管理要处理人与自然的关系，管理的社会属性是指管理要处理人与人之间的关系。（　　　）

8. 根据亨利·明茨伯格的领导者角色理论，领导者隶属于人际关系角色。（　　　）

9. 管理人员在组织中的层次不同，要求的技能也不同。（　　　）

10. 高层管理者应该具备更强的技术技能。（　　　）

11. 作为发言人的角色，管理者代表组织对外正式发布信息。（　　　）

12. 能够做到最低成本的组织就是有效果的组织。（　　　）

三、名词解释

组织，企业，管理，管理的职能，管理者，技术技能，人际技能，概念技能。

四、思考题

1. 组织由哪些要素构成？

2. 企业具有哪些特征？

3. 企业为了完成基本任务而必须进行的活动有哪些？

4. 什么是管理？如何理解其具体含义？

5. 什么是管理的职能？管理有哪些主要职能？各个层次的管理者在履行管理职能时有何异同？

6. 试讨论管理的二重性和普遍性

7. 为什么说管理既是一门科学又是一门艺术？

8. 什么是管理者？管理者按照层次分为哪几种类型？

9. 试讨论亨利·明茨伯格所提出的管理者的角色理论及其与管理职能的关联性。

10. 管理者有哪些技能要求？它们与管理者所处层次有何关系？

第二章 管理理论的演进与发展

学习目的与要求：

● 了解中国早期管理思想、外国早期管理思想、韦伯及其理想的行政组织体系理论、现代管理理论的丛林；

● 理解霍桑试验、行为科学理论在管理学中的应用；

● 掌握泰勒的科学管理理论、法约尔的企业六项活动、管理的5项职能、梅奥的人际关系理论的基本观点。

引导案例：

甲研究所设备先进，人才济济，但却一直没有很高水平的科研成果。该所负责人王所长采用"重金悬赏"的方法。他坚信"重赏之下必有勇夫"，但收效甚微。为了更好地管理研究人员，他制定了严格的考勤制度：迟到3分钟要罚款100元。为此，员工有时为准时到达，不惜打出租车上班。该所员工的出勤率一直保持较高水平。在一次行业研讨会上，规模相近的乙研究所发布了几项重要科研成果，并介绍了经验。他们认为每个员工都希望做好工作，为此推行了"弹性工作制"以及研究人员自我组合、自主管理的方法。尽管乙研究所取得了这样的成绩，但王所长仍然认为采用这种方法会失去控制，这种方法不宜推广。

从以上的案例中我们可以看出，两个所长不同的管理方式既体现了他们对管理工作重心认知的不同，也体现了他们对被管理者"人性"的不同假设。在管理理论的发展历程中，我们也可以看到不同时期，实践中的管理者和研究者对管理对象和管理工作重心认识的发展演变过程。

有人类的集体活动，就有管理。在人类漫长的发展时期，人类积累了大量的管理实践经验，并形成了一些宝贵的管理思想，但在相当长时间内却未能形成系统的管理理论。直至19世纪末20世纪初，随着科技和生产力的飞速发展，出现了科学管理，标志着人类系统的管理理论的诞生。在这之后的一百多年间，管理理论以极快的速度得到发展。

第一节 早期的管理思想

一、中国早期管理思想

中国作为四大文明古国之一，有着丰富的管理思想。中国古代管理思想在许多著作中都有体现，如《孙子兵法》、《周礼》、《墨子》、《老子》、《管子》、《齐民要术》、《天工开物》等。早在2000多年前的春秋时代，杰出的军事家孙武著有《孙子兵法》一书，该书共13篇，篇篇闪烁着智慧的光芒，"知彼知己，百战不殆"这句名言就是一例，这种辩证的策略思想在书中比比皆是。孙武的策略思想不仅在军事上，而且在管理上也具有相当大的指导意义和参考价值。日本和美国的一些大公司甚至把《孙子兵法》作为培训的必备书籍。

战国时代的另一本书《周礼》对封建国家的管理体制进行了理想化的设计，内容涉及政治、经济、财政、教育、军事、司法和工程等方面。该书对封建国家的经济管理的论述和设计都达到了相当高的水平。

二、外国早期管理思想

外国的管理实践和思想也有着悠久的历史。在奴隶社会，管理实践和思想主要体现在指挥军队作战、治国施政和管理教会等活动上。古巴比伦人、古埃及人以及古罗马人在这些方面都有过重要贡献。

在欧洲文艺复兴时期，也出现过许多管理思想，如 16 世纪莫尔（Thomas More，1478—1535）的《乌托邦》和马基雅维利（Niccolo Machiavelli，1469—1527）的《君主论》。然而，外国管理实践和思想的革命性发展是在工厂制度产生之后。18 世纪 60 年代开始的工业革命不仅在工业技术上而且在社会关系上都引起了巨大的变化，加速了资本主义生产的发展。小手工业受到大机器生产的排挤，社会的基本生产组织形式迅速从以家庭为单位转向以工厂为单位。在新的社会生产组织形式下，效率和效益问题，协作劳动的组织和配合问题，在机器生产条件下人和机、机和机之间的协调运转问题，使传统的军队式、教会式的管理方式和手段遇到了前所未有的挑战。许多新的管理问题需要人们去回答、去解决。在这种情况下，随着资本主义工厂制度的建立和发展，不少对管理理论的建立和发展具有重大影响的管理实践和思想应运而生。

1. 亚当·斯密（Adam Smith，1723—1790）的劳动分工观点

亚当·斯密是英国古典政治经济学家，他对管理问题有诸多见解。斯密对管理理论发展的一个贡献是他的分工观点。他认为分工是增进劳动生产力的重要因素，原因是：①分工可以使劳动者专门从事一种单纯的操作，从而提高熟练程度、增进技能；②分工可以减少劳动者的工作转换，节约通常由一种工作转到另一种工作所损失的时间；③分工可以使劳动简化，使劳动者的注意力集中在一种特定的对象上，有利于发现比较方便的工作方法，促进工具的改良和机器的发明。斯密的分工观点适应了当时社会对迅速扩大劳动分工以促进工业革命发展的要求，成为资本主义管理的一条基本原理。

2. 小瓦特（James Watt Jr，1769—1848）和博尔顿（Mattew R. Boulton，1770—1842）的科学管理制度

小瓦特和博尔顿分别是蒸汽机发明者瓦特和其合作者马修·博尔顿的儿子。1800 年，他们接管了一家铸造厂后，小瓦特就着手改革该厂的组织和管理，博尔顿则特别关注营销活动。他们采取了不少有效的管理方法，建立起许多管理制度，如：①在生产管理和销售方面，根据生产流程的要求，配置机器设备，编制生产计划，制定生产作业标准，实行零部件生产标准化，研究市场动态，进行预测；②在成本管理方面，建立起详细的记录和先进的监督制度；③在人事管理方面，制定工人和管理人员的培训和发展规划；④进行工作研究，并按工作研究结果确定工资的支付办法；⑤实行由职工选举的委员会来管理医疗费制度等福利制度。

3. 马萨诸塞车祸与所有权和管理权的分离

1841 年 10 月 5 日，在美国马萨诸塞至纽约的西部铁路上，两列火车迎头相撞，造成近 20 人伤亡。事故发生后，舆论哗然，对铁路公司老板低劣的管理工作进行了严厉的抨击。为了平息公众的怒气，在马萨诸塞州议会的推动下，这个铁路公司不得不进行管理改革。老板交出了企业的管理权，只拿红利，企业另聘具有管理才能的人员担任企业领导。这是历史上第一次在企业管理中实行所有权和管理权分离。这种分离对管理有重要的意义：①独立的管理职能和专业的管理人员正式得到承认，管理不仅是一种活动，还成为一种职业；②随着所有权和管理权的分离，横向的管理分工开始出现，这不仅提高了管理效率，也为企业组织形式的进一步发展奠定了基础；③具有管理才能的雇用人员掌握了管理权，直接为科学管理

理论的产生创造了条件。

4. 罗伯特·欧文（Robert Owen，1771—1858）的人事管理

罗伯特·欧文是 19 世纪初英国著名的空想社会主义者。他曾在其经营的一家大纺织厂中做过试验。试验主要是针对当时在工厂制度下工人劳动条件和生活水平都相当低下这一情况而进行的。试验主要包括改善工作条件、缩短工作日、提高工资、改善生活条件、发放抚恤金等。试验的目的是探索对工人和工厂所有者双方都有利的方法和制度。欧文开创了在企业中重视人的地位和作用的先河，有人因此称他为"人事管理之父"。

5. 查尔斯·巴贝奇（Charles Babbag，1792—1871）的作业研究和报酬制度

查尔斯·巴贝奇是英国著名的数学家和机械学家。他对管理的贡献主要有以下两方面。

（1）对工作方法的研究。他认为，一个体质较弱的人如果他所使用的铲的形状、重量、大小等方面都比较适宜，那么他的工作效率可能胜过体质较强的人。因此，要提高工作效率，必须仔细研究工作方法。

（2）对报酬制度的研究。他主张按照对生产率贡献的大小来确定工人的报酬。工人的收入应由三部分组成：①按照工作性质所确定的固定工资；②按照对生产率所做出的贡献分得的利润；③为增进生产率提出建议而应得的奖金。

6. 亨利·汤尼（Henry R. Towne，1844—1924）的收益分享制度

亨利·汤尼是当时美国耶鲁-汤尼制造公司的总经理。他在 1889 年发表的题为《收益分享》一文中，提出采取收益分享制度才能克服由利润分享制度带来的不公平。收益分享，实质上是按某一部门的业绩来支付该部门职工的报酬。这样就可避免某一部门业绩好而另一部门业绩差时，因实行利润分享制度使前者受损这一不合理现象。他提出的具体办法是：①每个职工享有一种"保证工资"；②每个部门按科学方法制定工作标准，并确定生产成本，该部门超过定额时，由该部门职工和管理阶层各得一半；③定额应在 3～5 年内维持不变，以免降低工资。

7. 弗雷德里克·哈尔西（Frederick A. Halsey，1856—1935）的奖金方案

弗雷德里克·哈尔西对管理的贡献也体现在工资制度方面。1891 年，他向美国机械工程学会提交一篇题为《劳动报酬的奖金方案》的论文。论文指出了当时普遍使用的三种报酬制度的弊端：计时制对员工积极性的发挥无激励作用；计件制常因雇主降低工资率扼杀工人提高产量的积极性；利润分享导致部门间良莠不分，有失公允。他认为，汤尼的收益分享虽有改进，但在同一部门中不公平问题依然存在。因而，他提出了自己的奖金方案，该方案是按每个工人来设计的：①给予每个工人每天的"保证工资"；②以该工人过去的业绩为基准，超额者发给约为正常工资率 1/3 的奖金。哈尔西认为他所提出的制度，与当时其他所见的工资制度相比有许多优点：比如不管工人业绩如何，均可获得一定数额的计日工资；工人增加生产，就可得到奖金，从而消除了因刺激工资而引起的常见劳资纠纷；工人奖金仅为超出部分的 1/3，即使工人增产 1 倍也不致太高，雇主从中获益 2/3，因而就不会总想削减工资率；以工人过去的业绩为基准，旨在鼓励工人比过去进步；工人所要超越的是他本人过去的业绩，而不是根据动作和时间研究制定出来的标准。

第二节 古典管理理论

19 世纪末 20 世纪初产生的古典管理理论，使管理活动从经验管理跃升到一个崭新的阶段。对古典管理理论的产生和发展做出突出贡献的人物主要有美国的泰勒、法国的法约尔和德国的韦伯。他们三人分别反映了那个时代在管理理论发展中的三个重要方面，即科学管理理论、一般管理理论（管理过程理论）和行政组织体系理论。这些理论成为管理学最早期的经典理论，对现代管理思想和实践仍然有很大的影响。

一、泰勒与科学管理理论

科学管理理论着重研究如何提高单个工人的生产率。其代表人物主要有：泰勒、吉尔布雷斯夫妇以及甘特等。

弗雷德里克·泰勒（Frederick W. Taylor，1856—1915）是美国古典管理学家、科学管理的创始人，被称为"科学管理之父"。他 18 岁从一名学徒工开始，先后被提拔为车间管理员、技师、小组长、工长、维修工长、设计室主任和总工程师。在他的管理生涯中，他不断在工厂实地进行试验，系统地研究和分析工人的操作方法和动作所花费的时间，逐渐形成其管理体系——科学管理。

泰勒的主要著作是《科学管理原理》（1911）和《科学管理》（1912）。他在这两部书中所阐述的科学管理理论，使人们认识到了管理是一门建立在明确的法规、条文和原则之上的科学。

泰勒的科学管理的根本目的是谋求最高效率。泰勒认为高工作效率是雇主和雇员达到共同富裕的基础，使较高工资和较低的劳动成本统一起来，从而扩大再生产，促进生产的发展。达到最高的工作效率的重要手段是用科学化、标准化的管理方法代替旧的经验管理。

泰勒的科学管理理论主要包括以下几方面。

（1）工作定额。要制定出有科学依据的工人的"合理的日工作量"，就必须进行时间和动作研究。方法是把工人的操作分解为基本动作，再对尽可能多的工人测定完成这些基本动作所需的时间。同时选择最适用的工具、机器，确定最适当的操作程序，消除错误的和不必要的动作，将最后得出的最有效的操作方法作为标准。最后，将完成这些基本动作的时间汇总，加上必要的休息时间和其他延误时间，就可以得到完成这些操作的标准时间，据此制定一个工人的"合理的日工作量"，这就是所谓的工作定额原理。

（2）标准化。要使工人掌握标准化的操作方法，使用标准化的工具、机器和材料，并使作业环境标准化，这就是所谓的标准化原理。

泰勒在伯利恒钢铁公司做过有名的铁锹试验。当时公司的铲运工人拿着自家的铁锹上班，这些铁锹各式各样、大小不等。堆料场中的物料有铁矿石、煤粉、焦炭等，每个工人的日工作量为 16 吨。泰勒经过观察发现，由于物料的比重不一样，一铁锹的负载大不一样。如果是铁矿石，一铁锹有 38 磅；如果是煤粉，一铁锹只有 3.5 磅。那么，一铁锹到底负载多大才合适呢？经过试验，最后确定一铁锹 21 磅对于工人是最适合的。根据试验的结果，泰勒针对不同的物料设计不同形状和规格的铁锹。以后工人上班时都不自带铁锹，而是根据物料情况从公司领取特制的标准铁锹，工作效率大大提高。堆料场的工人从 400～600 名降为 140 名，平均每人每天的操作量提高到 59 吨，工人一日工资从 1.15 美元提高到 1.88 美元。这就是工具标准化的典型事例。

（3）科学挑选与培训工人。为了提高劳动生产率，必须为工作挑选第一流的工人。第一流的工人是指：能力最适合做这种工作而且也愿意去做这种工作的人。要根据人的能力把他们分配到相应的工作岗位上，鼓励他们努力工作，并进行培训，教会他们科学的工作方法，使他们成为第一流的工人。

（4）差别计件工资制。泰勒认为，工人磨洋工的一个重要原因是报酬制度不合理。计时工资不能体现劳动的数量；计件工资虽能体现劳动的数量，但工人担心劳动效率提高后雇主会降低工资率，这样等同于劳动强度的加大。针对这些情况，泰勒提出了一种新的报酬制度——差别计件工资制。差别计件工资制是泰勒为了鼓励工人努力工作、完成定额，实行的刺激性计件工资制度。一是设立专门的制定定额部门，通过工时研究和分析，制定出一个有科学依据的定额或标准；二是实行刺激性付酬制度，即计件工资率按完成定额的程度而浮动；三是工资支付的对象是工人而不是职位，即根据工人的实际工作表现而不是根据工作类别来支付工资。

（5）计划职能与执行职能相分离。泰勒认为应该用科学的工作方法取代经验工作方法。经验工作方法是指每个工人采用什么操作方法、使用什么工具等，都根据个人经验来决定；科学工作方法是指每个工人采用什么操作方法、使用什么工具等，都根据试验和研究的结果来决定。为了采用科学的工作方法，泰勒主张把计划职能同执行职能分开，由专门的计划部门承担计划职能，管理者制定科学的定额和标准化的操作方法及工具，进行计划与控制；由所有的工人和部分工长承担执行职能，严格按计划、定额、标准、操作方法从事实际的操作。

科学管理的核心是"一场彻底的心理革命"。泰勒认为，提高效率对工人和雇主双方都有利：工人提高了工资，资本家增加了利润。所以泰勒认为，劳资双方都要以友好合作代替对抗和斗争，双方都受益，这是劳资双方的"精神革命"。

与泰勒同时代的人，如吉尔布雷斯夫妇和甘特等，也为科学管理做出了贡献。美国工程师弗兰克·吉尔布雷斯及其夫人莉莲·吉尔布雷斯在动作研究和工作简化方面做出了突出贡献。起初弗兰克·吉尔布雷斯先是在建筑行业中研究用哪种姿势砌砖省力、舒适、有效率，他们通过试验得出一套标准的砌砖方法，这套方法使砌砖的效率提高200％以上。后来吉尔布雷斯夫妇又在其他行业中进行动作研究，并把工人操作时手的动作分解为17种基本动作。他们的研究步骤是：①通过拍摄相片来记录工人的操作动作；②分析哪些动作是合理的、应该保留的，哪些动作是多余的、可以省掉的，哪些动作需要加快速度，哪些动作应该改变次序；③制定标准的操作程序。与泰勒相比，吉尔布雷斯夫妇的动作研究更加细致、广泛。

美国管理学家、机械工程师甘特是泰勒在米德维尔钢铁公司和伯利恒钢铁公司的重要合作者。他最重要的贡献是他创造的"甘特图"，这是一种用线条表示的计划图。这种图现在常被用来编制进度计划。甘特的另一贡献是提出了计件奖励工资制，即对于超额完成定额的工人，除了支付给他日工资，超额部分还以计件方式发给他奖金；对于完不成定额的工人，工厂只支付给他日工资。这种制度优于泰勒的差别计件工资制，因为这种工资制可使工人感到收入有保证，劳动积极性因而提高。这说明，工资收入有保证也是一种工作动力。

泰勒及其同行者与追随者的理论与实践构成了泰勒制，人们称以泰勒为代表的学派为科学管理学派。

时至今日，科学管理的许多思想和做法仍然被许多国家参照采用，科学管理理论对我们当代企业仍具有重要指导意义。如今，我国企业仍存在低质量、高成本、低效率、高能耗的现象。有人提出向管理要效益，的确，好的管理可以出效益，但在实践层次上，我国企业还差距甚远，这也是强调科学管理的原因所在。

二、法约尔及其一般管理理论

泰勒的科学管理开创了西方古典管理理论的先河。欧洲也出现了一批古典管理的代表人物及理论，其中影响最大的当属法约尔及其一般管理理论。

亨利·法约尔（Henri Fayol，1841—1925），法国人，早期就参与企业的管理工作，长期担任企业高级领导职务，是第一个概括和阐述一般管理理论的管理学家，被尊为"管理过程之父"。

1860年，法约尔从圣艾蒂安国立矿业学院毕业后进入一家采矿冶金公司，成为一名采矿工程师，并在此度过了整个职业生涯。从采矿工程师到矿井经理直至公司总经理，法约尔由一名工程技术人员逐渐成为专业管理者，他在实践中逐渐形成了自己的管理思想和管理理论，对管理学的形成和发展做出了巨大的贡献。

如果说泰勒的研究是从"车床前的工人"开始，重点内容是企业内具体工作的效率，那么法约尔的研究则是从"办公桌前的总经理"出发，以企业整体作为研究对象。

法约尔的著述很多，1916 年出版的《工业管理和一般管理》是其最主要的代表作，标志着一般管理理论的形成。法约尔认为："管理理论是指有关管理的、得到普遍承认的理论，是经过普遍经验检验得到论证的一套有关原则、标准、方法、程序等内容的完整体系。有关管理的理论和方法不仅适用于公私企业，也适用于军政机关和社会团体。"这正是其一般管理理论的基石。

法约尔的理论贡献主要体现在他对管理职能的划分和管理原则的归纳上。

1. 企业的 6 项基本活动

法约尔通过对企业全部活动的分析，区别了经营和管理，认为这是两个不同的概念。他将管理活动从经营职能（包括技术、商业、财务、安全和会计等 5 大职能）中提炼出来，成为经营的第 6 项职能。因此任何企业的经营都存在着 6 种基本的活动，它们分别是：

(1) 技术活动，指生产、制造、加工等活动；

(2) 商业活动，指购买、销售、交换等活动；

(3) 财务活动，指资金的筹措和运用；

(4) 安全活动，指设备维护和职工安全等活动；

(5) 会计活动，指货物盘存、成本统计、核算等；

(6) 管理活动，其中又包括计划、组织、指挥、协调和控制 5 项职能。

通过对这 6 种基本活动的分析，法约尔还进一步得出了普遍意义上的管理定义，即"管理是普遍的一种单独活动，有自己的一套知识体系，由各种职能构成，是管理者通过完成各种职能来实现目标的一个过程"。

法约尔还分析了处于不同管理层次的管理者的各种能力的相对要求，随着企业由小到大，职位由低到高，管理能力在管理者必要能力中的相对重要性不断增加，而其他诸如技术、商业、财务、安全、会计等能力的重要性则会相对下降。

2. 管理的 5 项职能

法约尔将管理活动分为计划、组织、指挥、协调和控制 5 项职能活动。其中，计划是指预测未来并制定行动方案；组织是指建立企业的物质结构和社会结构；指挥是指使企业人员发挥作用；协调是指让企业人员团结一致，使企业中的所有活动和努力统一和谐；控制是指保证企业中进行的一切活动符合制定的计划和所下达的命令。法约尔还认为，管理的这 5 大职能并不是企业经理或领导人个人的责任，它同其他 5 大类工作一样，是一种分配于领导人与整个组织成员之间的职能。

法约尔对管理的上述定义明确了管理与经营的关系。法约尔写道，"所谓经营，就是努力确保六种基本活动的顺利运转，从而把组织拥有的资源变成最大的成果，从而促使组织目标的实现"。而管理只是 6 种活动中的一种。

3. 管理的 14 条原则

法约尔提出了一般管理的 14 条原则。

(1) 分工。在技术工作和管理工作中进行专业化分工可以提高效率。

(2) 权力与责任。权力是指"指挥他人的权以及促使他人服从的力"。在行使权力的同时，必须承担相应的责任，不能出现有权无责和有责无权的情况。更为重要的是法约尔区分了管理者的职位权力和个人权力，前者来自个人的职位高低，后者是由个人的品德、智慧和能力等个人特性形成的。一个优秀的领导人必须两者兼备。

（3）纪律。纪律是企业领导人同下属之间在服从、勤勉、积极、举止和尊敬等方面所达成的一种协议。组织内所有成员都要根据各方达成的协议对自己在组织内的行为进行控制。

（4）统一指挥。组织内每一个人只能服从一个上级并接受他的命令。

（5）统一领导。凡目标相同的活动，只能有一个领导、一个计划。

（6）个人利益服从集体利益。集体的目标必须包含员工个人的目标，但个人和小集体的利益不能超越组织的利益。当两者矛盾时，领导人要以身作则使其一致。

（7）报酬合理。报酬制度应当公平，对工作成绩和工作效率优良者给予奖励，但奖励应有一个限度。法约尔认为，任何优良的报酬制度都无法取代优良的管理。

（8）集权与分权。提高下属重要性的做法是分权，降低这种重要性的做法是集权。要根据企业的性质、条件与环境、人员的素质来恰当地决定集权和分权的程度。当企业的实际情况发生变化时，要适时改变集权和分权的程度。

（9）等级链与跳板。等级链是指"从最高的权威者到最底层管理人员的等级系列"，它表明权力等级的顺序和信息传递的途径。为了保证命令的统一，不能轻易违背等级链，请示要逐级进行，指令也要逐级下达。有时这样做会延误信息，鉴于此，法约尔设计了一种"跳板"，便于同级之间的横向沟通。但在横向沟通前要征求各自上级的意见，并且事后要立即向各自上级汇报，从而维护统一指挥的原则。

（10）秩序。秩序是指"有地方放置每件东西，且每件东西都放在该放置的地方；有职位安排每个人，且每个人都安排在应安排的职位上"。

（11）公平。在待人上，管理者必须做到善意与公道结合。

（12）人员稳定。培养一个人胜任目前的工作需要花费时间和金钱，所以人员特别是管理人员的经常变动对企业很不利。

（13）首创精神。首创精神是创立和推行一项计划的动力。领导者不仅本人要有首创精神，还要鼓励全体成员发挥他们的首创精神。

（14）集体精神。在组织内部要形成团结、和谐和协作的气氛。

法约尔指出，这14条原则不是死板和绝对的东西，而是灵活的。要懂得如何运用它们才可以发挥效力。这是一门很难掌握的艺术，它要求智慧、经验、判断和分寸。

法约尔关于管理过程和一般管理理论的开创性研究，特别是关于管理职能的划分以及管理原则的描述，对后来的管理理论研究具有非常深远的影响。法约尔还特别强调管理教育的重要性，认为可以通过教育使人们学会管理并提高管理水平。法约尔主张，人的管理能力可以通过教育来获得，可以也应该像技术能力一样，首先在学校里，然后在车间里得到。他被评价为"欧洲贡献给管理运动的最杰出的人物"，也被后人尊称为"管理过程之父"。

三、韦伯及其理想的行政组织体系理论

马克斯·韦伯（Max Weber，1864—1920），德国社会学家，曾任报纸编辑、作家、大学教授和政府顾问等。他对许多社会、政治、经济和历史问题都有其独到的见解。他在管理方面的研究主要集中在组织理论方面，主要贡献是提出了所谓的"理想的行政组织体系"理论。这集中反映在他的代表作《社会组织与经济组织》一书中，这一理论的核心是组织活动要通过职务或职位而不是通过个人或世袭地位来管理。

韦伯主张，组织是以权力为基础的，通过权力而产生秩序，消除混乱。权力是实现组织目标的前提。组织中具有三种类型的权力，即传统的权力、超凡的权力以及基于法律和理性的权力。只有第三种权力最适合于现代组织，因为它为管理的连续性提供了基础，担任管理职位的人是按照其能力选拔出来的，管理者行使权力具有法律基础，所有的职权都有着明确

的规定和严格的划分。

韦伯的理想的行政组织体系具有如下特征。

（1）明确的分工。即每个职位的权利和义务都应有明确的规定，人员按职业专业化进行分工。

（2）自上而下的等级系统。组织内的各个职位按照等级原则进行法定安排，形成自上而下的等级系统。

（3）正规化的人员任用。人员任用完全根据职务要求，通过正式考试和教育训练来实行。

（4）职业管理人员。管理人员有固定的薪金和明文规定的升迁制度，是一种职业管理人员。

（5）遵守规则和纪律。管理人员必须严格遵守组织中制定的规则和纪律以及办事程序。

（6）非个人的人员关系。组织中人员之间的关系完全以理性准则为指导，只受职位关系而不受个人情感的影响。

韦伯认为，这种高度结构化的、正式的理想行政组织体系是人们进行强制控制的合理手段，是达到目标、提高效率的最有效形式。这种组织形式在精确性、稳定性、纪律性和可靠性方面都优于其他组织形式，能适用于各种管理工作及当时日益增多的各种大型组织，如教会、国家机构、军队、政党、企业等。韦伯的理论对后来的管理学家，尤其是组织理论学家有很大的影响，他被人们尊称为"组织理论之父"。

泰勒、法约尔和韦伯处在同一历史时期，他们从不同的视角对管理进行了考察。泰勒主要关注工厂现场的管理问题，法约尔则更多地是从组织整体的角度来进行思考的，而韦伯则集中研究了管理中的组织问题。强调管理要用事实、理性、思考和规则来代替随心所欲和个人习惯，是管理的古典理论所具有的共同的精神实质。

第三节　行为管理理论

古典管理理论的广泛流传和实际运用大大提高了效率。但古典管理理论多着重于生产过程、组织控制方面的研究，较多地强调科学性、精密性、纪律性，而对人的因素注意较少，工人常被视为机器的附属品，不是人在使用机器，而是机器在使用人，这就激起了工人的强烈不满。20 世纪 20 年代前后，一方面是工人日益觉醒，工人阶级反对资产阶级剥削压迫的斗争日益高涨；另一方面是经济的发展和周期性危机的加剧，使得传统的管理理论和方法已不可能通过有效地控制工人来达到提高生产率和利润的目的。

在这种背景下，一些学者开始从生理学、心理学、社会学等方面出发研究企业中有关人的问题，如人的工作动机、情绪、行为与工作之间的关系等，以及研究如何按照人的心理发展规律去激发其积极性和创造性，由此催生了所谓的行为科学。行为科学研究的前期叫做人际关系学说，第二次世界大战后被正式定名为行为科学，即组织行为理论。

一、梅奥与霍桑试验

乔治·埃尔顿·梅奥是原籍澳大利亚的美国行为科学家。1924～1932 年间，美国国家研究委员会和西方电气公司合作，由梅奥负责进行了著名的霍桑试验，即在西方电气公司所属的霍桑工厂，为测定各种有关因素对生产效率的影响程度而进行的一系列试验，由此产生了人际关系学说。霍桑试验分为以下四个阶段。

第一阶段：工场照明试验（1924～1927 年）。该试验是选择一批工人分为两组，一组为"试验组"，先后改变工场照明强度，让工人在不同照明强度下工作；另一组为"控制组"，工人在照明度始终维持不变的条件下工作。试验者希望通过试验得出照明度对生产率的影响，但试验结果发现，照明度的变化对生产率几乎没有什么影响。这个试验似乎以失败告终，但该试验得出了两条结论：①工场的照明只是影响工人生产效率的一项微不足道的因素；②由于牵涉因素太多，难以控制，且其中任何一个因素足以影响试验结果，故照明对产量的影响无法准确测量。

第二阶段：继电器装配室试验（1927～1928 年）。旨在试验各种工作条件的变动对小组生产率的影响，以便能够更有效地控制影响工作效果的因素。通过材料供应、工作方法、工作时间、劳动条件、工资、管理作风与方式等各个因素对工作效率影响的实验，发现无论各个因素如何变化，产量都是增加的。其他因素对生产率也没有特别的影响，而似乎是由于督导方法的改变，使工人工作态度有所变化，因而产量增加。

第三阶段：大规模的访问与调查（1928～1931 年）。期间他们在上述试验的基础上进一步开展了全公司范围的普查与访问，调查了 2 万多人次，发现所得结论与上述试验所得相同，即"任何一位员工工作绩效，都受到其他人的影响"。

第四阶段：接线板接线工作室试验（1931～1932 年）。以集体计件工资制刺激，企图形成"快手"对"慢手"的压力以提高效率。公司给他们规定的产量标准是焊合 7312 个接点，但他们完成的只有 6000～6600 个接点。试验发现，工人既不会为超定额而充当"快手"，也不会因完不成定额而成"慢手"，当他们达到他们自认为是"过得去"的产量时就会自动松懈下来。

试验发现无论工作条件（照明度强弱、休息时间长短、工厂温度等）是改善还是取消改善，试验组和非试验组的产量都在不断上升。在历时两年的大规模的访谈试验中，职工由于可以不受拘束地谈自己的想法，发泄心中的闷气，从而态度有所改变，生产率相应地得到了提高。在试验计件工资对生产效率的影响时，发现生产小组内有一种默契：大部分工人有意限制自己的产量，否则就会受到小组的冷遇和排斥；奖励性工资并未像传统的管理理论认为的那样使工人最大限度地提高生产效率。对这种"传统假设与所观察到的行为之间神秘的不相符合"，梅奥做出了如下解释：

（1）影响生产效率的根本因素不是工作条件，而是工人自身；

（2）在决定工人工作效率的因素中，工人为团体所接受的融洽性和安全感较之奖励性工资有更为重要的作用。

霍桑试验的研究结果否定了传统管理理论对于人的假设，表明了工人不是被动的、孤立的个体，他们的行为不仅仅受工资的刺激，影响生产效率的最重要因素不是待遇和工作条件，而是工作中的人际关系。

根据霍桑试验，梅奥于 1933 年出版了《工业文明中人的问题》一书，提出人际关系理论，其观点可主要归纳为以下几个方面。

（1）工人是"社会人"而不是"经济人"。人们的行为并不单纯出自追求金钱的动机，还有社会、心理方面的需要，即追求人与人之间的友情、安全感、归属感和受人尊敬等，而后者更为重要。因此，不能单纯从技术和物质条件着眼，必须首先从社会心理方面考虑合理的组织与管理。

（2）企业中存在着非正式组织。企业中除了存在古典管理理论所研究的为了实现企业目标而明确规定各成员相互关系和职责范围的正式组织之外，还存在非正式组织。这种非正式组织的作用在于维护其成员的共同利益，使之免受其内部个别成员的疏忽或外部人员的干涉所造成的损失。为此，非正式组织中有自己的核心人物和领袖，有大家共同遵循的观念、价值标准、行为准则和道德规范等。

（3）新型的领导在于通过对职工满足度的增加，来提高工人的士气，从而达到提高效率的目的。在决定劳动生产率的诸因素中，置于首位的因素是工人的满意度，而生产条件、工资报酬只是第二位的。职工的满意度越高，其士气就越高，从而产生效率就越高。高的满意度来源于工人个人需求的有效满足，不仅包括物质需求，还包括精神需求。

霍桑试验对古典管理理论进行了大胆的突破，第一次把管理研究的重点从工作和物的因素上转到人的因素上来。不仅在理论上对古典管理理论做了修正和补充，开辟了管理研究的新理论，还为现代行为科学的发展奠定了基础，而且对管理实践产生了深远的影响。

人、财、物是企业经营管理必不可少的三大要素，而人力又是其中最为活跃、最富于创造力的因素。但是人的创造性是有条件的，是以其能动性为前提的。硬性而机械式的管理，只能抹杀其才能。只有满意的员工才是有生产力的员工，富有生产力的员工才是企业真正的人才，才是企业发展的动力之源。因此，企业的管理者既要做到令股东、顾客满意，更要做到令员工满意。只有个人、集体、企业三方的利益保持均衡时，才能最大限度地发挥个人的潜能。培养共同的价值观，创造积极向上的企业文化是协调好组织内部各利益群体关系，发挥组织协同效应和增加企业凝聚力最有效的途径。

二、行为科学理论在管理学中的应用

行为科学理论应用于管理学，主要是对人在生产中的行为以及这些行为产生的原因进行分析研究。研究的内容包括：人的本性和需要，行为的动机，特别是生产中的人际关系（包括领导者同员工之间的关系）。行为科学理论在第二次世界大战以后的发展主要集中在以下四个方面：

（1）关于人的需要和动机的理论；

（2）关于管理中的人性的理论；

（3）关于领导方式的理论；

（4）关于企业中非正式组织以及人与人的关系的理论。

行为科学方面的理论研究扩展了管理作为一门科学的又一广阔的领域，为管理理论的宝库作出了有益的贡献，在组织的管理实践中也产生了深远的影响。

第四节　现代管理理论的丛林

第二次世界大战后，随着现代化科学技术日新月异的发展，生产和组织规模的急剧增大，生产社会化程度的日益提高，引起了人们对管理研究的普遍重视。随着高新技术的发展和新技术革命的展开，生产社会化的程度进一步提高，企业的生产规模急剧扩张，生产过程也日益复杂，生产的技术基础也发生了深刻的变化，管理活动也面临着全新的环境，迫切需要新兴的管理理论来指导管理活动。管理的重要性正被越来越多的人认识到。

除了行为科学达到长足发展外，学者们从不同角度发表对管理的看法。除了实际管理工作者和管理学者外，一些心理学家、社会学家、人类学家、经济学家、生物学家、哲学家、数学家等也都从各自不同的背景、角度，对现代管理问题展开研究，于是带来了管理理论的空前繁荣。到20世纪80年代，管理学理论形成了众多学派，美国的管理学家哈罗德·孔茨将这一时期形象地称为管理理论发展的"丛林阶段"。管理理论发展丛林，又被许多学者称为现代管理理论丛林。事实上它不是一种管理理论，而是对各种流派理论的总称。管理理论发展到丛林阶段大致有以下几个主要学派。

1. 社会系统学派

美国的切斯特·巴纳德是这一学派的主要代表人物，他的著作《经理的职能》对该学派有很大的影响。

这个学派是从社会学的角度来分析各类组织。它的特点是将组织看成是一个社会系统，是一个人的相互关系的协作体系，是社会大系统中的一部分，受到社会环境各方面因素的影响。管理者的作用就是充当系统运转的中心，并对组织成员的活动进行协调，指导组织的运转，实现组织的目标。为此，管理人员的主要职能在于：①建立并维护一个信息系统；②使组织中每个人都能做出贡献；③明确组织的目标。

2. 决策理论学派

该学派的主要代表人物是赫伯特·西蒙。这一学派是在社会系统学派的基础上发展起来的，他们把第二次世界大战以后发展起来的系统理论、运筹学、计算机科学等综合运用于管理决策问题，形成了一门有关决策过程、准则、类型及方法的较完整的理论体系。西蒙等人认为，管理就是决策，决策贯穿于管理过程的始终，组织是由作为决策者个人所组成的系统。

3. 经验主义学派

这一学派的主要代表人物是美国的德鲁克、戴尔等，其中以德鲁克最为著名。这个学派主张通过分析经验（通常也就是一些案例）来研究管理问题。他们认为应该从企业管理的实际出发，以大企业的管理经验为主要研究对象，通过研究各种各样成功和失败的管理案例，就可以了解怎样管理。

4. 系统理论学派

这一学派的主要代表人物有卡斯特、罗森茨威克和约翰逊等人。这一理论是在系统论的基础上提出来的。

系统管理理论是指运用系统理论中的范畴、原理，对组织中的管理活动和管理过程，特别是组织结构和模式进行分析的理论。这一理论的要点如下。

组织是一个系统，是由相互联系、相互依存的要素构成的。根据需要，可以把系统分解为子系统，子系统还可以再分解。如为了研究一个系统的构成，可以把系统分解为各个结构子系统；为了研究一个系统的功能，可以把系统分解为各个功能子系统。这样，对系统的研究就可以从研究子系统与子系统之间的关系入手。

系统在一定的环境下生存，与环境进行物质、能量和信息的交换。系统从环境输入资源，把资源转换为产出物，一部分产出物为系统自身所消耗，其余部分则输出到环境中。系统在投入—转换—产出的过程中不断进行自我调节，以获得自身的发展。

运用系统观点来考察管理的基本职能，可以提高组织的整体效率，使管理人员不至于只重视某些与自己有关的特殊职能而忽视了大目标，也不至于忽视自己在组织中的地位和作用。

5. 权变理论学派

权变管理理论是 20 世纪 70 年代在美国形成的一种管理理论。这一理论是以美国的卢桑斯和英国的伍德沃德等人为代表。该理论的核心是力图研究组织与环境的联系，并确定各种变量的关系类型和结构类型。它强调管理要根据组织所处的环境随机应变，针对不同的环境寻求相应的管理模式。

权变管理理论着重考察有关环境变量与各种管理方式之间的关系。在通常情况下，环境是解释变量，而管理方式是被解释变量。这就是说，组织所处的环境决定着何种管理方式更适合于组织。比如，在经济衰退时期，由于企业面临的市场环境是供大于求，集权的组织结构可能更为适合；在经济繁荣时期，由于企业面临的市场环境是供不应求，分权的组织结构可能更为适合。

6. 管理科学学派

管理科学理论是指以现代自然科学和技术科学的最新成果（如先进的数学方法、电子计算机技术以及系统论、信息论、控制论等）为手段，运用数学模型，对管理领域中的人力、物力、财力进行定量的分析，并做出最优的规划和决策的理论。

从历史渊源来看，管理科学是泰勒科学管理的继续和发展，其主要目标也是探求最有效的工作方法或最优方案，以最短的时间、最少的支出，取得最大的效果。但它的研究范围已远远不是泰勒时代的操作方法和作业研究，而是面向整个组织的所有活动，并且它所采用的现代科技手段也是泰勒时代所无法比拟的。管理科学使得管理从以往的定性描述走向了定量预测的阶段。

管理科学理论把现代科学方法运用到管理领域中，为现代管理决策提供了科学的方法。它使管理研究从定性到定量在科学的道路上前进了一大步，同时，它的应用对企业管理水平和效率的提高也起到了很大作用。但是，把管理中的各种复杂因素全部数量化，是不可能也是不现实的。解决管理问题不可能只依靠定量的分析，而忽视定性的分析。

以上我们介绍了现代管理理论中比较重要的六个学派。但是必须指出，目前占主导地位的似乎是这些学派以外的管理过程学派。人们似乎已经普遍接受了管理是一个过程的观点。这个学派主要继承和发展了法约尔的一般管理理论，认为管理是一个过程，它可以被划分为计划、组织、领导和控制等步骤，目前的主要代表人物是孔茨和奥唐奈。我们没有详细介绍这个学派的观点，主要是因为本书的编写正是依据管理是一个过程的思路来展开的。

第五节　现代管理理论的新丛林

20 世纪 90 年代，在现代管理理论丛林的基础上又产生了许多新的管理理论，形成了现代管理理论的新丛林。其中引起人们普遍关注的有学习型组织理论、企业再造理论、核心能力理论。

一、学习型组织

20 世纪 80 年代以来，随着信息革命、知识经济时代进程的加快，企业面临着前所未有的竞争环境的变化，传统的组织模式和管理理念已越来越不适应环境，其突出表现就是许多在历史上名噪一时的大公司纷纷退出历史舞台。因此，研究企业组织如何适应新的知识经济环境，增强自身的竞争能力，延长组织寿命，成为世界企业界和理论界关注的焦点。在这样的大背景下，1990 年，以美国麻省理工学院教授彼得·圣吉为代表的西方学者，吸收东西方管理文化的精髓，提出了以"五项修炼"为基础的学习型组织理念。

所谓学习型组织是指通过培养弥漫于整个组织的学习气氛，充分发挥员工的创造性思维能力而建立起来的一种有机的、高度柔性的、扁平的、符合人性的能持续发展的组织。这种组织具有持续学习的能力，具有高于个人绩效总和的综合绩效。

彼得·圣吉指出，企业应成为一个学习型组织，并提出了建立学习型组织的四条标准：①人们能不能不断检验自己的经验；②人们有没有生产知识；③大家能否分享组织中的知识；④组织中的学习是否和组织的目标息息相关。

彼得·圣吉在其代表作《第五项修炼》一书中指出学习型组织需要进行五项修炼：自我超越、改善心智模式、建立共同愿景、团队学习、系统思考。并指出"未来唯一持久的竞争力是有能力比你的竞争对手学习得更快"。

学习型组织的真谛在于：一方面是为了保证企业的生存，使企业组织具备不断改进的能力，提高企业组织的竞争力；另一方面更是为了实现个人与工作的真正融合，使人们在工作中活出生命的意义。

二、业务流程再造

传统的组织结构建立在职能和等级制的基础上。虽然这种模式过去曾经很好地服务于企业，但是面对知识经济时代的竞争环境的要求，它的反应已经显得缓慢和笨拙。业务流程再造对许多传统的组织构造原则提出了挑战，将流程提到管理日程表的前列。通过重新设计流程，可以在流程绩效的改善上取得飞跃，激发和增进企业的竞争力。

迈克尔·哈默和詹姆斯·钱皮在 1993 年出版的《再造公司》一书中，主张采取上述的方法来对变化和为提高产品和经营的质量而付出的努力进行管理。他们把再造定义为"对经营流程彻底进行再思考和再设计，以便在业绩衡量标准（如成本、质量、服务和速度等）上取得重大突破"。采取再造方法的公司迅速学会对其所做的一切以及为何这样做提出疑问。再造首先确定公司必须做什么，然后确定它如何去做。再造不把任何事想当然，它对是什么有所忽视，而对应该是什么相当重视。再造中最关键的部分是在公司的核心竞争力和经验的基础上确定它应该做什么，即确定它能做得最好的是什么。之后确定需要做的事最好是由本组织来做还是由其他组织来做。采取再造方法的结果是公司规模的缩小和外包业务的增多。

三、核心能力理论

核心能力理论是由 20 世纪 80 年代资源基础理论发展而来。在 20 世纪 50 年代，斯尔兹尼克提出了"独特能力"概念，并且在 20 世纪 60 年代形成了企业战略管理的基本范式，即公司使命或战略建立在"独特能力"基础之上，其包括企业成长方式、有关企业实力与不足的平衡思考，以及明确企业的竞争优势和协同效应从而开发新市场和新产品。到 20 世纪 80 年代，资源基础理论认为企业的战略应该建立在企业的核心资源上。所谓核心资源是指有价值的、稀缺的不完全模仿和不完全替代的资源，它是企业持续竞争优势的源泉。1990 年普拉哈拉得和哈梅尔发表了一篇具有广泛影响的论文《公司的核心能力》，一下子把众多学者、实践家的目光吸引了过去。从核心资源到核心能力，资源基础理论得到进一步发展。按普拉哈拉得和哈梅尔的定义，核心能力是组织内的集体知识和集体学习，尤其是协调不同生产技术和整合多种多样技术流的能力。一项能力可以界定为企业的核心能力，其必须满足以下五个条件：①不是单一技术或技能，而是一簇相关的技术和技能的整合；②不是物理性资产；③必须能创造顾客看重的关键价值；④与对手相比，竞争上具有独特性；⑤超越特定的产品或部门范畴从而为企业提供通向新市场的通道。

本 章 小 结

（1）有人类的集体活动，就有管理。在人类漫长的发展时期，人类积累了大量的管理实践经验，并形成了一些宝贵的管理思想。中国作为四大文明古国之一，有着丰富的管理思想，外国的管理实践和思想也有着悠久的历史。

（2）19 世纪末 20 世纪初产生了古典管理理论，使管理活动从经验管理跃升到一个崭新的阶段。对古典管理理论的产生和发展做出突出贡献的人物主要有美国的泰勒、法国的法约尔和德国的韦伯。他们三人分别反映了那个时代在管理理论发展中的三个重要方面，即科学管理理论、一般管理理论（管理过程理论）和行政组织体系理论。科学管理理论着重研究如何提高单个工人的生产率。其代表人物主要有：泰勒、吉尔布雷斯夫妇以及甘特等。泰勒的科学管理理论主要包括工作定额、标准化、能力与工作相适应、差别计件工资制、计划职能与执行职能相分离。亨利·法约尔是第一个概括和阐述一般管理理论的管理学家，被尊为"管理过程之父"。法约尔的理论贡献主要体现在他对管理职能的划分和管理原则的归纳上。

法约尔指出任何企业的经营都存在着6种基本的活动，它们分别是技术活动、商业活动、财务活动、安全活动、会计活动、管理活动，其中管理活动又包括计划、组织、指挥、协调和控制5项管理职能。法约尔还提出了一般管理的14条原则。韦伯主张，组织是以权力为基础的，通过权力而产生秩序，消除混乱。韦伯认为，高度结构化的、正式的理想行政组织体系是人们进行强制控制的合理手段，是达到目标、提高效率的最有效形式。

（3）梅奥通过霍桑试验提出人际关系理论，其观点主要为：工人是"社会人"而不是"经济人"；企业中存在着非正式组织；新型的领导在于通过对职工满意度的增加，来提高工人的士气，从而达到提高效率的目的。

（4）除了行为科学达到长足发展外，学者们还从不同角度发表对管理的看法，于是带来了管理理论的空前繁荣。管理学理论形成了众多学派，美国的管理学家哈罗德·孔茨将这一时期形象地称为管理理论发展的"丛林阶段"。

【案例思考一】

小赵的难题

利达公司是一家经营绩效良好的企业。在前些年有过骄人的业绩。但近几年来，公司的盈利水平不断下降，一个中等规模的企业，盈利水平甚至不如本地一家小型企业。公司上下对此颇感迷惑，人心浮动，企业面临着严峻的考验。

一天，公司总经理把总经理助理小赵叫到办公室。总经理首先跟他简单地讨论了公司目前的经营状况，表示了对这一现状的担忧。接着，总经理交给小赵一个特殊任务：集中一段时间，深入调查一下造成企业目前盈利水平下降的主要原因是什么，并提出对策建议。

小赵首先将目光投向市场，在激烈竞争的今天，市场是决定企业盈利水平最首要的因素。在调查的过程中，小赵了解到，本公司为开拓市场，建立了本地同行业最庞大的营销队伍，而且每年的营销预算都高于同行其他企业，达到了与本地几家最大企业旗鼓相当的市场份额。他觉得营销环节问题不大。

他又深入车间了解一线生产情况。生产线运行正常，员工们工作也较为认真。当然，也发现有些员工积极性不是很高，工作节奏较慢。车间主任抱怨道："去年每个人都涨了一级工资。咱厂在本地工厂中是工资最高的。可是这些工人的积极性一点也没提高。"关于严格管理，他说道："其实咱厂管理是很严格的，有那么多的管理规章制度。我本人管理是非常严格的，对于那些迟到早退、生产不合格产品、材料损失浪费的工人从不客气，都狠狠地进行批评。可是这些现象就是屡禁不止，这生产率就是上不去。有的工人好像是在同厂里作对。"小赵还了解到公司的管理机构庞大，管理费用高，产品生产成本也普遍高于同行，据说原材料进价也偏高……

调查的情况千头万绪，小赵决心运用管理理论进行分析，并提出有效的对策方案。

【案例思考题】1. 造成该公司盈利水平下降的原因有哪些？最主要的原因是什么？

2. 解决该公司的问题，泰勒的科学管理理论和行为管理理论哪个更为有效？

资料来源：单凤儒，管理学基础实训教程，高等教育出版社，2009. 略有删改.

【案例思考二】

李某的管理困惑

李某于20世纪80年代初创办了一家私人公司，专营服装批发业务。他本人任经理，负责进货、寻找销售渠道工作，当时雇员只有5人，其工作内容及待遇均由李某一人安排决定。经过几年的艰苦创业，该公司到20世纪90年代初已经发展到一定规模，业绩猛增，在同行业中站住了脚，雇员也由5人增加到25人。

有鉴于改革开放的大好形势和公司的良好发展势头，李某决定改变公司的经营思路，实行生产、销售一体化经营战略。为此，他四处筹资，建立了服装生产企业，并高薪聘请了一批专业服装设计人员。公司扩大了，业务扩展了，李某也更忙了，他每天很早就上班，亲自过问和解决每一件事情。他本以为凭着自己的实干精神和不断提高的工资待遇，可以带动员工齐心协力，使公司更快地发展起来。然而，事实证明，他想得太简单了。公司不但没能像预想的那样蒸蒸日上，相反，却出现了一些不利于公司发展的现象和问题。首先，由于他事无巨细均要亲自过问，拍板定案，没有更多的时间考虑战略性问题。结果有很多商机没有抓住，抑制了企业发展；其次，他经常由于忙于一些具体事务而疏忽了另一些事务，出现了很多管理上的漏洞，甚至丢掉了一批重要的老客户；最后，员工们士气低落，尤其是那些专业设计人员感到与老板见面的机会少，缺乏交流，有一种被遗忘的感觉，找不到成就感。如此等等，令李某茫然。

【案例思考题】 1. 什么是传统管理理论？为什么说李某应该改变他的管理方式了？

2. 你认为李某应当怎样改变他的管理方式，才能更好地适应公司现在的管理？

资料来源：http://doc.mbalib.com/view/1c131c2ff4c1e746bc2c108c4e3a109aa.html. 略有删改.

复习思考题

一、单项选择题

1. 科学管理之父是（　　　）。
   A. 泰勒　　　　　　 B. 法约尔　　　　　 C. 梅奥　　　　　 D. 韦伯
2. 组织管理理论之父是（　　　）。
   A. 泰勒　　　　　　 B. 法约尔　　　　　 C. 梅奥　　　　　 D. 韦伯
3. 古典管理理论认为，人是（　　　）。
   A. 经济人　　　　　 B. 自我实现人　　　 C. 复杂人　　　　 D. 社会人
4. 行为管理理论认为，人是（　　　）。
   A. 经济人　　　　　 B. 自我实现人　　　 C. 复杂人　　　　 D. 社会人
5. 法约尔提出的管理5项职能或要素是（　　　）。
   A. 计划、组织、决策、领导、控制　　　 B. 计划、组织、领导、协调、控制
   C. 计划、组织、指挥、协调、控制　　　 D. 计划、组织、决策、指挥、控制
6. 法约尔认为任何组织都有6种基本活动，即（　　　）。
   A. 技术、经济、安全、财务、会计、管理
   B. 技术、商业、财务、安全、会计、管理
   C. 生产、经营、财务、安全、会计、管理
   D. 生产、商业、财务、安全、组织、管理
7. 法约尔提出的管理原则有（　　　）。
   A. 5项　　　　　　 B. 8项　　　　　　 C. 10项　　　　　 D. 14项
8. 科学管理的中心问题是（　　　）。
   A. 提高劳动生产率　　　　　　　　 B. 提高职工素质
   C. 提高经济效益　　　　　　　　　 D. 提高技术水平
9. 霍桑实验的结论指出：新型的领导者应致力于提高（　　　）。
   A. 员工的满意度　 B. 员工的工资　　　 C. 员工的福利　　 D. 员工的精神需要
10. 决策理论学派的主要代表人是（　　　）。
    A. 西蒙　　　　　 B. 法约尔　　　　　 C. 梅奥　　　　　 D. 韦伯

二、判断题

1. 法约尔是"科学管理之父"。　　　　　　　　　　　　　　　　　　　　　　　（　　　）
2. 法约尔认为，管理职能包括计划、组织、指挥、协调和控制。　　　　　　　（　　　）

3. 泰勒是"管理科学理论之父"。　　　　　　　　　　　　　　　　　　（　　）

4. 霍桑试验的研究发现，工作环境和物质条件直接影响着劳动生产率的提高。（　　）

5. 梅奥等人所创立的人际关系学说，为行为科学的发展奠定了基础。　　（　　）

6. 韦伯认为只有合理合法的权力才是适宜理想的行政体系的组织基础。　（　　）

7. 霍桑试验的研究发现，企业中存在着非正式组织。　　　　　　　　　（　　）

8. 霍桑试验的研究发现，生产效率的提高取决于员工的工资水平。　　（　　）

9. 人际关系理论认为，工人是"经济人"。　　　　　　　　　　　　　（　　）

10. 科学管理注重个人工作的管理，而组织管理注重组织整体的管理。　（　　）

三、名词解释

科学管理理论，一般管理理论，霍桑试验，系统管理理论，权变管理理论，管理科学理论，学习型组织，核心能力。

四、思考题

1. 泰勒科学管理理论的主要内容有哪些？

2. 法约尔提出的企业 6 种基本活动是什么？

3. 法约尔提出的 5 项管理职能是什么？与现在的提法有何异同？

4. 简述法约尔的 14 条管理原则。

5. 韦伯理想的行政组织体系的主要特征是什么？

6. 什么是霍桑实验？

7. 梅奥在其《工业文明中人的问题》一书中提出了哪些主要观点？

8. 何谓管理理论的丛林？其中有哪些主要的管理流派？

9. 系统管理理论的含义？

10. 权变管理理论的含义？

11. 管理科学理论的含义？它与科学管理理论有何关系？

12. 什么是学习型组织？

13. 什么是核心能力？一项能力可以界定为企业的核心能力，其必须满足哪些条件？

第三章 组织的道德与社会责任

▶ **学习目的与要求：**

● 了解管理的道德原则、道德管理的特征，了解改善组织道德氛围的途径，了解企业社会责任四阶段模型；

● 理解影响管理道德的因素，理解企业的社会义务及社会责任，理解企业社会责任的内涵、理解企业的利益相关者及其管理。

 引导案例：

结果能证明方式正确么？

一组共 100 名商人被要求对以下的一段文字发表看法。

商人的首要任务就是保持其经营的盈利性，因为如果他的生意破产，这将使商人自身的生活以及其他人的工作不久即陷入困境。因此，对一个商人来说，面临财务危机或竞争激烈时，基于道德考虑，也应做违背良心的决策。你是否同意？

11 人同意，87 人不赞成，2 人拒绝回答。以下他们的一些观点。

"经济的破产较之道德的沦丧，后者更不能接受。"

"任何人都可能有道德或不道德，但如果他同意以上的论述，在我看来，他并无道德可言。"

"我不同意，商人的首要职责是对于自己负责，也即维护自身的操守不被玷污。这远比盈利更为重要。"

"如果你同意以上观点，你使盈利性成为营业的首要标准，我认为这就没什么意义了。"

一些人要求得到在实际营运中与上述文字类似的实例。每个人都得到了一个关于小商业公司的真实事例。这一公司的最高层管理行为基于商业公正原则，但是不反对偶尔对顾客进行商业欺诈，或向供货商要求实际并未发生的广告费用。听到这一事例的大部分人都对这家公司的管理持反对态度。

"那就好比吸上了第一口鸦片。"

"他们还在继续经营吗？"

"他们本质上是坏的，而且不会改变。"

"做类似的事情就好比打开了通向痛苦之门。持这种理念的公司必然不会仅仅做一二件不道德的事。"

一些商人也从经济角度对这段阐述作了批驳。

"如果这个商人不会通过合法经营获得利润。那么，或许是由于他们产品没有市场，或许是因为他就是个差劲的管理者。如果这是真的，那么不考虑他们短期决策效益，他迟早将会破产。"

"不道德的行为不能拯救这样的人，他的问题通常涉及范围很广，他要么选择错了市场，要么就是不懂得如何经营。"

"一个面临这一危机的公司很可能不应再继续经营。如果这是真实的，那么这一经营很可能非经济，因而需终止。这样的公司对经济毫无贡献，通过不道德行为，无效率的公司将可能持续经营。这对社会不能带来任何好处。"

少数同意这一观点者也有他们的理由。

"在一定程度上，类似如此的决策对于公司的经营是很必要的，这一妥协的必要性使你被迫违背良心。"

"我将会觉得必须维持经营，这可能会使我将一些不道德行为正当化。"

"你不得不保持经营的盈利性，如果优柔寡断，那你注定要破产。"

"良心就是道德的监控者，但你不能总是听从良心。如果想要获得成功，你必须抛弃一些良心。"

资料来源：苏勇，陈小平，管理学伦理学教学案例精选，复旦大学出版社，2001.

组织作为一种社会的存在，在追求其自身的社会、经济目标的同时，还必须明辨是非、抑恶扬善。这意味着组织的决策和行为不仅要合乎法律规定，而且要符合道德的要求。任何组织的管理行为都在文化深层次上体现它秉持的道德观，并形成独特的管理道德。

第一节　管理的道德原则

企业的道德行动依赖于企业的道德原则来做出判断，所谓道德判断，就是人们依据一定的道德原则，运用相应的方法，对组织行为的善恶进行判断。有效的道德判断是根据组织的道德发展水平，以管理者自身的价值观为基础，从道德判断的要素入手，运用道德判断的原则和方法而做出的合理选择。管理者也依据道德判断的原则来调停组织内外的道德冲突。从企业道德出发，管理应当遵守的原则有以下几条。

（1）功利主义原则。它的出发点是追求伦理效用的最大化，即管理应当这样去做事，使管理活动对最多数人产生最大限度的善和最小限度的恶。功利主义原则不是利己主义，而是要考虑大众的利益。企业要考虑如何才能对最多数的利益相关者产生幸福和快乐，最大限度地降低他们的痛苦。

（2）权利原则。道德权利是指作为社会人和组织人，其应有的权利。如果说功利主义是从组织和社会整体来考虑道德，那么权利原则的核心则是从个体和群体的观点来表达道德。权利原则主张权利不能简单地被功利所藐视，它只能被另一个更基本或更重要的权利所超越。我们不能因为其他人的快乐，而剥夺一个人应有的道德权利和法律权利。特别对于弱势群体，企业管理者要保护他们的法律权利、维护其道德权利，如残疾人权利、老年人权利、农民工的权利等。

（3）公正原则。它要求公平对待每个人。管理者应在最广泛的基本自由方面，保证每个人拥有平等的权利。因此，他们要确定什么是公正以及每个人应得的权利，这些问题可能极其复杂。因为公正概念具有丰富的内涵，管理者不仅要考虑分配和奖惩的公正，还要考虑组织内部与组织之间交易的公平，组织制度能否保证公正性以及利益受损人员的补偿公平性。

（4）关怀原则。道德的建立是为了人，而不是人为道德而生存。关怀原则要求管理者应当培育和维护企业内外具体的社会关系，尤其是对那些易受伤害的人给予特殊的关爱，关心他们的需要、福利以及他们的价值观。企业要把关爱当成一种目标，而不是获取利润的手段。企业利益相关者的关系本质就是合作的关爱关系。

（5）服务原则。服务理念已经成为现代企业经营与管理的基本思想。对外，企业要将经营过程看成是服务的过程，从服务观来审视自身及其与顾客的关系。企业提升其竞争力的核心解决方案是了解顾客价值的内生过程，在此基础上向他们提供能够满足其价值生成过程的一整套产品。对内，要将管理看成是服务的过程，树立奴仆领导的观念，好的领导首先是一个奴仆，关心他人，保证他人需要的满足。

（6）忠恕原则。儒家以忠恕之道作为赢身处世原则，它也被现代伦理学看成是金科玉律。忠者，尽其在我，尽己之心去为人；恕者，将心比心，也就是以己之心度人之心，设身处地，推及他人，己所不欲，勿施于人。

第二节　道德管理的特征及影响管理道德的因素

一、道德管理的特征

合乎道德的管理具有以下七个特征。

（1）合乎道德的管理不仅把遵守道德规范作为组织获取利益的一种手段，更把其视作组织的一项责任。在遵守道德规范会带来利益或不遵守道德规范会带来损失的情况下，组织当然会选择遵守道德规范；但在遵守道德规范会带来损失或不遵守道德规范会带来利益的情况下，组织仍然会选择遵守道德规范，这就是责任。在企业管理中承担责任有时意味着要额外付出成本。

（2）合乎道德的管理不仅从组织自身角度更应从社会整体角度看问题。有时，为了社会整体的利益，甚至不惜在短期内牺牲组织自身的利益。就如在经济危机、民族危机和其他严重社会危机来临的关键时刻，企业所做的牺牲自身利益，维护整个社会的利益那样。道德的发展史表明，道德一开始就是一种调整个人利益与社会集体利益的行为规范。道德原本的用意在于维护社会共同利益的尊严。实际上，道德的崇高和价值就在于它是共同利益的维护者。

（3）合乎道德的管理尊重所有者以外的利益相关者的利益，善于处理组织与利益相关者的关系，也善于处理管理者与一般员工及一般员工内部的关系。合乎道德的管理者知道，组织与利益相关者是相互依存的。

（4）合乎道德的管理不仅把人看作手段，更把人看作目的。组织行为的目的是为了人。尊重人、视人为目的的思想正逐渐进入管理领域。

（5）合乎道德的管理超越了法律的要求，能让组织取得卓越的成就。法律是所有社会成员必须共同遵守的最起码的行为规范。一个组织如果奉行"只要守法就行了"的原则，就不大可能去积极从事那些"应该的"、"鼓励的"行为，实际上也就等于放弃了对卓越的追求。哈佛大学的佩尼说得好："法律不能激发人们追求卓越，它不是榜样行为的准则，甚至不是良好行为的准则。那些把道德定义为遵守法律的管理者隐含着用平庸的道德规范来指导企业"。仅仅遵守法律不大可能激发员工的责任感、使命感，不大可能赢得顾客、供应者、公众的信赖、支持，因而也就不大可能取得非凡的成就。相反，合乎道德的管理者虽不把组织利益放在第一位，但常常能取得卓越的业绩。

（6）合乎道德的管理具有自律的特征。有时，社会舆论和内心信念能唤醒人们的良知、羞耻感、内疚感，从而对其行为进行自我调节。

（7）合乎道德的管理以组织的价值观为行为导向。组织的价值观不是个人价值观的简单汇总，而是组织所推崇的并为全体（或大多数）成员所认同的价值观。组织的价值观有时可以替代法律来对组织内的某种行为作"对错"、"应该不应该"的判断。

追求道德的管理者通常为组织确立起较为崇高的价值观，以此来引导组织及其成员的一切行为。这种价值观一般能够激发起成员去做出不平凡的贡献，从而给组织带来生机和活力。

二、影响管理道德的因素

综合中西方管理学理论，管理道德一般受以下五种因素的影响最大。

1. 道德发展阶段

国外学者的研究表明，道德发展要经历三个层次，每个层次又分为两个阶段。随着阶段的上升，个人的道德判断越来越不受外部因素的影响。道德发展所经历的三个层次和六个阶段如表 3-1 所示。

表 3-1　道德发展阶段

层　　次	阶　　段
前惯例层次： (1)只受个人利益的影响； (2)决策的依据是本人利益，这种利益是由不同行为方式带来的奖赏和惩罚决定的	(1)遵守规则以避免受到物质惩罚； (2)只在符合自身的直接利益时才遵守规则；
惯例层次： (1)受他人期望的影响； (2)包括对法律的遵守，对重要人物期望的反应，及对他人期望的一般感觉	(3)做周围的人所期望的事； (4)通过履行允诺的义务来维持平常秩序；
原则层次： (1)受个人用来辨别是非的伦理准则的影响； (2)这些准则可以与社会的规则或法律一致，也可以与社会的规则或法律不一致	(5)尊重他人的权利，置多数人的意见于不顾，支持不相干的价值观和权利； (6)遵守自己选择的伦理准则，即使这些准则违背了法律

道德发展的最低层次是前惯例层次。在这一层次，个人只有在其利益受到影响的情况下才会作出道德判断。道德发展的中间层次是惯例层次。在这一层次，道德判断的标准是个人是否维持平常的秩序并满足他人的期望。道德发展的最高层次是原则层次。在这一层次，个人试图在组织或社会的权威之外建立道德准则。

有关道德发展阶段的研究表明：

(1) 人们一步一步地依次通过这六个阶段，不能跨越；

(2) 道德发展可能中断，可能停留在任何一个阶段上，也可能倒退和堕落；

(3) 多数成年人的道德发展处在第四阶段上，也有少数人能始终坚持自己信奉的原则。

2. 个人特性

管理者的个人特性对组织的管理道德有着直接的影响。这里所讲的个人特性主要是指管理者的个人价值观（包括道德观）、自信心和自控力。

人们的价值观是由家庭、朋友、社区环境、教育环境、宗教信仰、生活和工作经历等因素影响而逐渐形成的。由于每个人所遇到的这些因素千差万别，因而每个人判断是非善恶的标准就不可能完全相同。每个人对待权力、财富、爱情、家庭、子女、社会、人生以及个人责任等的态度也各有不同。所以在同样的管理道德问题面前，每个管理者作出的决策不可能完全相同，甚至可能完全相反。

管理者个人的自信心和自控力与管理道德也很有关系。由于涉及道德的管理问题一般都有较大争议，往往会受到利益与道德风险两方面的巨大压力，自信心和自控力弱的人就会摇摆不定和困惑不解，很容易屈服于外力摆布，而难于坚持自己的主张。自信心和自控力强的人，一般都会深信自己的判断是正确的，因而通常都能坚持去做自己认为正确的事，他们也会听取不同的意见，但自己确定的方向和底线不会轻易改变。

3. 组织结构

组织结构对管理道德影响巨大，主要体现在以下的几个方面。

（1）组织内部机构和职责分工有没有必要的权力制衡、监察、检查、审计机制，有没有外部群众和舆论监督。如果有比较完善的内外制衡监督机制，就可大大预防和制止不道德的管理行为产生。

（2）组织内部有无明确的规章制度。清晰说明各级管理职务的实施细则和应遵守的道德准则，可以有效预防不道德管理行为的产生。

（3）上级管理行为的示范作用。下级必然会十分关注上级的管理行为，从中弄清哪些管理行为是上级可以接受和真正期待的，上行下效。

（4）绩效评估考核体系会起到指挥棒的作用。如果评估考核奖惩过于偏重于成果，并且所订的指标又偏高，各级管理者就可能迫于强大的压力而不择手段地去追求成果指标，从而引发许多不道德的管理行为。

4. 组织文化

组织有无诚信、包容的组织文化对管理道德有重要影响。如果管理者和员工在积极创新进取时，遭受挫折或失败，不会受到组织的歧视和惩罚；相反的，如果通过采用某些不道德的行为取得成果，将会被人们揭露和鄙视。这样诚信做事、包容失败的组织文化将必然减少不道德的管理行为。

5. 问题强度

道德问题强度会直接影响管理者的决策。所谓问题强度，是指该问题如果采取不道德的处理行为可能产生的后果的严重程度。如果采取不道德的行为产生的后果很严重，那么管理者很可能采取道德的行为。但是当问题本身对组织具有特别重大影响时，管理者为了保护本组织的利益也可能冒被揭露的风险而采取不道德的管理行为。

三、改善组织的道德氛围

有效改善组织的道德氛围有多种途径，如选拔道德水准高的人员，制定道德准则，高层管理者以身垂范，建立合理的绩效评价制度，提供道德方面的培训，实施社会审计，向面临道德困境的人们提供支持等。各项措施单独未必能产生多大的作用，但若能够以一种综合的方式来实施的话，便有可能显著地改善组织的道德风气。

（1）人员的选拔。不同的人处于不同的道德发展阶段并拥有不同的个人价值体系和性格。组织可以通过甄选过程——面试、笔试、背景测试等来剔除那些在道德上不符合要求的求职者。

（2）道德准则。组织成员对于道德上的是非问题并非总是一清二楚的。道德准则是组织用于表明期望员工遵守的基本道德规则的正式文件。采用道德准则是许多组织用于减少其成员在道德方面困惑的一种通行做法。从全球范围来看，发布正式的道德准则这种做法也日益流行起来。

（3）高层管理者以身垂范。道德准则要发挥效果，组织的高层管理者就必须以身作则。一个行动胜过一万句说教。高层管理者所做出的任何不符合道德准则的行为都等于是在向全体员工暗示这些行为是可以接受的。高层管理者还可以通过他们的奖惩行为来建立组织的文化基调。提拔什么人或是奖励什么事，都会向员工传达强有力的信息。同样，一旦发现不符合道德规范的行为，也必须使行为者为此付出代价。

（4）工作目标和绩效评价。员工的目标应当明确而现实。在不现实的目标压力下，即使道德水准很高的员工也会被迫采取"不择手段"的态度。明确而现实的目标会减少员工的困惑并使之受到激励而不是惩罚。绩效评价通常总是着重于考察目标实现与否，但结果会使手段合理化。如果期望员工保持高的道德水准，组织就应将此体现在其绩效评价过程中。例如，对于管理者的年度评价不仅要包括其目标的实现程度，或许还应评价其各项决策符合组织道德准则的程度。

（5）提供道德规范方面的培训。越来越多的组织通过各种培训项目来鼓励人们的行为符合道德规范。这类培训有助于灌输组织的行为标准；有助于向人们阐明什么行为是可以接受的，什么是不可以接受的；还有助于在必须采取令人不快但合乎道德的立场时，增强人们的自信。

（6）实施独立的社会审计。防止不道德行为的一个重要的因素是害怕被抓住的心理。借助于独立的社会审计，依照组织的道德准则来评价决策和管理行为，有助于发现非道德的行为。这种审计可以是一种常规性评价，就像财务审计一样定期实施，或者是在没有预先通知的情况下随机抽查，最好是这两种方式结合。为了保证诚实正直，审计人员应对公司的董事会负责，并直接将审计结果呈交董事会。

（7）建立正式的保护机制。组织可以通过某种正式的机制来保护处于道德困境的员工能够按照自己的判断行事。如可以采取设立咨询员的方式，当员工面临道德困境时，能够开口向咨询员诉说并寻求指导。咨询员可以扮演促成正确选择的倡议者角色。此外，组织还可以设立专门的职位或程序来守护组织的道德准则。

【阅读材料 3-1】

麦道公司的员工道德守则

个人应当具有正直和符合道德的品质。为了使正直和道德成为麦道公司的特征，作为公司成员的我们必须努力做到：

- 在所有交往中要诚实可信；
- 要可靠地完成所交代的任务；
- 说话和书写要真实和准确；
- 在工作中要与人合作并作出自己的贡献；
- 对待同事、顾客和其他人要公平和体贴；
- 在所有活动中要遵守法律；
- 承诺以较好的方式完成所有任务；
- 节约使用公司资源；
- 为公司服务并尽力提高我们生活于其中的世界的生活质量。

正直和高道德标准要求我们努力工作、具有勇气和作出艰难选择。有时，为了确定正确的行动路线，员工、高层管理人员和董事会之间进行磋商是必要的。有时正直和道德可以要求我们放弃商业机会。但是，从长远看，做正确的事比做不正确、不符合道德的事对我们更有利。

资料来源：周三多，陈传明，管理学，高等教育出版社，2010.

第三节 企业的社会责任与利益相关者

一个具有社会责任感的组织会主动地从事有助于改善社会的事情，而不限于法律要求或经济上有利的事情。之所以这样，是因为这些事情是应该做的、正确的或是合乎道德的。社会责任要求企业明辨是非，决策合乎道德标准，经营活动合乎道德规范。一个具有社会责任感的组织只做正确的事情，因为它觉得有责任这样做。

一、企业社会责任的内涵

社会责任是指企业追求有利于社会的长远目标的一种义务，它超越了法律和经济所要求的义务。

社会责任与社会义务不同，社会义务指的是一个企业承担其经济和法律责任的义务，这是法律所要求的最低限度。若只是以社会义务作为对自己的要求，那么企业在追求社会目标时将仅从事有利于其经济目标的活动。社会责任超越了只是符合基本的经济和法律标准的限度，加入了一种道德的要求，促使人们从事使社会变得更美好的事情，而不做那些有损于社会的事情。

从责任的类型来看，企业承担的社会责任包括经济、法律、道德和慈善四种类型。

（1）经济责任。它要求企业要不断地创造财富，实现销售收入的增加和成本的下降。经济责任是其他社会责任的基础。因为企业首先是经济组织，它的首要任务就是通过提供产品和服务来满足社会的需要。如果企业不能创造财富，那么它就无法实现股东财富的增长，也无法解决社会就业和税收。

（2）法律责任。它要求企业合法经营、遵纪守法、按章纳税、履行合同义务。法律责任是企业承担社会责任的底线。超越了这个底线，任何企业最终都要为之付出代价。因此，企业管理者要有足够的法律意识。

（3）道德责任。企业的社会道德责任是指法律规定以外的、社会成员希望发生或禁止的行为与结果。企业只承担法律责任是不够的，因为法律具有滞后性和不完备性，伦理规范或社会价值观的变革总是在立法之前。社会希望企业能够顺应社会观念的潮流。由于法律的出发点是规定禁止行为，因此对那些既不鼓励也不禁止的行为，就不在法律责任范围之内。

（4）慈善责任。企业慈善责任是企业道德责任的一个特殊方面，它属于企业自愿的行为。企业慈善行为包括为了公共需要自愿服务、自愿联合和自愿捐赠。尽管慈善行为的本意是以仁慈的做法来体现对人类的爱，但企业承担慈善责任的背后动机往往比较复杂。企业管理者可以将慈善行为与企业目标的实现协调起来，进行事业营销活动和战略慈善。所谓的事业营销就是企业与慈善机构联合，消费者每次购买产品和消费服务的活动，都是企业捐赠的一部分。

从企业的利益相关者来看，企业的社会责任内涵体现在以下几个方面。

（1）消费者。发现客户的需求，满足其需求；广告要真实；价格要合理；产品使用要方便、经济和安全；实行质量保证制度；提供周到的售后服务等。

（2）供应商与合作者。恪守信誉，严格执行合同；反对市场霸权，提供公平交易机会，获取合理利润；通过定期的沟通和交流提高双方的配合程度等。

（3）行业。遵循公认的行业道德和职业道德；不假冒他人的商标，也不使用相近的名称、包装、装潢；在交易中不恶意损害对手形象；不以低于成本价格进行恶性竞争；不搞垄断性经营等。

（4）政府与社区。执行国家法令和法规；照章纳税；提供就业机会；支持政府组织的社会公益事业、福利事业和慈善事业等。

（5）股东。向股东提供真实、全面的经营和投资方面的信息；提高投资收益率；提高市场占有率；促进股票升值；合理划分管理人员和员工的报酬；有效控制管理费用等。

（6）员工。公平的就业、上岗、报酬、调动和晋升；安全、卫生的工作条件；丰富的文化、娱乐活动；提供员工参与管理和全员管理的环境；提供员工的在职教育和培训等。

（7）社会与社区。救济无家可归的人员；安置残疾人就业；资助失学儿童；支援落后地区发展经济；帮助孤老寡人；支持社区环保和公益事业，为社区提供慈善捐赠等。

（8）自然环境。选择可生物分解与循环利用的原材料；不断地改进工艺流程和提高技术水平，以减少能量消耗，有效地保护能源，持续减少生产废料；使用环保包装，不污染环境等。

二、企业的利益相关者及其管理

1. 企业的利益相关者

所谓的利益相关者，其本意是企业权益的拥有者。传统股东模式认为，企业权益只能归资本拥有者，这种企业模式主要关心的是企业财务和经济关系。

企业管理的道德逻辑从根本上改变了人们对企业主体的认知。我们并不能简单地说，企业是投资者的企业，企业管理的目标也不能简单地归结为追求股东利润的最大化。因为作为社会活动的主体，企业的经营受限于企业环境中的其他行动者，企业的利润是这些行动者的集体贡献。因而，企业有责任保护这些行动者的利益；同时，企业的经营活动也影响了其他行动者的行为，企业是通过与其他社会行动者建立社会契约而获得合法性的，这些行动者有权利要求得到社会契约所规定的道德权利，如公平、正义和平等。因此，企业利益相关者就是任何能够影响企业活动，从而在不同程度上影响企业目标实现的所有个体和群体。卡罗尔把利益相关者划分成两个层面，他认为，利益相关者一方面是指能够影响组织行动、决策、政策、活动或目标的人或团体；另一方面是指受组织行动、决策、政策、活动或目标实现影响的人或团体。

与企业股东模式不同，利益相关者方法不仅关心企业活动中的经济因素，也分析影响企业组织与个人的道德、政治、法律和技术利益。利益相关者方法就是要尊重和保障企业利益相关者的权利；追求企业客户、员工、供应商、股东的利益最大化。

企业利益相关者思想是长期演化的结果。人们在公司形成初期更多地只能看到企业生产过程受到供应商和顾客的影响；随着科学管理的发展，公司内部职能部门和所有者才不断地受到企业重视；现代企业管理已经需要注意除上述因素外的，影响企业活动的政府、员工、社区、所有者和消费者等诸多因素。

惠勒和西兰帕提出的企业利益相关者有：主要利益相关者包括股东与投资者、员工与管理者、顾客、当地社区、供应商和其他合作企业；次要利益相关者包括政府与监管机构、社会压力群体、媒体与学术评论者、贸易团体及竞争者等。例如，微软公司的利益相关者包括所有者、政府、供应商、顾客、员工与管理者、竞争对手、社区和其他相关者。微软的所有者包含信托机构、基金、董事会成员、持股的管理者等；在政府因素中，既包括联邦政府，也有州政府；微软的竞争对手来自于浏览器开发者、操作系统开发者和软件开发商等。

2. 企业的利益相关者管理

有效的利益相关者管理需要明确以下几个问题：谁是我们的利益相关者；他们拥有哪些权益；他们会给企业带来哪些机会与挑战；其程度如何；企业需要承担哪些责任；企业需要采用什么样的战略和战术；利益相关者的网络如何变化。

利益相关者管理的首要任务是确定谁是企业的利益相关者？企业的利益相关者是对企业经营活动有影响的个人和团体，没有影响的个人和团体只能是非利益相关者。企业要根据利益相关者要求的合理性、影响力和紧急性，找出主要的、依靠的、引起危险的和决定性的利益相关者。

企业需要对利益相关者制定明确的管理战略，一个基本的方法就是根据利益相关者对组织可能造成的威胁程度和他们与组织合作的可能性来制定相应的管理战略：①参与战略，该战略针对的利益相关者属于支持型的，他们的潜在威胁程度低，合作程度高，如，企业的员工、管理者、顾客、供应商都是支持型的，企业要鼓励他们投入到企业活动中来；②监控战略，该战略针对的利益相关者合作潜力小、威胁程度低，如，有些社区可能就属于这种类型；③防范战略，该战略针对的利益相关者潜在威胁大，而合作潜力小，他们属于非支持型的利益相关者，企业要采用防范战略，抵制其利益，瓦解其支持力量，如，有些媒体和竞争对手就属于这种类型；④合作战略，该战略针对的利益相关者威胁大，而合作潜力也大，他们属于利弊兼有型，他们既有可能转化成支持型，也有可能转化成非支持型，企业需要与他们合作，使他们转化成支持型，对于企业来说，有不少顾客和员工都属于这种类型。

三、企业社会责任四阶段模型

下面的四阶段模型有助于我们理解组织社会责任的逐步扩展。

第一阶段，工业化初期。管理者只是追求成本最小化和利润最大化从而提高股东的利益，虽然遵守所有的法律法规，但管理者并未感到有义务要满足其他的社会需要。

第二阶段，工业化中期。管理者认识到对员工的责任，并高度重视人力资源管理，希望招聘、留住和激励优秀的员工。这一阶段的管理者较重视改善工作条件、扩大员工权利、增加工作保障等。

第三阶段，工业化后期。管理者将社会责任扩展到具体环境中的其他相关方，即顾客和供应商方面，强调公平的价格、高质量的产品与服务、安全的产品、良好的供应商关系以及类似的举措，认为只有通过满足具体环境中其他各方面的需要，才能实现对股东的责任。

第四阶段，后工业化时期。管理者感到他们对社会整体负有责任。他们积极促进社会公正、保护环境、支持社会公益活动，如改善所在地的教育和医疗卫生事业，美化环境，保护资源，服务社区，改善行业及企业的商业习惯，共享非专有信息等。他们还会主动去影响和推动其他的公私机构，共同促进上述目的的实现，即使这些活动会对利润产生消极影响。

每进入一个阶段都意味着管理者自主裁量程度的提高，意味着管理者必须做出更多的判断。显然，管理者有遵守法律和创造利润的基本责任，不能实现这两个目标将威胁组织的生存。但是，除此之外，管理者要识别他们应对其负有责任的人们。通过关注相关方及其对组织的期望，管理者能够减少他们忽视关键问题的可能性，也能够做出更有责任的选择。

我国大部分企业尚处在第二、第三阶段，西部地区许多企业可能还处在第一阶段。但是我国已有相当一部分企业已经到达第四阶段。衡量企业道德发展阶段的最好标志，就是企业对待社会责任的态度。

本 章 小 结

（1）组织作为一种社会的存在，在追求其自身的社会、经济目标的同时，还必须明辨是非，抑恶扬善。这意味着组织的决策和行为不仅要合乎法律规定，而且要符合道德的要求。企业的道德行动依赖于企业的道德原则，所谓道德判断，就是人们依据一定的道德原则，运用相应的方法，对组织行为的善恶进行判断。从企业道德出发，管理应当遵守的原则有功利主义原则、权利原则、公正原则、关怀原则、服务原则、忠恕原则。

（2）合乎道德的管理往往具有一些共同的特征。管理道德受诸多因素的影响，以下五种因素的影响最大：第一，道德发展阶段，道德发展要经历三个层次，每个层次又分为两个阶段，随着阶段的上升，个人的道德判断越来越不受外部因素的影响；第二，管理者的个人特性对组织的管理道德有着直接的影响，这里所讲的个人特性主要是指管理者的个人价值观（包括道德观）、自信心和自控力；第三，组织结构，组织结构对管理道德影响巨大；第四，组织文化，组织有无诚信、包容的组织文化对管理道德有重要影响；第五，道德问题强度会直接影响管理者的决策，所谓问题强度，是指该问题如果采取不道德的处理行为可能产生的后果的严重程度。有效改善组织的道德氛围有多种途径，如选拔道德水准高的人员、制定道德准则、高层管理者以身垂范、建立合理的绩效评价制度、提供道德方面的培训、实施社会审计、向面临道德困境的人们提供支持等。

（3）社会责任与社会义务不同，社会义务指的是一个企业承担其经济和法律责任的义务，这是法律所要求的最低限度。社会责任超越了只是符合基本的经济和法律标准的限度，加入了一种道德的要求，促使人们从事使社会变得更美好的事情，而不做那些有损于社会的事情。从责任的类型来看，企业承担的社会责任包括经济、法律、道德和慈善四种类型。从企业的利益相关者来看，企业的社会责任包括对消费者、供应商与合作者、行业、政府与社区、股东、员工、社会与社区、自然环境的责任。企业利益相关者就是任何能够影响企业活动，从而在不同程度上影响企业目标实现的所有个体和群体。利益相关者管理的首要任务是确定谁是企业的利益相关者？企业的利益相关者是对企业经营活动有影响的个人和团体，没有影响的个人和团体只能是非利益相关者。企业要根据利益相关者要求的合理性、影响力和紧急性，找出主要的、依靠的、引起危险的和决定性的利益相关者。

【案例思考】

一位临时职员的困惑

怀特是美国一所大学的学生。为了勤工助学，他在一家伊利诺伊的公用事业设备公司找了一份暑期工。怀特担任了4年的抄表员工作，这份工作总是每天穿梭于楼房之间，记下每月的电表、煤气表上的读数。他天天向公司汇报情况并选择每一天的工作路线。但由于路线的长短不同，所以抄表户数也随之相异。

在几年的抄表员生涯中，有一个问题始终困扰着怀特。因为当第一个月接手工作时，他用整整8小时来完成一天的工作量。随着经验的积累，工作占用了越来越少的时间，这是所有抄表员共同面临的一个问题。有很多日子，怀特仅用4小时就完成了一条路线的抄表工作。当日工作完成后无事可干，他就回家去了。第二天他就交上前日所完成的工作又再选择一条新的线路，怀特不是处在此种情形下的唯一人员，因为同事们也没有一个是满负荷工作的。他通常每日工作6小时，而有些正式职工平均每天上班只有5小时左右。

公司中的领导其实也知道这个情况，因为问题在怀特进公司之前就早已存在了，但领导只是警告下属不要被发现偷懒。然而这种情况对于雇员们来说，已成为笑料的内容了。但他们只是内部流传，因为谁也不想把事情捅到更高层，更不想由此而导致增加工作负担。

怀特找到了很多理由来为自己的行为辩解。众所周知，一个新手用一整天去完成一条路线的抄表工作，但是效率却不及经验丰富的抄表员。非但如此，抄表员们用午餐很少超过20分钟，为的是在省下的40分钟里再多干点。总的来说，抄表员们觉得与他们的职责相比，这点工资实在太低，所以用时间弥补一下也说得过去。

怀特认为，自己只是个兼职的人员，所以不必把工作量不足的问题向公司汇报。他知道等毕业以后，自己不会回来继续干这份工作。因为一旦成为正式员工，他就会针对实际情况而作一次深入的调查，这样那些需养家糊口的同事可能就会为此而失去工作，这对他们来说是残忍的，可能也是不公平的。再说，这也将会威胁到在公司已干了30年的那位领导人的位置。怀特不想看到任何抄表员因为工作量减少而被解雇。他感到，有足够的肩负重任的正式雇员已经意识到这个问题，他认为应由他们首先向公司汇报。

【案例思考题】1. 你认为怀特应该向公司汇报么？

2. 对于抄表员的工作，应该如何管理和控制？

资料来源：http://202.121.48.120/a3abcb1e-2ff1-4a4b-afb6-3b51ca07a99c.doc.略有删改.

复习思考题

一、单项选择题

1. 追求伦理效用的最大化，即管理应当这样去做事，使管理活动对最多数人产生最大限度的善和最小限度的恶。这是（　　　）道德原则。

    A. 功利主义原则　　　　　B. 权利原则　　　　　C. 公正原则　　　　　D. 关怀原则

2. 多数成年人的道德发展处在第（　　　）阶段上。

    A. 三　　　　　　　　　　B. 四　　　　　　　　C. 五　　　　　　　　D. 六

二、判断题

1. 合乎道德的管理不仅把遵守道德规范作为组织获取利益的一种手段，而且更把其视作组织的一项责任。（　　　）

2. 合乎道德的管理超越了法律的要求，能让组织取得卓越的成就。（　　　）

3. 合乎道德的管理不仅把人看作手段，更把人看作目的。（　　　）

4. 人们一步一步地依次通过道德发展的六个阶段，不能跨越。（　　　）

5. 道德发展可能中断，可能停留在任何一个阶段上，也可能倒退和堕落。（　　　）

6. 多数成年人的道德发展处在第五阶段上。（　　　）

7. 自信心和自控力强的人，一般都会深信自己的判断是正确的。（　　　）

8. 如果有比较完善的内外制衡监督机制，就可大大预防和制止不道德的管理行为产生。（　　　）

9. 组织有无诚信、包容的组织文化对管理道德有重要影响。（　　　）

10. 工业化中期，管理者认识到对员工的责任，并高度重视人力资源管理。（　　　）

11. 功利主义原则就是利己主义。（　　　）

12. 如果说功利主义是从组织和社会整体来考虑道德，那么权利原则的核心则是从个体和群体的观点来表达道德。（　　　）

三、名词解释

功利主义原则，权利原则，公正原则，服务原则，社会义务，社会责任，利益相关者。

四、思考题

1. 道德管理的特征有哪些？

2. 简述影响管理者道德的因素？

3. 有效改善组织的道德氛围有哪些途径？

4. 社会责任的含义是什么？它与社会义务是否相同？

5. 从责任的类型来看，企业承担的社会责任包括哪些？

6. 企业的利益相关者有哪些？

7. 简述企业社会责任的四阶段模型。

第二篇　计　划

第四章　计划与目标

学习目的与要求:

- 了解计划的作用、计划的类型、目标的含义、目标的作用与分类、网络计划法、MRP 到 ERP 的演变过程;
- 理解目标的性质、滚动计划法的基本思想、计划与决策的关系、计划的基本要求;
- 掌握目标管理的基本思想、目标管理的实施步骤、制定计划的程序。

 引导案例:

美国的航天计划

美国为谋求和保持空间领先地位,自 1958 年成立航宇局以来实施了一系列载人航天计划。

"水星"计划是美国 1958 年开始实施的第一个载人航天计划。鉴于当时与苏联竞争的紧迫形势,该计划的基本指导思想是尽可能利用已经掌握的技术和成果,以最快的速度和简单可靠的方式抢先把人送上天。"水星"计划于 1963 年结束,共完成 25 次飞行试验,其中包括 4 次动物飞行,2 次载人弹道飞行,4 次载人轨道飞行,耗资约 4 亿美元。

美国通过"水星"计划证明人能够在空间环境中生存和有效地驾驶飞船,也取得了载人飞船设计的初步经验。但是在这一回合的载人航天竞争中输给了苏联,突出表现为载人上天的时间落后于苏联,航天运载能力也处于劣势。为改变这种局面,美国总统肯尼迪于 1961 年 5 月 25 日宣布了"阿波罗"载人登月计划。

作为从"水星"到"阿波罗"计划之间的过渡,美国于 1961 年 11 月至 1966 年 11 月实施了"双子星座"计划。其主要任务是研究、发展载人登月的技术和训练航天员长时间飞行及舱外活动的能力。该计划历时 5 年,完成了 10 次环地轨道载人飞行,每次 2 人,共花费 12.8 亿美元。

"阿波罗"计划从 1961 年开始实施至 1972 年结束,共花费 240 亿美元,先后完成 6 次登月飞行,把 12 人送上月球并安全返回地面。它不仅实现了美国赶超前苏联的政治目的,同时也带动了美国科学技术特别是推进、制导、结构材料、电子学和管理科学的发展。但是,"阿波罗"计划耗资太大,几乎占用了航宇局 20 世纪 60 年代全部经费的 3/5,严重影响了美国空间科学和空间应用领域的发展,迫使美国重新考虑下一步的航天目标。

资料来源:http://www.cmse.gov.cn/news/list_gwdt.php? catid_240. 略有删改.

一切社会经济活动都是有目的地进行的,即在行动之前需要明确做些什么,如何去做以及期望获得什么样的成果。管理活动当中的计划职能就是对未来活动进行统筹安排和规划,确保活动顺利进行。任何组织都需要计划以保障各项活动的顺利进行。

第一节　计 划 概 述

一、计划的含义和内容

在日常的学习和工作中,我们经常看到或听到"计划"这个词。大到政府的国家建设和产业发展，小到我们身边的一次周末郊游，计划几乎无处不在。我们也经常会为自己制定一些个人计划，例如一学期的学习计划、健身锻炼计划等。我们有这样的体会，如果在行动前能对整体事情有一个周密的安排，对要做什么及如何去做都能做到了然在胸，那么往往成功率会高得多。在管理工作中，计划工作的一个重要任务就是充分利用机会，根据组织目标进行科学筹划和周密安排，在实现组织目标的同时使组织风险降到最低限度。

从词性上看，"计划"既具有名词的词性，也具有动词的词性。从名词意义上说，计划是指用文字和指标等形式所表述的组织以及组织内各部门和各成员，在未来一定时期内，关于组织活动方向、工作内容与方式、时间安排等方面的管理文件，是组织、领导、控制和创新等管理活动的基础。从动词意义上说，计划是指为了实现组织目标，而预先进行的活动安排。这项活动安排包括时间和空间两个维度对任务与目标的分解、任务与目标实现方式的选择、进度的规定、行动结果的检查与控制等。

再从计划覆盖的宽泛程度来看，计划有广义和狭义之分。广义的计划是指制定计划、执行计划和检查计划三个阶段的工作过程。狭义的计划是指制定计划，即计划就是对未来活动所进行的周密思考和准备，根据组织外部环境与内部条件的分析，提出在未来一定时期内要达到的组织目标以及实现目标方案的途径。计划工作给管理者提供了通向未来目标的明确道路和方向，给组织领导和控制等一系列管理工作提供了基础，同时计划工作也应着重于管理创新。有了计划工作这座桥，模糊不清的未来变得清晰实在。综上所述，我们将计划定义为：人们为了实现一定目标而制定的未来行动方案。

为了把计划工作做好，使编制的计划能够顺利实现，计划职能和其他管理职能一样，必须按基本原理、方法和技术去执行。计划需要预先决定要去做些什么、如何做、何时何地做和由谁做，即计划的工作内容。计划内容可以概括为"5W1H"，即计划必须清楚地描述和确定下述内容：

（1）做什么（What），即明确计划工作的具体任务和要求；

（2）为什么做（Why），即明确计划工作的原因，并论证可行性；

（3）谁去做（Who），规定由哪些部门和人员负责实施计划；

（4）何时做（When），规定计划中各项工作的开始和完成时间；

（5）何地做（Where），规定计划的实施地点或场所；

（6）怎样做（How），即执行计划的工作中所运用的方法与采取的措施和手段。

二、计划的作用和基本要求

1. 计划的作用

在管理实践中，计划是其他管理职能的前提和基础，并且渗透于其他管理职能之中。早在泰勒推行科学管理的时期，许多管理者就已认识到计划在管理实践中具有重要的作用。近几十年来，生产技术日新月异，企业生产的产品品种丰富多样，分工与协作的程度空前提高，管理活动日益复杂。若要适应这种新形势，只有科学地制定计划才可能综合地协调与平衡多方面的活动，求得本组织的生存和发展。因此，计划在管理活动中具有特殊重要的地位和作用。

（1）计划是组织有效降低风险的手段和方法。随着知识经济时代的来临，当前社会正处在一个快速变革与发展的时期。在这样的时代里，变革与发展既给组织的发展带来了机遇，也给组织带来了风险。资金、市场、信息、技术等瞬息万变，如果不预先估计到这些变化，计划不周，或根本没计划，就有可能导致组织的失败。针对组织未来所面对的变化和不确定性因素，对将来的变化进行预测，通过计划工作，提高组织的预见性和主动性，制定科学的计划安排各项任务，可以有效降低组织面临的风险程度。虽然未来的有些变化是无法预知的，并且计划周期越长，这种不确定性也就相对越大，这与人们所掌握的信息是有限的有关，可以通过制定一系列的应对备选方案来尽可能降低风险，在变化确实发生时采取相应的对策，但这并没有否认计划的作用。通过计划工作，进行科学的预测完全可以把未来的风险减少到最低限度，使得组织能够在多变的环境中生存和发展。

（2）计划是实现组织目标的前提。现代社会组织及其内部各部门之间分工越来越精细，过程越来越复杂。为了实现组织目标，需要合理组织和配置各种资源，这就涉及到协调各种社会组织及其组织内各部门之间的关系，让各个环节和部门的活动都能在时间、空间和数量上相互衔接，既围绕整体目标，又各行其是、互相协调，因此必须要有一个严密的计划。管理中的组织、协调、控制等如果没有计划，就好比飞机总装厂事先没有流程设计一样不可想象。通过将组织目标在时间和空间两个维度进行细化和分解，计划就将组织全体成员的行动统一到实现组织目标上来，同时每个部门、每个员工都有经过努力可以实现的奋斗目标，可以起到鼓励和激励的作用。此外，由于有了计划，有利于组织中各成员统一思想，激发干劲，组织中成员的努力将合成一种组织效应，这将大大提高工作效率进而带来经济效益。

（3）计划是实施指挥的依据。计划通过指导不同空间、不同时间、不同岗位上的人们，围绕一个总目标，秩序井然地去实现各自的分目标。计划制定以后，管理者要根据计划进行指挥、分派任务，根据任务确定下属的责任和权力，要促使组织中全体人员的活动方向趋于一致而形成一种有机的、高效的组织行为，以保证达到计划所设定的目标。如国家要根据五年计划安排基本建设各项目的投资，企业要根据年度生产经营计划安排各月的生产任务、新产品开发和技术改造。管理者是基于计划来进行有效的指挥，如果没有计划指导，员工必然表现为无目的的盲动，管理者则表现为决策朝令夕改、随心所欲，其结果必然是组织秩序的混乱，事倍功半，劳民伤财。

（4）计划是控制活动的依据。一份好的计划应包括实现目标和一些指标方面的内容，这些目标和指标将被用来进行实现组织活动的控制。也许这些目标和指标还不能被直接地在控制职能中使用，但它提供了一种标准，控制的目标标准几乎都源于计划。未经计划的活动是无法控制的，也无所谓控制。因为控制本身是通过纠正偏离计划的偏差，使管理活动保持与目标的要求一致。如果没有计划作为参数，管理者就没有了管理尺度，就无法衡量组织活动的偏差，也就无法对组织活动实现控制。所以说，计划不仅为各种复杂的管理活动确定了数据、尺度和标准，为控制指明了方向，而且还为控制活动提供了依据。

2. 计划的基本要求

计划要起到上述作用必须达到一定的要求，对于计划的基本要求包括以下几个方面。

（1）计划必须具有可行性。一切计划必须是在计划期内可以完成的，具有可行性，否则不可行的计划就会给组织带来麻烦或灾难。所谓计划的可行性是指计划至少要达到：不损害国家与公众的利益；不触犯国家的法律；在组织能够掌控的人力、财力、物力资源保障下，在较为稳定的市场与环境条件前提下，是可以实现的。任何计划只有具备了可行性，才能很好地起到计划应有的作用。

（2）计划要有明确的指导性。计划既然是人们行动的依据，它就必须明确地告诉人们何时、何地，由何人去如何完成什么事，从而真正成为指导人们行动的"妙计"。计划要达到明确的指导性要求，就必须做到目标明确、任务明确、时间明确、措施明确、责任明确、权限明确、行动方案明确、重点明确。这就要求计划有可度量的目标、可考核的任务、可采取的措施、可奖惩的责权、可遵循的行动方案与方针政策等。

（3）计划要有足够的预见性。组织未来发展面对的内外部环境是始终变化的，为使计划在变化的情况下仍然能够成为人们行动的依据，计划就必须具有足够的预见性。这就要求在计划编制时必须充分考虑未来不确定性因素的影响和不确定性因素变化的幅度，全面预见计划执行未来可能出现的困难与风险，安排好各种应对措施和方案，从而使计划具有足够的预见性。

（4）计划要有突出的目的和结果描述。一项行动的结果将会对组织成员的行为产生影响，若一项计划只有任务安排，没有目标的结果描述，不但不能起到激励作用，还有可能会引起思想混乱。计划要起到激励人们士气和指导人们行动的作用就必须具有突出的目的性，即计划中必须首先明确地指出计划要达到什么样的目标，要解决什么样的问题，最终要获得什么样的成果等。所以为了突出计划的目的性，在计划中要详细给出由一系列指标表示的计划目标、目标实现后的结果描述及目标实现后的影响。

三、计划的类型

按照期限、职能、组织层次等不同的特征，计划的类型可做以下划分。

1. 按计划的期限分类

计划可按照时间期限的长短分成长期计划、中期计划和短期计划。长期通常指 5 年以上，短期一般指 1 年以内，中期介于两者之间。这种划分不是绝对的，比如，一项高技术发展项目的短期实施计划可能需要 5 年；而一家小的制鞋厂，由于市场变化较快，它的短期计划仅两个月。尽管我们按上述时间界限划分出长期计划、中期计划和短期计划，但在讨论各期计划时还是应从它们本身的性质来说明。

长期计划描述了组织在较长时期的发展方向和经营方针，经营规模和经营范围等，是组织今后较长一段时期内的发展指导思想和行动指南。长期计划中确定的目标很多时候不可能很准确，只能是一个概略的行动方案。

短期计划也称作业计划和进度计划，一般以季度、月、旬为计划周期。短期计划具体规定了组织内的各部门短期内从事某种活动应达到的目标和要求。组织的各个部门在目前到未来的较短时期阶段，应从事何种活动，从事该活动应达到的要求。

中期计划很多时候计划期为一年，一般是一个自然年。它是依据长期计划制定出来的，是长期计划的具体体现，也是长期计划实现的保证。年度计划有以自然年为计划期的，也有以组织经营周期为计划期的，但时间不会太长，而且在一个自然年或经营周期内，内外部条件的变化有一定规律性，容易预测，因而确定的计划目标精度比较高，计划指标较为具体。

2. 按组织部门的职能分类

计划通过将组织在一定时期内的活动任务分解给组织的各部门和个人，为这些部门和个人在该时期的工作提供了具体的依据，而且为决策目标的实现提供了组织保证。按组织的职能对计划划分，可分成生产计划、营销计划、财务计划等。从组织的横向层面看，组织内有着不同的职能分工，每种职能都需要形成特定的计划。如企业要从事生产、营销、财务、人事等方面的活动，就要相应地制定生产计划、营销计划、财务计划等。比如财务计划是研究如何从资本的提供和利用上促进业务活动有效进行的，是反映企业资金运动和经济效益的综合性计划，包括流动资金计划、商品流通费用计划和利润计划等。

3. 按制定计划的组织层次划分

按制定计划的组织层次划分，可将计划分成战略计划、战术计划与作业计划。

战略计划是指应用于整体组织的、由组织最高层领导制定的、涉及组织长远发展目标，事关组织兴衰成败的长期计划。它的特点是长期性，战略计划可以决定在相当长的时期内大量资源的配置方向，它的涉及因素众多，这些因素的关系既复杂又不明确，因此战略计划要有较大的弹性。战略计划的这些特点决定了它对战术计划和作业计划的指导作用，它是战术计划和作业计划的依据，战术计划和作业计划是在战略计划指导下制定的，是战略计划的具体落实。

战术计划是一种局部性的、阶段性的计划，是组织的具体部门在较短时期内的行动方案，涉及企业生产经营、资源分配和利用，主要由中层管理者制定。它将战略计划中具有广泛性的目标和政策，转变为确定的行动方案和目标，并且规定了达到各种目标的确切时间。战略计划是以问题为中心的，而战术计划是以时间为中心的，一般情况下，战术计划是按年度分别制定的。战术计划在时间、预算和工作程序方面还不能满足实际操作实施的需要，因此必须制定作业计划。

作业计划是根据战术计划确定计划期间的预算、利润、销售量、产量以及其他更为具体的目标，如工作流程、划分合理的工作单位、分派任务和资源等。作业计划通常具有个体性、可重复性和较大刚性，往往由中、基层管理人员负责制定。

4. 按计划对象分类

按计划对象划分，可把计划分为综合计划、局部计划和项目计划三种。综合计划所包括的内容是多方面的，是组织全方位、整体性的计划，通常涉及多个组织和部门，而局部计划只包括单个部门的业务，项目计划则是为某种特定任务而制定的计划。

综合计划是指具有多个目标和多方面内容的计划，关联到整个组织或组织中的许多方面。为使资源在各个部门合理分配，用有限的投入获得更大的经济效果，就必须从组织整体角度做综合性计划。综合计划主要应该包括销售、生产、劳动工资、物资供应、成本、财务、技术组织措施等方面的计划。这些计划都有各自的内容，但又互相联系、互相影响、互相制约，形成一个有机的整体。

局部计划限于指定范围的计划，是为达到整个组织的分目标而确立的，包括各种职能部门制定的职能计划，如技术改造计划、成本计划等。局部计划是在综合计划的基础上制定的，它的内容专一性强，是综合计划的一个子计划。例如，企业年度销售计划是在组织年度发展计划、市场预测和年度订货合同的基础上，确定年度销售收入、产品品种、质量、数量和交货期，以及销售利润和销售渠道。各种局部计划存在着相互制约的关系，如销售计划直接影响生产计划和财务计划等其他局部计划。

项目计划是针对组织的特定任务作出决策的计划，如某个新产品的研发、某个生产线的建设等。项目计划的计划期很可能为1年，这时它就要包括在年度计划之内；也可能需要几年，这时年度计划仅包括它的一部分。组织相关组成要素有许多，比如企业中的市场、设备、产品、财务等，几乎包括企业的一切领域。项目计划就是使这些因素具体地朝着将来的方向发展下去，并完成项目的特定目标。

【阅读材料 4-1】

执行计划可分为单一用途计划和常用计划两种。

1. 单一用途计划

单一用途计划是指那些只能用来指导未来的某一行动的具体计划。

工作计划（Program），亦称方案或规划，是针对某一特定行动而制定的综合性计划。工作计划必须明确行动的具体步骤，各步骤的任务和执行的方法，完成这些任务的先后顺序、时间进度和资源安排等。

项目计划（Project）是针对组织的特定课题而制定的专门性更强的计划，它通常是工作计划中的一个组成部分。

预算（Budget）是一种数字化的计划，它是以数字来表示预算期结果的一种特殊计划形式。

2. 常用计划

常用计划，就是可以多次行动中得到重复使用的计划。

政策是组织对成员作出决策或处理问题所应该遵守的行动方针的一般规定。政策不要求采取行动，而是用来指导决策和行动。政策要规定范围和界线，但制定政策本身的目的不是要约束有关人员的行为，而是鼓励有关人员在规定范围内自由处置问题。政策具有稳定性，一经制定，就要持续到新的政策出台为止。

程序也是一种计划，它规定了一个具体的问题应该按照怎样的时间顺序来进行处理。它是用来指导行动的一系列工作步骤。借助于程序，企业就可以对那些重复发生的常规或例行性问题规定出标准的操作方法，以此规定有关人员的行为。大多数的政策都伴有说明该项政策下的行动该如何得到执行的程序方面的书面规定。

规则是执行程序中的每一步骤工作时所应遵循的原则和规章。规则是对具体场合和具体情况下，允许或不予允许采取某种特定行动的规定。

规则与政策的区别在于，前者不留有任何的灵活处理空间，后者则保持有一定的自由度。所以，规则对人的行为具有最强的约束力。

政策、程序、规则制定出来后，要责令有关人员遵照执行，以保持其应有的严肃性。但另一方面，组织所处的内外环境又是不断变化的，适时的修正又是必需的。

计划的执行应体现灵活与稳定性兼顾的原则，反映在计划编制上，可在制定常用计划时规定出计划所适用的范围及需要提出的具体条件。

资料来源：何云峰，姚小远等，智者的管理，上海交通大学出版社，2001.

第二节 目标与目标管理

目标标识了组织和个人前进的方向，是组织和个人期望获取的成果，是计划的一个重要组织部分。对成果的期望促使人们朝向共同的方向努力，并实际获得所期望的成果。目标既可以引导管理工作的方向，也可以作为标准用来衡量实际的绩效。世界上不存在无目标的组织，也不存在无目标的管理。任何组织和组织管理都具有一定的目的性。而目标正是为了界定和说明这种目的性的。

一、组织使命与组织目标

组织目标是指组织在未来一定时期内期望实现的目的性指标，它反映了组织在一定的时期内，在综合考虑内外部环境条件的基础上，在履行其使命过程中能够达到的程度或取得的成效。

一个组织最综合、最长远的目标是组织的宗旨和使命，组织使命是确定组织目标的出发点和基础。任何组织的目标如果不是依据自己的使命确定的，或是组织的目标偏离了组织的使命，那么就一定会妨碍组织的生存与发展，甚至会使组织消亡。例如，若是让工厂以培养人才作为其目标，让医院以创造最大利润为目标，这样的组织的生存与发展都会出现问题。组织使命表明了组织存在的理由，描述了组织的价值观、追求，及社会赋予这个组织的基本职能或该组织所承担的社会基本职责，说明和界定了区别于其他同类组织的基本业务领域和行为。

组织使命应该简洁、生动、形象、富有特色且内涵丰富。例如，英国首屈一指的零售商马克斯-斯潘塞公司的使命为"向工人和中等收入阶层提供物美价廉的商品，让人们的钱值钱！"这个使命地确定成为马克斯公司之后发展的基础。要让人们的钱值钱，重要的事情是准确地选择好经营领域。对于那些人们不常购买的特殊商品，即使能够降低价格，也不能做到让人们的钱真正值钱。经过调研马克斯公司决定集中销售服装和布匹，正确的战略选择，使得马克斯公司早在 20 世纪 30 年代就已经成为了欧洲最大的纺织品零售商。

定义组织使命有助于促使管理者认真思考确定组织从事的业务范围，一个精心制定的组织使命是制定组织目标的基础。没有明确的组织使命，管理者就有可能随意地制定组织目标，且往往难以实现预定的目标。组织成员应深入理解和把握组织的使命和宗旨，并牢记在心，这将有助于组织目标的实现。

二、目标的作用

面对内外部环境的复杂性，以及未来发展的不确定性因素，对于组织来说，制定组织各个层次的清晰目标是非常重要的，不但可以改善财务和运营绩效，还可传输外在和内在信息，这些信息传递给外部和内部公众，为组织发展提供良好的影响。

1. 支配组织活动

管理是一个为了达到同一目标而协调集体所努力的过程，如果不是为了达到一定目标就无需管理。目标的作用首先在于为管理指明了方向，因此目标对人们的活动具有支配作用。围绕着组织目标，人们制定计划并开展行动，调整组织活动内容和活动方式与方法。所以目标对组织活动的支配作用是全面的和全过程的。例如，某企业提出五年后实现销售收入十亿元的目标，就为该企业当前和今后各方面的管理工作做出了一个努力方向，从而促使企业各项管理工作必须始终围绕这一目标进行。

2. 指导计划编制

组织的活动都是有计划的活动，而组织计划的制定依据就是组织要实现的目标，所以必须首先要有确定的目标，才能依据目标制定出行动计划。目标与计划的关系实质就是目的与手段的关系。计划是实现目标的手段，目标是计划的前提条件，计划是保障目标实现的管理手段。目标在计划当中是不可或缺的，缺少了目标，计划也就无所谓完成不完成，只有有了具体目标的计划，才是完整的，才有存在的意义。

3. 激励人员士气

目标为员工提供方向感和责任感，帮助引导员工明确其工作职责，引导员工致力于取得重要成果。目标会对组织中的各级人员起到不同的激励作用。高层人员可以把目标的实现及其实现过程看成自我实现的过程，中下层级员工可以把目标的实现与任务的完成和报酬的获得联系起来。在管理实践中，许多管理者都把充分运用目标作为激励人员士气的有力武器。这是因为当人们看到目标实现以后的结果，会受到极大激励，从而去十分努力地工作。

4. 可用作绩效标准

目标是考核主管人员和员工绩效的客观标准，是否完成目标，可以作为员工晋级、提升、加薪的重要依据。目标在促进员工奋进精神的发扬和创新能力的发挥方面具有不可替代的作用。为此，目标本身必须是可考核的，这也是制定目标的一条主要原则。比如，如果组织希望增长 15%，而实际增长了 17%，超过了所规定的标准，可以给予奖励。

三、目标的分类

一个组织的目标可以依据不同的特征进行分类。借助这些分类可以进一步认识目标所具有的各种特性。

1. 按层次分类

每位管理者都要制定所在组织及部门的目标，但处于不同组织层次上的管理人员所关注的目标是不同的。根据管理者所在组织中的位置，可以把目标分成不同层次。高层管理者主要负责制定战略，战略是指导全局和长远发展的方针，涉及发展方向以及资源分配方针等；中层管理人员主要应制定战术目标；基层管理人员则负责具体作业目标。

2. 按时间分类

按照时间跨度可以将一个组织的目标分为长期目标、中期目标和近期目标。长期目标一般是指 5 年及以上时间内要实现的目标；中期目标一般是指 5 年以内、1 年以上时间内要实现的目标；而近期目标则是指 1 年以内要实现的具体目标。

3. 按内容分类

组织的目标还可以按照组织不同的活动内容所要实现的各种目标进行分类。例如，一个企业可以有利润率目标、市场占有率目标、劳动生产率目标、技术发展目标等。对于国家来说，其目标还可以按照组织不同的活动内容分成政治目标、经济目标、社会发展目标等。

四、组织目标的性质

目标表示最后结果，而总目标需要由子目标来支持。这样，组织及其各层次的目标就形成了一个目标网络。作为任务分配、自我管理、业绩考核和奖惩实施的目标具有如下特征。

1. 多样性

任何组织的目标都不是单一独立的目标，而是一系列目标的集成，形成一个目标体系。不论是处在哪一个组织层次，目标都不是单一的，而是由一组目标构成的。当然这其中可以有某一、两个目标处于更重要的位置。如一个企业的目标既有对销售收入、利润率的追求，又有提升客户及股东满意度的要求，此外，还有社会形象改善等方面的诉求，但终极目标为追求长期利益最大化。在长期利益最大化这样一个主体目标的指引下，为实现总体目标，会把主体性目标分解为许多小目标，及若干个辅助性目标。

【阅读材料 4-2】

彼得·德鲁克认为，对于工商企业来说，一般要在 8 个方面确定目标，特别是战略目标。这 8 大目标领域是市场推销、创新、人员组织、财务资源、物质资源、生产率、社会责任和利润。一项对 80 家美国最大公司的研究成果表明，这些公司所设立的目标平均为 5～6 个。他们除了关心利润目标之外，同时关注了其他多项目标。

资料来源：http://doc.mbalib.com/view/9c0b238468a5817ae571aa395008e70e.html.

2. 层次性

为了实现组织的总体目标，往往对总体目标进行分解，形成了部门目标和岗位目标，体现了目标的层次性。分解后的目标，成了组织中各部门及每个成员的行动指南，使组织中不同层次和不同岗位上的员工都了解各自的工作职责，在部门目标和岗位目标实现的前提下，组织的最高目标也必将会实现。层次越高的目标越能体现战略性和概括性，越能接近总目标；反之，层次越低的目标越体现战术性和具体性。

3. 时间性

组织目标的实现是有一定时间限制的，是组织在未来一段时间内要达到的目的。一个完整的目标，必须要有一定的时间限制，即完成目标任务的期限是明确的。如某个公司提出完成销售额 2000 万元的目标，必须明确完成的期限是多久。在组织中，管理层次越高，组织目标的时间跨度越长，目标内容越抽象和笼统；反之，管理层次越低，组织目标的时间跨度越短，目标内容越具体。

4. 网络性

组织管理体系中，各层次、各部门、各成员的目标之间是相互关联的，纵向有从属性，横向有联系性，纵横之间有一定排列规律。各种目标组合成为目标网络，或称为目标体系。如果各种目标不互相关联，不相互协调且也互不支持，则组织成员往往出于自利而采取对本部门看来可能有利而对整个公司却是不利的途径，因此目标网络是从目标实施规划的整体协调方面来进行工作。目标网络的内涵表现为以下三点：目标很少是线性的，即并非一个目标实现后接着去实现另一个目标，而是几个目标之间相互协调与配合，共同实现；目标网络中的每个组成部分都是相互影响的，要相互协调，不仅执行各种规划要协调，而且完成这些规划在时间上也要协调；组织中的各个部门在制定自己部门的目标时，必须要与其他部门相协调，否则很容易与其他部门的目标产生矛盾。

5. 具体且具可考核性

只有明确具体的目标，才可能根据目标去划分每项工作的责任与权限，空泛的目标，很难把目标分解并落实到部门和个人。因此，组织的目标不仅要定性而且要定量，应尽可能定量化。虽然目标定量化往往也会损失组织运行的一些效率，但只要有可能，就应规定明确的、可考核的目标，因为这对组织活动的控制、成员的奖惩会带来很多方便。目标可考核性必须使人们能够回答这样一个问题，"在期末，我如何知道目标已经完成了？"在将组织目标转化为一定量化指标时，一般需制定出一系列在质、量和时间上均有具体要求的标准，从而便于检查、考核和评价，最后便于落实。如5年内达到的50%的增长率等量和时间限定的具体标准。根据这些定量化的标准，组织管理单位的相关测评部门可定期、定时对各有关部门进行检查考核和评价，提供评估报告，提出纠正意见，从而使各部门不断改进工作，最后完成5年总目标。

6. 挑战性

组织目标不可以制定得过低，太容易实现，会使员工感到没有动力，就失去了激励作用。如果一项工作完成所达到的目标对接受者没有难度，轻而易举就可完成，那么接受者将会失去完成该项工作的热情。只有当制定的目标具有一定的挑战性，才能激发组织成员的潜力并保持必要的压力，激发员工工作热情和创造力。对目标实现者应该予以收入增加和职位提升的奖励。因此，合理的目标总是要求在原有水平上再达到一个新高度，这种新高度、新任务和新目标应具有一定的挑战性，需要经过一定的努力才能达到，否则就起不到目标的激励作用。

7. 可接受性

目标的可接受性和挑战性是对立统一的关系，在实际工作中必须把它们统一起来。人们在工作中的积极性或努力程度是效价和期望值的乘积，其中效价指一个人对某项工作及其结果能够给自己带来满足程度的评价，即对工作目标有用性的评价。目标不可以过高，过高则使组织成员失去信心，也无法起到激励作用。因此组织目标必须是通过组织成员的一定程度努力可以达到的目标。同时，目标必须考虑可行性，当目标不切合实际时，行动的失败会影响员工的士气。如果目标定得过高和不可行，使得员工认为即使是努力工作也无法完成目标，会导致员工放弃努力。因此，一个目标对其接受者如果要产生激发作用的话，那么对于接受者来说，这个目标必须是可接受的，可以完成的。如果目标是超过其能力所及的范围，则该目标对其是没有激励作用的。所以在制定目标时应充分考虑组织内外环境的因素，实现组织目标所需要的条件和能力是否具备，以便制定出切实可行的目标。

8. 信息反馈性

在组织目标实施过程中，应该把目标设置、目标实施情况不断地反馈给目标设置和实施的参与者，让人们时时知道组织对自己的要求，以及自己对组织目标完成的贡献。建立了目标再加上目标信息的反馈，将能更进一步加强员工工作表现。

综上所述，设置目标，一般要求目标应具有多样性，同时所设置的目标也应对员工具有可接受性、挑战性，并适时地向员工反馈目标完成情况。

五、目标管理的基本思想

目标管理是一种程序或过程，它使组织中的上级和下级一起协商，根据组织的使命确定一定时期内组织的总目标，由此决定上下级的责任和分目标，并把这些目标作为组织经营、评估和奖励单位和个人贡献的标准。目标管理突破了管理就是实施严格监督控制的观念，提倡管理者通过科学的目标体系来进行激励和控制，充分信任员工的责任感和上进心，放手员工进行自我控制，自觉、自愿、自主地去实现组织目标。目标管理需要从如下几个方面去理解。

第一，组织的任务必须转化为目标。管理人员通过目标对下级进行管理，并以此来保证组织目标的实现。凡是在工作成果直接影响组织生存的部门中，目标都是必需的，并且组织领导取得的成就必须是从企业的目标中引申出来的，他的成果必须用他对企业目标有多大的贡献来衡量。

第二，强调员工的自我控制。组织成员是具有责任感的，愿意在工作中承担责任并发挥自己的聪明才智和创造性。目标管理的主旨在于用自我控制的管理代替压制性的管理，使管理人员能够控制他们自己的成绩。这种自我控制可以成为强烈的动力，推动员工尽自己最大努力把工作做好，而不仅仅是"过得去"就行了。

第三，以目标实现程度作为管理考核的标准。采用传统的管理方法评价员工的表现，往往容易根据印象、本人的思想和对某些问题的态度等因素来评价。目标管理由于有了一套完善的目标考核体系，管理者对下属进行考核和奖惩可以依据目标考核体系中的分目标进行，从而能够如实地评价一个人。

【阅读材料 4-3】

目 标 管 理

目标管理是美国著名管理学家德鲁克的首创，1954 年，他在《管理实践》一书中，首先提出目标管理与自我控制，随后在《管理——任务、责任、实践》一书中对此作了进一步阐述。德鲁克认为，并不是有了工作才有目标，而是相反，有了目标才能确定每个人的工作。所以企业的使命和任务，必须转化为目标，如果一个领域没有目标，这个领域的工作必然被忽视。因此管理者应该通过目标对下级进行管理，当组织高层管理者确定了组织目标后，必须对其进行有效分解，转变成各部门以及各个人的分目标，管理者根据分目标的完成情况对下级进行考核、评价和奖惩。德鲁克认为，如果一个领域没有特定的目标，这个领域必然会被忽视。如果没有方向一致的分目标指示每个人的工作，则企业的规模越大、人员越多、专业分工越细，发生冲突和浪费的可能性就越大。企业每个管理人员和工人的分目标就是企业总目标对他的要求，同时也是员工对企业总目标的贡献。只有完成每一个目标，企业总目标才有完成的希望，而分目标又是各级领导人员对下属人员进行考核的主要依据。德鲁克还认为，目标管理的最大优点在于它能使人们用自我控制的管理来代替受他人支配的管理，激发人们发挥最大的能力把事情做好。

目标管理是以相信人的积极性和能力为基础的，企业各级领导者对下属人员的领导，不是简单地依靠行政命令强迫他们去干，而是运用激励理论，引导职工自己制定工作目标，进行自我控制，自觉采取措施完成目标，并进行自我评价。目标管理最大的特征是通过激发员工的生产潜能，提高员工的效率来促进企业总体目标的实现。

目标管理提出以后，便在美国迅速流传。在第二次世界大战后各国经济由恢复转向迅速发展的时期，企业急需采用新的方法调动员工积极性以提高竞争能力，目标管理的出现可谓应运而生，于是被广泛应用。

由于目标管理对管理者的要求相对较高，且在目标的设定中总是存在这样那样的问题，使得目标管理在付诸实施的过程中，往往流于形式，在实践过程中有很大的局限性。

资料来源：http://zhidao.baidu.com/question/284224908.html. 略有删改.

六、目标管理实施的步骤

实施目标管理应该遵循如下的实施步骤。

1. 制定和分解目标

在高层领导者确定了组织的战略目标之后，为了实现这些目标，就需要对组织的战略目标进行分解，分解到各个部门和具体岗位及个人，形成一套完整的目标体系。各个部门以及每个成员都要建立与总体目标相结合的分目标，这样就形成了一个以组织总体目标为中心的一贯到底的目标体系。需要注意的是，部门、具体岗位和个人目标的制定，是先由上级制定一些指导方针，然后依据指导方针，与下属进行协商，确定下级的目标。目标的达成是协商的结果，而非任务的下达和命令的结果。当上级和下属商定目标后，由下级写成书面协议，编制目标记录卡片，当整个组织汇总所有资料后，就可绘制出目标图，形成整个组织的目标体系，计划期结束时，以目标作为考核的标准和依据。

2. 组织实施

目标确定后，主管人员就应把权力交给下属，由下属发挥主动性进行自我控制，完成目标。有了目标，组织成员便会明确努力的方向；有了权力，便会产生强烈的与权力使用相应的责任心，从而充分发挥自己的判断能力和创造能力，使目标执行活动有效地进行。在目标实施过程中，为了确保下级严格按照目标及保证措施的要求完成工作，上级要定期或不定期地进行检查，利用双方接触的机会和信息反馈渠道进行指导和交流，最大限度地发挥下属的积极性和创造性。此外，也可以实行下级自查报告和上级巡视指导相结合的办法。在对实施过程检查的基础上，还应将目标实施的各项进展情况、存在的问题等用一定的图表和文字反映出来，对目标值和实际值进行比较分析，实行目标进度的动态控制。

3. 评价成果和实施奖惩

成果评价既是实行奖惩的依据，也是上下级之间沟通的机会，同时还是自我控制和自我激励的手段。评价成果的标准和依据就是期初所制定的目标，应根据期初目标进行任务完成情况的评价。成果评价实行自我评价和上级评价相结合，由下级提出书面报告，上下级在一起对目标完成情况进行考核，决定奖惩。奖惩可以是物质的，也可以是精神的。公平合理的奖惩有利于维持和调动组织成员的工作热情和积极性，奖惩有失公正，则会影响成员行为的改善。经过评价和奖惩，目标管理进入下一轮循环过程。

第三节 计划制定的程序与方法

计划制定工作是运用智力的过程，它要求科学地制定目标和战略，严密地规划和部署，因此计划制定必须遵循一定的程序与方法。

一、制定计划的程序

计划的类型和形式多种多样，但科学地编制计划的程序和步骤却具有相似性，编制计划时，应该遵循如下的思路去构思整个计划过程。

1. 估量机会

估量机会就是分析组织外部宏观环境和组织所处的微观环境，根据组织目标，对未来可能出现的变化和不确定性进行分析，结合组织存在的问题和所拥有的资源，寻找组织发展存在的机会和初步发展方向，及估量成功的可能性。估量机会并非计划的正式编制过程，但它是整个计划工作的真正起点，应该在计划编制开始之前就着手进行。

2. 确定目标

在估量机会的基础上，要根据组织拥有的资源和所能把握的机会，确立组织及组织各部门的目标。在这一步，首先要明确组织的宗旨、使命和要达到的目标，目标的选择是计划工作极为关键的内容，对计划目标的基本要求首先是要对组织的总目标有明确的价值估量。其次，要注意目标的内容及其优先顺序。在一定的时期和条件下，几个共存的目标的重要性可能是不同的，因此不同目标的优先顺序将决定了不同的行动和资源分配的先后顺序。因此，恰当地确定哪些目标为优先目标，哪些是次要目标，这是目标选择过程中的重要工作。最后，目标应尽可能明确具体、量化，以便度量和控制。

3. 确定计划实施的前提条件

计划的执行和实施是需要一定的前提条件的，只有满足了这些前提条件，计划才能够顺利地执行。所谓计划工作的前提条件就是计划工作的假设条件，换言之，即计划实施时的预期环境。负责计划工作的人员对计划工作的前提了解越清楚、越深刻，计划工作就越有效。由于将来预期的环境是极其复杂的，要把将来环境的每个细节都做出假设是不切合实际的，因此前提条件应限于那些对计划贯彻实施影响较大的假设条件。没有前提和准备条件，或对前提条件预测的偏差都可能导致计划实施的困难甚至失败，这就要求组织提高对未来环境变化的预测能力，以确定切实可靠的计划前提条件。

未来环境错综复杂，影响因素很多，管理者不可能也没有必要对未来环境的每个方面、每个环节都做出准确预测，只需要对那些具有关键性的、有战略意义的、对执行计划最有影响的因素进行预测就可以了。

4. 拟定可供选择的方案

面对未来发展的不确定性，计划必须有备选的方案。任何事物只有一种可行方案是极少见的，完成某一项任务针对未来发展的不同情况总是有许多可选择的方案。所以，计划需要设想可供选择的多种行动方案。在过去的计划方案上稍加修改不会得到最好的方案，因此这一步工作需要集思广益、开拓思路、大胆创新，突破以前计划的影响和束缚。

5. 评价各种备选方案

确定了各种可供选择的方案后，下一步就是根据前提和目标来权衡各种因素，比较各个方案的利弊，对各个方案进行评价。评价备选方案的尺度有三个方面：一是确定评价的标准，即从哪些方面依据什么样的标准对备选方案进行评价；二是确定各标准所占的比重，即其权数，这表示了各个标准的相对重要性；三是依照评价的标准对各个方案进行评价。

6. 选择方案

评价各种备选方案之后，就需要进行方案的选择了，选择方案是整个计划编制过程中的关键一步。通过对各种备选方案的评价，选择评价效果最好的方案。但是在选择方案的过程中，有时会有两个或两个以上较优的可取方案。在这种情况下，结合实际确定首先采取哪个方案，并将另一个方案也进行细化和完善，作为后备方案。

7. 拟定派生计划

派生计划是总计划下的分计划。在完成方案的选择后，计划工作并没有结束，还必须对涉及计划内容的各个下属部门制定支持组织总计划的派生计划。几乎所有的总计划都需要派生计划的支持和保证，完成派生计划是实施总计划的基础。

8. 编制预算

计划的最后步骤就是根据计划制定计划的预算，预算实质就是对资源的分配。预算既是汇总各种计划的工具，又是衡量计划进度的重要标准。没有预算的支持，再好的计划也无法实现，所以计划的制定，一定要考虑到财务上的可行性。

二、滚动计划法

滚动计划法是一种按照远粗近细的原则，根据计划执行和环境变化的情况，把短期计划和中期计划结合起来，定期调整和修订未来计划的方法。这种方法是在已编制出的计划的基础上，每经过一段固定的时期（例如一年或一季度等，这段固定的时期被称为滚动期），便根据变化了的环境条件和计划的实际执行情况，从确保实现计划目标出发对原计划进行调整，并逐期向后推移。由于这种方法是在每次调整时，都要根据前期计划执行情况和客观条件的变化，将计划向前延伸一段时间，使计划不断滚动、延伸，所以称之为滚动计划法。该方法虽然使得编制计划的工作量加大，但随着计算机技术的发展，计划的制定或修改变得简便容易，大大提高了滚动计划法的推广应用。

如图 4-1 所示，假设计划的周期为 5 年，按照远粗近细的原则分别定出年度计划。计划执行一年后，认真分析实际完成情况与计划之间的差异，找出其影响原因，根据新的情况和因素，再按照远粗近细的原则修正各年度计划，并向后延续一年，以此类推。

图 4-1 滚动计划法示意图

滚动计划法有以下三个优点。

（1）使计划更富有弹性，实现了组织和环境的动态协调。滚动计划法增加了工作计划的弹性，这在环境剧烈变化的时代尤为重要，它可以提高组织的应变能力。市场、环境因素的变化情况对企业生产经营影响很大，为了适应此情况，可以根据环境条件变化和实际完成情况，定期地对计划进行修订，使组织始终有一个较为切合实际的长期计划作指导，并使长期计划能够始终与短期计划紧密地衔接在一起。

（2）提高了计划的质量。编制这种计划时对几年后的目标无须做出十分精确的规定，从而使计划在编制时有更多的时间对未来 1～2 年的目标做出更加准确的规定，更好地保证工作计划的指导作用，提高工作计划的质量。

（3）具有很强的连续性。按滚动计划法编制计划，本期计划是在分析上期实际情况的基础上制定的，既是上期计划的延续，又是编制下期计划的基础，因而可使前期、后期计划密切衔接。同时也便于长期计划与年度计划，年度计划与季度、月份计划紧密衔接，可以充分发挥长期计划对短期计划的指导作用。

运用滚动计划法制定工作计划时要注意以下两点。

（1）将工作计划划分为若干个执行期（如年、季度、月、周等），近期计划作为工作计划的具体实施部分，内容要制定得详细具体，具有指令性；远期计划内容则可以制定得较为粗略笼统些，但必须具有指导性。

（2）计划执行到一定阶段，就根据实际执行情况和环境的变化对以后各期计划内容进行适当的修改或调整，将原来的下一个执行期上升为具有指令性的部分，并向前延续一个新的执行期。

三、网络计划技术

网络计划技术是 20 世纪 50 年代后期发展起来的一种科学的计划管理和系统分析方法。1956 年，美国杜邦化学公司的工程技术人员和数学家共同开发了关键线路法（Critical Path Method，简称 CPM）。它首次运用于化工厂的建造和设备维修，大大缩短了工作时间，节约了费用。1958 年，美国海军军械局针对舰载洲际导弹项目研究，开发了计划评审技术，有效地协调了成百上千个承包商的关系，提前完成了任务，并在成本控制上取得了显著的效果。20 世纪 60 年代初期，网络计划技术在美国得到了推广，之后其他国家也开始将该方法引入。目前，它已广泛的应用于世界各国的工业、国防、建筑、运输和科研等领域，已成为全世界范围内广泛应用的一种现代生产管理的科学方法。

1. 基本原理

网络计划技术的原理，就是首先把所要做的工作，哪项工作先做，哪项工作后做，各占用多少时间，以及各项工作之间的相互关系等运用网络图的形式表达出来。其次通过简单的计算，找出哪些工作是关键的，哪些工作不是关键的，并在原来计划方案的基础上，进行计划的优化。例如，在劳动力或其他资源有限制的条件下，寻求工期最短，或在工期规定的条件下，寻求工程的成本最低等。最后组织计划的实施，并根据变化了的情况，搜集有关资料，对计划及时进行调整，重新计算和优化，以保证计划执行过程中自始至终能够最合理地使用人力、物力，保证多快好省地完成任务。

2. 网络图的绘制

（1）网络图的构成要素。网络图是由箭线和节点组成的，用来表示工作流程的有向、有序的网状图形。网络计划是在网络图上加注工作时间参数而编制的进度计划。

① 工序。在网络图中，工序用矢箭表示。箭尾表示工作的开始，箭头表示工作的完成。箭头的方向表示工作的前进方向（从左向右），工序的名称或内容写在矢箭的上面，工作的持续时间写在矢箭的下面。

对于某项工序来说，紧接在其箭尾节点前面的工作，是其紧前工序，紧接在其箭头节点后面的工作是其紧后工序；和它同时进行的工作称为平行工序。虚线（逻辑矢箭）仅仅表示工序之间的先后顺序，它的持续时间为 0。

② 节点。节点表示工作之间的联结。在时间上它表示指向某节点的工作全部完成后，该节点后面的工作才能开始。这意味着前后工作的交接，因此节点也称事件。节点用圆圈表示，圆圈中编上整数号码，称为事件编号。

③ 路线。它是指网络图中由始点事项出发，沿箭线方向前进，连续不断地到达终点事项为止的一条通道。一个网络图中往往存在多条路线，如图 4-2 中从始点 1 连续不断地走到终点 12 的路线有 4 条。比较各路线的路长，可以找出一条或几条最长的路线，这种路线被称为关键路线，关键路线上的工序被称为关键工序。关键路线的路长决定了整个计划任务所需的时间，因此应该对关键路线上各工序时间进行严格控制，并进行时间费用、时间资源的优化，这是利用网络计划技术的主要目的。

（2）网络图绘制的基本规则。一张正确的网络图，不但需要明确地表达出工作的内容，而且要准确地表达出各项工作之间的先后顺序和相互关系。因此，绘制网络图必须遵守一定的规则：

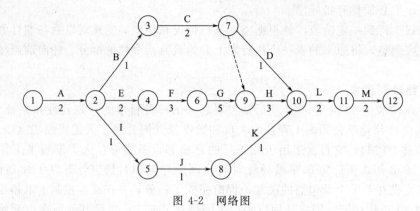

图 4-2 网络图

① 不得有两个以上的矢箭同时从一个节点发出且同时指向另一节点；

② 在网络图上不得存在闭合回路；

③ 同一项工作在一个网络图中不能表达二次以上；

④ 一张网络图只能有一个节点表示整个计划的开始点，同时也只能有一个节点表示整个计划的完成点；

⑤ 遵守工作之间的工艺顺序和工序之间的组织顺序，所谓工艺顺序，就是工序与工序之间工艺上内在的先后关系。

3. 网络计划技术的优点

网络计划技术被广泛地运用是因为它有一系列的优点。

（1）能把整个项目的各个工序的时间顺序和相互关系清晰地表明，并指出了完成任务的关键环节和路线。因此，管理者在制定计划时可以统筹安排，全面考虑，又不失重点。

（2）它能告诉我们各项工作的最早可能开始、最早可能结束、最迟必须开始、最迟必须结束、总时差、局部时差等时间参数，它所提供的是动态的计划概念。

（3）应用网络计划技术，可以区分关键工作和非关键工作。在通常的情况下，当计划内有 10 项工作时，关键工作只有 3～4 项，占 30％～40％；有 100 项工作时，关键工作只有 12～15 项，占 12％～15％；有 1000 项工作时，关键工作只有 70～80 项，占 7％～8％；有 5000 项工作时，关键工作也只不过 150～160 项，占 3％～4％；据说世界上曾经有过 10000 项工作的计划，其中关键工作只占 1％～2％。因此，工程负责人和领导同志只要集中精力抓住关键工作，就能对计划的实施进行有效的控制和监督。

（4）应用网络计划技术可以对计划方案进行优化，即根据我们所要追求的目标，得到最优的计划方案。

（5）网络计划技术是控制工期的有效工具。工程外部条件是千变万化的，网络计划技术能适应这种变化。采用网络计划，在不改变工作之间的逻辑关系，也不必重新绘图的情况下，只要收集有关变化的情报，修改原有的数据，经过重新计算和优化，就可以得到变化以后的新计划方案。

（6）易于操作，并具有广泛的应用范围，适用于各行各业，以及各种任务。由于能够和先进的电子计算机技术结合起来，从计划的编制、优化到执行过程中的调整和控制，都可借助电子计算机来进行，从而为计划管理现代化提供了基础。

四、MRP、MRPⅡ与 ERP

在企业的生产经营过程中，需求管理一直是一个重要的问题。按需求的来源，企业的物料可分为独立需求和相关需求两种类型。独立需求是指需求量和需求时间由企业外部的需求来决定，如客户订购的产品、售后维修需要的备件等；相关需求是指与其他需求有内在相关性的需求，根据这种相关性，企业可以精确地计算出它的需求量和需求时间，它是一种确定型需求，如半成品、零部件、原材料等的需求。企业怎样才能在规定的时间、地点，按照规定的数量得到真正需要的物料，这是物料需求计划所要解决的问题。

1. 开环 MRP

MRP 最初出现在美国，并由美国生产与库存管理协会倡导而发展起来。MRP 是一种以计算机为基础的编制生产物料计划与实行控制的系统，它不仅是一种计划管理方法，而且也是一种组织生产方式。MRP 是物料需求计划（Material Requirement Planning）的缩写，也称开环 MRP，其实质是以物料计划供应和存货管理为核心的物料需求计划体系，通过主生产计划，库存状态以及产品结构信息的输入来实现物料需求计算，主要用于相关性需求性质的物料控制。MRP 的出现和发展，引起了生产管理理论和实践的变革。MRP 根据总生产进度计划中规定的最终产品的交货日期，规定必须完成各项作业的时间，编制所有较低层次零部件的生产进度计划，对外计划各种零部件的采购时间与数量，对内确定生产部门应进行加工生产的时间和数量。一旦作业不能按计划完成时，MRP 系统可以对采购和生产进度的时间和数量加以调整，使各项作业的优先顺序符合实际情况。MRP 的基本任务有两个方面：一是从最终产品的生产计划（独立需求）导出相关物料（原材料、零部件等）的需求量和需求时间（相关需求）；二是根据物料的需求时间和生产（订货）周期来确定其开始生产（订货）的时间。因此，确定基本 MRP 的依据是：主生产计划（MPS）、物料清单（BOM）、库存信息（图 4-3）。

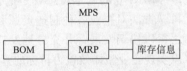

图 4-3　开环 MRP 简图

（1）主生产计划。主生产计划是确定每一具体的最终产品在每一具体时间段内生产数量的计划。这里的最终产品是指对于企业来说最终完成、要出厂的完成品，它要具体到产品的品种、型号。主生产计划详细规定生产什么、什么时段应该产出，它是独立需求计划。主生产计划根据客户合同和市场预测，把经营计划或生产大纲中的产品系列具体化，使之成为展开物料需求计划的主要依据，起到了从综合计划向具体计划过渡的作用。

（2）物料清单。MRP 系统若要正确计算出物料需求的时间和数量，特别是相关需求物料的数量和时间，就必须知道企业所制造的产品结构和所有要使用到的物料。产品结构列出构成成品或装配件的所有部件、组件、零件等的组成、装配关系和数量要求。为了便于计算机识别，必须把产品结构图转换成规范的数据格式，这种用规范的数据格式来描述产品结构的文件就是物料清单（BOM），物料清单必须说明组件（部件）中各种物料需求的数量和相互之间的组成结构关系。

（3）库存信息。库存信息是保存企业所有产品、零部件、在制品、原材料等存在状态的数据库。在 MRP 系统中，将产品、零部件、在制品、原材料甚至工装工具等统称为"物料"或"项目"。为便于计算机识别，必须对物料进行编码。物料编码是 MRP 系统识别物料的唯一标识。

2. 闭环 MRP

MRP 虽然能够根据有关数据计算出相关物料需求的准确时间与数量，但它没有考虑到生产企业现有的生产能力和采购的有关条件约束。因此，计算出来的物料需求日期有可能因设备和工时的不足而没有能力生产，或者因原料的不足而无法生产。同时，它也缺乏根据计划实施情况的反馈信息对计划进行调整的功能。

为了解决以上问题，MRP 系统在 20 世纪 70 年代发展为闭环 MRP 系统。闭环 MRP 系

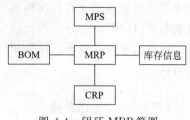

图 4-4 闭环 MRP 简图

统除了物料需求计划外，还要制定能力需求计划（CRP），各个工作中心的能力需要进行平衡。只有在采取了措施做到能力与资源均满足负荷需求时，才能开始执行计划。同时在计划实现过程中，采用派工单和采购单的形式来控制计划的实施。这样就把能力需求计划和执行以及控制计划的功能也包括进来，形成一个环形回路，称为闭环 MRP，因此，闭环 MRP 是一个完整的生产计划与控制系统，见图 4-4。

3. MRPⅡ系统（制造资源计划）

闭环 MRP 系统的出现，使生产活动方面的各种子系统得到了统一。在企业管理活动过程中，生产管理只是一个方面，它所涉及的仅仅是物流，而与物流密切相关的还有资金流。在许多企业中资金流由财会人员另行管理，这就造成了数据的重复录入与重复存贮，甚至造成数据的不一致。于是，人们把生产、财务、销售、工程技术、采购等各个子系统集成为一个一体化的系统，并称为制造资源计划（Manufacturing Resource Planning）系统，为了区别于物料需求计划（MRP）记为 MRPⅡ。

MRPⅡ的基本思想就是把企业作为一个有机整体，从整体最优的角度出发，通过运用科学方法对企业各种制造资源和产、供、销、财各个环节进行有效地计划、组织和控制，使之得以协调发展，并充分地发挥作用。MRPⅡ以计划与控制为主线，面向企业内部，是一个以实现企业整体效益为目标的管理信息系统，它实现了物流信息与资金流信息的集成，使财务账与实物账同步生成。实现物料同资金的信息集成是 MRPⅡ区别于 MRP 的一个重要标志。

4. ERP 系统（企业资源计划）

MRPⅡ实现了物料同资金的信息集成，但在竞争全球化的形势下，企业的需求已经由内部扩展到整个供应链，任何一个企业都无法孤立生存，需要市场和其他企业的支持，这些市场和企业形成了一条长长的供应链。基于供应链的思想，在 MRPⅡ不断扩展功能的基础上，形成了 ERP（Enterprise Resource Planning）系统，即企业资源计划。

ERP 是由美国 Gartner Group 咨询公司在 1993 年提出的，作为当今国际上一种先进的企业管理计划模式，ERP 跳出了传统企业边界，在供应链范围内去优化企业资源，把企业的物流、人流、资金流、信息流统一起来进行管理，以求最大限度地利用企业现有资源，实现企业经济效益的最大化。ERP 对于改善企业业务流程、提高企业核心竞争力具有显著作用。

ERP 将企业所有资源进行整合集成管理，形成了企业的物流、资金流、信息流全面一体化管理的体系，并且随着企业对人力资源管理重视的加强，人力资源管理也已经成为了 ERP 系统的一个重要组成部分。ERP 不仅可用于生产性企业的管理，在许多其他类型的企业如一些非生产、公益性的组织也可导入 ERP 系统进行资源计划和管理。

ERP 同 MRPⅡ的主要区别有以下的几个方面。

（1）资源管理范畴方面。MRP 是对物料需求的管理，MRPⅡ实现了物料信息同资金信息的集成；而 ERP 是在 MRPⅡ的基础上扩展了管理范围，把客户需求和企业内部的制造活动以及供应商的制造资源整合在一起，对供应链上的所有环节进行有效管理。

（2）生产方式管理方面。MRPⅡ系统把企业归类为几种典型的生产方式来进行管理，如重复制造、批量生产、按库存生产等，对每一种类型都有一套管理标准；而 ERP 能很好地支持和管理混合型制造环境，满足了企业的多元化经营需求。

（3）管理功能方面。除了 MRPⅡ系统的制造、分销、财务管理功能外，ERP 还充分利用业务流程重组的思想，增加了运输管理、仓库管理、质量管理、实验室管理、设备维修与备品备件管理、业务处理流程的管理。

（4）事务处理控制方面。MRPⅡ的实时性管理较差，一般只能实现事中控制；而 ERP 支持在线分析处理（OLAP）、售后服务及质量反馈，强调企业的事前控制能力，为企业提供了对质量、适应变化、客户满意、绩效等关键问题的实时分析能力。

（5）计算机信息处理技术方面。ERP 采用客户机/服务器（C/S）体系结构和分布式数据处理技术，支持 Internet/Intranet/Extranet、电子商务（E-commerce）、电子数据交换（EDI），能充分利用互联网及相关的技术。

本 章 小 结

（1）计划是人们为了实现一定目标而制定的未来行动方案。计划内容可以概括为"5W1H"。计划要求具有可行性、明确的指导性、足够的预见性、有突出的目的和结果描述。按期限计划可分为长期计划、中期计划和短期计划；按组织的职能对计划划分，可分成生产计划、营销计划、财务计划等；按制定计划的组织层次，可将计划分成战略计划、战术计划与作业计划；按计划对象，可把计划分为综合计划、局部计划和项目计划。计划制定必须遵循一定的程序与方法，制定计划的程序为：估量机会、确定目标、确定计划实施的前提条件、拟订可供选择的方案、评价各种备选方案、选择方案、拟定派生计划、编制预算。较为常见的计划制定方法有滚动计划法、网络计划技术。从 MRP、MRPⅡ到 ERP，经历了一个演变和发展，对促进企业生产经营发展起到了极大作用。

（2）组织目标是指组织在未来一定时期内期望实现的目的性指标，它反映了组织在一定的时期内，在综合考虑内外部环境条件的基础上，在履行其使命过程中能够达到的程度或取得的成效。目标具有多样性、层次性、时间性、网络性、具体且具可考核性、挑战性、可接受性、信息反馈性等特点。

（3）目标管理是一种程序或过程，它使组织中的上级和下级一起协商，根据组织的使命确定一定时期内组织的总目标，由此决定上下级的责任和分目标，并把这些目标作为组织经营、评估和奖励单位和个人贡献的标准。目标管理需要从如下几个方面去理解：第一，组织的任务必须转化为目标；第二，强调员工的自我控制；第三，以目标实现程度做为考核标准。实施目标管理应该遵循如下的实施步骤：制定和分解目标、组织实施、评价成果。

【案例思考一】

宏远实业发展有限公司的困惑

进入 12 月份以后，宏远实业发展有限公司（以下简称宏远公司）的总经理顾军一直在想着两件事。一是年终已到，应抽个时间开个会议，好好总结一下一年来的工作。今年外部环境发生了很大的变化，尽管公司想方设法拓展市场，但困难重重，好在公司经营比较灵活，苦苦挣扎，这一年总算摇摇晃晃走过来了，现在是该好好总结一下，看看问题到底在哪儿。二是该好好谋划一下明年怎么办？更远的该想想以后 5 年怎么干，乃至于以后 10 年怎么干？上个月顾总从事务堆里抽出身来，到大学里去听了两次关于现代企业管理的讲座，教授的精彩演讲对他触动很大。公司成立至今，转眼已有 10 多个年头了。10 多年来，公司取得过很大的成就，靠运气、靠机遇，当然也靠大家的努力。细细想来，公司的管理全靠经验，特别是靠顾总自己的经验，遇事都由顾总拍板，从来没有公司通盘的目标与计划，因而常常是干到哪儿是哪儿。可现在公司已发展到有几千万资产，三百来号人，再这样下去可不行了。顾总每想到这些，晚上都睡不着觉，到底该怎样制公司的目标与计划呢？这是顾总最近一直在苦苦思考的问题。

宏远公司是一家民营企业，是改革开放的春风为宏远公司的建立和发展创造了条件。因此顾总常对职工讲，公司之所以有今天，一靠他们三兄弟拼命苦干，但更主要的是靠改革开放带来的机遇。15年前，顾氏三兄弟只身来到了省里的工业重镇A市，当时他们口袋里只有全家的积蓄800元人民币。经过努力拼搏，当初贩运水泥起家的顾氏三兄弟，今天已是拥有几千万资产的宏远公司的老板了。公司现有一家贸易分公司、建筑装饰公司和一家房地产公司，有员工近300人。

去年顾军代表宏远公司一下子拿出50万元捐给省里的贫困县建希望小学后，民营企业家顾军的名声更是非同凡响了。但顾军心里明白，公司这几年日子也不好过，特别是今年。建筑公司任务还可以，但由于成本上升创利已不能与前几年同日而语了，只能是维持，略有盈余。况且建筑市场竞争日益加剧，公司的前景难以预料。贸易公司能勉强维持已是上上大吉了，今年做了两笔大生意，挣了点钱，其余的生意均没成功，况且仓库里还积压了不少货无法出手。贸易公司日子不好过，房地公司更是一年不如一年，当初刚开办房地产时，由于时机抓准了，两个楼盘，着实赚了一大笔，这为公司的发展立了大功。可是好景不长，房地产市场疲软，生意越来越难做。好在顾总当机立断，微利或持平把积压的房屋作动迁房基本脱手了，要不后果真不堪设想，就是这样，现在还留着的几十套房子把公司压得喘不过气来。

面对这些困难，顾总一直在想如何摆脱现在这种状况，如何发展。发展的机会也不是没有。上个月在大学听讲座时，顾军认识了A市的一家国有大公司的老总，交谈中顾总得知，这家公司正在寻求在非洲销售他们公司当家产品——小型柴油机的代理商，据说这种产品在非洲很有市场。这家公司的老总很想与宏远公司合作，利用民营企业的优势，去抢占非洲市场。顾军深感这是个机会，但该如何把握呢？10月1日顾总与市建委的一位处长在一起吃饭，这位老乡告诉他，市里规划从明年开始江海路拓宽工程，江海路在A市就像上海的南京路，两边均是商店。借着这一机会，好多大商店都想扩建商厦，但苦于资金不够。这位老乡问顾军，有没有兴趣进军江海路。如想的话他可牵线搭桥。宏远公司的贸易公司早想进驻江海路了，但苦于没机会，现在机会来了，但投入也不会少，该怎么办？随着改革开放的深入，住房分配制度将有一个根本的变化，随着福利分房的结束，顾总想到房地产市场一定会逐步转暖。宏远公司的房地产已有一段时间没正常运作了，现在是不是该动了？

总之，摆在宏远公司老板顾军面前的困难很多，但机会也不少，新的一年到底该干些什么？怎么干？以后5年、10年又该如何干？这些问题一直盘旋在顾总的脑海中。

【案例思考题】1. 宏远公司的发展面临着什么样的问题？最需要解决的问题是什么？

2. 宏远公司应如何解决这些问题？为什么？

3. 如果你是顾总，你该如何编制公司发展计划？

资料来源：http://www.doc88.com/p-392166987392.html. 略有删改.

【案例思考二】

北斗公司的管理目标

北斗公司刘总经理在一次职业培训中学习到很多目标管理的内容。他对于这种理论逻辑上的简单清晰及其预期的收益印象非常深刻。因此，他决定在公司内部实施这种管理方法。首先他需要为公司的各部门制定工作目标。刘总认为：由于各部门的目标决定了整个公司的业绩，因此应该由他本人为他们确定较高的目标。确定了目标之后，他就把目标下发给各个部门的负责人，要求他们如期完成，并口头说明在计划完成后要按照目标的要求进行考核和奖惩。但是他没有想到的是中层经理在收到任务书的第二天，就集体上书表示无法接受这些目标，致使目标管理方案无法顺利实施。刘总感到很困惑。

【案例思考题】1. 刘总的做法存在哪些问题？请运用目标管理理论知识进行分析。

2. 你对刘总有何建议？

资料来源：http://www.doc88.com/p-64755240900.html. 略有删改.

复习思考题

一、单项选择题

1. 在管理的基本职能中，属于首位的是（　　　）。

    A. 计划　　　　　　　　B. 组织　　　　　　　　C. 领导　　　　　　　　D. 控制

2. 计划职能的主要任务是要确定（　　　）。

    A. 组织结构的蓝图　　　　　　　　　　　B. 组织的领导方式

    C. 组织目标以及实现目标的途径　　　　　D. 组织中的工作设计

3. 企业计划从上到下可分成多个层次，通常越低层次目标就越具有以下特点（　　　）。

    A. 定性和定量结合　　B. 趋向与定性　　　C. 模糊而不可控　　D. 具体而可控

4. 要明确企业计划的外部条件，关键是（　　　）。

    A. 定量预测　　　　　B. 定性预测　　　　　C. 环境预测　　　　D. 销售预测

5. 下述关于计划工作的认识中，哪种观点是不正确的（　　　）。

    A. 计划是预测与构想，即预先进行的行动安排

    B. 计划的实质是对要达到的目标及途径进行预先规定

    C. 计划职能是参谋部门的特有使命

    D. 计划职能是各级、各部门管理人员的一个共同职能

6. 组织在未来特定时限内完成任务程度的标志是（　　　）。

    A. 目标　　　　　　　B. 可行　　　　　　　C. 选择　　　　　　D. 满意

7. 实行目标管理，对于目标的制定工作，下级（　　　）。

    A. 要参与　　　　　　B. 要回避　　　　　　C. 不要参加　　　　D. 不要传达

8. 计划工作的核心是（　　　）。

    A. 决策　　　　　　　B. 预测　　　　　　　C. 构思　　　　　　D. 控制

9. 计划制定中的滚动计划法是动态和灵活的，它的主要特点是（　　　）。

    A. 按前期计划执行情况和内外环境变化，定期修订已有计划

    B. 不断逐期向前推移，使短期计划、中期计划考虑有机结合

    C. 按近细远粗的原则来制定，避免对不确定性远期的过早过死安排

    D. 以上三方面都是

10. 战略计划是由（　　　）制定。

    A. 中层管理者　　　　B. 高层管理者　　　　C. 基层管理者　　　D. 普通职工

11. 下面正确的陈述为（　　　）。

    A. 计划层次越高，其内容越明确、具体

    B. 计划层次越高，其内容越抽象、笼统

    C. 计划层次越低，其内容越抽象、笼统

    D. 不论计划的层次高低，其内容都应明确、具体

12. 下面正确的陈述是（　　　）。

    A. 战术计划时间跨度大，覆盖范围窄

    B. 战术计划时间跨度大，涉及范围广

    C. 战略计划时间跨度大，涉及范围广

    D. 战略计划时间跨度小，覆盖范围窄

13. 数字化的计划是（　　　）。

    A. 战略　　　　　　　B. 政策　　　　　　　C. 程序　　　　　　D. 预算

14. 计划工作要讲求效率，是指计划工作的（　　　）。

    A. 主导性　　　　　　B. 经济性　　　　　　C. 目的性　　　　　D. 普遍性

15. 既是组织各项管理活动的起点，也是各项管理活动所指向的终点是（　　　）。

　　　　A. 管理　　　　　　　　B. 目标　　　　　　　C. 考核　　　　　　　　D. 管理者

16. 将短期计划、中期计划和长期计划有机地结合起来，根据近期计划的执行情况和环境变化情况，定期修订未来计划并且逐期向前移动的方法是（　　　　）。

　　　　A. 综合平衡法　　　　B. 滚动计划法　　　C. 线性规划　　　　　D. 投入产出法

17. 在目标管理中，关于目标的性质表述不正确的是（　　　　）。

　　　　A. 目标的层次性　　　B. 目标的唯一性　　C. 目标的可考核性　　D. 目标的可接受性

18. "跳一跳，摘桃子"讲的是目标的（　　　　）特性。

　　　　A. 多样性　　　　　　B. 可考核性　　　　C. 可接受性　　　　　D. 挑战性

19. 拟定和选择行动计划不包括（　　　　）内容。

　　　　A. 拟定可行动计划　　B. 评估计划　　　　C. 修改计划　　　　　D. 选定计划

二、判断题

1. 计划按明确性来分，可分为战略计划和作业计划。　　　　　　　　　　　　　　（　　　）

2. 目标管理就是上级给下级制定目标，并依照此对下级进行考核。　　　　　　　　（　　　）

3. 定量目标比定性目标更易衡量。　　　　　　　　　　　　　　　　　　　　　　（　　　）

4. 滚动计划方法的目的是增加计划的弹性和适应性，采用了"近概略，远具体"的方法编制长期计划。　　　　　　　　　　　　　　　　　　　　　　　　　　　　　　　　　　　　　（　　　）

5. 追求最大利润应该始终作为企业定价的唯一目标。　　　　　　　　　　　　　　（　　　）

6. 组织目标是组织进行决策的基本依据，所以组织目标一旦确立就不能变动。　　　（　　　）

7. 目标管理的基本哲学可用四句话加以概括，即鼓励参与决策，注重自我控制，促进权力下放，强调成果第一。　　　　　　　　　　　　　　　　　　　　　　　　　　　　　　　　　　（　　　）

8. 企业以盈利为目的，因此管理人员的管理活动应紧紧围绕盈利这一中心。　　　　（　　　）

9. 管理的有效性在于充分利用各种资源，以最少的消耗正确地实现组织目标。　　　（　　　）

10. 企业必须制定计划，才能有效地发挥管理的功能。　　　　　　　　　　　　　（　　　）

11. 就管理的过程而言计划位于其他管理职能之首。　　　　　　　　　　　　　　（　　　）

12. 计划是计划工作的结果文件，其中记录了组织未来所采取行动的规划和安排。　（　　　）

13. 计划是合理配置资源、减少浪费、提高效益的手段。　　　　　　　　　　　　（　　　）

14. 滚动计划法是一种定期修正未来计划的方法。　　　　　　　　　　　　　　　（　　　）

15. 综合性计划是长期的，专业性计划只能是短期的。　　　　　　　　　　　　　（　　　）

16. 目标管理是一种把个人需求与组织目标结合起来的管理。　　　　　　　　　　（　　　）

17. 目标管理是一种以工作和人为中心的综合管理方法。　　　　　　　　　　　　（　　　）

三、名词解释

计划，战略性计划，战术性计划，滚动计划法，网络计划技术，综合计划，局部计划，目标，目标管理，项目计划。

四、思考题

1. 什么是计划？计划的内容有哪些？

2. 简述计划的作用。

3. 试述目标管理的实施程序。

4. 试述目标制定过程中应该遵循的原则。

5. 计划有哪些类型？不同类型的计划之间如何衔接？

6. 计划和决策的相互关系是什么？

7. 目标管理的基本思想包含哪些内容？

8. 计划制定的程序？

9. 简述滚动计划法的基本思想和对其的评价。

10. 目标的性质是什么？

11. ERP 与 MRP II 的主要区别？

第五章 决 策

引导案例：

三个企业经营决策案例给我们的启示

科学的企业经营决策能使企业充满活力、兴旺发达，而错误的经营决策会使企业陷入被动、濒临险境。纵观世界各国，经营决策失败的有之，当然，也不乏成功的案例。在棋界有句话："一着不慎，满盘皆输；一着占先，全盘皆活。"它喻示一个道理，无论做什么事情，成功与失败取决于决策的正确与否。从以下的案例中我们会得到许多有益的启示。

一、企业经营决策案例一

1985 年，由马来西亚国营重工业公司和日本"三菱"汽车公司合资 2.8 亿美元生产的新款汽车"沙格型"隆重推出市场。马来西亚政府视之为马来西亚工业的"光荣产品"，产品在推出后，销售量很快跌至低潮。经济学家们经过研究，认为"沙格型"汽车的一切配件都从日本运来，由于日元升值，使它的生产成本急涨，再加上马来西亚本身的经济不景气，所以汽车的销售量很少。此外，最重要的因素是政府在决定引进这种车型时，主要考虑到满足国内的需要，因此，技术上未达到先进国家的标准，无法出口。由于在目标市场决策中出现失误，"沙格型"汽车为马来西亚工业带来的好梦，只是昙花一现而已。

此企业经营决策案例说明，科学经营决策的前提是确定决策目标。它作为评价和监测整个决策行动的准则，不断地影响、调整和控制着决策活动的过程，一旦目标错了，就会导致决策失败。

二、企业经营决策案例二

1962 年，英法航空公司开始合作研制"协和"式超音速民航客机，其特点是快速、豪华、舒适。经过 10 多年的研制，耗资上亿英镑，终于在 1975 年研制成功。十几年时间的流逝，情况发生了很大变化。能源危机、生态危机威胁着西方世界，乘客和许多航空公司都因此而改变了对航客机的要求。乘客的要求是票价不要太贵，航空公司的要求是节省能源、多载乘客、噪声小。但"协和"式飞机却不能满足消费者的这些要求。首先是噪声大，飞行时会产生极大的声响，有时甚至会震碎建筑物上的玻璃。再就是由于燃料价格增长快，运行费用也相应大大提高。这些情况表明，消费者对这种飞机需求量不会很大，因此，不应大批量投入生产。但是，由于公司没有决策运行控制计划，也没有重新进行评审，而且，飞机是由两国合作研制的，雇佣了大量人员参加这项工作，如果中途下马，就要大量解雇人员。上述情况使得飞机的研制生产决策不易中断，后来两国对是否要继续协作研制生产这种飞机发生了争论，但由于缺乏决策运行控制机制，只能勉强将决策继续实施下去。结果，飞机生产出来后卖不出去，原来的宠儿变成了弃儿。

此企业经营决策案例说明，企业决策运行控制与企业的命运息息相关。一项决策在确定后，能否最后取得成功，除了决策本身性质的优劣外，还要依靠对企业经营决策运行的控制与调整，包括在决策执行过程中的控制，以及在决策确定过程中各阶段的控制。

三、企业经营决策案例三

早在 1956 年，美国的一家公司发明了盒式电视录像装置。可是美国公司只用它来生产一种非常昂贵的广播电台专用设备。而日本索尼的经营者通过分析论证，看到了电视录像装置一旦形成大批量生产，其价格势必降低，许多家庭可以购买得起此种录像装置。这样一来，家用电子产品这个市场就会扩大，如果马上开发研究家用电视录像装置，肯定会获得很好的经济效益和社会效益。由于这一决策的成功，家用电视录像装置的市场一度被日本占去了 90％多，而美国则长期处于劣势。

此企业经营决策案例说明，经营决策正确，可以使企业在风雨变幻的市场上独居领先地位，并可保持企业立于不败之地。

资料来源：http://www.thldl.org.cn. 略有删改.

在组织管理活动中时时处处存在着决策，管理者很大一部分时间都是在做决策。一项好的决策可能使企业起死回生，而一项错误的决策可能会导致企业破产。决策是管理活动的基础，管理活动的整个过程都是围绕着决策的制定和组织实施而展开的。

第一节 决策与决策理论

决策是人类社会的一项重要活动，涉及社会中的各个领域，诸如企业的投资、军事上的指挥等。20 世纪 30 年代，美国管理学者巴纳德和斯特恩将决策的概念引入管理理论，后来美国的西蒙和马奇等人结合前人理论，创立了现代决策理论，指出"管理就是决策"，突出了决策在现代管理中的核心地位。

一、决策概述

1. 决策的概念

在现代管理科学中，对决策通常有两种理解：一种是狭义的理解，认为决策就是做出决定，即人们从不同的行动方案中做出最佳选择，就是通常意义上我们所说的"拍板"；另一种是广义的理解，这种理解把决策看做是一个过程，而不是瞬间的行为。这里认为决策的含义应当遵循广义的理解，即认为决策是一个管理者识别并解决问题，以及利用机会的过程。在这个过程当中，人们为了实现某一特定目标，根据主客观条件的可能性，提出各种可行方案，采用一定的科学方法和手段，对各种方案进行比较、分析和评价，在制定一定的决策准则基础上，按照决策准则，从各种方案中选出最满意的方案，并根据方案实施的反馈情况对方案进行修整控制，直至实现目标的整个过程。对于这一定义，可作如下理解。

（1）决策的主体是管理者。组织中的各级管理者每天都面临着不同类型的决策问题，如高层管理者面临的是组织的战略决策和发展方向问题，基层管理者面临着日常事务性的工作安排。

（2）决策的本质是一个过程，这一过程由多个步骤组成。决策需要在正确的理论指导下，按照一定的程序，充分依靠组织的各级员工，遵循决策程序、正确运用决策技术和方法来选择行为方案。

（3）决策的目的是解决问题和利用机会。就是说，决策不仅仅是为了解决问题，有时也是为了利用机会。

决策是一个系统工程，任何决策都应该考虑技术上可行、经济上合理、法律上允许、操作上可执行、进度上可实现，必须考虑决策前、决策过程中、决策后的合理程序和有效措施。人们对于行动方案，都要经过决策的一系列准备活动，如诊断问题、确定目标、探索方案等，没有准备和认真的研究，选择方案就成为了"拍板"，仅仅是一种主观武断的行为，难免造成决策的失误。随意决策，将造成巨大损失，尤其是某些重大建设项目，一旦决策失误，损失更加巨大，因此必须注重决策的科学性，遵循决策的程序和方法。同样，如果不注重检查、监督方案的实施活动，就无法了解方案执行后的情况，无法对出现的偏差予以纠正，更无法检验决策的是非优劣，难以保证决策目的与执行效果的统一，决策也就失去了实际的意义。

2. 决策准则

决策准则是决策者在决策全过程中应该遵循的原则，即决策的思维方式、决策组织、拟定备选方案等方面的原则要求。按照"经济人"的模式，人们在对各种可行方案进行评价和选择时，总是希望能够获得最优化的方案。但是最优化的方案需要满足以下几个条件：①在决策之前，全面寻找备选行为；②考察每一可能抉择所导致的全部复杂后果；③具备一套价值体系，作为从全部备选行为中选定其一的选择准则。

因此对于决策者来说，要想使决策达到最优，必须获得与决策有关的全部信息，真实了解全部信息的价值所在，并据此制定所有可能的方案，并且能够准确预期到每个方案在未来的执行结果，但是这些在现实中不可能得到满足。受能力、信息、成本等方面的制约，人们不可能获得关于决策的所有信息，即使获得了所有的信息，也没有那么多的时间和精力去处理海量的信息。对于收集到的有限信息，决策者的利用能力也是有限的，由于知识、经验、认识能力的限制，使得人们不可能找出所有可能的行动方案。即使人们有能力来寻找所有可能的行动方案，由此所花费的时间和费用也是得不偿失的。因此在现实中，最优化原则只是一个理论设想，很难真正实现。

由于贯彻最优原则的条件经常不能具备，决策者在进行决策时贯彻所谓的最优原则就失去了其现实性。所以决策的准则用满意原则来代替最优原则。所谓满意原则就是指寻找到令决策者感到满意的决策方案即可。对于各种决策方案，不是花费大代价去寻找能实现最优效果的决策方案，而是寻找到能满足实现目标要求的方案。西蒙和马奇指出："无论是个人还是组织，大部分的决策都同探索和选择满足化的手段有关，只是在例外的场合才探索和选择最佳的手段。"所以满意原则是比最优原则更为现实合理的决策原则。

3. 决策的特点

(1) 目标性。任何决策的目的都是为了某个特定的目标，目标体现的是组织想要获得的结果。目标是制定计划、行动方案的比较，以及选择、实施和实施效果检查的标准与依据。

(2) 可行性。决策的执行方案及实施需要以一定的资源为前提，没有足够的资源再完美的方案也难以实现。因此，在决策过程中，不仅要考虑采取某种行动的必要性，而且要注意实施条件的限制。

(3) 选择性。选择是决策的关键，因此如何选择就成为了至关重要的问题。方案的选择和评价必须遵循一定的程序和标准，只有如此才能保证决策的科学性。

(4) 满意性。由于获得最优方案的代价过高，因此决策的原则是满意，而不是最优。

(5) 过程性。组织的决策是一系列决策的综合，这是因为组织中的决策牵涉到多方面事务。当令人满意的行动方案确定后，决策者还要就一些相关问题作出决定（如资金筹集、人员安排等），以保证方案的顺利实施。只有当相关配套决策都作出后，才能认为组织的决策已经完成。为了理论分析的方便，人们把决策的过程划分为几个阶段，但在实际工作中，这些过程往往是相互联系、交错重叠的，难以截然分开。

（6）动态性。决策不仅是一个过程，而且还是一个不断循环的过程。组织的内外部环境处在不断变化中，这要求决策者密切监视并研究内外部环境及其变化，从中发现问题或找到机会，及时调整组织的活动，以实现组织与环境的动态平衡。

4. 决策与计划的关系

决策与计划是什么样的关系？哪个概念的内容更广泛些呢？管理理论中对这个问题的研究有着不同的理解。人们对于计划、决策的认识不同，得出的结论也就不同，因而也就对他们的关系有不同的看法。管理学者西斯克认为"计划工作在管理职能中处于首位，是评价有关信息资料，预估未来的可能发展，拟定行动方案的建议说明的过程，决策是这个过程中的一项活动"。以西蒙为代表的决策学派则认为管理就是决策，计划是决策的一部分。

我们认为，决策与计划，是两个既有区别，又相互联系的概念。一方面，两个概念有相同的方面，甚至有些时候是无法分割的。这种相同表现为：一，两者均表现为一个过程，计划是组织对自己一段时期内拟定工作内容、方法等计划的过程，而决策则是组织中管理者作出决定和选择的过程；二，两者都体现了具体的组织策略、经营方针等，计划是组织以各种形式对自己未来一段时期内拟定的工作内容、方法、步骤、方向等，而决策则是组织中管理者对于组织所作出的策略、方针、规划等方面的决定。同时，两者在有些时候是相互渗透的，表现为计划是决策的逻辑延续，决策是计划的前提。决策为计划的任务安排提供了依据，计划则为决策所选择的目标活动的实施提高了组织保证。计划的编制过程，既是组织决策的落实过程，也是对决策详尽的检查和修订过程。

另外一方面，两者又是有区别的，因为两者解决的问题不同。决策是对组织活动方向、内容及方式的选择，任何组织在活动前都必须对活动的方向和方式进行选择。计划则是对组织内部不同部门和成员间在一定时期内从事活动的具体安排，详细规定了各部门和成员活动的具体内容和要求。

二、决策理论

1. 古典决策理论

古典决策理论又称规范决策理论，是基于"经济人"假设提出来的，主要盛行于20世纪50年代以前。古典决策理论认为，应该从经济的角度来看待决策问题，即决策的目的在于为组织获取最大的经济利益。古典决策理论的主要内容是：

① 决策者必须全面掌握有关决策环境的信息情报；

② 决策者要充分了解有关备选方案的情况；

③ 决策者应建立一个合理的自上而下的执行命令的组织体系；

④ 决策者进行决策的目的是使本组织的经济利益最大化。

古典决策理论认为决策的管理者是完全理性的，决策环境条件的稳定与否是可以被改变的，在充分了解有关信息情报的情况下，决策者可以作出完成组织目标的最佳决策。但这种理论忽视了非经济因素，如社会的、心理的因素在决策中的影响，不一定能够指导实际的决策活动，从而逐渐被更为全面的行为决策理论代替。

2. 行为决策理论

行为决策理论的发展始于1950年。西蒙在《管理行为》一书中指出："理性的和经济的标准都无法确切地说明管理的决策过程"，进而提出"有限理性"标准和"满意度"原则。其他学者也对决策者行为作了进一步的研究，他们在研究中也发现，影响决策者进行决策的不仅有经济因素，还有决策者本人的因素，如态度、情感、经验和动机等。

20世纪50～70年代中期是行为决策理论发展的萌芽阶段，在这个阶段主要的研究方法是心理学实验方法，研究者通过心理学实验探索人们在进行判断和抉择背后的心理因素，并就这些心理因素对决策行为中的判断和抉择的影响进行理论探讨，进而探索和描述人们在判断和抉择中是如何具体进行每一个环节的。但是，受到研究方法的限制，行为决策理论在这个阶段对决策行为的研究显得比较单薄，成果在学术界并没有得到重视。

20 世纪 70 年代中期到 20 世纪 80 年代中后期是行为决策理论快速发展时期。在这个阶段行为决策理论已经成为一门独立的研究学科，开始在经济、金融和管理等领域得到应用。在这段时期，行为决策理论的研究对象扩大到决策过程的所有环节，包括情报阶段、设计阶段、抉择阶段和实施阶段，并取得了丰富的研究成果。

从 20 世纪 80 年代中后期开始至今，行为决策理论研究的主流不再是对传统理论的挑战，而是概括行为特征，提炼行为变量，然后将其运用到古典决策的分析框架之中。这种改善和替代后的决策模型不仅考虑客观的备选方案以及环境对它们的影响，而且包含了决策者认知局限性、主观心理因素以及环境对决策者的心理影响等因素，使得模型普适性更强。

行为决策理论的特点是：①出发点是决策者的决策行为；②研究集中在决策者的认知和主观心理过程，关注决策行为背后的心理解释，而不是对决策正误的评价；③从认知心理学的角度，研究决策者在判断和选择中的信息处理机制及其所受的内外部环境的影响，进而提炼出理性决策理论所没有考虑到的行为变量，修正和完善理性决策模型。

行为决策理论的主要内容包括以下几个方面。

（1）人的理性介于完全理性和非理性之间，即人是有限理性的，这是因为在高度不确定和极其复杂的现实决策环境中，人的知识、想像力和计算力是有限的。

（2）决策者在识别和发现问题中容易受知觉上的偏差影响，而在对未来的状况作出判断时，直觉的运用往往多于逻辑分析方法的运用。所谓知觉上的偏差，是指由于认知能力的有限，决策者仅把问题的部分信息当作认知对象。

（3）由于受决策时间和可利用资源的限制，决策者即使充分了解和掌握有关决策环境的信息情报，也只能做到尽量了解各种备选方案的情况，而不可能做到全部了解，决策者选择的理性是相对的。

（4）在风险型决策中，与经济利益的考虑相比，决策者对待风险的态度起着更为重要的作用。决策者往往厌恶风险，倾向于接受风险较小的方案，尽管风险较大的方案可能带来较为可观的收益。

（5）决策者在决策中往往只求满意的结果，而不愿费力寻求最佳方案。导致这一现象的原因有多种：

① 决策者不注意发挥自己和别人继续进行研究的积极性，只满足于在现有的可行方案中进行选择；

② 决策者本身缺乏有关能力，在有些情况下，决策者出于个人某些因素的考虑而作出自己的选择；

③ 评估所有的方案并选择其中的最佳方案，需要花费大量的时间和金钱，这可能得不偿失。

此外，行为决策理论还抨击了把决策视为定量方法和固定步骤的片面性，主张可以把决策视为一种文化现象。例如，威廉·大内在对美日两国企业在决策方面的差异所进行的比较研究中发现，东西方文化的差异是导致这种决策差异的一种不容忽视的原因，从而开创了决策的跨文化比较研究。

除了西蒙的有限理性模式，林德布洛姆的渐进决策模式也对完全理性模式提出了挑战。林德布洛姆认为决策过程应是一个渐进过程，而不应大起大落，否则会危及组织内的稳定，给组织带来结构、心理倾向和习惯等的震荡以及资金困难，也使决策者不可能了解和思考全部方案并弄清每种方案的结果。这说明，决策不能只遵守一种固定的程序，应根据组织内外环境的变化进行适时的调整和补充。

3. 当代决策理论

继古典决策理论和行为决策理论之后，决策理论有了进一步的发展，即产生了当代决策理论。当代决策理论的核心内容是：决策贯穿于整个管理过程，决策程序就是整个管理过程，组织是由作为决策者的个人及其下属、同事组成的系统。整个决策过程从研究组织的内外环境开始，继而确定组织目标，设计可达到该目标的各种可行方案，比较并评估这些方案进而进行方案选择（即作出择优决策），最后实施决策方案，并进行追踪检查和控制，以确保预定目标的实现。这种决策理论对决策的过程、程序化决策与非程序化决策、组织机构的建立与决策过程的联系等方面作了精辟的论述。

对当今的决策者来说，在决策过程中应广泛采用现代化的手段和规范化的程序，并以系统理论、运筹学和电子计算机为工具，辅之以行为科学的有关理论。这就是说，当代决策理论把古典决策理论和行为决策理论有机地结合起来，它所概括的一套科学行为准则和工作程序，既重视科学的理论、方法和手段的应用，又重视人的积极作用。

第二节　决策的类型

决策的广泛应用及活动的复杂多样性，使得决策的种类非常繁多。为了便于研究和掌握决策的特点和规律性，帮助人们正确地选择决策方法，做到决策的科学化，就应当从不同的角度对决策进行分类。

一、长期决策与短期决策

按决策的时间跨度划分，决策可分为长期决策与短期决策。长期决策是指事关组织发展方向的长远性、全局性的重大决策，如资金投向、市场开发、产品转型、扩大规模等战略性的决策等。短期决策是为实现组织长期战略目标而采取的短期策略手段，这类决策基本是指对一年之内要解决及执行的有关问题的决策，如企业日常营销、生产设备安排等问题的决策。

二、战略决策、战术决策与业务决策

按决策层次及要解决问题的性质划分，决策可分为战略决策、战术决策和业务决策。

战略决策指事关企业未来发展的全局性、长期性的重大决策。战略决策一般由企业最高管理层制定，故又称高层决策。这种决策旨在提高企业的经营效能，使企业的经营活动与外部环境的变化保持正常的动态协调。战略决策对组织来说最重要，通常包括组织目标、方针的确定，组织机构的调整，企业产品的更新换代，技术改造等，这些决策牵涉组织的方方面面，具有长期性和方向性。

战术决策又称管理决策，指为实施战略决策，在人、财、物等方面做出的战术性决策。这种决策旨在提高企业的管理效能，以实现企业内部各环节的高度协调和资源的有效利用。战术决策一般是由企业中间管理层做出的，在组织内贯彻的决策，属于战略决策执行过程中的具体决策。战术决策旨在实现组织中各环节的高度协调和资源的合理使用，如生产计划决策、设备更新改造决策等均属此类决策。

业务决策又称执行性决策，是指在日常生产管理中旨在提高生产效率和工作效率，合理组织生产过程的决策。业务决策是具体业务部门为了提高工作质量及日常业务效率而进行的决策，牵涉范围较窄，只对组织产生局部影响。这种决策一般由企业基层管理层做出，故又称基层决策，如生产作业计划决策、库存决策等。

战略决策、战术决策和业务决策之间有时没有绝对的界限，三个层次的决策者都应或多或少地参与相邻管理层的决策方案的制定。

三、集体决策与个人决策

从决策的主体看，可把决策分为集体决策与个人决策。集体决策是指多个人一起作出的决策，组织中的许多决策，尤其是那些对组织有重大影响的决策往往是由集体来决定的。如股东大会、董事会、薪酬委员会等做出的决策就是集体决策。个人决策则是指单个个体所作出的决策，如总经理签署一项权限内的销售合同，就是个人决策。

四、初始决策与追踪决策

从决策的起点可把决策分为初始决策与追踪决策。初始决策是指在有关活动尚未进行，环境未受到影响的情况下进行的决策。随着初始决策的实施，组织环境发生变化，这种情况下所进行的决策就是追踪决策。追踪决策实质上则是对原来面临的问题重新进行一次决策。由于主客观情况已经发生了变化，所以它并非正常决策的简单重复，也不是对原决策的根本否定，而是根据对原决策过程的再次分析，促使原决策中的错误转向正确的一种决策，是对原决策的扬弃。如果在原决策执行过程中已经发现了错误，领导者却拒绝进行任何修改，一意孤行地执行下去，这必然会直接危及到决策目标的达成，导致原决策彻底失败。追踪决策对于任何决策来说都是相当重要的环节。追踪决策是非零起点决策。

五、程序化决策与非程序化决策

根据问题出现的重复性及决策程序的规范性，可以将决策划分为程序化决策和非程序化决策。程序化决策涉及的是例行问题，而非程序化决策涉及的是例外问题。

程序化决策又称为常规决策或规范性决策，是指一些经常重复进行的、决策目标明确的，而且判断完成目标的标准也非常明确的决策，如管理者日常遇到的产品质量、设备故障、现金短缺、订单处理等问题的决策。这类决策问题产生的背景、特点及其规律易被决策者所掌握，所以决策者可根据已往的经验或惯例制定决策方案。这类决策一般由职能部门进行，高层决策者很少过问。

非程序化决策指受大量随机因素的影响，很少重复发生，常常无先例可循的经营事务的决策，如组织结构变化、重大投资、开发新产品或开拓新市场、长期存在的产品质量隐患、重要的人事任免以及重大政策的制定等问题。这种决策由于缺乏可借鉴的资料和准确的统计数据，决策者大多对处理这种决策问题经验不足，在决策时没有固定的模式和规则可循。由于决策过程不能标准化，所以需要高层决策者亲自参与，并依赖他们的知识、经验、智慧和判断能力，同时还须民主决策，见图5-1。

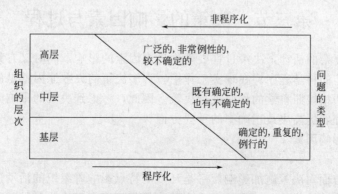

图 5-1　组织管理层次与决策的程序性

六、确定型决策、风险型决策与不确定型决策

按决策分析的方法划分，决策可分为确定型决策、风险型决策、非确定型决策。

确定型决策是指决策者对每个可行方案未来可能发生的各种情况及其后果十分清晰，对于每个方案确定的结果比较有把握，最终选择哪个方案取决于对各个方案结果的直接比较。决策者对这类决策的自然状态掌握充分的、完全的信息，所以在开始之前就能确定属于该类决策的某一具体决策的结果。

风险型决策也称随机决策，在这类决策中，未来各种自然状态的发生是随机的，不能知道哪种自然状态会发生，但能根据相似事件的历史统计资料或实验测试等估计出各种自然状态的概率，并依其大小进行计算分析决策。在这类问题的决策中，企业决策者可以根据概率进行计算并作出决策，但无论采用何种方案都存在风险。

不确定型决策是指在不稳定条件下进行的决策。在不确定型决策中，某一行动方案可能出现几种结果，即多个自然状态，且各种自然状态的概率也不确知。这种决策主要取决于决策者个人的喜好及其价值取向，如新技术研发、估计新产品的市场需求等。目前，这种决策已经有一些决策准则供不同类型和风格的决策者选用。

七、单目标决策和多目标决策

按决策所要求达到的目标的数量，可以将决策划分为单目标决策和多目标决策。

单目标决策是指所达到目标只有一个的决策。这种决策目标单一，制定和实施较为容易。如企业单纯地追求自身经济利益的最大化，其他方面都不顾及，这种情况比较少见。多目标决策是指所欲达到的目标是多个的决策。通常这些目标之间具有相互联系，甚至有的是相互矛盾、相互制约的，如企业在追求低成本的同时，又追求市场占有率和利润率的提升，这就是多目标决策问题。在这种情况下，需要决策者全面考虑各个目标之间的综合平衡，并以主要目标为主，以求做出总体最优决策。实际中，多目标决策比单目标决策更具有实用价值和普遍性。

八、定性决策和定量决策

定性决策是指决策问题的涉及因素无法用确切的数量表示，也无法使用量化的模型方式进行定量分析，只能进行定性分析的决策，如组织机构的设置与调整就只能进行定性的决策。定量决策是指决策问题的涉及因素能够量化，并能够利用数学模型进行分析和评价的决策。如，计划年产量、成本预算等决策，由于能进行定量化分析和评价，且结果相较定性决策更有说服力，所以这种决策比较容易找出最优方案。

一般的决策分析都介于两者之间，即定性中有定量，定量中有定性，两者在决策分析中所占的比重会随着决策问题量化程度的不同而不同。

第三节　决策的影响因素与过程

决策是一项复杂的活动，决策过程要受到许多因素的影响，同时又有其自身的工作规律性，需要遵循一定的科学程序。在现实工作中，许多决策的失败原因就是没有考虑到一些因素的影响，没有严格按照科学的程序进行决策。因此，考虑到决策的影响因素和明确科学的决策过程，是管理者提高决策正确率的重要方面。

一、决策的影响因素

1. 环境

环境从两个方面对决策施加影响。一是环境的特点影响着组织的活动选择。在一个稳定的市场环境中，企业的决策相对简单，大多数决策都可以在过去决策的基础上作出；如果市

场环境复杂，变化频繁，那么企业就可能要经常面对许多非程序性的、过去所没有遇到过的问题，则需要经常对经营方向和内容进行调整。二是对环境的习惯反应模式也影响着组织的活动选择。在相同的环境背景下，不同的组织作出的反应也可能不同。这与组织的反应习惯有很大的关系，一旦组织与环境变化之间的反应模式形成，就会趋于稳固，形成反应定势，影响管理者对行动方案的选择。

2. 过去的决策

决策总是在过去的基础之上进行的，几乎不存在完全空白起点的决策。多数情况下，组织中的决策不是在一张白纸上进行的初始决策，往往是在过去决策的基础上，当内外部环境发生变化，决策者对原先的决策进行完善、调整或改革，形成新的决策方案。在内外部环境发生变化时，决策方案的变化程度一方面取决于决策者的个人性格特质，另外一方面也取决于过去决策者与现任决策者的关系。如果过去的决策是由现任的决策者制定，由于决策者通常要对自己的选择及其后果负责，也为了保证决策的连续性，因此一般不愿对决策方案进行重大的调整，而趋向于保持决策方案的稳定。相反，如果现在的主要决策者与组织过去的重大决策没有很深的渊源关系，则会易于接受重大改变。

3. 决策者对风险的态度

决策是一个对未来活动进行预测并选择行动方案的过程，但由于人们对未来的认识能力有限，目前预测的未来状况与未来的实际情况不可能完全相符，因此决策将伴随着风险。由于决策者的个人性格特质有差异，有的趋向于保守，有的趋向于冒险和革新，因此不同性格特质的决策者对决策方案的偏好将有所不同。喜好风险的人通常会选取风险程度较高但收益也较高的行动方案；而厌恶风险的人通常会选取较安全同时收益水平也较低的行动方案。

4. 组织文化

组织文化会影响到组织成员对待变化的态度，进而影响到一个组织对方案的选择与实施。在决策过程中，任何方案的选择都意味着对过去某种程度的否定，任何方案的实施都意味着组织要发生某种程度的变化。若组织文化偏向于保守，组织成员不愿意发生变化，则决策方案在执行过程中将遇到较大阻力，相反，若组织文化偏向于接受革新和新生事物，则新决策方案的执行将会较为顺利。在前一种情况下，为了有效实施新的决策，必须做好大量的工作来改变组织成员的态度。组织长期发展过程中形成的决策方式也将会对决策产生影响，如集权型的决策方式，民主型的决策方式等，都会对决策的行动方案产生较大的影响。

二、决策的过程

决策工作是一项动态的完整过程，一般包括提出问题、分析问题、解决问题、反馈控制等步骤。为保证决策的科学性，决策者必须严格遵守科学的决策程序，其基本程序如图 5-2 所示。

1. 提出问题

决策是为了解决组织管理过程中出现的问题，对问题的判断影响着决策的正确性，所以十分关键。组织面临的问题主要有两个方面：一是组织管理过程中发现的问题，这类问题是希望消除组织运行当中实际达到的状态与期望达到的状态之间的差异，确定企业是否存在需要解决的问题，这是企业管理者敏锐的洞察力和高度预见性的综合体现；二是关于组织的发展问题，随着组织内外部环境的变化，组织的目标可能与实际不符，或者外部出现了新的机会，这时就需要组织调整自身的发展方向或目标。

某些时候，识别组织存在的机会和问题并不总是简单的，因为要考虑组织中人的行为。有些时候，问题可能根植于个人的过去经验、组织的复杂结构或个人和组织因素的某种混合。所以管理者必须特别注意要尽可能精确地评估问题和机会。

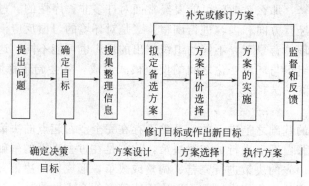

图 5-2　决策的基本过程

2. 确定决策目标

应根据组织存在的问题，或出现的发展机会，确定组织想要达到的目标。合理确定决策目标是科学决策的前提。目标作为评价和监测整个决策行动的准则，不断地影响、调整和控制着决策活动的过程，一旦目标有偏差，就会导致决策失败。由于目标不同，对同样问题采用的决策方案是不同的。决策目标可分为两类：一是必须达到的，对必须达到的目标，在资源使用上要明确最高限度，在此范围内尽可能放开；二是希望达到的，在取得成果上设立一个最低限度。

在确定决策目标时，要注意：①目标应建立在需要与可能的基础上，即需要解决的问题是否真正需要的，并且组织是否具备达到目标的条件；②目标应明确具体，并尽可能数量化，这主要是为了更好地衡量决策的实施效果；③约束条件要明确，对与实现目标相关的各种条件进行详细地分析；④抓住主要目标，通常组织目标是多元化的，有时某些目标之间甚至存在矛盾，因此要抓住主要目标，根据目标的重要程度进行排序，让次要目标服从主要目标，放弃相互矛盾的目标，合并相似的次要目标，保证主要目标的实现。

3. 搜集、整理信息

为了制定合理的解决方案，管理者需要搜集与问题和机会相关的信息，包括外部的信息和报告以及组织内的信息。信息根据来源可以分为两类：一类是一手信息，是组织自己积累或者调研得来的；另外一类是二手信息，是从报纸、期刊、书籍、电视、广播、网络等媒体获得的，大多数的信息为二手信息。

由于决策质量很大程度上取决于信息的精确程度，所以管理者要尽力获取精确的、可信赖的信息。低质量的或不精确的信息往往浪费时间，付出过多成本，并有可能造成决策的失误。所以管理者要坚持获取高质量的信息并仔细地解释它，这样会提高作出正确决策的可能性。

4. 拟定备选方案

一旦机会或问题被提出，并已经获得足够的信息，管理者就要根据所收集的信息进行分析，提出达到目标和解决问题的各种备选方案。组织应根据内外条件，拟定出众多的具备实施条件的可行方案，并应注意方案的整体详尽性和相互排斥性。备选方案可以是标准的，也可以是独特的和富有创造性的。标准方案通常是指组织以前采用过的方案，而通过头脑风暴法和德尔菲技术提出的方案通常更富有创造性。对于一些新问题，属于非程序化决策，没有任何经验和案例可循，决策者必须充分发挥想象力和创造力，并发挥集体智慧集思广益，才能取得最佳效果。可行方案应满足三个条件：能够保证决策目标的实现；组织内外部环境都能保证方案的实施；方案之间具有互相排斥性。

5. 方案评价和选择

方案选择是决策的关键阶段。管理者要想作出一个好的决定，必须仔细考察全部事实，确定是否可以获取足够的信息以及最终选择最好方案。进行方案评价时，应忽略各方案的共同问题，而专注于不同因素的分析。对一些无形因素，可以用预测方法将其定量化，与有形因素一起考虑。

方案评价主要是使用预定的决策标准，通过对一些比较重要的限定因素分析，如所想要的质量，每种方案的预期成本、收益、不确定性和风险等，比较各备选方案实现的可能性和效果，对各种方案进行排序，淘汰掉对解决问题基本无用或用处很小的方案以及那些客观条件不允许的方案，减少可行方案的数目，以便进行更深入的分析和比较。

标准是衡量方案优劣的尺度，对方案的取舍关系极大。一个具有共性的标准是价值标准。在单目标决策情况下，价值标准是十分明确的，而对于多目标决策的情况，价值标准只有当各个目标的重要性明确后才能确定。

方案选择是在方案评价的基础上，按选择标准，进行执行方案的选择。进行方案选择时主要依据满意准则，即选择在目前情况下比较满意的适宜可行的方案。方案选定后，必须注意决策带来的影响，采取一些预防性措施或制定应变计划，以保证决策方案能按计划组织实施。

6. 决策方案的实施

一旦作出决策，就要实施决策方案。执行已选择的决策方案，是将决策变为现实的关键。方案选定以后，管理者就要制定实施方案的具体措施和步骤，并向下属宣布决策方案、解释决策的原因、分配组织资源和层层落实任务等，使企业决策真正成为全体员工的共识。实施过程中通常要注意做好以下工作：

① 制定相应的具体措施，保证方案的正确实施；

② 确保与方案有关的各种指令能被所有有关人员充分接受和彻底了解；

③ 应用目标管理方法把决策目标层层分解，落实到每一个执行单位和个人；

④ 建立重要的工作报告制度，以便及时了解方案进展情况并进行调整。

7. 监督和反馈

方案执行的监督和反馈对决策成败起决定性的作用。由于组织内部条件和外部环境的不断变化，形势可能发生变化，因此，管理者要不断对方案进行修改和完善，以适应变化了的形势。在实施中及时发现情况，及时反馈，查明原因，修正方案，进行有效控制，保证原定目标的实现。

职能部门应对各层次、各岗位履行职责情况进行检查和监督，及时掌握执行进度，检查有无偏离目标，及时将信息反馈给决策者。决策者则根据职能部门反馈的信息，及时追踪方案实施情况，对与既定目标发生部分偏离的，应采取有效措施，以确保既定目标的顺利实现；对客观情况发生重大变化，原先目标确实无法实现的，则要重新寻找问题或机会，确定新的目标，重新拟定可行的方案，并进行评估、选择和实施。

第四节　决策的方法

在组织的决策过程中，针对不同类型的问题，需要使用各种不同的决策方法。关于决策的方法，一般可以分为定性决策方法和定量决策方法。

一、定性决策方法

定性决策法是建立在心理学、社会学和行为科学等基础上的"专家法"，是在决策过程中利用已知的、现有的资料，充分发挥专家集体的智慧、能力和经验，在系统调查研究分析基础上进行决策的方法，主要有头脑风暴法、名义小组法、德尔菲法等。

1. 头脑风暴法

头脑风暴法是比较常用的集体决策方法，便于发表创造性意见，因此主要用于收集新设想。通常是将对解决某一问题有兴趣的人集合在一起，在完全不受约束的条件下，敞开思路，畅所欲言。

群体思维是群体决策中的一种现象，是群体决策中一个非常普遍的概念，是指群体由于从众的压力使群体对不寻常的、少数人的或不受欢迎的观点得不出客观的评价。在群体就某一问题或事宜的提议发表意见时，有时会长时间处于集体沉默状态，没有人发表见解，而后人们又会一致通过。通常是组织内那些拥有权威，说话自信，喜欢发表意见的主要成员的想法更容易被接受，但其实大多数人并不赞成这一提议。之所以会这样，是因为群体成员感受到群体规范要求共识的压力，不愿表达不同见解，这时个体的观点及道德判断力都会受到影响而下降，这种情形下做出的群体决策往往都是不合理的失败的决策。当一个组织过分注重整体性，而不能持一种批评的态度来评价其决策及假设时，这种情况就会发生。

为了保证群体决策的创造性、合理性，提高决策质量，管理上发展了一系列改善群体决策的方法，头脑风暴法是较为典型的一个，它利用一种思想产生过程，鼓励提出任何种类的方案设计思想，同时禁止对各种方案的任何批评。头脑风暴法的目的在于创造一种畅所欲言、自由思考的氛围，诱发创造性思维的共振和连锁反应，产生更多的创造性思维。

采用头脑风暴法组织群体决策时，要集中有关专家召开专题会议，主持者以明确的方式向所有参与者阐明问题，说明会议的规则，尽力创造融洽、轻松的会议气氛。主持者一般不发表意见，以免影响会议的自由气氛，由专家们自由提出尽可能多的方案。

头脑风暴法的主持工作十分重要，对头脑风暴法效果有直接的影响，因此最好由对决策问题的背景比较了解并熟悉头脑风暴法处理程序和处理方法的人担任。头脑风暴主持者的发言应能激起参加者的思维灵感，促使参加者想要回答会议提出的问题。在头脑风暴开始时，主持者需要采取询问的做法，激起参加者踊跃发言。主持者的主动活动也只局限于会议开始之时，一旦参加者被鼓励起来踊跃发言以后，主持者只需根据头脑风暴的原则进行适当引导即可。

头脑风暴法的参加者，应具备较高的联想和思维能力。有时某个人提出的设想，可能正是其他准备发言的人已经思维过的设想。其中一些最有价值的设想，往往是在已提出设想的基础之上，迅速发展起来的设想，以及对两个或多个设想的综合。

专家的人选应严格限制，具体应按照下述三个原则选取：①如果参加者相互认识，要从同一职位（职称或级别）的人员中选取，领导人员不应参加，否则可能对参加者造成某种压力；②如果参加者互不认识，可从不同职位（职称或级别）的人员中选取，这时不应宣布参加人员职称，不论成员的职称或级别的高低，都应同等对待；③参加者的专业应力求与所论及的决策问题相一致，这并不是专家组成员的必要条件，此外，专家中最好包括一些学识渊博，对所论及问题有较深理解的其他领域专家。

会议中应遵守如下原则：①不能对别人的意见提出批评和评价，将相互讨论限制在最低限度内，对各种意见、方案的评判必须放到最后阶段，认真对待任何一种设想，而不管其是否适当和可行；②鼓励每个人独立思考，广开思路，想法越新颖、奇异越好，创造一种自由的气氛，激发参加者提出各种荒诞的想法；③建议越多越好，在这个阶段，参与者不要考虑自己建议的质量，想到什么就应该说出来；④探索取长补短和改进办法，除提出自己的意见外，鼓励参加者对他人已经提出的设想进行补充、改进和综合，补充和完善已有的建议以使它更具说服力。

会议提出的设想应由专人简要记载下来或录在磁带上，以便会议之后由分析组对会议产生的设想进行系统化处理。会议之后要对所有提出的设想编制名称一览表，用通用术语说明每一设想的要点，找出重复的和互为补充的设想，并在此基础上形成综合设想，然后按照一定标准进行筛选，找出合理的方案。实践经验表明，头脑风暴法可以排除折中方案，对所讨论问题通过客观、连续的分析，找到一组切实可行的方案，因而头脑风暴法在决策中得到了较广泛的应用。

2. 名义小组法

在集体决策中，如对问题的性质不完全了解且意见分歧严重，则可采用名义小组法。在这种方法下，小组的成员互不通气，也不在一起讨论、协商，从而小组只是名义上的。这种名义上的小组可以有效地激发个人的创造力和想像力。

在这种方法下，管理者先召集一些有知识的人，把要解决的问题的关键内容告诉他们，并请他们独立思考，要求每个人尽可能地把自己的备选方案和意见写下来。然后再按次序让他们一个接一个地陈述自己的方案和意见。在此基础上，由小组成员对提出的全部备选方案进行投票，根据投票结果，赞成人数最多的备选方案即为所要的方案。当然，管理者最后仍有权决定是接受还是拒绝这一方案。

3. 德尔菲法

德尔菲法是 20 世纪 60 年代初美国兰德公司的专家们为避免集体讨论所存在的屈从于权威，或盲目服从多数的缺陷提出的一种定性预测方法。为消除成员间相互影响，参加的专家可以互不了解，它运用匿名方式反复多次征询意见和进行背靠背的交流，以充分发挥专家们的智慧、知识和经验，最后汇总得出一个比较能反映群体意志的预测结果。

德尔菲法的一般工作程序如下：①确定调查目的，拟定调查提纲。首先必须确定目标，拟定出要求专家回答问题的详细提纲，并同时向专家提供有关背景材料，包括预测目的、期限、调查表填写方法及其他希望要求等说明；②选择一批熟悉本问题的专家，一般至少为 20 人左右，包括理论和实践等各方面专家；③以通信方式向各位选定专家发出调查表，征询意见；④对返回的意见进行归纳综合，定量统计分析后再寄给有关专家，如此往复，经过三、四轮意见比较集中后进行数据处理与综合得出结果。每一轮时间 7～10 天，总共约一个月即可得到大致结果，时间过短因专家很忙难于反馈，时间过长则外界干扰因素增多，影响结果的客观性。

运用该技术的关键是：

① 选择好专家，这主要取决于决策所涉及的问题或机会的性质；

② 决定适当的专家人数，一般 10～50 人较好；

③ 拟定好意见征询表，因为它的质量直接关系到决策的有效性。

这种方法的主要优点是简便易行，具有一定科学性和实用性，可以避免会议讨论时产生的因害怕权威而随声附和，或固执己见，或因顾虑情面而不愿与他人意见冲突等弊病。同时，也可使大家发表的意见较快收敛，参加者也易接受结论。该方法的主要缺点是由于专家一般的时间紧，回答往往比较草率，同时由于预测主要依靠专家的个人意见，因此归根到底仍属专家们的集体主观判断。此外，在选择合适的专家方面也较困难，征询意见的时间较长，对于需要快速判断的预测难以使用等。尽管如此，该方法因简便可靠，仍不失为一种人们常用的定性预测方法。

二、定量决策方法

定量决策方法常用于数量化决策，应用数学模型和公式来解决一些决策问题，即运用数学工具建立反映各种因素及其关系的数学模型，并通过对这种数学模型的计算和求解，选择出最佳的决策方案。定量决策问题，按照决策问题所面临的自然状态，可以划分为确定型决策问题和非确定型决策问题，而非确定型决策问题又划分为风险型决策、不确定型决策，这里主要讲述确定型决策、不确定型决策和风险型决策三种决策方法。

1. 确定型决策方法

确定型决策是指只存在一种完全确定的自然状态的决策，决策环境完全确定，关于问题的未来发展只有一种确定的结果，决策者只要通过分析、比较各个方案的结果就能选出最优方案。例如，某企业可向三家银行借贷，但利率不同，分别为8%、7.5%和8.5%。企业需决定向哪家银行借款。很明显，向利率最底的银行借款为最佳方案。这就是确定型决策。构成一个确定型决策问题必须具备4个条件：①存在一个明确的决策目标；②存在一个明确的自然状态；③存在可供决策者选择的多个行动方案；④可求得各方案在确定状态下的损益值。

确定型决策的方法很多，如盈亏平衡分析、线性规划法、目标评分法、效益费用法等，这里我们主要介绍盈亏平衡分析法和线性规划法。

（1）盈亏平衡分析。盈亏平衡分析是在一定的市场、生产能力的条件下，研究拟建项目成本与收益的平衡关系的方法。项目的盈利与亏损有个转折点，称为盈亏平衡点，表示为BEP，在这一点上，项目既不盈利，也不亏损。如果低于这一点所对应的生产水平，那么项目就会发生亏损；反之，则会获得盈利。盈亏平衡分析的目的是为了掌握企业的盈亏界限，正确规划企业生产发展水平，合理安排生产能力，及时了解企业经营状况，提高企业经济效益。

① 盈亏平衡分析的应用条件。盈亏平衡分析方法比较简单，具有较大的实用性，但其应用要满足一定的前提条件：产品销售量等于产量；生产产品的成本分为固定成本和变动成本两部分；产品的售价不变。

② 盈亏平衡点的确定。根据前述假设条件可知：

$$S = PQ$$
$$C = F + C_V$$
$$L = S - C = PQ - F - C_V = PQ - F - VQ$$

式中：S——产品销售收入；C——产品生产总成本；L——产品总利润；Q——产品生产（销售）量；F——产品固定成本总额；C_V——产品可变成本；V——单位产品变动成本；P——单位产品销售价格。

根据盈亏平衡的定义，在项目盈亏平衡时，总利润$L = 0$，即

$$PQ - F - VQ = 0$$

则在盈亏平衡点上有

$$Q_E = \frac{F}{P - V}$$

式中：Q_E——盈亏平衡时的产销量。

以产量表示的盈亏平衡点，表明项目不发生亏损时所必须达到的最低限度产品产（销）量。一个拟建项目如果具有较小的、以实物产量表示的盈亏平衡点，说明该项目只要达到较低的产量即可保本，也表明该项目可以经受产品生产规模变动的较大风险。为了便于直观分析项目盈亏平衡的情况，常把销售收入与产量的关系以及生产总成本与产量的关系画在同一张图上，称为盈亏平衡图，如图5-3所示。

图中点E是项目销售收入与产品成本相等时的盈亏平衡点，Q^*表示与盈亏平衡点相对

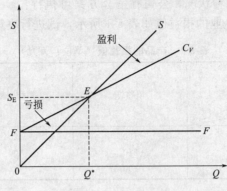

图 5-3 盈亏平衡图

应的项目产销量。S 表示与盈亏平衡点相对应的项目销售收入或成本。在 FOE 区域，成本高于收入，是亏损区；在 SEC_V 区域，收入高于成本，是盈利区。

（2）线性规划方法。线性规划是运筹学中研究较早、发展较快、应用广泛、方法较成熟的一个重要分支。作为经营管理决策中的数学手段，线性规划在现代决策中的应用是非常广泛的，它可以用来解决科学研究、工程设计、生产安排、军事指挥、经济规划、经营管理等各方面提出的大量问题。线性规划研究在一定条件下，合理安排人力物力等资源，使经济效果达到最好。一般地，求线性目标函数在线性约束条件下的最大值或最小值的问题，统称为线性规划问题。满足线性约束条件的解叫做可行解，由所有可行解组成的集合叫做可行域。决策变量、约束条件、目标函数是线性规划的三要素。这种方法的具体步骤如下：

① 为了使问题简化和突出重点影响因素，做各种必要的假定；

② 根据问题的性质建立数学模型，根据需要解决的问题，明确目标函数和各变量，然后确定问题的约束条件和变量取值范围；

③ 求解模型，找出目标函数的最大值或最小值，以此得到模型的最优解，即问题的最佳解决方法。

2. 不确定型决策方法

不确定型决策是指在知道可能出现的各种自然状态，但又无法确定各种自然状态发生的概率的情况下所进行的决策。在比较和选择活动方案时，如果管理者不知道未来情况有多少种，或虽知道有多少种，但不知道每种情况发生的概率，则须采用不确定型决策方法。

（1）不确定型决策的条件。不确定型决策应满足以下五个条件：①存在着一个明确的决策目标；②存在着两个或两个以上的行动方案可供决策者选择；③存在着两个或两个以上的不以决策者的主观意志为转移的自然状态；④不同的行动方案在不同自然状态下的相应益损值（利益或损失）可以计算出来；⑤各种自然状态出现的可能性（概率）决策者不能预先估计或计算出来。

（2）不确定性决策的分析方法。不确定型决策的主要方法有：小中取大法、大中取大法和最小最大后悔值法等。

① 小中取大法。采用这种方法的管理者对未来持悲观的看法，认为未来会出现最差的自然状态，因此不论采取哪种方案，都只能获取该方案的最小收益。采用小中取大法进行决策时，首先计算各方案在不同自然状态下的收益，并找出各方案所带来的最小收益，即在最差自然状态下的收益，然后进行比较，选择在最差自然状态下收益最大或损失最小的方案作为所要的方案。

【例 5-1】某公司准备生产一种新产品，对未来的销售情况只能做大致的估计，市场可能出现销路好、一般、差三种状况，公司有三套方案可执行：a. 改进生产线；b. 新建生产线；c. 与其他企业协作。企业的损益值如表 5-1 所示，试进行决策。

表 5-1 产品的损益值（单位：万元）

状态 收益 方案	销路好	销路一般	销路差
a. 改进生产线	180	120	−40
b. 新建生产线	240	100	−80
c. 与其他企业协作	100	70	16

从表 5-1 中可以看出，a 方案的最小收益为 −40 万元，b 方案的最小收益为 −80 万元，c 方案的最小收益为 16 万元，经过比较，c 方案的最小收益最大，所以选择 c 方案。

② 大中取大法。采用这种方法的管理者对未来持乐观的看法，认为未来会出现最好的自然状态，因此不论采取哪种方案，都要获取该方案的最大收益。采用大中取大法进行决策时，首先计算各方案在不同自然状态下的收益，并找出各方案所带来的最大收益，即在最好自然状态下的收益，然后进行比较，选择在最好自然状态下收益最大的方案作为所要的方案。

由表 5-1 可知，a 方案的最大收益为 180 万元，b 方案的最大收益为 240 万元，c 方案的最大收益为 100 万元，经过比较，b 方案的收益最大，所以选择 b 方案。

③ 最小最大后悔值法。管理者在选择了某方案后，如果将来发生的自然状态表明其他方案的收益更大，那么他会为自己的选择而后悔。最小最大后悔值法就是使后悔值最小的方法。采用这种方法进行决策时，首先计算各方案在各自然状态下的后悔值（某方案在某自然状态下的后悔值＝该自然状态下的最大收益－该方案在该自然状态下的收益），并找出各方案的最大后悔值，然后进行比较，选择最大后悔值最小的方案作为所要的方案。

由表 5-1 可知，在销路好这一自然状态下，b 方案（新建生产线）的收益最大，为 240 万元。在将来发生的自然状态是销路好的情况下，如果管理者恰好选择了这一方案，他就不会后悔，即后悔值为 0。如果他选择的不是 b 方案，而是其他方案，他就会后悔（后悔没有选择 b 方案）。比如，他选择的是 c 方案（与其他企业协作），该方案在销路好时带来的收益是 100 万元，比选择 b 方案少带来 140 万元的收益，即后悔值为 140 万元。各个后悔值的计算结果见表 5-2。

表 5-2 企业不同方案下的后悔值（单位：万元）

状态 后悔值 方案	销路好	销路一般	销路差
a. 改进生产线	60	0	56
b. 新建生产线	0	20	96
c. 与其他企业协作	140	50	0

由表中看出 a 方案的最大后悔值为 60 万元，b 方案的最大后悔值为 96 万元，c 方案的最大后悔值为 140 万元，经比较，a 方案的最大后悔值最小，所以选择 a 方案。

3. 风险型决策方法

（1）风险型决策概念及条件。风险型决策是指决策者对决策对象的自然状态和客观条件比较清楚，也有比较明确的决策目标，但是实现决策目标必须冒一定风险。由于风险型决策是在状态概率已知的条件下进行的，因此一旦各自然状态的概率经过预测或估算被确定下来，在此基础上的决策所得到的最满意方案就具有一定的稳定性。只要状态概率的测算切合实际，风险决策就是一种比较可靠的决策方法。

风险型决策一般包括以下条件：①存在着决策者希望达到的目标（利益最大或损失最小）；②存在着两个或两个以上的行动方案可供决策者选择；③存在着两个或两个以上的不以决策者的主观意志为转移的自然状态；④不同的行动方案在不同自然状态下的相应损益值（损失或利益）可以计算出来；⑤决策者能预先估计或计算出各自自然状态的概率。

（2）风险型决策方法。风险型决策方法主要有最大可能法、期望值法、约当系数法、决策树法等，其中以决策树法应用最为广泛。以下仅介绍决策树法。

决策树法是一种直观的图解决策方法，是在已知各种情况发生的概率的前提下，通过构造决策树，求取净现值的期望值来评价项目风险并判断其可行性的决策分析方法。

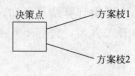

图 5-4 决策树图中的决策点与方案枝

决策点：用方框表示。由决策点向右方引出若干直线，每条直线代表一个方案，亦称方案枝，如图 5-4 所示。

状态节点：用圆圈表示。状态节点左方与某一方案枝联结，右方引出若干条直线，每一条直线代表一个自然状态及其可能发生的概率，亦称概率枝。概率枝的末端列出该自然状态下的损益值，相应的概率标在概率枝旁边，如图 5-5 所示。图中第一个自然状态概率为 0.6，损益值为 2000 万元；第二个自然状态概率为 0.4，损益值为 -400 万元（即亏损）。

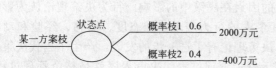

图 5-5 决策树图中的状态点、概率枝

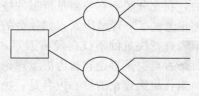

图 5-6 决策树示意图

决策的过程是由右向左，首先根据右端的损益值和概率计算出方案在各自然状态下的期望值（把它标在状态点处），然后根据不同方案的计算结果，按期望值最大（或损失值最小）原则选择最优方案。

整个图画出来像一棵树，如图 5-6 所示，决策树因此得名。有时在决策后把舍弃的方案在方案枝上画上"//"符号，称为修枝。

利用决策树进行决策，有单级决策和多级决策之分。只需要一次决策活动便可决出最优方案的称为单级决策；需要经过两次以上的决策活动才能决出最优方案的称为多级决策。下面分别通过单级决策和多级决策的例子来介绍决策树的运用。

【例 5-2】某建筑公司的管理人员要决定工程下月是否开工。如果开工后天气好，能按期完工，可得利润 5 万元；如果开工后天气坏，将拖延工期，造成损失 2 万元；假如不开工，则不论天气好坏，都要付出窝工损失 5 千元。根据以往的统计资料，预计下月天气好的概率为 0.3，而天气坏的概率为 0.7，试进行决策。

显然，这是一个面对两种自然状态（天气好、天气坏），又有两种行动方案（开工、不开工）可供选择的风险型决策问题。采用决策树法进行决策的过程如图 5-7 所示。

首先求出两个方案的期望收益值。

开工方案期望收益值为：

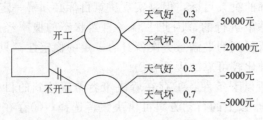

图 5-7 某工程开工决策树

$$0.3 \times 50000 + 0.7 \times (-20000) = 1000 \text{（元）}$$

不开工方案的期望收益值为：

$$0.3 \times (-5000) + 0.7 \times (-5000) = -5000 \text{（元）}$$

由计算结果可知，开工方案的期望收益值大于不开工方案的期望收益值。因此，应选择开工方案，舍弃不开工方案。

本 章 小 结

（1）决策是一个管理者识别并解决问题以及利用机会的过程。对于这一定义，可作如下理解：决策的主体是管理者，决策的本质是一个由多个步骤组成的过程，决策的目的是解决问题和利用机会。由于贯彻最优原则的条件经常不能具备，决策者在进行决策时贯彻所谓的最优原则就失去了其现实性。所以决策的准则用满意原则来代替最优原则。

（2）古典决策理论是基于"经济人"假设提出来的，该理论认为决策的管理者是完全理性的，在充分了解有关信息情报的情况下，决策者可以作出完成组织目标的最佳决策。但这种理论忽视了非经济因素，如社会的、心理的因素在决策中的影响。行为决策理论认为影响决策者进行决策的不仅有经济因素，还有其个人的行为表现，如态度、情感、经验和动机等。继古典决策理论和行为决策理论之后，决策理论有了进一步的发展，产生了当代决策理论。当代决策理论的核心内容是：决策贯穿于整个管理过程，决策程序就是整个管理过程，组织是由作为决策者的个人及其下属、同事组成的系统。

（3）从不同的角度对决策进行分类，有如下的类型：长期决策与短期决策，战略决策、战术决策与业务决策，集体决策与个人决策，初始决策与追踪决策，程序化决策与非程序化决策，确定型决策、风险型决策与不确定型决策，单目标决策和多目标决策，定性决策和定量决策。

（4）决策的影响因素包括：环境、过去的决策、决策者对风险的态度、组织文化。决策的过程有以下的步骤：提出问题、确定决策目标、搜集与整理信息、拟定备选方案、方案评价与选择、决策方案的实施、监督和反馈。

（5）在组织的决策过程中，针对不同类型的问题，需要使用不同的决策方法。关于决策的方法，可以分为定性决策方法和定量决策方法。定性决策法主要有德尔菲法、头脑风暴法、名义小组法等。定量决策方法主要包括线性规划法、盈亏平衡分析法、小中取大法、大中取大法、最小最大后悔值法、决策树法等。

【案例思考】

长虹集团的倪、赵之"争"

从 2000 年 5 月倪润峰以董事长的身份隐退，36 岁的赵勇当上长虹的总经理，到 2001 年 2 月倪润峰复出以 CEO（首席执行官）的头衔重掌长虹经营大权，再到 4 月赵勇提出辞呈，各种版本的传闻使得关于长虹的故事更加扑朔迷离。

8个月内，赵勇以长虹电器股份公司总经理的身份，对倪润峰时代的企业发展思路、公司结构等进行了大动作的清理。并明确表示，他的思路将和倪润峰不同。但是，当人们还没有完全看明白这"不同"之处时，倪润峰再次"驾临"长虹，大规模"拨乱反正"，并迅速再次启动价格战车，赵勇的改革逐一被归位。8个月的急变，引起了媒体的高度关注。

2000年5月，赵勇上任之初，曾经试图阻止长虹下滑的趋势。据说，赵勇为此立下军令状：2000年主营收入121.15亿元人民币，净利润5.8亿元，分别比1900年增长20%和10%。但实际上，公司只实现主营业务收入107.7亿元，比计划少了14.08亿元；净利润2.74亿元，尚未达到计划数的一半，比上年实际完成的5.25亿元减少2.51亿元，2000年，长虹上缴的利税总额是7.8亿元，比1999年的9.4亿元下降了将近两个亿。

从二人对企业发展的战略思想来看，倪润峰和赵勇分别代表了两条不同的路线：赵勇可以被视为技术推进路线的倡导者，倪润峰则可以看作是价格竞争路线的倡导者。这两条路线在整个彩电行业内早已有之，倪润峰与赵勇的"上上下下"，不过是两条路线一次激烈的交锋。

赵勇任职期间，一直致力于做"新时期的新兴企业家"，在总体思路上，赵勇与倪润峰有着明显不同。倪润峰一直倡导以规模和价格作为主要竞争手段，凭借长虹在资金和规模上的优势，主动出击，挤压竞争对于。而赵勇上任之后，则坚持利润第一，发展高新技术企业。为此，赵勇有几个主要动作：一，强化研发力量，加强了对技术的重视程度，并在开发人员中设立了600万元的"总经理奖励基金"；二，大幅度提高技术人员的待遇，最高涨幅达6倍；三，大胆起用了一批二十多岁的年轻人以及在倪润峰时期很不得志的人；四，赵勇在任总经理期间，长虹同样参与价格战，但与倪润峰时期明显不同之处在于，这一时期，打价格战以清除库存为目的，而倪润峰则是把价格作为竞争的主要手段。

在国内家电行业，坚持走技术之路的并不只是赵勇。包括康佳、TCL等在内的家电企业也不断地推出新技术产品。TCL集团推出HID，并提醒同行"成功的企业不会沉迷价格战"。几乎与长虹人事变动的时间差不多，2001年2月份，深圳康佳集团总裁陈伟荣被委任为CEO，随后就有传言陈伟荣辞职。而陈伟荣多年以来一直倡导走技术之路，但是康佳的业绩并不好，陈伟荣的境况与赵勇很相似。

关于长虹的发展战略思想之争，长虹内部也分为两派，支持赵勇的人主张给赵勇更多的时间，因为赵勇所做的工作不是急功近利的。反对的人认为，长虹在彩电技术方面与国外品牌差别不大。在目前没有完善的退出机制的情况下，单纯依靠技术很难取胜。即使花费了很大精力制造出来的新产品，打算卖个好价钱，也很容易被其他厂家复制，然后以比长虹更低的价格出售，因此，长虹应该坚持市场的路线。

倪、赵之争，反映出来一个问题，对中国彩电业来说，走技术之路还是走价格竞争之路。在此之前，几年前被迫退出中国的洋彩电挟技术优势卷土重来，利用国内企业大打价格战的间隙纷纷扩张，索尼、东芝、松下、飞利浦、夏普、LG等销量都上升至100万台以上，洋彩电市场份额从过去的10%左右，迅速扩张到30%以上，利润占到50%，同时，东芝、松下更是将中国作为主要的生产地。

2001年4月13日，在倪润峰出任CEO刚刚两个月多一点的时间，长虹集团公司突然再掀彩电降价狂潮，降价幅度之大令同行吃惊。面对新一轮价格大战，康佳成都公司已表明"奉陪到底"，并自认为是跟进速度最快也是跟进幅度最大的品牌。而创维，添把柴火，有意将战事扩大化。乐华，密切关注事态的进展，并适时出击。TCL称：并没有轻敌，好戏在后头，不会放过五一节。

【案例思考题】1. 你认为该案例中影响决策的因素有哪些?

2. 倪、赵两人的决策是如何影响到长虹发展的?

资料来源:http://www.chinaccm.com/09/090505/news/20010727/112836.asp. 略有删改。

复习思考题

一、单项选择题

1. 行为决策理论强调决策行为的直觉性、模糊性和创造性,追求结果合理和满意,其假设基础是( )。

    A. 完全理性人   B. 现实人   C. 感性人   D. 以上都不是

2. 非确定型决策的问题的主要特点在于( )。

    A. 各方案所面临的自然状态未知

    B. 各自然状态发生的概率未知

    C. 各方案在各自然状态下的损益未知

    D. 各自然状态发生的概率已知

3. 乐观决策原则的理论基础是( )。

    A. 假定未来状态中的最有利情况必然发生

    B. 假定未来状态中的最不利情况必然发生

    C. 假定未来状态中的最有利情况肯定不发生

    D. 假定未来状态中的各种情况以同等可能发生

4. 号称"钟表王国"的瑞士在 1969 年研制出第一只石英电子手表,但擅长机械表制造技术的瑞士企业界领袖们认为石英表没有发展前途,并未给予充分重视。日本人则认为,石英表这项新技术大有前途,遂投资进行大批量生产。结果,日本的石英表技术誉满全球,仅在 20 世纪 70 年代后 5 年时间内就挤垮了100 多家瑞士手表厂。这个例子说明了以下哪种观点?( )。

    A. 决策对企业生存发展的影响至关重大

    B. 技术管理更能给企业带来竞争力

    C. 技术要发挥作用离不开资本的投入

    D. 瑞士的钟表界缺乏技术创新精神

5. 下列哪一种说法不能反映群体参与式管理的情况?( )。

    A. "众人划桨开大船"   B. "三个和尚没水喝"

    C. "一个好汉三人帮"   D. "十根筷子折不断"

6. 你正面临是否购买某种奖券的决策。你知道每张奖券的售价以及该期共发行奖券的总数、奖项和相应的奖金额。在这样的情况下,该决策的类型是什么?加入何种信息以后该决策将变成一个风险性决策?( )。

    A. 确定性决策;各类奖项的数量

    B. 风险性决策;不需要加其他信息

    C. 不确定性决策;各类奖项的数量

    D. 不确定性决策;可能购买该奖券的人数

7. 决策是工作和日常生活中经常进行的活动,但人们对其含义的理解不尽相同,你认为以下哪种理解较完整?( )。

    A. 出主意   B. 拿主意

    C. 既出主意又拿主意   D. 评价各种主意

8. 企业面临的境况日益复杂多变,决策越来越难以靠个人的智力与经验来应付,因此现代决策应该更多地依靠( )。

    A. 多目标协调   B. 集体智慧   C. 动态规划   D. 下级意见

9. 群体决策既有其优点也有缺点,必须根据具体情况选用。以下哪一种情况通常不采取群体决策?

（　　　　）。

    A. 确定长期投资于哪一种股票　　　　　　　　B. 决定一个重要副手的工作安排

    C. 选择某种新产品的上市时机　　　　　　　　D. 签署一项产品销售合同

10. 以下不是决策的特征的内容是（　　　　）。

    A. 明确而具体的决策目标　　　　　　　　　　B. 有两个以上的备选方案

    C. 以了解和掌握信息为基础　　　　　　　　　D. 追求的是最优最好方案

11. 某公司生产某产品的固定成本为 100 万元，一件产品可变成本为 700 元，一件产品售价为 900 元，那么其保本的产量至少是（　　　　）。

    A. 5000 件　　　　　　B. 6000 件　　　　　　C. 4500 件　　　　　　D. 3000 件

12. 越是组织的高层管理者，所做出的决策越倾向于（　　　　）。

    A. 战略的、程序化的、确定型的决策

    B. 战术的、非程序化的、风险型的决策

    C. 战略的、非程序化的、风险型的决策

    D. 战略的、非程序化的、确定型的决策

13. 目的在于创造一种畅所欲言、自由思考的氛围，诱发创造性思维的共振和连锁反应，产生更多的创造性思维的集体决策方法是（　　　　）。

    A. 头脑风暴法　　　　　　　　　　　　　　　B. 名义小组法

    C. 德尔菲法　　　　　　　　　　　　　　　　D. 政策指导矩阵

14. 在决策过程中，最需要充分发挥创造力和想象力的步骤是（　　　　）。

    A. 识别目标　　　　　　　　　　　　　　　　B. 拟定备选方案

    C. 评估备选方案　　　　　　　　　　　　　　D. 作出决定

15. 决策理论的代表人物是（　　　　）。

    A. 巴纳德　　　　　　B. 孔茨　　　　　　　C. 西蒙　　　　　　　D. 卢桑斯

16. 决策者的个性对（　　　　）决策影响最大。

    A. 风险型　　　　　　B. 确定型　　　　　　C. 不确定型　　　　　D. 程序化

二、判断题

1. 不确定型决策是指具有多种未来状态和相应后果，但是只能确定各状态发生的概率而难以获得充分可靠信息的决策问题。　　　　　　　　　　　　　　　　　　　　　　　　　　　　（　　　　）

2. 行为决策学派认为决策是一个选优过程，所以决策结果是基于已有资源背景下寻求利润或收益的最大。　　　　　　　　　　　　　　　　　　　　　　　　　　　　　　　　　　　　（　　　　）

3. 高层管理人员花在程序性决策上的时间相对更多一些。　　　　　　　　　　　　　（　　　　）

4. 基层管理人员往往处理现场管理、指导操作等技术性工作较多。　　　　　　　　　（　　　　）

5. 在决策实践中，在特定时间、资源和人的认识能力等条件的约束下，不存在最优化的方案，只存在最满意的方案。　　　　　　　　　　　　　　　　　　　　　　　　　　　　　　　　　　（　　　　）

6. 因为人们很难获得最优决策，只能接受满意决策，而满意决策完全取决于决策者的主观判断，所以结果往往是"走一步，看一步，摸着石头过河"。　　　　　　　　　　　　　　　　　　　　（　　　　）

7. 在任何情况下，群体决策都优于个人决策。　　　　　　　　　　　　　　　　　　（　　　　）

8. 在实践工作中，大部分决策工作的第一步是发现问题。　　　　　　　　　　　　　（　　　　）

9. 计量经济学是定量研究经济现象的经济计量方法的统称，可以用于经济预测、结构分析和政策评价。　　　　　　　　　　　　　　　　　　　　　　　　　　　　　　　　　　　　　　（　　　　）

10. 决策是对组织的未来实践活动的方向、目标、原则、方法所作的决定。　　　　　（　　　　）

11. 不确定型决策的正确性往往同决策者个人的素质有很大的关系。　　　　　　　　（　　　　）

12. 决策是有一定顺序的、条理化的过程，而不是在瞬间选定某一方案的单纯决断。（　　　　）

13. 组织的决策很少受到过去决策的影响。　　　　　　　　　　　　　　　　　　　　（　　　　）

14. 组织决策应该在外部环境与内部条件结合研究和寻求动态平衡的基础上做出来。（　　　　）

15. 选择组织活动的方案，通常根据的是满意化准则，而不是最优化准则。　　　　　（　　　　）

16. 决策是一个过程，有明确的起点，也有真正的终点。 （ ）

17. 根据计划对企业经营范围影响程度和影响时间长短的不同，可将计划划分为战略性计划和战术性计划。 （ ）

三、名词解释

决策，古典决策理论，行为决策理论，头脑风暴法，名义小组法，德尔菲法，不确定型决策方法，风险型决策方法；程序性决策，非程序性决策，集体决策，个人决策。

四、思考题

1. 什么是决策？决策有哪些特点？

2. 如何理解程序性决策与非程序性决策？

3. 行为决策与古典决策有哪些区别？

4. 如何理解决策的原则？

5. 决策的基本过程是什么？

6. 简述德尔菲法。

7. 组织的决策会受哪些因素影响？

8. 古典决策理论的基本观点？

9. 行为决策理论的基本观点是什么？

10. 简述头脑风暴法。

11. 如何理解集体决策和个人决策？

五、计算题

A公司准备生产某种新产品，需要确定产品批量。市场预测表明可能有三种情况，销路好、销路一般、销路差。现提出大、中、小三种批量的生产方案，请分别按照乐观准则、悲观准则、等概率准则、最小后悔准则，选择取得最大经济效益的方案。有关数据如下表所示。

A公司新产品损益值表（单位：万元）

自然状态 损益值 方案	畅销	一般	滞销
大批量	40	30	−10
中批量	30	20	8
小批量	20	18	14

第六章 战略计划

 引导案例:

蓝星集团的扩张之路

蓝星集团,一个白手起家的国有企业,20 年时间,已发展为资产达到 200 亿元的国有大型企业。蓝星有着怎样的成功轨迹呢?

1984 年,时任化工部兰州化工机械研究院团委书记的任建新带着七个团员,借款一万元创办了蓝星清洗公司。任建新的创业源于自己所在的研究院里的清洗缓蚀剂技术,这项荣获国家发明三等奖的技术已被搁置了五年还未得到推广。他看到了这个巨大的商机,蓝星清洗实施品牌和技术特许使用制度,10 年间,资产达到近 5 亿元。1995 年,蓝星清洗公司从兰州迁到北京。任建新主动请缨为化工部的困难国企解困,第一个接手的是江西星火有机硅厂,从此也开始了蓝星在化工新材料产业领域的布局。第二年,星火的销售收入就达到两亿多元。

首次兼并让蓝星尝到了甜头,同年蓝星又兼并了南通合成材料厂。不仅盘活了试车八次未果的中国最大的 PBT 装置,而且通过自己的技术研发,占有了彩色显影剂的绝对市场份额,成为我国唯一一家拥有包括全系列彩色显影剂的厂家。其生产规模和销量居国内第一位、世界第二位,成为柯达、富士、爱克发等感光公司的主要供应商。

这一年,蓝星还兼并了无锡树脂厂。此举也打破了国内聚碳级双酚 A 市场由进口产品一统天下的格局。

这三次成功兼并,让蓝星的并购行动一发不可收。其先后实施了四次较大规模的兼并重组。第一次是 1995~1999 年,收购了 10 家化工企业;第二次是 1999~2000 年,面临国家科研院所改制时,接收了五家科研院所;第三次是 2001 年,接收了 39 家原军队保障性企业;第四次是 2002~2003 年,兼并、接收了八家石化企业。在这 10 年里,蓝星总共收购了107 家企业,通过重组整合,利用蓝星的管理、技术、项目、市场、机制、品牌和资金等优势,使这些企业竞争力明显提高。可以说,第二个 10 年,蓝星是在帮助困难企业解困的过程中成长为资产达到 200 亿元的国有大型企业。

2004 年,蓝星与原化工部所属企业重组成立中国化工集团,任建新成为中国化工集团的总经理。按照任建新制定的战略,企业今后 10 年将定位于发展化工新材料和特种化学品,成为这个领域具有国际竞争力的企业集团。这个定位决定了中国化工集团的发展既不与上游争资源,也不与终端争市场,靠科技创新,形成技术优势,在差异化发展过程中寻找新的增长点。

2006 年 1 月 17 日,中国化工集团收购了全球第二大蛋氨酸生产企业——法国安迪苏集团 100% 的股权。这是中国化工集团在海外的第一次并购,也是迄今中资在法国工业领域的最大并购。为实现协同效应，解决化工新材料的上下游配套问题，2006 年 10 月 26 日，中国化工集团 100％收购了法国罗地亚公司有机硅及硫化物业务项目。并购后，中国化工集团成为中国企业在欧洲最大的境外投资企业，其有机硅单体生产能力将达到 42 万吨，跃居世界第三。

海外并购拓展了中国化工集团在特种化学品和化工新材料领域的产业格局。目前，海外收入已经占其总收入的 50％，它正日益成长为一个具有较强竞争力的跨国企业。

资料来源：http：//finance.sina.com.cn/leadership/case/20070829/10543927905.shtml. 略有删改。

从企业过去发展历程的角度来看，战略表现为一种模式，而从企业未来发展的角度来看，战略则表现为一种计划。对企业战略的管理主要有战略制定与战略实施两部分。战略管理是指企业在确定其使命基础上，根据组织外部环境和内部条件设定企业的战略目标和实现进度的计划，并依靠企业内部能力将这种计划和决策付诸实施，以及在实施过程中进行控制的一系列动态管理过程。

第一节 战略管理的过程

战略管理主要是战略制定和战略实施的过程，一般说来，战略管理包含五个方面的关键要素：确定企业使命与战略目标、战略环境分析、战略选择与评价、战略实施、战略控制。

一、确定企业使命和战略目标

企业使命是企业战略制定和评估的依据，所谓企业使命就是企业在社会进步和社会经济发展中所应承担的角色和责任。企业确定的使命为企业确立了一个经营的基本指导思想、原则、方向、哲学等，它不是企业具体的战略目标，但影响着经营者的决策和思维。这中间包含了企业经营的哲学定位、价值观以及企业的形象定位：经营的指导思想是什么，如何看待和评价市场、顾客、员工、伙伴和对手等。企业使命应主要包括两个方面的内容，即企业宗旨、企业哲学。

企业宗旨从根本上说就是要回答"我们的业务是什么"这个问题。企业宗旨涉及企业的长远目标，在任何一个发展阶段，管理高层心中总有一套构想，如企业提供什么产品和服务，企业的市场定位，运用什么机器和技术等。关于宗旨，要考虑如下的问题：为什么成立这个组织，组织的理念和动机是什么，组织的终极目标是什么，存在的根本理由是什么，究竟想要实现什么？

【阅读材料 6-1】

公司业务使命陈述书

> 公司名称：＿＿＿＿＿＿＿
> 产品或服务：＿＿＿＿＿＿＿
> 客户：＿＿＿＿＿＿＿
> 市场：＿＿＿＿＿＿＿
> 财务目标：＿＿＿＿＿＿＿
> 营销目标：＿＿＿＿＿＿＿
> 核心信念：＿＿＿＿＿＿＿
> 共享价值观：＿＿＿＿＿＿＿
> 主要政策：＿＿＿＿＿＿＿
> 竞争范围：＿＿＿＿＿＿＿
> 使命陈述书
>
> ＿＿＿＿＿＿＿＿＿＿＿＿＿＿＿＿＿＿＿＿＿＿＿＿＿＿
> ＿＿＿＿＿＿＿＿＿＿＿＿＿＿＿＿＿＿＿＿＿＿＿＿＿＿
> ＿＿＿＿＿＿＿＿＿＿＿＿＿＿＿＿＿＿＿＿＿＿＿＿＿＿

英特尔公司

英特尔公司为计算机行业提供芯片、主板、系统和软件。英特尔的产品一向被看作是"建筑街区",被用来为个人电脑用户建立高级的计算机系统。英特尔的业务使命就是要成为全球新计算机行业的重要供应商。

摩托罗拉公司

摩托罗拉的目标是为社会的需要提供好的服务,我们用公平合理的价格为客户供应优质的产品和服务。为了公司的整体发展,我们必须做到这一点和赢得适当的利润,并为我们的员工和股东提供机会以达到他们个人合理的目标。

资料来源:http://www.doc88.com/p-906293702950.html.

企业哲学是指一个企业为其经营活动或方式所确立的价值观、态度、信念和行为准则,是指导公司经营管理的最高层次的思考模式,是处理公司矛盾的价值观及方法论。

战略目标是企业使命的具体体现形式之一。所谓战略目标是和企业长期生存和发展密切相关的主要目标或最终结果。企业的战略目标有投资收益率、盈利能力、市场占有率、产品创新、生产率、对社会的贡献等。为了使企业的战略目标切实可行,战略目标要符合层次化、数量化、现实性及协调性的要求,这样才能使战略目标化解为一个个实施计划,得到落实。企业宗旨、企业哲学和战略目标的文字说明在其内容上要包括企业经营范围、远景和发展方向、主要政策等。

二、战略环境分析

战略环境分析就是要通过环境调查把握环境变化的情况,并判断哪些因素对组织战略有影响,影响程度如何。通过分析,对特定时期内组织环境发展的大体趋势和可能出现的变化作出估计,为组织制定战略提供依据。战略环境分析包括外部环境分析、内部环境分析。

外部环境分析包括一般环境分析和行业环境分析。一般环境为政治环境、经济环境、社会文化环境、技术环境;行业环境分析包括同行业竞争者、顾客、供应商、销售商、潜在进入者、出资者、职员、社区、政府等。

内部环境包括人财物、技术、信息、组织文化等方面,包括企业的一般能力和核心能力。通过内部环境分析了解企业自身所处的相对地位,具有哪些资源以及战略能力,与企业有关的利益和相关者的利益期望有哪些,在战略制定、评价和实施过程中,这些利益相关者会有哪些反应,这些反应又会对组织行为产生怎样的影响和制约。

三、战略选择与评价

战略分析阶段明确了企业目前状况,战略选择阶段所要回答的问题是企业走向何处。

首先,需要制定战略选择方案。在战略制定过程中,当然是可供选择的方案越多越好。企业可以从对企业整体目标的保障、对中下层管理人员积极性的发挥以及企业各部门战略方案的协调等多个角度考虑,选择自上而下的方法、自下而上的方法或上下结合的方法来制定战略方案。

第二步,评估战略备选方案。评估备选方案通常使用两个标准:一是考虑选择的战略是否发挥了企业的优势,克服了劣势,是否利用了机会,将威胁削弱到最低程度;二是考虑选择的战略能否被企业利益相关者所接受。需要指出的是,实际上并不存在最佳的选择标准,管理层和利益相关团体的价值观和期望在很大程度上影响着战略的选择。此外,对战略的评估最终还要落实到战略收益、风险和可行性分析的财务指标上。

第三步,选择战略。要根据企业战略目标选择战略,也可以聘请外部机构制定战略,选择战略之后,就要准备实施战略。

四、战略实施

战略制定固然重要，战略实施同样重要。战略实施就是将战略计划转化为行动，是为实现企业战略目标而对战略计划的执行。企业在明晰了自己的战略目标后，就必须专注于如何将其落实转化为实际的行为并确保实现。企业战略实施主要包含以下的几个阶段。

（1）战略发动阶段。调动起大多数员工实现新战略的积极性和主动性，要对企业管理人员和员工进行培训，灌输新思想、新观念，使大多数人逐步接受新的战略。

（2）战略计划分解阶段。将企业战略分解为几个战略实施阶段，每个战略实施阶段都有分阶段的目标及对应的部门和岗位，并有相应的政策保障措施、部门策略以及相应的方针等。

（3）战略运作阶段。企业战略的实施运作主要与各级领导人员的素质与价值观念、企业的组织机构、企业文化、资源结构与分配、信息沟通、控制与激励制度六个因素有关。通过这六项因素使战略真正体现到企业的日常生产经营活动中去，成为制度化的工作内容。

要保证战略计划得以顺利实施，必须得到组织结构、技术、人力资源、规章制度、信息系统、企业文化、管理风格等方面的大力支持，只有这些方面的关系协调一致，互相配合，才能使战略得到成功实施。战略实施主要涉及以下一些问题：如何在企业内部各部门和各层次间分配及使用现有的资源；为了实现企业目标，还需要获得哪些外部资源以及如何使用；为了实现既定的战略目标，需要对组织结构做哪些调整；如何处理可能出现的利益再分配与企业文化的适应问题，如何进行企业文化管理，以保证企业战略的成功实施等。

战略实施的主要内容有：

（1）制定详细行动方案。行动方案要突出战略的关键性决策、任务、责任和采取的措施，并把任务和责任落实到具体的个人或业务单位，制定实施计划的时间表，以保证行动方案准时完成。

（2）调整组织结构。组织结构具有明确分工、协调沟通的职能，因此组织结构在战略实施过程中起决定性作用，它能及时查找到有利或不利于战略有效实施的因素，并进行及时协调，以保证战略的顺利实施。

（3）制定绩效考核标准。制定绩效考核标准包括数量、质量、成本、时间等标准。

（4）制定各种规章制度。通过规章制度的建立，明确各个岗位、各个环节人员的责权利及奖酬系统。

（5）协调各种关系。对组织内各部门之间、各岗位之间的联系，要确立一定的协调机制，处理工作中出现的各种问题。

五、战略控制

战略控制是在企业经营战略的实施过程中，检查企业为达到战略目标所进行的各项活动的进展情况，评价实施企业战略后的绩效，并与既定的战略目标与绩效标准相比较，发现战略差距，分析产生偏差的原因，纠正偏差的过程。战略控制是保证企业战略更好的实施，促使战略与企业当前所处的内外环境和战略目标协调一致的有效手段。实施企业战略控制的主要内容有：

（1）设定绩效控制标准。根据企业战略目标，结合企业内部人财物及信息等具体条件，确定企业绩效标准，作为战略控制的参照标准。

（2）绩效监控与偏差评估。通过一定的测量方式、手段、方法，监测企业的实际绩效，并将企业的实际绩效与标准绩效对比，进行偏差分析与评估。

（3）设计并采取纠正偏差的措施，以顺应变化着的条件，保证企业战略的圆满实施。

第二节 战略环境分析

组织制定战略计划必须进行战略环境分析，其目的是为完成企业使命服务，也为战略选择服务。组织战略环境包括宏观外部环境、中观行业环境和微观内部环境（自身条件）。宏观外部环境，主要包括政治法律环境、经济环境、社会文化环境、科学技术环境（见图 6-1）；行业环境分析的主要内容有行业竞争结构与行业内战略集团；微观内部环境主要包括组织自身的战略资源与核心能力。通过战略环境分析，可以发现组织面临哪些机会与威胁，自身具有哪些优势与劣势，从而制定与选择正确的战略计划。

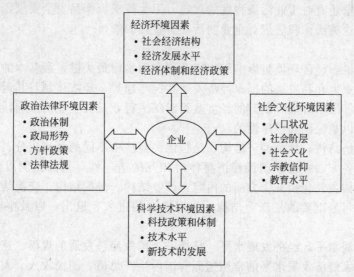

图 6-1 宏观外部环境因素汇总

一、宏观外部环境

企业宏观外部环境，也称一般环境或总体环境，是指在一定时间与空间内组织面对的客观存在于社会中的环境，可归纳为政治法律、社会、经济、科学技术四个方面。组织必须适应周围的环境，密切关注，认真分析宏观环境的变化，明确企业自身面临的机遇和危机，以便利用机遇，避免或消除危机，把握宏观环境的变化趋势，适应环境并做出最佳选择。

1. 政治法律环境

政治和法律环境，是指企业对其业务所涉及的国家或地区的政治体制、政治形势、方针政策以及法律法规等方面的因素。

不同的国家有着不同的社会制度，社会制度对企业生产经营活动有着不同的限制和影响。政府在不同时期的基本路线、方针、政策是在不断变化的，企业必须注重这些变化给企业所带来的影响。同时，社会法律体系的建立和完善，也会对企业的生产经营活动产生一定影响。通过对政治环境研究，企业可以明确其所在国家和政府对企业的要求和限制，使企业活动符合社会利益并受到有关方面的保护和支持。

（1）政治体制。一个国家的政治体制将决定它们的经济体制，以及对企业产权形式产生的间接影响。各政治利益集团也会对企业活动产生影响。

（2）政局形势。企业所在国家的政局稳定状况对企业的生产经营会产生直接的影响。政治局势稳定，企业会安心经营。当政治局势不稳定，发生动荡及战争，企业会逃离该地区。

（3）方针政策。企业所在国家的执政党推行的基本方针和政策，如产业政策、税收政策、进出口限制等，政府如何拥有国家土地、自然资源（例如森林、矿山等）及其储备都会影响一些企业战略，都会对企业生产经营产生直接的影响。政策的连续性和稳定性，也是企业所追求的。不连续和不稳定的政策，将会给企业造成损失。

（4）法律法规。政府主要通过制定一些法律和法规来间接地影响企业的活动，如企业破产法、商标法、质量法、专利法等。政府要通过各种法律、政策及其他一些旨在保护消费者、保护环境、调整产业结构与引导投资方向等措施来推行政策。因此，企业在进行经营战略选择时，要注意拟投资企业所在国家法律体系的完备性、法律仲裁的公正性和法制的稳定性等。此外，国家还有对工业污染程度的规定、卫生要求、产品安全要求，以及对某些产品定价的规定等，这类法律和法规对企业的活动有直接影响。

2. 经济环境

对于企业来说，经济环境是影响组织行业诸多因素中最关键、最基本的因素。经济环境是指直接影响企业生存和发展的国家经济发展状况与趋势、经济体制与其运行状况、国家的经济政策及措施等因素。政府制定的经济政策对某一行业及其企业的影响，既可以是鼓励和保护性的，也可以是限制和排斥性的。

（1）社会经济结构。社会经济结构，是指国民经济中不同的经济成分、不同的产业部门以及社会再生产各方面在组成国民经济整体时相互的适应性、量的比例以及排列关联的状况。社会经济结构主要包括五个方面的内容：产业结构、分配结构、交换结构、消费结构和技术结构。其中，最重要的是产业结构，将对企业的进入、退出，以及生产经营产生直接影响。

（2）经济发展水平。经济发展水平，是指一个国家经济发展的规模、速度和所达到的水平。反映一个国家经济发展水平的常用指标有国内生产总值、国民收入、人均国民收入和经济增长速度。经济发展水平高的国家地区，市场规模通常会比较大，而经济发展水平低的国家地区，市场规模和容量都会有一定的发展潜力。

（3）经济体制。经济体制，是指国家经济组织的形式，它规定了国家与企业、企业与企业、企业与各经济部门之间的关系，并通过一定的管理手段和方法来调控或影响社会经济流动的范围、内容和方式等。如计划经济和市场经济，将对生产要素的配置和流动产生截然不同的影响。

（4）宏观经济政策。宏观经济政策，是指实现国家经济发展目标的战略与策略。政府的宏观经济政策主要体现在国家经济发展战略、产业政策、国民收入分配政策、金融货币政策、财政政策、对外贸易政策等，往往从政府支出总额、投资结构、利率、汇率、税率、货币供应量等方面反映出来。例如，国家实施信贷紧缩会导致企业流动资金紧张，投资难以实施；而政府支出的增加，则可能给许多企业创造良好的销售机会。

【阅读材料 6-2】

2005 年 12 月国务院发布实施的《促进产业结构调整暂行规定》中的"产业结构调整指导目录"就是由鼓励、限制和淘汰三类目录组成。对鼓励类产业投资项目，国家制定优惠政策支持，以消除经济持续发展的瓶颈；对于限制类项目，国家督促改造和禁止新建；而对于淘汰类项目，国家禁止投资，并采取高税收、行业管制等政策，如金融机构可停止各种形式的授信支持、有关部门可依法吊销生产许可证等。

（5）当前经济状况。当前经济状况，是指企业所在国家或地区的经济发展形势，是属于高速发展还是属于低速发展，或者处于停滞、倒退状态。在宏观经济大发展的情况下，市场扩大、需求增加，企业发展机会就多。如国民经济处于繁荣时期，建筑业、汽车制造、机械制造以及轮船制造业等都会有较大的发展，而上述行业的增长必然带动钢铁业的繁荣，增加对各种钢材的需求量。反之，在宏观经济低速发展，或停滞、倒退的情况下，市场需求增长很小甚至不增加，这样企业发展机会也就少。

（6）其他一般经济条件。其他一般经济条件和趋势对一个企业的成功也很重要。工资、供应商及竞争对手的价格变化以及政府政策，会影响产品的生产成本和服务的提供成本，以及它们被出售的市场的情况。这些经济因素可能会导致行业内产生竞争，或将公司从市场中淘汰出去；也可能会延长产品寿命、鼓励企业用自动化取代人工、促进外商投资或引入本土投资；使强劲的市场变弱或使安全的市场变得具有风险。

3. 社会文化环境

（1）人口状况。人口状况包括企业所在地居民的人口数量、地理分布及密度、年龄、国籍等。人口数量制约着个人或家庭消费品的市场规模，如我国的移动电话起步较晚，但现在移动电话的用户为世界第一位。人口的地理分布决定消费者的地区分布，消费者的地区分布范围越广，消费者的嗜好也越多样化，这就意味着会出现多种多样的市场机会。年龄分布决定以某年龄层为对象的产品的市场规模，如由于我国实行计划生育政策，在人口结构上将发生变化，人口结构将趋于老龄化，青壮年劳动力供应则相对紧张，从而影响企业劳动力的补充。但是另一方面，人口结构的老龄化又出现了一个老年人的市场，这就为生产老年人用品和提供老年人服务的企业提供了一个发展的机会。

（2）社会阶层。不同阶层对企业的期望也有差异。例如，企业员工评价战略的标准是看工资收益、福利待遇等，而消费者则主要关心产品价格、产品质量、服务态度等。社会阶层情况、各阶层之间的差异，以及人们是否可在各阶层之间转换、人口内部各群体的规模、财富及其构成的变化和不同区域的人口分布等，都会对企业战略产生影响。

（3）社会文化。社会文化是人们的价值观、思想、态度、社会行为等的综合体，是一个国家或地区在较长历史时期内形成的一种社会习惯，它是影响经济活动的一个重要因素。例如，中国的春节，西方的圣诞节就为某些行业带来商机。不同的国家有着不同的主导文化传统，也有着不同的亚文化群、不同的社会习俗和道德观念，从而会影响人们的消费方式和购买偏好，进而影响着企业的经营方式。因此企业必须了解社会行业准则、社会习俗、社会道德观念等文化因素变化对企业的影响。

（4）宗教信仰。宗教信仰是影响人们消费行为的重要因素，有时甚至有巨大的影响力。一种新产品的出现，宗教组织有时会提出限制或禁止使用的强制规定，原因可能就是因为该产品与宗教信仰相冲突；相反，有的产品如符合宗教信仰所倡导的观念，则会得到宗教组织的赞同与支持，甚至主动号召教徒购买、使用，从而起到了一种特殊的推广作用。例如，食品公司应当了解该国家的宗教信仰、某个地区人们的偏好或哪些食品不大会被人们所接受。

（5）教育水平。不同教育水平的国家或地区的消费者，对商品的需求也会不同，因而决定企业选择的目标市场也就不同；教育水平的不同，使得企业在进行产品目录和产品说明书的设计等方面采取不同的方式，如针对教育水平较低的目标市场，就不仅需要文字说明，更重要的是配以简明图形，并派专人进行使用、保养等方面的现场演示。

4. 科学技术环境

科学技术环境是指企业所处的环境中科技要素及与该要素直接相关的各种社会现象的集合，包括国家科技体制、科技政策、科技水平和科技发展趋势等因素。

对各行业内的企业来说，要密切关注所在行业的技术发展动态和竞争者技术、新产品开发方面的动向，及时了解是否有当前技术的替代技术出现，并发现可能给企业带来竞争利益的新技术、新材料和新工艺。例如，技术进步可令企业利用新的生产方法，在不增加成本的情况下，提供更优质和更高性能的产品和服务。

当前，一场以电子技术和信息处理技术为中心的新技术革命正在迅猛发展，它既促使了一些新兴产业的高速发展，也推动了老产业的革新，同时也对企业管理产生了重要影响。科学技术是第一生产力，它可以创造新的产品、新的市场，降低成本、缩短生产周期，改变企业的竞争地位和盈利能力，世界上成功的企业无一不对新技术的采用予以极大的重视。

二、行业环境

行业竞争结构和行业内战略集团分析是行业环境分析的主要内容。

1. 五种基本竞争力量

一个行业的竞争激烈程度取决于行业内的经济结构，行业的经济结构状况又对竞争战略的制定和实施起制约作用。根据美国学者波特教授的研究，一个行业内部的竞争状态取决于五种基本竞争力量，如图 6-2 所示。这些作用力汇集起来决定着该行业的最终利润潜力。行业中的竞争状态是各个竞争力量共同作用的结果，一个公司的竞争战略目标在于使公司在行业内进行恰当定位，从而最有效地抗击五种竞争作用力并影响它们朝向自己有利的方向变化。

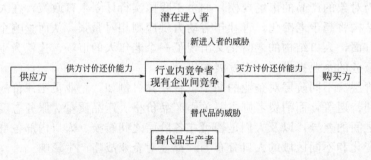

图 6-2　行业竞争的五力模型

（1）行业内竞争者。当一家公司采取了某一战略行动，其竞争对手常常必然会采取相应的行动予以回击或报复。在实践中，市场态势无一不是为主要竞争对手的战略所确定。竞争厂商之间的竞争不光有强弱之分，而且来自这种公司间的竞争压力也会随时间的不同而有所差异。

要确定行业内现有企业之间的竞争激烈程度，其中的关键是准确判断公司的竞争会给赢利带来多大的压力。竞争企业的竞争行动如果降低行业利润水平，那么就可以认为竞争是激烈的；如果绝大多数企业的利润都达到可以接受的水平，那么就可以认为竞争是一般的；如果行业中的绝大多数企业都可以获得超过平均水平的投资回报，那么就可以认为竞争是较弱的，具有一定的吸引力。行业内现有企业之间的竞争强度取决于如下因素：现有竞争者的数量和集中度；行业增长速度；固定和存储成本；产品特色与用户的转移购买成本；行业内生产能力增加状况；竞争对手类型；退出壁垒。

（2）潜在进入者。行业外有可能并准备进入该行业的企业称为潜在进入者。任何一种产品的生产经营，只要有利可图，都会有潜在进入者。这些潜在进入者一旦加入，既可能给行业经营注入新的活力，促进市场的发展，也势必给现有厂家造成竞争压力，这种由于竞争力量的变化而给行业内原有企业带来的威胁称为进入威胁。某一行业潜在进入者威胁的大小主要取决于行业的进入障碍。影响行业进入障碍的因素主要有：规模经济；品牌偏好与客户忠诚；资源要求；学习和经验曲线效应；与规模无关的成本劣势；分销渠道；政府政策。

（3）供应方。企业生产经营所需的生产要素通常需要从外部获取，提供这些生产要素的企业就对需求企业具有两方面的影响：一是这些供应企业能否根据需求企业要求按时、按质、按量地提供所需的生产要素，这影响着需求企业生产经营规模的维持和扩大；二是供应企业提供产品的价格在相当程度上决定着需求企业生产成本的高低，从而影响需求企业的获利水平。影响供应商讨价还价能力的因素主要有：供应商的集中程度和该行业的集中程度；供应品的可替代程度；该行业对于供应商的重要性；供应品是否为该行业的主要投入资源；供应品的特色和转变费用；供应商前向一体化的可能性；需求企业后向一体化的可能性。

（4）购买方。对行业中的企业来讲，购买者也是一个不可忽视的竞争力量。购买者所采取的手段主要有：要求压低价格，要求较高的产品质量或更多的服务，甚至迫使行业中的企业互相竞争等。所有这些都会降低企业的获利能力。用户讨价还价能力的影响因素主要有：①用户是否大批量或集中购买；②用户从本行业中购买的标准化程度；③用户业务在购买额中的份额大小；④产品或服务的可替代程度；⑤用户买方面临的购买转移成本的大小；⑥企业的产品、服务是否是用户在生产经营过程中的一项重要投入；⑦用户是否有后向一体化的策略；⑧用户对产品信息的拥有程度。

（5）替代品生产者。其他行业的产品可以与该行业的产品一样满足消费者的相同需求。例如，我国铁路运输业虽然近乎独家经营，但仍要面对公路运输、航空业的竞争；电视、报纸与因特网展开竞争。替代品的价格越低，替代品的质量和性能越高，用户的转换成本越低，替代品所带来的竞争压力就越大。分析替代品生产者的威胁主要从两个方面着手：第一，判断哪些产品是替代品；第二，判断哪些替代品可能对本企业经营构成威胁。

2. 行业内战略集团

在一个行业中，可以观察到许多公司在战略方面具有相同或相似的特征。我们把行业内执行同样或类似战略，并具有类似战略特性的一组企业称为战略集团。评价企业战略相同或相似，主要是指这一组企业的战略及其竞争地位的决策变量是否比较接近。根据波特的观点，这些决策变量主要有：专业化程度；产品质量；技术领先程度；品牌；营销渠道选择；促销策略；售后服务；纵向一体化；成本结构；财务杠杆；与母公司的关系；与母国及东道国的关系。

为了清楚地识别不同的战略群体，通常在上述特性中选择两项有代表性的特性，绘制两维的坐标图。按选定的两个特性把行业内的企业列在这个坐标图上。把大致落于相同战略空间的企业归为同一战略群体。最后给每一个战略群体画一个圆，使其半径与各个战

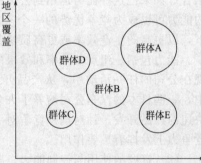

图 6-3 战略群体分析示意图

略群体的占整个行业销售收入的份额成正比。这样就得到了一张战略群体分析图。例如，可以选择营销力度和地区覆盖两项特性，得到如图 6-3 所示的战略群体分析图。

三、企业内部条件

行业环境的变化带来发展机会，但这种机会需借助公司自身的资源和能力来把握。战略的本质在于适应，这种适应其实也就是企业内部结构与外部环境的相容关系，当企业通过改造内部结构并构建起合理的产品结构、经营结构和资源与能力结构，更好地把握机遇，特别是能够把短期的机会转变为长期的机遇时，这种适应关系就自然地产生了，竞争优势也相应地建立起来了。

企业内部条件分析，是指通过研究影响企业竞争力的一些内部结构，为战略策划指明方向，提出战略要解决的问题，为构建竞争优势奠定基础。企业内部条件分析是企业战略制胜的必要条件，是企业制定正确战略计划的重要环节。企业的资源是指企业所控制或拥有的有

效要素的总和。资源可以发展成能力，能力的运用结果也可积累资源。企业根据资源来发展核心竞争力，展现出来的就是企业的竞争优势。

1. 企业资源

（1）资源分析。许多资源并不是瞬间就能积累起来的，因而公司的战略选择都会受到现有资源存量及其获取或积累新资源的速度所限。如果不存在资源存量的不对称和变化比率的限制，任何公司都可以选择它所热衷的战略。如此一来，成功的战略很快就会被模仿，利润也会很快下降为零。因此，资源是战略的实质，是持久竞争优势之本。

（2）资源的主要类型。资源的存在形式通常很多，从普遍存在的、垂手可得的普通投入要素，到高度差别化的资源，形式可谓多种多样。资源大体上可以分成有形资源、无形资源。

① 有形资源。有形资源是指可见的、能够量化的资源。有形资源不仅容易被识别，而且容易评估其价值。许多有形资源的价值可以通过财务报表反映出来，包括财务资源、资产存量、现金流量等。

② 无形资源。无形资源往往是企业不可能从市场上直接获得，不能用货币直接度量，也不能直接转化为货币的那一类经营资产。无形资产主要是知识产权、依赖于人的、或主观的各种资源，具体来说主要包括公司的声望、品牌、文化、技术知识、专利和商标，以及知识和经验等。

2. 企业能力

（1）能力分析。能力是运用一组资源完成某一任务或活动的潜力。能力不同于有形资产和无形资产，资源并不能单独产生能力。企业能力是资产、人员与组织投入产出过程的复杂结合。如果把这些能力运用到公司的物理生产技术上，将决定公司活动的有效性。精心培养的能力可以成为竞争优势的一个来源，可以使一个公司在与竞争对手投入要素相同的情况下，以更高的生产效率或更高质量的产出方式来将这些要素转化为产品或服务。

能力包括一组反映效率和效果的能力——更快、更敏捷、质量更高等，这些能力可以体现在公司的任一活动中，从产品开发到营销再到生产，无处不在。例如，在过去的几十年中，一些日本的汽车公司培养了许多卓越的组织能力，如低成本与精益制造、高质量生产和快速的产品开发。针对国外竞争对手而言，组织能力有助于创造突出的效率优势，在公司的竞争力上发挥着重要作用。

（2）资源的使用与控制能力。资源的使用与控制能力包括科研、财务、生产管理、营销等四方面。

① 科研能力。科研能力是一个生产经营性企业的根本能力，科研能力分析主要包括以下几个方面：科研与开发能力分析，科研与开发组合分析，企业科研成果与开发成果分析，科研经费分析。

② 财务能力。企业财务能力是企业施加于财务可控资源的作用力，指企业所拥有的财务资源和所积累的财务学识的有机组合，是企业综合实力的反映和企业活力的价值体现。同时，企业财务能力是企业能力系统的一个有机组成部分，它是由各种与财务有关的能力所构成的一个企业能力子系统。

③ 生产管理能力。生产管理能力是对企业生产系统设置和运行的各项管理工作能力的总称。其主要包括计划管理、采购管理、制造管理、品质管理、效率管理、设备管理、库存管理、士气管理及精益生产管理九个方面。

④ 营销能力。营销能力是指企业在商品市场中所具备的经营和销售的能力。企业要想拥有良好的发展前景，就必须占据一定的市场份额，吸引更多的客户。而企业的这一目标正

是通过市场营销来实现的。企业市场营销的能力主要可以分为产品竞争能力、销售活动能力、营销策划能力、市场决策能力。这几种能力自成系统又相互联系、相互影响，共同决定着企业经营成果的优劣。

（3）企业核心能力。

① 核心能力内涵。企业核心能力是某一组织内部一系列互补的技能和知识的组合，它具有使一项或多项关键业务达到行业一流水平的作用。任何企业都拥有自己的能力结构，但如果把关系到某一业务经营成败的所有能力列成清单，很可能因为清单太长而使这一活动丧失重大意义，管理者根本无暇关注所有能力。他们应该且可能给予关注的仅仅是那些能够为公司的长期繁荣真正作出贡献的、处于核心地位的能力，而不是外围能力。因此，有必要对核心和非核心能力进行区分，并对核心能力进行单独分析。

② 核心能力的判断标准。核心能力的判断标准有以下的几个方面。a. 用户价值性。核心竞争力是企业独特的竞争能力，它必须特别有助于实现用户所看重的核心价值。用户价值除了体现在用户所看重的核心价值上外，还包括企业对用户价值的维护和增值，它包括价值保障、价值提升、价值创新三个方面。b. 独特性。独特性又称异质性，指企业的核心竞争力必须是独一无二、为企业所特有，没有被当前和潜在的竞争对手所拥有。c. 延展性。延展性是指企业能够从核心竞争力衍生出一系列的新产品和新服务以满足客户的需求。核心竞争力有从核心竞争能力→核心技术→核心产品→最终产品的延展能力。d. 难以模仿性。企业的某种能力是其他企业在短时期内，无法模仿和获取的，比如企业的技术研发能力、良好的客户服务能力等。e. 不可交易性。企业核心能力是不能在市场上买来的，只能通过企业内部研发或企业并购、战略联盟、合资等方式获得。核心能力是通过把企业内部的技能、能力与外部获得的能力协调、结合成统一有机整体而获得的。

3. 企业价值链分析法

企业价值链分析法是企业内部条件分析的常用工具。由于资源利用产生能力的过程与价值活动的完成过程基本相同，所以可以对企业能力进行分解、分项评价并根据战略目标确定改进的重点。企业价值链，是从价值的角度来分析企业的经营过程，即企业的经营活动中生产、营销、服务等和对产品起辅助作用的各种价值活动的集合。

虽然同一行业中的企业都有大致相同的价值链，但是仔细分析后会发现，不同企业的价值链在细节上却有很大不同，这是由于不同的企业具有不同的竞争优势，因此造成价值链的差异。价值链分析法的目的就是通过分析企业内部条件，找出对顾客最有价值、对企业最有优势的活动，加以改进提高，以达到提高企业竞争力的目的。波特于1985年提出了价值链理论，该理论认为，企业的各种价值活动分为两类：主要活动和辅助活动（图6-4）。

按价值活动的工艺顺序，企业主要活动由五个部分构成：①内部后勤，包括接收、存储和分配等活动；②生产作业，包括投入转化为最终产出全过程的相关活动；③外部后勤，包括集中、存储和发送给买方等活动；④市场营销，包括市场营销各种活动，如广告促销、定价、建设营销队伍、开拓销售渠道等；⑤服务，包括安装、维修、培训和提供备件等活动。每种主要活动可以进一步细分或组合，从而更好地进行企业内部分析。

辅助活动主要包括：①企业基础设施，包括总体管理、计划、财务、会计、法律、信息系统等基础管理价值活动；②人力资源管理，包括组织各级员工的招聘、培训、开发和激励等价值活动；③技术开发，包括基础研究、产品开发、工艺革新与装备改进等价值活动；④采购，指购买用于企业价值链的各种投入的活动，包括原材料采购，以及诸如设备、建筑设施等直接用于生产过程的投入品采购等价值活动。

企业价值链的分析帮助我们认识和了解企业价值增值过程。企业价值链的各项活动之间

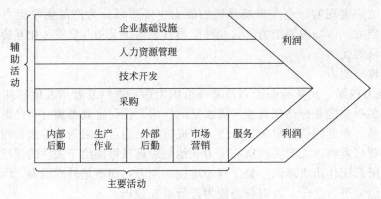

图 6-4　企业价值链：主要活动及辅助活动

是紧密联系的，正是这种紧密联系的价值系统才形成了企业的竞争优势。当然，各项活动对企业竞争优势的形成所起的作用是不同的，而且，企业只在部分活动环节中拥有核心能力，这就出现了"战略归核"和"战略外包"等战略举措。

第三节　企业的战略选择

企业战略是企业为了实现其目标，在分析外部环境和内部条件的基础上，对企业的经营方向、策略和实施步骤作出的长远的、系统的和全局的规划，重点是为企业指明方向和资源配置的优先次序，其内容相当丰富。企业战略可按照层次划分为总体战略、竞争战略、职能战略三个层次，见图 6-5。

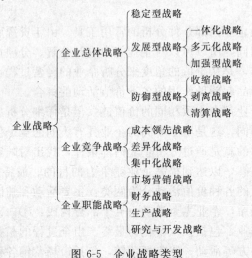

图 6-5　企业战略类型

一、企业总体战略

1. 稳定型战略

稳定型战略是采取稳定发展态度的战略形态，该战略强调保存实力，在战略计划期内，资源配置和经营状况基本保持在目前状态水平上，实现稳步地、缓慢地增长，该战略能有效控制经营风险，但发展速度缓慢。采用稳定型战略的原因在于：企业高层管理者可能怕冒风险，不希望由于现行战略的改变带来风险；公司经过较长一段时间的快速发展后遇到一些问题，需要进行一段时间的调整；由于外部环境的恶化，公司一时找不到合适的发展机会因此采取稳定型战略；单一产品或服务的企业以及服务于公共事业的企业。

2. 发展型战略

发展型战略也称进攻型战略，是一种快速增长的战略。采用发展型战略的原因在于：激烈市场竞争的需要；企业拥有某种竞争优势，外部环境变化导致出现发展机会；企业高层管理者的价值观决定的，许多企业高层管理者将企业的发展看成他们事业的成功，并从中获得高额的报酬和地位的提升。发展型战略又具体可分为多元化战略、一体化战略、加强型战略。

（1）多元化经营战略。多元化经营战略是指一个企业同时经营两个或两个以上行业的拓展战略，又可称多行业经营，主要包括三种形式：同心多元化、水平多元化、综合多元化。同心多元化是利用原有技术及优势资源，面对新市场、新顾客增加新业务实现的多元化经营；水平多元化是针对现有市场和顾客，采用新技术增加新业务实现的多元化经营；综合多元化是直接利用新技术进入新市场实现的多元化经营。多元化经营战略适合大中型企业选择，该战略能充分利用企业的经营资源，提高闲置资产的利用率，通过扩大经营范围，缓解竞争压力，降低经营成本，分散经营风险，增强综合竞争优势，加快集团化进程。但实施多元化战略应考虑选择行业的关联性、企业控制力及跨行业投资风险。多元化战略有一些适用条件，比如当前行业吸引力不大，企业为寻求新的发展机会而实现多元化战略。也有的是现有行业有较大赢利，企业资金、人才充足，并有其他重要资源未充分发挥，寻求其他投资机会以获得新的增长点。

（2）一体化战略。一体化战略是指企业充分利用自己在产品、技术、市场上的优势，根据产业链的方向，使企业不断地向深度和广度发展的一种战略，一体化战略主要包括前向一体化、后向一体化、水平一体化，见图6-6。该战略的优点是通过关联企业的紧密联合，可实现资源共享，降低综合成本，其缺点是管理幅度加大，不利于资源调配与利益关系的协调。

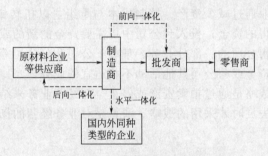

图 6-6　一体化战略示意图

① 前向一体化。前向一体化是指企业向产业链下游发展，企业通过收购或兼并等手段，拥有和控制其分销系统，实行产销一体化。前向一体化还可以是根据市场的需要和生产技术的可能条件，利用自己的优势，把成品进行深加工的战略。

② 后向一体化。前向一体化是指企业向产业链上游发展，企业通过收购或兼并若干原材料供应商，拥有和控制其供应系统，实行供产一体化。前向一体化在生产过程中，物流从反方向移动，即通过获得供应商的所有权或增强对其控制来求得发展。当企业目前的供货方不可靠、供货成本太高或不能满足企业需要时，适合采用后向一体化。

【阅读材料6-3】

后向一体化战略的典型例子是2004年3月中国四大钢铁企业投资海外铁矿石企业，通过与其建立一家合资公司的方式获得澳洲一铁矿40%的股权，从而拥有每年购买1200万吨铁矿石的权利。资料显示，2004 年，中国进口了 2 亿吨的铁矿石，占全球铁矿石贸易量的 1/3；中国对铁矿石进口依存度已达 50%。中国四大钢铁集团海外买矿被认为是中国钢铁业试图摆脱被上游铁矿资源控制的一个重要战略。

资料来源：http://www.China-b.com/jyzy/qygl/20090313/868763_1.html.

③ 水平一体化。它是指企业兼并和收购处于同一生产经营阶段的企业，扩大生产经营规模，以促进企业实现更高程度的规模经济和迅速发展的战略。

（3）加强型战略。加强型战略具体包括市场渗透、市场开发、产品开发三种类型。

① 市场渗透。所谓市场渗透，是指企业通过更大的营销努力，提高现有产品在现有市场中的占有率。这一战略通过增加现有客户对企业产品或服务的使用数量和频率，吸引竞争对手的客户，争取潜在新客户。

② 市场开发。市场开发是指企业将现有产品或服务推向新的市场，实现现有产品在新的市场范围内的扩张。市场开发的成功主要取决于企业分销系统的潜力发挥，企业在资源上建立和完善的分销系统，或是提高分销系统效能的支持能力。市场开发战略的优点是能够在扩大企业知名度的同时扩大企业市场份额；缺点是增加了销售费用和管理分销渠道的难度，因而会加大企业的销售风险。

③ 产品开发。产品开发是指通过改进原有产品或服务，或者开发新的产品或服务来增加企业在原有市场上的销量。实施产品开发战略的目的是延长原有产品的生命周期，或充分利用原有产品的声誉，以吸引对原有产品或服务有好感的客户对新产品或服务的关注。

3. 防御型战略

防御战略，也称为紧缩战略，这种战略不寻求企业规模的扩张，而是通过调整来缩减企业的经营规模。采用这种战略的原因在于：企业现有的经营状况、资源条件以及发展前景不能应付外部环境的变化，难以为企业带来满意的收益，以致威胁企业的生存和发展。防御型战略又具体可分为三种类型。

（1）收缩战略。企业通过减少资产、控制成本与重组，以扭转销售和盈利下降的局面，然后把通过这种战略获得的资金，投入到公司中更需要资金的新的或发展中的领域。

（2）剥离战略。出售公司的一部分业务、某些子公司和分公司等，目的在于使公司摆脱那些不盈利、需要太多资金或与公司其他活动不相适宜的业务。

（3）清算战略。此战略是通过拍卖资产或停止全部经营业务来结束公司的存在，清算是当其他所有的战略全部失灵时才采用的战略。清算是对业务经营的彻底放弃，也是避免更大损失的无奈之举。

二、企业竞争战略

企业竞争战略就是采取进攻性或防守性行动，在产业中建立起稳固的地位，成功地应对新的竞争对手入侵、替代品威胁、买方议价能力、卖方议价能力以及现存竞争者之间的竞争这五种竞争作用力，为公司赢得较高的投资收益。企业的竞争战略可以划分为三种类型：成本领先战略、差异化战略和集中化战略。

1. 成本领先战略

成本领先战略又称为低成本战略，指企业在生产与研发、财务、营销、人力资源等管理上最大限度地降低产品、服务和管理成本，使成本显著低于行业平均水平或主要竞争对手的水平，从而使企业与顾客受益于这种低成本。实施成本领先战略的企业可以追求规模经济、原材料优势、先进专利技术等来降低成本，成本领先战略一般需要有很大的目标市场，产品数量多，同时在整个价值链环节都能够体现低成本的价值创造思想，来获得规模效应。这种规模效应又进一步提高了市场份额和利润，从而可以把更多的收益投入到如硬件设备、研发等价值链生产和创造环节中，创造更多的利润，强化企业在行业中的领导和优势地位。

2. 差异化战略

差异化战略是企业通过向顾客提供行业内其他企业无法提供的、独特的产品或服务，以独具一格的特色来获取竞争优势的战略。差异化战略更注重的是独特的产品和经营特点，而且必须以这种独特的优势来满足顾客的需求，这样就可以通过提高产品或服务价格增强盈利能力，从而超越竞争对手。如奔驰、劳力士、英特尔等公司都是这方面的典范，它们所拥有的特性，要么代表品质过硬，要么彰显身份地位，要么特别适合某类人群的个性偏好。差异化战略具有如下几方面的优势：获取溢价和较高的利润水平；构筑了强有力的进入壁垒；抗风险能力提升，如对于原材料成本增长有更大的容忍空间；增强讨价还价能力，因为产品的独特性和吸引力，所以无论是面对供应商还是顾客，差异化企业都有谈判的优势；防止替代品的威胁，差异化企业的产品和服务具有独特的优势和品质，难以被模仿，所以在与竞争者的较量中往往处于主动和有利地位。

3. 集中化战略

集中化战略又称聚焦战略、专一战略、利基市场战略等，是企业集中力量为某一特定的细分市场提供产品和服务，或重点经营某类产品的特定部分、特定的市场层面，在某一局部建立竞争优势的战略。有的企业受到自身资源、技术水平或品牌形象的制约，无法实现低成本战略，也无法执行差异化战略，这就要利用自己有限的资源和专业优势采取集中化战略，在一个特定的细分市场上获得竞争优势。

三、企业职能战略

职能战略描述了在执行公司战略和经营单位战略的过程中，企业中的每一职能部门所采用的方法和手段。企业职能战略一般可分为市场营销战略、财务战略、生产战略、研究与开发战略、人力资源战略等。

（1）市场营销战略。市场营销战略是涉及市场营销活动过程整体的方案或谋划，包括市场调研、预测、分析市场需求、确定目标市场、制定营销战略、实施和控制具体营销战略等。

（2）财务战略。财务战略就是根据公司战略、竞争战略和其他职能战略的要求，对企业资金进行筹集、运用、分配以取得最大经济效益的方略。财务战略的基本目的，就是最有效地利用企业各种资金，在企业内部、外部各种条件制约下，确保实现企业的战略目标。

（3）生产战略。生产战略就是在生产的成本、质量流程等方面建立和发展相对竞争优势，它规定了企业在生产制造和采购部门的工作方向，为实现企业总体战略服务。企业生产战略不能仅根据企业内部生产条件来确定，还应考虑市场需求和企业整体战略的要求。

（4）研究与开发战略。研究与开发包括科学技术基础研究和应用研究，以及新产品、新工艺的设计和开发等。对于企业来讲，研究与开发涉及市场、技术、产品、生产、组织等各方面，其中主要是技术、产品和生产方面的研究与开发。

（5）人力资源战略。人力资源战略是指根据企业总体战略的要求，为适应企业生存和发展的需要，对企业人力资源进行开发，提高职工队伍的整体素质，并从中发现和培养出一大批优秀人才，所进行的长远性的谋划。

第四节　战略计划的制定

制定战略计划创造组织的未来是领导者的一项重要职责，每个组织和业务经营单位都会根据组织环境和组织资源制定自己的战略性计划。

一、规划业务组合的方法

为了使企业高层管理者对各战略业务进行有效的管理，可采取波士顿矩阵法和政策指导矩阵法对企业的战略业务进行分类和评价，确定各项业务的发展前景和潜力，决定企业的投资结构。

1. 波士顿矩阵法

波士顿矩阵法也称四象限法。它是由美国著名的波士顿咨询公司为米德纸业公司进行策略分析时，设计了市场增长率/市场占有率矩阵分析模型，因此被称作波士顿矩阵法，如图6-7所示。

市场增长率是指企业某项业务在一定时期内销售额增长率；相对市场占有率是指企业各战略业务单位的市场占有率与同行业最大的竞争者的市场占有率之比。

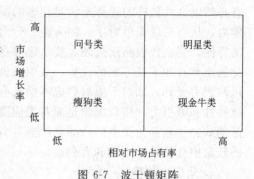

图 6-7 波士顿矩阵

波士顿矩阵法用市场增长率、相对市场占有率把企业战略业务单位分为问号类业务、明星类业务、现金牛业务和瘦狗类业务四种类型。

（1）问号业务。问号类业务是市场增长率高和相对市场占有率低的战略业务单位，大部分业务处于导入期。大多数战略业务单位进入市场初期都属于问号业务，它需要大量投资来提高这些业务的竞争能力。因此企业对问号业务要慎重对待，如果其有发展前途，就应该加大投资力度，没有发展前途就应放弃。

（2）明星业务。明星类业务也叫双高产品，是指高市场增长率和高相对市场占有率的战略业务单位，大部分业务处于成长期。这些业务需要大量投资，由于明星业务竞争力强，因此也可以回收大量资金。

（3）现金牛业务。现金牛类业务是指市场增长率低、相对市场占有率高的业务，大部分处于成熟期。这些业务的销售收入超过所需投资，可以为其他业务提供资金支持，一般应采取维持策略来保证其现有的市场地位。

（4）瘦狗业务。瘦狗类业务也称双低业务，是指市场占有率低，相对市场占有率也低的业务，大部分处于衰退期。这类业务也能为企业带来一定的收益，企业对瘦狗业务一般采取收缩或放弃策略。

波士顿矩阵的核心是使企业的某种战略业务单位在市场上保持强有力的竞争地位，为企业带来较好的经济效益。它能帮助企业判别哪些业务单位应该卖掉，但不能帮助业务单位管理者制定提高竞争力的战略，它只有同产品生命周期不同阶段结合起来，才能做出重要决策。

2. 政策指导矩阵

政策指导矩阵是由壳牌化学公司创立的一种新的战略分析技术。政策指导矩阵把外部环境与内部环境归结在一起，并对企业所处战略位置做出判断，进而提出指导性战略规划。该方法从竞争能力和行业吸引力两个角度，分析企业业务的现状和特征，用类似矩阵的形式加以表示。该方法把市场前景分为强、中、弱三类，业务竞争能力也分为强、中、弱三类，并由此把业务分为9类，见图6-8。

图 6-8 政策指导矩阵

行业吸引力也称市场前景吸引力，包括市场大小、年市场增长率、历史利润率、竞争强度、技术要求、经济运行状况、能源、政治法律等因素，这些因素决定行业吸引力的大小。竞争能力，也称公司实力，包括该战略业务单位在行业中的市场占有率、产品质量、品牌声誉、分销渠道、促销能力、生产效率、生产成本、管理者能力、产品研发能力等因素，这些因素决定企业竞争能力的大小。

通过行业吸引力和竞争能力的强中弱把企业战略业务单位划分为 9 大类。处于 B、C 类的业务，竞争能力和市场前景都好，因此应该确保分配足够的资源，支持其发展。处于 F 类的业务，竞争能力中等，但市场前景好，因此应该分配更多的资源，支持其提高竞争能力。处于 I 类的业务市场前景虽好，但竞争能力弱，要根据企业资源状况区别对待，有市场前途的可以保留，否则予以淘汰。处于 E 类的业务，市场前景和竞争能力均处于中等，应该给予足够资源支持其发展。处于 D 和 H 类的业务，要么竞争能力不强，要么市场前景不好，所以应该在适当时机放弃这些业务，把资源投入到其他业务领域。处于 A 类的业务，虽然竞争能力强，但市场前景不好，因此应该不再投入资源，而是利用其收入支持其他业务的发展。处于 G 类的业务，市场前景和竞争能力均弱，因此应该尽快放弃此类业务，回收资源。

二、战略计划的制定程序

SWOT 分析法是 20 世纪 80 年代初美国旧金山大学的管理学教授韦里克提出的，被广泛应用于竞争分析和战略计划制定的工具和方法。SWOT 分析法在分析企业外部环境变化所带的机会（Opportunity）和威胁（Threat）的基础上，结合企业内在条件的优势（Strength）、劣势（Weakness）分析，确定公司未来的发展战略。

1. 分析环境因素

运用各种调查研究方法，分析出公司所处的各种环境因素，包括外部环境因素和内部能力因素。外部环境因素包括机会因素和威胁因素，它们是外部环境对公司的发展直接有影响的有利和不利因素，属于客观因素；内部环境因素包括优势因素和劣势因素，它们是公司在其发展中自身存在的积极和消极因素。在调查分析这些因素时，不仅要考虑到历史与现状，而且更要考虑未来发展问题。

（1）机会与威胁分析（OT）。随着经济、社会、科技等诸多方面的迅速发展，特别是世界经济全球化、一体化过程的加快，全球信息网络的建立和消费需求的多样化，企业所处的环境更为开放和动荡。这种变化几乎对所有企业都产生了深刻的影响。正因为如此，环境分析成为战略计划制定过程中一个重要的步骤。

企业的内外部环境发展趋势分为两大类：一类表示环境威胁，另一类表示环境机会。环境威胁指的是环境中一种不利的发展趋势所形成的挑战，如果不采取果断的战略行为，这种不利趋势将导致公司的竞争地位受到削弱，具体包括：新的竞争对手、替代产品增多、市场紧缩、行业政策变化、经济衰退、客户偏好改变、突发事件等。环境机会就是对公司行为富有吸引力的领域，在这一领域中，环境的变化将带来企业的发展机会，具体包括：新产品、新市场、新需求、市场壁垒解除、竞争对手失误等。对外部一般环境的分析常用方法是 PEST（所谓 PEST 即 Political、Economic、Social、Technological）分析，对行业环境常用的分析方法是波特的五力模型分析。

（2）优势与劣势分析（SW）。正确识别了环境因素的影响后，企业是否有能力抓住环境变化所带来的机会，躲避环境变化所带来的不利影响，则取决于企业的资源、能力和竞争力量。

每个企业都要定期分析自己的优势与劣势，由于企业是一个整体，竞争优势来源具有一定广泛性，所以，在做优劣势分析时必须从整个价值链的每个环节上入手，将企业与竞争对手做详细的对比。如产品是否新颖，制造工艺是否复杂，销售渠道是否畅通，以及价格是否具有竞争性等。如果一个企业在某一方面或几个方面的优势正是该行业企业应具备的关键成功要素，那么，该企业的综合竞争优势也许就强一些。需要指出的是，衡量一个企业及其产品是否具有竞争优势，只能站在现有潜在用户角度上，而不是站在企业的角度上。企业的优势具体包括：有利的竞争态势，充足的财政来源，良好的企业形象、技术力量、规模经济、产品质量、市场份额、成本优势、广告攻势等方面。劣势具体包括：设备老化管理混乱、缺少关键技术、研究开发落后、资金短缺、经营不善、产品积压、竞争力差等方面。

2. 构造 SWOT 矩阵

SWOT 方法的优点在于考虑问题全面，是一种系统思维，可以把对问题的疑问和求解紧密结合在一起，条理清楚，便于检验。环境分析调查得出的各种结果根据轻重缓急或影响程度进行排序，构造 SWOT 矩阵，见表 6-1。在此过程中，将那些对公司发展有直接的、重要的、久远的影响因素优先排列出来，而将那些间接的、次要的、短暂的影响因素排列在后面。根据各种影响因素，确定应该采取什么样的发展战略。SO 战略，为扩张性战略，企业内部拥有优势，而环境又提供了机会，这是理想的最佳状态；ST 战略，分散化战略，企业内部拥有优势而外部受到威胁，关键在于善于运作；WT 战略，退出性战略，企业内部处于劣势，而外部又处于威胁状态，要果断撤离；WO 战略，防卫性战略，内部条件已处于劣势，但外部环境尚有机会，企业要趋利避害。

表 6-1 SWOT 分析矩阵

项　目	优势（S）	劣势（W）
机会（O）	SO 战略	WO 战略
威胁（T）	ST 战略	WT 战略

3. 制定战略行动计划

在完成环境因素分析和 SWOT 矩阵的构造后，就需要制定出相应的战略行动计划。制定战略行动计划的基本思路是：充分发挥组织的优势，克服劣势，利用机会因素，化解威胁因素，根据系统分析的思想，将各种环境影响因素相互匹配，加以组合，得出一系列公司未来发展的可选择对策。在制定战略行动计划的时候，需要思考如下的问题：如何利用每个优势，如何停止每个劣势，如何成就每个机会，如何抵御每个威胁，并以此作为制定战略行动计划的基础。

本 章 小 结

（1）战略管理主要是战略制定和战略实施的过程，一般说来，战略管理包含五个方面的关键要素：确定企业使命与战略目标、战略环境分析、战略选择与评价、战略实施、战略控制。

（2）组织制定战略计划必须进行战略环境分析，其目的是为完成企业使命服务，也为战略选择服务。组织战略环境包括宏观外部环境、中观行业环境和微观内部环境。宏观外部环境，主要包括政治法律环境、经济环境、社会文化环境、科学技术环境；行业环境分析的主要内容有行业竞争结构与行业内战略集团；微观内部环境主要包括组织自身的战略资源与核心能力。通过战略环境分析，可以发现组织面临哪些机会与威胁，自身具有哪些优势与劣势，从而制定与选择正确的战略计划。

（3）企业战略是企业为了实现其目标，在分析外部环境和内部条件的基础上，对企业的经营方向、策略和实施步骤作出的长远的、系统的和全局的规划。企业战略可按照层次划分为总体战略、竞争战略、职能战略三个层次。总体战略包括稳定型战略、发展型战略和防御型战略。发展型战略包括多元化经营战略、一体化战略、加强型战略。防御型战略包括收缩战略、剥离战略、清算战略。竞争战略包括成本领先战略、差异化战略、集中化战略。

（4）战略计划的制定要先从优势、劣势、机会和威胁四个方面对环境因素进行分析，然后运用 SWOT 分析法，构造 SWOT 矩阵，并最终制定战略行动计划。

【案例思考】

安踏公司的战略

2007 年 7 月，运动服装品牌安踏集团在香港上市，丁志忠家族在胡润"2007 年中国内地富豪榜"首次上榜，以 145 亿元财富位列服装行业第二。上市之后，在谈及安踏下一步的发展规划时，丁志忠还是习惯性地先自问自答地述及"安踏是谁？安踏要做什么？"。在 2003 年之前，丁志忠并不会这么系统地去思考这些关于战略的问题。

1999 年，安踏出其不意地用 160 万元签下孔令辉作为形象代言人和在中央电视台进行广告投放，让安踏在晋江公司中脱颖而出，且在销售上也有新的斩获。但是，严格来说，安踏依然还是一个生产导向型企业。在理顺所有权益后，大股东丁志忠开始思考公司进一步"变大"的问题，"当企业大的时候，很多事情靠的都是一套科学系统来管理"。他认为，必须要有"一个明确的、科学的依据来判断公司接下来要怎么做"。为了找到这个依据，2004 年，安踏聘用咨询公司来共同确认安踏的明确市场定位。当时亟待解决的问题是：第一，安踏的目标市场在哪；第二，如何形成与竞争对手的差异化策略？

在调查之后，双方对安踏的市场地位分析是：安踏优势在中低端市场的控制上，而就中低端市场而言，"大约还有 5 亿中国消费者还买不起安踏，但是随着收入的提高，他们会成为安踏的目标顾客。"在明确定位之后，安踏压抑住价格上调的诱惑："在零售价格上，我们比李宁的产品低 20%～30%。"安踏的首席运营官说道，考虑到耐克、阿迪达斯的体育明星风尚，以及李宁公司的"金牌光环"，"草根"最终成为描述安踏的最核心用语，并开始有策略地寻找那些尚未成名却一直在奋斗的运动员，作为代言人。对于不能随心所欲做营销的安踏，这样的品牌策略不会带来太大的财务压力。

与此同时，丁志忠发现，市场开始出现分化："一些公司逐步走运动时尚服装路线，一些公司开始聚焦在一些专业市场，例如篮球和网球。"而在此前的运动品牌中，和很多晋江公司一样，安踏有些摇摆，既呈现过娱乐时尚风格（找萧亚轩做代言人），也表现出专业运动姿态（孔令辉代言，赞助 CBA）。

显然，安踏在明确了发展方向后才发现，在公司原来的组织架构下，上述战略是无法执行的。以前的架构适用于生产导向型企业。

2006 年，为了彻底转型，安踏又聘用了美世咨询公司，为安踏设计组织架构和整套的考核体系。"现在的考核，基本是 360 度的，公司、部门、个人的业绩都会影响到你的薪酬。"在接触了大量外资中介机构，又进行管理层"混血"之后，丁志忠在思考公司发展问题时，开始习惯想到并引用各类 KPI（关键绩效指标），"我们的库存周转率，大约在 24 天；应收账款账期是 20 天，国内很多品牌需要 50 天左右；对上游，我们的应付账款账期与行业持平，60 天左右。"

【案例思考题】1. 安踏是怎样进行战略定位的？请进行评价。

2. 安踏是怎样实施战略的？

资料来源：http：//news. cnfol. com /080125 /101，1598，3735940，05，shtml. 略有删改.

复习思考题

一、单项选择题

1. 替代品产品在波特的行业竞争分析中对行业的影响体现在（　　　　）。
   - A. 冲击行业内的企业
   - B. 妨碍行业竞争
   - C. 替换行业中正在生产的产品
   - D. 确定了行业内企业产品的最高价格

2. 某公司以前主要生产塑料制品，经营状况不理想。后来注意到，影视作品及电视广告中出现的家庭居室多使用各色塑料百叶窗，这种现象渐成时尚。于是公司推出了各种款式、尺寸、颜色的百叶窗，取得了不错的经营业绩。该公司的这一调整是对下列哪种环境要素所作的何种反应？（　　　　）。
   - A. 对技术环境的利用与引导
   - B. 对经济环境的利用与引导
   - C. 对社会文化环境的适应
   - D. 对经济环境的适应

3. 战略的目的是（　　　　）。
   - A. 巩固组织目前的地位
   - B. 开发新产品
   - C. 拓展新市场
   - D. 实现企业的基本目标

4. 关于战略管理表述不正确的有：（　　　　）。
   - A. 战略管理是一个连续性的循环过程
   - B. 战略管理有时是一次性的工作
   - C. 战略管理要不断监控和评价战略的实施过程
   - D. 战略管理需要修正原来的分析、选择与实施工作

5. 覆盖企业整体的战略是（　　　　）。
   - A. 公司战略
   - B. 广告战略
   - C. 职能战略
   - D. 业务单位战略

6. 公司层面的发展型战略包括（　　　　）。
   - A. 暂停战略、无变战略和维持利润战略
   - B. 一体化战略、多元化战略和加强型成长战略
   - C. 缩小经营范围或规模为导向的战略
   - D. 扭转战略、剥离战略和清算战略

7. 下列说法不正确的是：（　　　　）。
   - A. 公司战略又称总体战略
   - B. 竞争战略主要考虑产品和服务在市场上的竞争问题
   - C. 职能战略又称竞争战略
   - D. 职能战略的重点是提高企业资源的利用效率，使资源利用效率最大化

8. 战略目标与企业使命的区别是：（　　　　）。
   - A. 企业使命是面向过去的概念，战略目标是基于未来的
   - B. 企业使命主要由高层承担，而战略目标是全体员工共同承担
   - C. 企业使命的制定由股东大会决定，战略目标由公司高层制定
   - D. 相较于企业使命，战略目标有具体的数量特征和时间界限

9. 下列属于职能战略的制定者的是（　　　　）。
   - A. 首席执行官
   - B. 销售经理
   - C. 董事会成员
   - D. 公司总经理

10. 下列战略应该由最高管理层制定的是（　　　　）。
    - A. 竞争战略
    - B. 公司战略
    - C. 职能战略
    - D. 业务单位战略

11. 竞争战略是在下列哪个层次制定的？（　　　　）。
    - A. 公司战略
    - B. 业务单位战略
    - C. 职能战略
    - D. 全球战略

12. 在同一市场上，采用同一战略的企业之间，事实上形成了一个（　　　　）。
    - A. 战略
    - B. 战术部落
    - C. 战略联盟
    - D. 战略集团

13. 某一汽车制造厂过去向橡胶和轮胎公司采购轮胎，现决定自己生产轮胎，这种做法称为（　　　　）。

  A. 后向一体化　　　　B. 前向一体化　　　　C. 水平一体化　　　　D. 同心多角化
14. 某企业在生产冰箱的同时，还生产空调，这种战略称为（　　　　）。
  A. 水平多元化　　　　B. 同心多元化　　　　C. 集团多元化　　　　D. 前向一体化
15. 某牙膏公司原来一直生产牙膏，现决定生产牙刷，这种战略称为（　　　　）。
  A. 水平多元化　　　　B. 同心多元化　　　　C. 集团多元化　　　　D. 前向一体化
16. 某制药企业在生产药的同时，增加了宾馆服务和房地产开发，该企业运用的战略是（　　　　）。
  A. 水平多元化　　　　B. 同心多元化　　　　C. 集团多元化　　　　D. 前向一体化
17. 某电视机厂将在城市滞销的电视机销往有需求的农村市场，这种策略称为（　　　　）。
  A. 市场渗透　　　　　B. 产品开发　　　　　C. 市场开发　　　　　D. 多样化

二、判断题

1. 经营方向的选择是战略核心问题。　　　　　　　　　　　　　　　　　　　　（　　）
2. 制定战略的实质，是为了获取相对于竞争对手的更持久的竞争实力和竞争优势。　（　　）
3. "战略决定组织结构"应当成为战略实施阶段的依据。　　　　　　　　　　　　（　　）
4. 政治、经济、技术、社会等宏观环境对组织的影响是间接的，不会导致企业的生死存亡。　（　　）
5. 与汽车行业相比，餐饮业中潜在进入者对与行业中现有企业所造成的竞争威胁，要表现得更为严重些。　　　　　　　　　　　　　　　　　　　　　　　　　　　　　　　　　　　（　　）
6. 企业战略决策思想越深入人心，其战略的实施就越有效。　　　　　　　　　　（　　）
7. 低成本战略要求将资源分配的重点放在注重成本和效益的工厂和工艺上，使其有能力进行再投资以保持这些优势。　　　　　　　　　　　　　　　　　　　　　　　　　　　　　（　　）
8. 经营战略是多个战略经营单位或者有关的专业部门、子公司的战略。　　　　　（　　）
9. 职能战略是企业多个职能部门的长期性战略。　　　　　　　　　　　　　　　（　　）
10. 企业战略计划的第一步就是规定企业目标。　　　　　　　　　　　　　　　　（　　）
11. 在波士顿矩阵中，低市场增长率和低相对市场占有率的单位是瘦狗类战略业务。（　　）
12. 根据计划对企业经营范围影响程度和影响时间长短的不同，可将计划分为战略性计划和战术性计划。　　　　　　　　　　　　　　　　　　　　　　　　　　　　　　　　　　（　　）

三、名词解释

成本领先战略，集中化战略，差异化战略，前向一体化，后向一体化，横向一体化，多元化战略，市场渗透，市场开发，产品开发，收缩战略，剥离战略，清算战略，职能战略，价值链分析法，企业核心能力，战略集团，政策指导矩阵。

四、思考题

1. 什么是战略管理？
2. 企业存在什么样的战略层次？
3. 为什么需要战略控制？
4. 成本领先战略思想的核心是什么？
5. 简述多元化战略的内容。
6. 简述一体化战略的内容。
7. 简述五力模型。
8. 简述企业战略管理的流程。
9. 简述 SWOT 分析法。
10. 战略管理的环境分析包括哪些方面的内容？
11. 如何理解战略集团？
12. 如何理解企业使命和企业哲学？
13. 企业核心能力含义及特征是什么？

第七章　生产要素投入

第三篇　组　织

第七章 组织结构设计

学习目的与要求：

- 了解组织分类、组织设计的影响因素、各种典型组织形式的特点；
- 理解层级化与管理幅度的关系、影响管理幅度的因素、组织结构部门化、组织设计影响因素；
- 掌握组织的含义、组织结构定义、组织设计定义、组织设计原则、部门化定义、层级化定义、管理幅度定义。

 引导案例：

王氏年糕厂的抉择

王某是北京平谷的一位普通农民，不过他家有一种祖传的美食——王氏年糕。早在清朝道光年间，王家的年糕就远近闻名。20世纪80年代，改革开放后，王某又办起了"王家饭馆"，而他做的年糕绝不亚于他的祖上。由于生意兴隆，他很快就把分店开到了县城去了。1987年，王某在本村办起了利平年糕厂，开始生产袋装和罐装系列年糕食品，由于其独特风味和较好的质量，牌子很快打响，产品不但在本县销售，而且远销到北京市。王氏年糕厂如今已有100多名职工，10几家分店。

在经营上王某有自己的想法，他固执地要求保持产品的独特风味与优秀质量，强调质量是生命，宁可放慢速度，也决不冒险危及产品质量，不能砸了牌子。如果小食品店服务达不到规定标准，职工的技能培训未达应有水平，王某宁可不设新点。年糕厂的产品很少有什么改变，品种也不多，坚持只生产这几种传统产品，服务的对象也是老主顾们，彼此都很熟悉。年糕厂的主要部门是质量检验科、生产科、销售科和设备维修科，还有一个财会科以及一个小小的开发科。厂里质检科要检测进厂的所有原料，保证必须是最优质的。每批产品都一定抽检，要化验构成成分、甜度、酸碱度，始终在努力保持着它固有的形象。

不久前，王某的表哥周某回村探亲，他原在县城念中学，20世纪80年代初便只身去深圳闯天下。如今已是千万元户了。周某来访表弟王某，对年糕厂的发展称赞一番，还表示想投资入伙。但他指出王某的观点太迂腐保守，不敢开拓，并认为牌子已创出，不必僵守原有标准，应当大力扩充品种与产量，大力发展北京市内市场甚至向北京以外扩展。他还指出，目前厂里这种职能型结构太僵化，只适合于常规化生产，为定型的稳定的顾客服务，适应不了变化与发展，各职能部门眼光只限在本领域内，看不到整体和长远，彼此沟通和协调不易。他建议王某彻底改组本厂结构，按不同产品系列来划分部门，才好适应大发展的新形势。但王某对他的建议听不进去，并说在基本原则上决不动摇。两人话不投机，语句转激烈，最后不欢而散。

资料来源：http://zhidao.baidu.com/question/78783689.html. 略有删改.

组织是人类社会最为普遍、最为常见的社会现象，自从有了人类活动，组织就始终发挥着影响和作用，军队、政府机关、企业、学校、医院等都是组织的典型表现形式。

第一节　组织与组织工作

一、组织的定义

对于组织的概念，相关学者众说纷纭。巴纳德认为组织就是两个或两个以上的人有意识地协调和活动的系统。法约尔指出的管理五职能，其中之一就是组织。伊兹尼把组织描述为组织是一个有计划的单位，是为完成特定的目标而设计起来的。哈罗德·孔茨把组织定义为正式的有意形成的职务结构或职位结构。波特、劳拉和哈克曼指出组织应包括五个基本要素：社会结构、目标方向、差别化的功能、合理协调和时间上的延续性。穆尼则强调组织是一种在一个协调的整体里，把具体的任务或职能联系起来的技术。综合起来，我们可以把组织定义为：组织是为了实现一定的共同目标而按照一定的原则、程序所构成的一种权责结构和人事安排，其目的在于通过明确责任分工合作，有效配置有限资源，确保最高效率地实现目标。这个概念包括了以下几方面的含义。

（1）组织必须具有明确的目标。任何组织均为目标而存在，目标是组织存在的前提，是组织活动的出发点和落脚点。

（2）组织内部必须有适当的分工与协作。适当的分工与协作（合作）是实现组织目标的必然结果，也是组织产生高效能的保证。

（3）组织内部要有不同层次的权力和责任。分工后就赋予各人以相应权力与责任。若想完成一项任务，必须具有完成该项任务的权力，同时又必须有相应的责任。

（4）组织要对活动中所需的资源进行合理配置，以保证其正常运转。

二、组织分类

按照组织形成方式、基本性质、个人与组织的关系，组织有多种分类形式。

1. 按组织形成方式分类

按组织形成方式分类，企业中存在着正式组织和非正式组织。正式组织有其组织目标，有正式的规章制度、明确的职责范围、固定的成员及其之间形成的相互关系。正式组织由于有正式的规则和程序，所以人与人的互动是程序化、非人格化的，维系人与人之间的纽带是工作而较少感情色彩。

非正式组织是指成员在共同的工作和生活交往过程中，因相互间产生共同的感情、态度和倾向，所形成的具有共同行为准则和惯例的心理团体。非正式组织以满足员工情感需要为主要标准，人与人之间是直接面对面的，是融入强烈情感的自由互动，员工成员对其具有强烈的认同感。非正式组织以其独特的感情、规范和倾向，左右着成员的行为。企业中非正式组织的存在，主要由于以下三方面因素：第一，共同的志向兴趣、经历，员工由于相似的志向、兴趣爱好和经历，使员工在相互交往过程中容易产生共同的语言及相互理解对方的行为，这种交往的经常化，就会自然形成非正式组织；第二，需求性因素，员工出于希望相互间建立良好人际关系并在相互适合对方个性的基础上而发展联系，进而成为非正式组织，如新进员工期待得到组织成员的认同以获得安全感与归属感；第三，利益维护因素，公司制度与管理不公平、有争议，易使权益受损的员工因为认知相同而互相支持，如员工感到自身利益会被侵犯的时候，希望被其他非正式成员的认同并保护的欲望就更强烈，从众心理也就较严重。

非正式组织对正式组织来讲，具有正反两方面的功能。正面功能主要体现在：非正式组织混合在正式组织中，可以促进工作的完成；正式组织的管理者可以利用非正式组织来弥补成员间能力与成就的差异；可以通过非正式组织的关系与气氛获得组织的稳定；可以运用非正式组织作为正式组织的沟通工具；可以利用非正式组织来提高组织成员的士气等。非正式组织的负功能主要体现为可能阻碍组织目标的实现。对于正式组织中的非正式组织，只能采取引导的方式促使其为实现组织目标进行服务，而不能采取强制性手段强行取缔。

2. 按组织的基本性质分类

按照组织的基本性质，组织可以分为营利性组织和非营利性组织。营利性组织是指以营利为目的，自主经营、独立核算、自负盈亏的具有独立法人资格的单位，如企业、公司及其他各种经营性事业单位。非营利性组织一般是指运营目标不以获取利润为目的，而是追求拟定的社会目标的组织。非营利性组织并不等于没有盈利，而是遵循为公众服务的宗旨，不以营利为目的，不为任何个人牟取私利，组织自身是具有合法的免税资格并可为捐赠人减免税的组织。

3. 按个人与组织的关系分类

根据个人与组织的关系来分类，即运用权力与权威的程度，可分成三种：功利型组织，在运用合法权威过程中，同时实行经济和物质等功利报酬手段，如工商企业、农场等；强制型组织，以强制权力来加以控制的组织，如监护性精神病院、监狱、管教所等；规范型组织，以内在价值及地位为报偿来加以控制的组织，如学校、医院、社会团体等。

三、组织工作的含义及特点

1. 组织工作的含义

组织工作是指为了实现组织的共同目标而确定组织内各要素及相互关系的活动过程，也就是设计一种组织结构，并使之运转的过程。只有使组织中的每个人了解自己在组织工作中应有的地位和他们之间的相互关系，才能有效地发挥他们在组织中的作用，保证组织目标的顺利实现。

2. 组织工作的特点

组织工作具有以下三个方面的特点。

（1）组织工作是一个过程。组织工作是根据组织的目标，考虑组织内外部环境来建立和协调组织结构的过程。这个过程一般的步骤为：①确定组织目标；②对目标进行分解，拟定派生目标；③确认为实现目标所必需的各项业务工作并加以分类；④根据可利用的人力、物力及利用它们的最好方法来划分各种工作，由此形成部门；⑤将进行业务活动所必需的职权授予各部门的负责人，由此形成职务说明书，规定该职务的职责和权限；⑥通过职权关系和信息系统，把各部门的业务活动上下左右紧密地联系起来。

（2）组织工作是动态的。组织内外部环境的变化，都要求对组织结构进行调整以适应变化。组织工作不可能是一劳永逸的。

（3）组织工作要充分考虑非正式组织的影响。由于非正式组织对组织的目标有影响，组织工作必须考虑非正式组织的影响。这有助于在组织工作中设计与维持组织目标与非正式组织目标的平衡，避免对立，并在领导与指导时对非正式组织加以利用。

第二节　组织结构分析与设计

组织结构是企业存在发展的形式，组织结构合不合理，将对企业运作产生非常大的不良影响。组织结构分析与设计是组织管理工作的基础和前提，在组织管理工作中发挥着重要影响和作用。

一、组织结构与组织设计

1. 组织结构

组织结构是指为了完成组织目标而设计的，组织内各构成要素以及它们之间的相互关系。它是对组织复杂性、正规化和集权化程度的一种量度，本质是组织好员工的分工协作关系，其内涵是人们在职、责、权方面的结构体系。复杂性是指组织活动或子系统的数量，可以从三方面来衡量：横向、纵向和空间。一个组织越是进行细致的劳动分工，越是规模巨大，就具有越多的横向部门和纵向管理层级，组织单位的地理分布就越是广泛，协调人员及其活动也就越是困难，也即组织的复杂性越高。正规化就是组织依靠规则和程序引导员工行为的程度。有些组织仅以很少的规范准则运作；而另一些组织，虽然规模还很小，却具有各种的规定指示员工可以做什么和不可以做什么。一个组织使用的规章条例越多，其组织结构就越正规化。集权化指有权作出决策的层次。当决策权力趋向于高层级时，组织就是集权化；当决策处于较低的组织层级上时，就是分权化。

组织结构包含以下三个方面的要素。

第一，管理层次和管理幅度。管理层次是指职权层级的数目，即组织内部从最高管理者到最基层员工的层级、管理权力层次的数量。管理幅度是指主管人员能够有效监督、管理其直接下属的人数。管理层次与管理幅度这两个因素密切相关，管理层次与管理幅度成反比。在组织规模给定的情况下，管理幅度增大，组织层次将减少；管理幅度减少，则组织层次将增多。

第二，部门组合。部门是指组织中主管人员为完成规定的任务将人员编成其有权管辖的一个特定的领域。部门划分的目的是要按照某种方式划分业务，以起到最好的实现组织目标的作用。各部门的组合构成了组织的横向结构。

第三，组织的运行机制。组织的基本结构必须按照一定的机制运作，才能实现组织的意图，完成组织目标。所谓组织的运行机制，指的是控制程序、信息系统，以及各种规范化的规章制度等。运行机制赋予了组织基本结构以内容和活力，确保了组织纵向、横向各要素按照统一的要求和标准进行配合和行动。其目的在于确定组织中各项任务的分配与责任的归属，以求分工合理、职责分明，有效地达到组织目标。

2. 组织结构设计

组织结构设计就是指将组织的目标或任务分解成为组织内部各个分支机构或部门的工作，并将这些分工关联起来形成有效的工作。组织结构设计的目的就是协调组织中人与事、人与人之间的关系，最大限度地发挥人的积极性，提高工作绩效，更好地实现组织目标。组织结构图就是组织结构设计的结果，它描述了组织内部的部门设置和层次情况，明确了组织内部的分工和部门之间的关系。现实情况下，有三种情况需要进行组织设计：①创设新的企业，如新企业的建设；②原有组织出现较大的问题或企业的目标发生变化，例如当环境发生重大变化后，对原有企业组织需重新设计；③组织需进行局部的调整和完善，例如人员的变化或局部目标的变化，需要对组织结构进行局部的调整。

二、组织结构的横向分化——部门化

组织结构的分化，就是将组织结构系统分割为若干分支系统，每一分支系统皆与外界环境发生特定的关系。通常组织结构的分化表现为两个方面：一是平行的分化，即平行建立若干职能部门，也就是部门化；二是垂直的分化，即自上而下划分为不同的层级体系，也就是层级化。二者结合起来，就构成组织的正式结构。

组织结构的部门化就是将组织按照功能、活动、地区或服务对象的不同横向划分为若干个不同部门或单位的过程。部门化是组织结构水平方向的一种职能分工，各职能部门的工作性质不同，但同一层级中各部门的地位是平行的，是一种分工与协作的关系。

促成组织部门化的原因主要有：一是组织活动的日趋复杂和组织规模的扩张，促使组织必须将组织工作予以分析、划分和分类，以适应专业分工和组织发展的需要；二是通过部门化，可使各部门皆具有明确的分工与职责范围，使各部门能够专司其职并有效益和有效率地履行各自的职能；三是通过部门化，可以使管理人员能够有效地确定下属人员的工作范畴，避免因工作划分不当造成的困难；四是部门化符合专业化的需要，能够适才适用、专才专用，利于发挥专业人员的作用；五是组织协调与控制的需要。

组织结构部门化的基本依据和方式为以下几点。

（1）按职能部门化。这种划分方式遵循专业化的原则，强调专业化分工，有利于各专业领域的最新思想和工具的引入，以组织的经营职能为基础划分部门。按职能划分部门是企业组织广泛采用的方式，几乎所有企业组织结构的某些层次都存在职能分工的形式，如企业的锻压车间、冲磨车间，就是按照职能进行的划分。这种安排的优点在于它符合专业分工原则，事权专一，有利于提高工作人员的专业技术水平和工作效率。这种形式的最大问题是容易形成部门分割和本位主义，无形中增加了组织统一和协调的难度。

（2）按行业或产品部门化。是指按组织向社会提供的产品和服务的不同来划分。在大的、复杂的组织中，按行业或产品部门化愈来愈多的被运用。这种划分方法有利于发挥专用设备效益，发挥个人的技能和专业知识并有利于部门内的协调。但是这种划分方法要求具有较多的管理人才，并且各产品部门独立性较强，其整体性、协调配合性较差，增加了主管部门协调控制的困难。如企业的各个专业配件车间等。这种设置的优点是：有利于集中专业技术力量并发挥专业特长；有利于特定产品品质的不断改良和提高。其缺点是容易造成组织协调的困难。

（3）按区域部门化。即将某一地理区域进行的该组织的全部活动都集合到一起并统一组成一个单位。当企业生产经营区域较广泛，就会采用这种划分方式。这种划分方法多用于大的集团公司和跨国公司。这种设置的优点是：有利于特定区域范围内组织的各项工作的综合协调和工作效率的提高；有利于组织根据当地的实际情况进行活动和管理；有利于组织管理者综合管理能力和协调能力的加强。这种形式的缺陷是：容易使得区域性部门自成一体，发生离心现象；容易增加组织总体控制和管理的难度和成本，不利于各区域之间的合作。

（4）按服务对象部门化。顾客的需求越来越受到企业重视，这正是基于顾客需求导向采用的一种划分方法，如大客户部、vip客户部。以特定服务对象划分和设立组织部门，使得组织活动的对象更加明确、职责更加清楚，可以增加服务对象的满意程度，有利于组织成员提高对特定服务对象的了解程度和服务技能。这种方法的缺点是，特定服务对象部门与其他职能部门之间容易出现职能的交叉和重叠，容易出现组织运行的失调，从而影响组织的效率。

（5）按照时间部门化。在某些行业里面，产业特点决定了生产设备要连续运转，因此就需要根据工作时间来划分部门。较为常见的就是生产车间班组的划分，如石油化工企业的生产班组划分，多采用三班制、四班制等。

（6）按人数部门化。是指按照组织中人数的多少来划分部门，即抽取一定数量的人在主管人员的指挥下去执行一定的任务。如军队、学校就是以这种方法划分的。

以上仅列举了组织在实现目标过程中部门划分的基本方法，在现实的企业管理活动中，部门划分方法往往是多种方法的综合使用，即常常使用混合的方法划分部门。

三、组织结构的纵向分化——层级化

组织结构的层级化就是根据劳动分工将组织系统纵向划分为若干个层级，每一层级的职能目标和工作性质相同，但每一个层级的权力大小、管辖范围与职责地位自上而下逐级减小。

1. 管理幅度

一旦确定了如何进行部门化，即不管是按职能、产品、顾客、地区、过程，还是任何这些要素的结合，就立即会产生出组织结构上的另一个问题：一个人究竟能指导多少部门？这就是管理的幅度问题。管理幅度是指一个领导者所能直接管理和指挥的下属工作人员的数量，或者是指一个上级机构所能直接管理的下级机构的数目。管理者所管辖的下属人员多，称之为管理幅度宽；管理者所管辖的下属人员少，称之为管理幅度窄。管理幅度是宽好，还是窄好呢？这是公司在实际工作中所遇到的现实问题。

早期的管理组织中，通常管理幅度较窄而管理层次较多。其优点是分工明确，便于实施严格控制，上下级关系容易协调；缺点是管理费用较高，信息沟通困难。随着经济的发展，目前越来越多的企业采用扁平化的组织结构，即采用管理幅度较宽，管理层次较少的结构。其优点是管理费用较低，信息沟通方便，有利于发挥下级的积极性；缺点是不易实施严格控制，下属人员间的协调较为困难。

有很多管理研究者劝告总主管们减少管理幅度的宽度和缩短组织层次的深度。例如，美国的厄威克曾经提出限制管理跨度的原则："一个监督员不能够直接管理超过五个或者至多管理六个工作相互连锁的下属的工作。"这一原则也许是后来许多管理学家所推崇的。更多的人则通过调查、分析与研究之后认为，不可能有一个固定不变的、到处适用的管理跨度。因为公司管理跨度的决定，受到许多因素的影响。所以，公司只有在发现影响管理跨度的各种因素的基础上，根据公司的实际情况，具体地决定管理跨度，才能找到最理想的管理跨度。

有效管理幅度受许多因素的影响，有领导者方面的因素，如领导者的知识、能力和经验等；也有下属方面的因素，如下属的业务熟练程度；还有工作方面的因素，如工作内容、强度、复杂程度等。因此，在决定管理幅度时，必须对上述各方面因素予以综合考虑。每个组织的管理幅度没有一定的确定标准，要具体问题具体分析，粗略地讲，高层管理 3～7 人较为合适，中层管理 5～9 人较为合适，低层管理 7～30 人较为合适。

影响管理幅度的主要因素如下。

① 工作能力。学历高、经验丰富、受过良好训练的员工，所需的指导和监督较少，管理幅度则应当宽些；反之，下属人员的工作能力弱，管理幅度则应当窄些。领导者的工作能力强，那么管理幅度可以宽些；领导人员的工作能力弱，管理幅度则应当窄些。

② 沟通状况。如果组织具有良好的沟通渠道和传统，可以有效交流意见，则命令可迅速而有效地传达，管理幅度可适当程度的加大；反之，管理幅度应小一些。

③ 工作性质。工作性质的差异，会影响到管理幅度。标准化程度较高的工作，所需技能较易训练，主管所监督的人数可适当增加；对于复杂、多变、富于创造性的工作，管理幅度窄些为好。如果工作很重要，管理幅度应当窄些，而对于不太重要的工作，管理幅度则可以宽些。

④ 授权。适当的授权可减少主管的监督时间及精力，使管辖人数增加，进而减少组织所需的层次。如果公司在管理工作中更多地采用授权的方法，即把工作权限较多地授给下属人员，由下属人员独立地去完成任务，那么管理幅度可以宽些；反之，授权很少，下属人员无权行使职责，遇事都得请示汇报，则管理幅度就应窄些。

⑤ 追踪控制。有良好、客观的追踪、控制的程序和工具的组织，可以扩大管理幅度。组织的监督控制系统比较完善，就可以有效地控制各项工作的运转，减少领导人员的监督时间及精力，那么管理幅度可以宽些。反之，管理幅度就应窄些。

⑥ 组织文化。组织文化也会对管理幅度产生影响，具有良好团队协作精神的组织可以

扩大管理幅度，反之，就应适当收窄管理幅度。

⑦ 下属工作地点。下属的工作地点临近，主管就可以扩大管理控制的层面，管理较多的下属；如果下属工作地点分散，主管指导和监督工作将会比较费力，则只能管理较少的下属。

⑧ 计划明确程度。明确的工作计划将使工作人员知道自己的目标与任务，可减少向主管人员请示和汇报的次数，这时主管就可以管理较多下属；反之，不明确的计划，下属只能不断地请示主管，分散主管的精力，这时只能管理较少下属。

一个领导者的管理幅度不可能无限制地扩大，那么管理幅度多大为好呢？对于这个问题长期以来有许多学者进行过大量研究，但长期的研究结果，并未找出一个理想的通用方案，不过格兰丘纳斯的论证公式在有效管理幅度方面具有一定的代表性：

$$N = n(2^{n-1} + n - 1)$$

式中：N 表示管理者与其下属之间相互交叉作用的最大可能数；n 表示下属人数。

选择合适的管理幅度是至关重要的，较宽的管理幅度意味着管理者异常繁忙，下属成员得到较少的指导和控制；反之，过窄的管理幅度意味着中基层管理人员权力有限而难以充分发挥工作的能动性。另外，管理幅度会对组织决策活动产生影响。组织层次过多，将减缓决策速度，造成信息沟通障碍，组织适应性减弱。

【阅读材料 7-1】

管理幅度的实践

20 世纪初期，美国将军伊恩·汉密尔顿（Ian Hamilton）根据他作为一个军官的经验总结了对管理幅度大小的认识。他发现，一般人的头脑在管理 3～6 个人时将能处于最佳的工作状态，一个军士在仅仅指挥 3 个士兵时并不十分忙碌，一个陆军中将难以指挥 6 个师长的活动。伊恩·汉密尔顿最后建议，越接近于整个组织的最高领导人，他的管理幅度越接近 6 个人为好。

亨利·法约尔指出，合适的管理幅度应该是最高经理管理 4～5 名部门经理，部门经理管理 2～3 名管理人员，管理人员管理 2～4 名工长，工长管理 25～30 名工人。

英国有名的管理顾问林德尔·F·厄威克（Lyndal·F·Urwick）上校提出了他观察到的心理现象，一个人的"注意力跨度"——能够同时给予注意的事项的数目是有限的，并以此为依据讨论管理幅度的大小。他的研究结论是："一个管理者不能直接管理超过 5 个或者至多管理 6 个工作紧密相关的下属的工作。"

美国管理学会的研究报告（1952 年）介绍了当时在 141 家公认的具有良好组织实践的公司的调查结果，该项调查的主题是这些公司中总经理的管理幅度的实践情况。结果发现总经理的管理幅度为 1～24 人不等。

资料来源：http://www.360doc.com/content/12/0311/14/7084020_19348430.shtml.

2. 管理幅度与管理层次

当组织的人员规模达到一定程度时，组织的人员规模将突破有效管理幅度的限度，这时就必须划分出不同的管理层次，因此，组织就形成了纵向层次的结构。管理层次就是指管理系统划分的等级数。进一步说，当一个组织的最高管理者直接管理人员数量超过了管理幅度，就必须增加一个管理层次，这样就可以通过委派工作给下一级管理者而减轻上层管理者的负担，如此就形成了组织的层次结构。在企业人员规模一定的情况下，组织层次与管理幅度在数量上是一种反比例关系。

【阅读材料 7-2】

管理幅度与管理层次的关系

一位管理者能够有效地管理多少个下属？这一管理幅度问题非常重要，因为它在很大程度上决定了组织中管理层次的数目及管理人员的数量。假定其他条件不变，管理幅度越宽或者说越大，则组织就越有效率。下面的例子可以说明这个道理。

　　假设有两个组织，它们的作业人员约为 4100 人。如图 7-1 所示，如果一个组织的管理幅度各层次均为 4，而另一个组织的幅度为 8，那么，幅度大的组织就可减少 2 个管理层次，大约精简 800 名管理人员。假如管理人员的平均年薪为 4.2 万美元，则加宽管理幅度后将使组织在管理人员工资上每年节省约 330 万美元！从成本角度看，宽幅度明显的是更有效率的。但超过了某一点，宽幅度会导致管理效果降低。也就是，当幅度变得过大时，下属员工的绩效会因为管理者没有足够的时间提供必要的指导和支持而受到影响。

	各层次人员数	
(最高)	假定幅度数为4/人	假定幅度数为8/人
组 1	1	1
织 2	4	8
层 3	16	64
次 4	64	512
5	256	4096
6	1024	
7	4096	
作业人员	4096	4096
管理人员	(层次1~6)1365	(层次1~4)585

图 7-1　管理幅度对比示例

资料来源：http://doc.mbalib.com/view/d309a16b86f1429c3904ad1be967aaf1.html.

　　当上级管理者在减少部分管理下属的时间的同时，也需要增加对下一层次管理者进行监督和协调的时间。因此，增加管理层所节约的时间，一定要大于监督和协调的时间，这是衡量增加一个管理层次是否合理的重要标准。

　　在一定条件下，管理幅度愈宽，管理层次就愈少，组织的管理效率就愈高。管理幅度不能无限地大，相关研究者提出当管理幅度超过 6~7 人时，管理者和下属之间的关系会越来越复杂，以至于最后无法驾驭。那么，按照组织层次与管理幅度的反比关系就形成了两种结构：扁平化组织结构和锥型化组织结构。企业扩大管理幅度，必将减少组织层次，这时就构成扁平化组织结构；当企业缩小管理幅度，将增加组织层次，这时就形成锥型化组织结构。扁平化组织结构属于分权型组织，锥型化组织结构属于集权型组织。扁平化组织结构的优点是：管理层级少，信息沟通和传递速度快，信息失真度低，更加强调下属之间的横向协调，而不是垂直领导。其缺点是：过大的控制幅度增加了管理者对下属的监督和协调控制难度，同时，下属也缺少了更多的提升机会。锥型化组织结构的优点是：由于管理的层级比较多，控制幅度比较小，每一管理层级上的管理者都能对下属进行及时的指导和控制，另外，层级之间的关系也比较紧密，这有利于工作任务的衔接，同时也为下属提供了更多的提升机会。其缺点是：过多的管理层级往往会影响信息的传递速度，因而信息的失真度可能会比较大，这又会增加高层管理者与基层管理者之间的沟通和协调成本，增加管理工作的复杂性。

四、组织结构设计的原则

　　企业组织是一个有机的整体系统，要把许多个体和部门组合起来，形成一个有机的分工协作体系，这并不是一件十分容易的事情，因此就需要遵循一系列基本的原则。从确保组织顺畅运转这一基本要求来看，组织的设计工作至少应遵循如下一些原则。

　　1. 战略导向原则

组织是实现组织战略目标的载体，战略目标是组织发展的基础，它规定并制约着组织的其他要素，正是因为存在着组织的共同目标，组织成员才会有效地进行分工协作，并最终实现共同的目标。组织的结构、体系、过程、文化等均是为完成组织战略目标服务的，所以应通过组织结构的设计和完善，来促进组织战略目标的实现。

2. 适度弹性原则

组织的理念与文化价值观，以及组织的当前发展战略都将会随着组织内外部环境的变化而发生改变，因此组织构设计应综合考虑随着组织内外部环境所带来的影响，设计时应留有一定的拓展空间。

3. 系统优化原则

现代组织是一个开放系统，组织中的人、财、物与外界环境频繁交流，联系紧密。开放型的组织系统可以提高组织对环境的适应能力和应变能力。因此，组织机构设计要考虑与组织目标相适应，组织设计应简化流程，利于信息畅通、决策迅速、部门协调，并充分考虑交叉业务活动的统一协调和过程管理的整体性。

4. 有效管理幅度与合理管理层次相结合原则

管理层级与管理幅度的设置受到组织规模、组织技术特性的影响。管理层级的设计应在有效控制的前提下尽量减少管理层级，精简编制，促进信息流通，实现组织扁平化。

5. 责权对等原则

责权关系是组织构成要素的核心内容，责权相互对等是组织正常运行的基本要求。权大于责，容易出现乱指挥的现象；责大于权，会严重挫伤员工的工作积极性，不利于管理人才的培养。在组织管理过程中，明确各部门、各职位与整体组织之间的责权关系，使每个组织成员都明确自己应该干什么、有哪些方面的权力、归属谁直接领导，这是保持组织的稳定性和增进组织运行效果的前提条件。因此，在组织结构设计时应着重强调职责和权利的设置，做到职责明确、权利对等、分配公平。

6. 职能专业化原则

组织整体目标的实现需要多种职能的协调配合，因此组织结构设计时应充分考虑专业化分工与团队协作的因素影响，以此进行部门划分和权限分配。各职能部门应做到既分工明确，又协调一致。

7. 稳定性原则

组织结构必须具有一定的稳定性，这样可使组织中的每个人工作相对稳定，相互之间的关系也相对稳定，这是组织能正常开展运作的必要条件。如果组织结构经常变动，将陷入职责不清、员工人心动荡的局面。

8. 信息畅通原则

组织各部门和组织成员的工作是靠信息的交流维系着。在一个组织中，信息交流包括自上而下、自下而上及同级之间的信息交流，这是组织成员进行有效协调、控制的基础。信息是组织的血液，有效的组织工作必须保持组织内外部的信息交流畅通无阻。

【阅读材料 7-3】

彼得·德鲁克关于组织工作的七项原则

（1）要明晰，不是简单。哥特式大教堂在设计上并不简单，但在里面，你的位置是显而易见的，你知道站在何处，应该走向何方；一座现代化的办公大楼在设计上非常简单，但在里面很容易迷路，它不是分明的。

（2）努力用经济来维持管理，并把摩擦减至最小限度。用于控制、监督、引导人们取得成绩的力量应该保持在最低限度。组织结构应该使人们能够自我控制，并鼓励人们自我激励。

（3）眼光直接投向产品，而不是投向生产过程；投向效果，而不投向所做的努力。组织可以比作一种传输带，这种传输带越"直接"，各个活动取得成绩的速度越快且方向的改变就越小，组织就越有效率。必须使意愿和能力为成果而工作，而不是为工作而工作；为未来而工作，而不是躺在过去的成绩上；为了增强实力，而不是为了虚胖。

（4）每一个人都要理解他自己的任务，以及组织总体的任务。组织的每一个成员，为了把他的努力与共同的利益联系起来，需要了解如何使他的任务适应整体的任务，以及整体的任务要求他自己的任务与贡献是什么。组织结构需要促进而不是阻碍信息交流。

（5）决策把注意力集中在正确问题上时要面向行动，而且尽可能使最底层的管理人员作出决策。

（6）要稳定，反对僵化，以求在动乱中生存下来；要有适应性，以便从动乱中学到东西。它必须在其周围的世界处于动乱时代仍能进行工作。稳定性并不是僵硬性，一个极其僵化的组织是不稳定的，而是脆弱的。只有一个组织结构能使自己适应新的情况、新的需求、新的条件，以及新的面孔和新的个性时，它才能继续存在。

（7）要能永存和自我更新。一个组织必须能够从内部产生未来的领导者。为此一个基本条件是组织不应该有太多的层次；组织结构应该帮助每一个人在他担任的每一个职位上学习和发展，应该设计得使人能够继续学习；必须接受新思想并愿意和能够做新事情。

资料来源：彼得·德鲁克，孙耀君译，管理：任务、责任、实践，中国社会科学出版社，1987.

五、组织结构设计的影响因素

现代组织是一个与外部环境有着密切联系的开放性系统。因此，组织结构设计不是一成不变的，要针对不同的外部环境，针对不同的组织特点，设计不同的组织结构。影响组织结构设计的因素通常有组织所处的环境、组织战略、技术、人员素质、组织规模的发展变化以及部门依赖性。

1. 环境的影响

组织是整个社会经济体系中的一个子系统，当组织外部环境发生变化，会直接或间接地对组织的生产经营活动产生影响。组织设计的重要任务之一，就是要使企业内部结构的特征适应于外部环境的性质。

组织所处的环境是动态变化的，具有相当大的不确定性。衡量环境的不确定性，可以用环境的复杂性和环境的稳定性来衡量。环境的复杂性是指关系到企业运营的环境因素的多寡。环境的稳定性，是指环境因素在时间上的变化状况。环境不确定程度高，则决策者难以获得确切可靠的环境因素的有关信息，因而企业生产经营活动的风险性很大；反之，企业环境不确定程度低，则外部环境的变化不大，决策者比较容易了解和把握外部因素对企业的影响，因而企业经营的风险性较小。

随着环境不确定程度的不断提高，组织结构设计工作中通常采取以下几项对策。

（1）相应地增加企业的职能部门和职位的数目，以加强企业的对外联系职能。环境的复杂多变，会导致组织外联系相应地增加，从而要求增加必要的职能部门和工作岗位，如某些企业的外联部。这些对外联系部门的基本任务是保持企业同外部环境主要因素之间的联系与协调。

（2）增加组织结构的柔性。对待环境不确定性还可以通过增加企业组织结构的柔性来处理。从组织结构的规范化程度，组织结构可以区分为刚性结构及柔性结构两种类型。刚性结构的基本特征是：有正式规定的组织结构及明确的领导体系；明确规定的各部门任务、职责和权限，各部门及岗位的分工精细而具体；有规范化的规章制度和工作程序；管理权力高度集中于企业的上层；组织结构之间主要实行上下级之间的纵向沟通。与这种结构相适应的组织形式是职能制。这种结构的优点是具有良好的稳定性，因而具有较高的工作效率。但它的缺点是适应性差，不能对复杂多变的外部环境作出迅速而有效的反应。因此，在高度不确定性的环境条件下，刚性结构就明显地暴露出它的缺陷。

柔性结构的基本特征是：虽也有正式的组织结构，但其领导、指挥关系常有变动；各部门间和岗位间的任务、职责分工比较笼统，常需要通过横向协调而加以明确和调整；规范化的规章和程序比较少；决策权比较分散于下层；组织内部主要靠横向沟通，通过各部门间的联系和协调，及时地调整各自的任务、责权分工和工作程度。柔性较强的组织形式是产品事业部制和矩阵结构。这种组织结构在环境简单而稳定的条件下，会显示出其工作效率不高的缺陷，但在环境复杂多变的条件下则显示出良好的适应性，可以及时地对外部环境的变化作出灵活而有效的反应。

(3) 强化计划职能和对环境的预测。在环境多变的情况下，计划和预测工作的重要性就增加了。计划和预测工作，可以使企业早做准备，从而削弱外界变化的不利影响。

2. 战略的影响

战略是企业面对竞争和挑战的环境，为求生存和发展而进行的总体性谋划，具有全局性、长远性、抗争性和纲领性的特点。战略是组织结构设计的又一个需要考虑的重要因素。钱德勒认为战略发展的四个阶段，每一阶段都有与之相适应的组织结构。

(1) 数量扩大战略阶段。许多企业在创建初期，往往只是在某个地区设立一个单独的工厂，生产单一的产品，开始时数量也不大。这段时期，企业采用的是扩大数量的战略，即在一个地区内扩大企业的产品或服务的数量。与此相适应，企业的组织结构比较简单，往往仅有一个办公室，执行单纯的生产或销售职能。

(2) 地域扩散战略阶段。企业的进一步发展，要求将产品或服务扩散到其他地区去，从而执行地区扩散战略。这时，在组织结构上要求把分布在不同地区的各个办公室统一地组织起来，就产生了协调、标准化和专业化的问题，单纯的一个办公室就不适应了，这就产生了新的组织结构，即单一办公室分解为带有数个职能科室的组织形式。

(3) 纵向一体化战略阶段。企业的进一步发展，为了对付竞争、扩大实力，要求自己拥有一部分原材料的生产能力或分销渠道，这就产生了一体化战略。与此相适应，在企业中出现了中心办公机构及众多职能部门，而由于各生产单位之间有很强的生产技术联系，管理权力集中在上层，形成了集权的职能制结构。

(4) 多种经营战略阶段。为了进一步增强企业实力，减少经营风险，保证均衡的投资利润率，企业实行产品多样化和多角化经营战略。这时企业经营跨越多种行业，与此相适应实行了分权的事业部制组织结构。

3. 技术的影响

技术是指企业把原材料加工成产品并销售出去这一转换过程中，有关的知识、工具和技艺。琼·伍德沃德的研究表明，工业企业的生产技术同组织结构及管理特征有着系统的联系。伍德沃德指出，每一种有着类似目的和类似技术复杂程度的生产系统，都有其独特的组织模型及管理特征。技术复杂程度高，意味着大多数生产操作是由机器来完成的，因而也有很高的可预测性；技术复杂性低意味着操作者在生产过程中起着较大的作用。根据技术复杂程度的高低，伍德沃德将企业划分为三个基本的技术类型。

第一种，单件小批生产技术。采用这类技术的企业通常是按照顾客的特殊需要接受订货，加工和装配少量产品，顾客的要求就是标准。这类技术主要依赖于操作者本人的技艺，因此机械化程度不高，制造的可预测性低。例如定制的建筑施工机械和定做的服装等。

第二种，大批大量生产技术。采用这类技术的企业特点是长期生产标准产品和零部件，成品通常作为存货储备，随时满足客户的需要。例如，汽车装配生产线以及棉纺织联合企业等，就属于这一类。

第三种，连续生产技术。采用这类技术的企业的生产过程连续性高，其机械化程度和标准化程度又比大批大量生产技术进了一步。例如，化工企业和炼油企业等，就属于这一类。

伍德沃德认为三种技术对组织设计的影响表现在以下几方面。

（1）随着技术类型从单件小批生产到连续生产的推移，技术复杂程度越来越高，从而管理层次的数目、经理人员同全体职员的比例、大学毕业的管理人员所占比重等都显示出明显的增加。这表明复杂的技术需要强化管理。

（2）高层领导者的管理幅度随着技术复杂程度的提高而出现增大的趋势。这表明技术复杂程度的提高，引起专业分工的进一步细化和部门的增加，因而同一领导者的管理幅度有所增加。

（3）基本工人同辅助工人的比例随着技术复杂程度的提高而逐步降低，技术工人的比重则逐步增大。这是因为复杂的技术装备和生产工艺，需要更多的辅助工人来维修和保养复杂的设备，制作更多更复杂的工艺装备（如工卡量具等）。而这种辅助工作通常需由更高技术等级的工人来担任。

（4）组织结构的刚性则呈现两头小、中间大的现象。伍德沃德的解释是，在大批大量生产条件下，标准化的要求比其他两种类型高，因而组织结构的其他特征，如规范化程度、集权程度、基层领导的管理幅度、沟通方式等的要求也比较高，因而组织结构的刚性大。而单件小批生产和连续生产则程序化和标准化的东西较少，需要较多的灵活性和适应性，因而组织结构的刚性应小些，即适宜于采用柔性结构。

伍德沃德关于技术和组织结构的研究，说明了企业的生产技术特点是企业组织设计的一个重要变量。不同生产技术特点的企业，要求不同的组织设计，采用不同的组织结构及管理特征。

4. 人员素质的影响

影响组织设计的主要变量不仅有环境、战略和技术，而且还有组织的人员素质。人员素质的含义比较广泛，包括人员的价值观、知识、技艺水平、作风、士气等。人员素质对组织结构的影响主要表现在以下一些方面。

（1）集权与分权的程度。权力的集中与分散程度，固然要考虑企业规模、生产技术特点、决策工作的性质等，但企业人员素质的实际状况也是决定集权、分权程度的重要条件。

（2）管理幅度大小。如果领导的专业水平、经验、组织能力较强，就可以适当地扩大管理幅度；反之，则应该适当缩小管理幅度，以保证领导工作的有效性。

（3）部门设置的形式。某些组织形式的设置必须有一定的人员支撑，如实行事业部制要求较多具有比较全面领导能力的人选，才能取得较好的效果。

（4）横向联系的效率。横向联系和沟通的效率，一方面取决于结构形式和有效的横向联系方式的选择，另一方面，人员的工作作风和业务素质对于加强横向联系也有重要影响。良好的协作风格可以某种程度上弥补协调机制设计上的缺陷，反之，则部门间必然扯皮不断，工作效率低下。

（5）对组织变革的态度。组织设计不可能一劳永逸，组织的变革和调整总是不断发生的。而影响变革是否顺利的一大因素，是组织的人员素质。如果组织的人员结构严重老化，管理知识陈旧，人员的改革意识淡薄，则必然思想趋向保守，形成组织变革的重大阻力，阻碍变革的顺利进行，甚至使各种变革方案屡屡告吹。

5. 组织规模的影响

组织规模是组织结构设计必须考虑的一个基本的和重要的变量。组织规模的衡量，可以用多种指标来表示，例如员工人数、年产量、年销售额、投资额等。在组织设计工作中，主要采用员工人数这一指标。运用员工人数，能较直接地反映企业这一社会系统内各类人员之间上下左右相互关系的数量和复杂程度。

组织的规模不同，与之相适应的组织结构形式也就会有所差异。不同规模的组织，在组织结构上具有明显的差别。组织规模越大，在管理者幅度约束的情况下就不可避免形成多层次的组织结构，同时形成多部门结构，组织结构就会趋于复杂，协作也越困难。随着组织年龄的增长和组织规模扩大，组织越倾向于重复以前的行为，这就使得组织的行为变得越来越规范化。大型企业的组织结构与小型企业相比在下列方面有着明显的差别。

(1) 结构的复杂性。随着企业规模的扩大，企业的组织结构就越来越复杂。既增加了纵向的复杂性，也加大了横向的复杂性。从纵向复杂性来看，企业的人数增加了，为了保证管理的有效性，管理幅度不能过宽，因而管理的层次必然增多。从横向复杂性来看，规模大的企业，由于职工人数及生产、经营的工作量都比小型企业有很大的增加，专业分工必将较为精细，以取得较高工作效率和相对较少费用的优越性。所以大型企业比小型企业具有更多的生产部门和管理部门。

(2) 决策分权化的程度。企业的规模小，决策权一般都集中在企业的最高层。当企业规模扩大时，则分权将增加，原来由企业最高层作出的决策，其中一部分将由较低层次去担任。

(3) 规范化程度。衡量规范化程度的方法，通常是考察企业内各项制度和工作程序是否已有正式颁布的书面文件。当然，有了规章不等于实际上已经执行，还要考察这些规章制度的实际执行情况和严格程度。大型企业的正规化程度，通常总是高于小型企业。这是因为：①大型企业职工人数多、管理层次多、决策分权多、为了对下级部门和众多职工的工作和活动进行有效的控制，就需要有标准化的规章制度，来规范人们的工作和行为；②大型企业部门多、分工细，横向协调的要求进一步增加，而规章、程序和书面沟通是横向协调采用的一种基本手段。随着企业规模的增大，这些规章制度和书面文件的数量就必然相应地增加。

6. 部门依赖性

部门依赖性是指部门为完成任务在获得资源或材料方面存在的相互依赖程度。影响组织结构的主要有三类依赖性：①共享依赖，即每个部门都是组织的一部分，为共同利益做贡献，但每个部门也相互独立，因为工作并不在部门之间流动；②有序依赖，即某个部门的工作的一部分或者其产出是另一个部门的投入，为保证后一个部门的工作，前一个部门必须正确完成任务，汽车工业的流水线就是一个例子；③互动依赖，这是最高级别的依赖，这意味着操作 A 的产出是操作 B 的投入，操作 B 的产出又重新投入到操作 A，部门产出对其他部门的影响是交互的。

当部门间是共享依赖时，协调是相对容易的，经理可以制定标准程序和规则来保证所有部门有类似的业绩。当部门间是有序依赖时，协调就比较困难，需要对未来制定计划和进度表，以保证资源和产出与所有部门的利益相互一致，企业还需要利用周密的会议和面对面的讨论来协调部门间的日常工作。互动依赖的管理是最为困难的，组织中各个部门必须在地理上彼此接近以便于交流，为此相对应的组织结构包括团队、任务组等，也许还需要有项目经理以保证能解决日常工作的协调问题。

六、组织结构设计的内容和程序

组织结构设计是以企业的组织结构安排为核心的组织系统的整体设计工作，是企业总体设计的重要组成部分，是有效实施管理职能的前提条件。组织结构设计应以完成组织任务为前提，应遵循一定的程序。

1. 组织结构设计的内容

组织结构设计的具体内容有以下几个方面。

(1) 职能设计。职能设计是指根据组织目标确定组织应该具备哪些基本的职能及其结构，包括企业的生产经营职能和管理职能的设计，如市场研究、产品开发、质量管理、人事管理等职能的设计。职能设计包括基本职能设计和关键职能设计。基本职能设计是根据组织设计的影响因素如环境、战略、规模、技术特点、员工素质等，确定企业应具备的基本职能，如企业的财务、研发、生产、销售及售后服务等。关键职能设计是指对企业实现战略任务和目标起到关键作用的职能进行设计。关键职能是由企业的经营战略决定的，如生产管理、成本管理、资源管理等。一个企业的关键职能设计的类型是相对稳定的，但却不是一成不变的，而是动态的。

(2) 部门化设计。部门化是指将某一类型的专业人员归类形成组织内一个相对独立的领域，它是对分割后的活动进行协调的方式。按照专业化分工的原则，把相同或类似工作性质的岗位集合到一起，形成部门化，部门化对提高组织的效率有明显的促进作用。

(3) 层级化设计。根据组织战略、组织规模、行业特点，以及对外部环境适应性的要求，合理地确定组织的管理幅度和管理层次，将会有效提高管理效率。合理的管理层级对促进组织内部信息流动、沟通有明显效果。

(4) 职务设计。职务设计又称岗位设计，是在工作细分的基础上，明确员工工作任务，规定员工的职责。职务设计时，应有意识的为提高员工的积极性而作出安排。职务设计的方法通常有职务专业化、职务轮换制、职务丰富化、职务扩大化等几种方法。

(5) 职权配置。职权配置是指根据组织中各类人员需承担的完成任务的责任范围，明确其所需承担的责任，并赋予其使用组织资源所必需的权力。职权配置发生于组织中两个相互关联的管理层次之间，责任和权力都是由上级确定的。

(6) 人员设计。企业结构本身设计和规范设计，都要以管理者为依托，并由管理者来执行。因此，按照组织设计的要求，必须进行人员分析，根据人员的特点，对相应岗位配备相应数量和质量的人员。

(7) 激励设计。激励设计就是设计激励制度，对人员进行激励，其中包括正激励和负激励。正激励包括工资、福利等，负激励包括各种约束机制，也就是所谓的奖惩制度。激励制度既有利于调动管理人员的积极性，也有利于防止一些不正当和不规范的行为。

(8) 协调设计。有分工就有协作，协调方式的设计就是研究各岗位、各个部门之间如何进行合理的协调、联系、配合，以保证其高效率的配合，发挥管理系统的整体效应。

(9) 规范设计。管理规范表现为企业的规章制度，是企业管理的规范和准则。结构本身设计最后要落实、体现为规章制度。管理规范保证了各个层次、部门和岗位，按照统一的要求和标准进行配合和行动。

2. 组织结构设计的程序

组织结构的设计只有按照正确的程序进行，才能达到组织设计的高效化。组织结构设计的程序如下。

(1) 业务流程的总体设计。业务流程是指企业生产经营活动在正常情况下，物流、资金和信息循环流动的程序或过程。目标的实现，可以有不同的流程。因此，在企业组织结构设计时，要对各种流程进行分析对比，择优确定，即优化业务流程，确保流程时间短、岗位少、人员少、费用少。

（2）按照优化原则设计部门和岗位。岗位是业务流程的节点，又是组织结构的基本单位。由岗位组成车间、科室，再由车间、科室组成各个子系统，进而由子系统组成全企业的总体结构。岗位的划分要适度，不能太大也不能太小，既要考虑流程的需要，也要考虑管理的方便。

（3）规定岗位的输入、输出和转换。岗位是工作的转换器，就是把输入的业务，经过加工转换为新的业务输出。通过输入和输出就能从时间、空间和数量上把各岗位纵横联系起来，形成一个整体。

（4）岗位人员的定质与定量。定质就是确定本岗位需要使用的人员的素质。由于人员的素质不同，工作效率就不同，因而定员人数也就不同。人员素质的要求主要根据岗位业务内容的要求来确定。要求太高，会造成人员的浪费；要求太低，保证不了正常的业务活动和一定的工作效率。

定量就是确定本岗位需用人员的数量。人员数量的确定要以岗位的工作业务量为依据，同时也要以人员素质为依据。人员素质与人员数量在一定条件下成反比。定量就是在工作业务量和人员素质平衡的基础上确定的。

（5）设计控制业务流程的组织结构。这是指按照流程的连续程度和工作量的大小，来确定岗位形成的各级组织结构。整个业务流程是个复杂的系统，结构是实现这个流程的组织保证，每个部门的职责是负责某一段流程并保证其畅通无阻。岗位是保证整个流程实施的基本环节，应该先有优化流程，后有岗位，再组织车间、科室，而不是倒过来。流程是客观规律的反映，因人设机构，是造成组织结构设置不合理的主要原因之一，必须进行改革。

以上五个步骤，既有区别又有联系，必须经过反复的综合平衡、不断地修正，才能获得最佳效果。

七、组织结构设计后的注意要点

当组织结构设计完成后，为了使组织在运行中形成一个系统整体，有效、顺利、合理地发挥作用，在组织工作实施中需要注意一些问题。

1. 管理系统一元化

一个管理人员所能指挥、监督的人数是有限的。管辖人数的多少应根据下级的分散程度、完成工作所需要的时间、工作内容、下级的能力、上级的能力、标准化程度等条件来确定。一般来说，在原则上，一位职员只接受一位上司的命令。为了避免复数命令造成混乱局面，这是绝对必要的。不过在特殊条件下，可以打破这项原则。

2. 明确责任和权限

（1）责任和权限的含义。所谓责任就是指必须完成与职务相称的工作义务。所谓权限就是在完成职责时可以在一定限度内自由行使的权力。责任是完成工作的质量和数量的程度，权限则是完成工作职责时，应采用什么方法、手段或途径去实现目标。责任与权限是相互联系、相互制约的，不应授予不带权限的责任，也不应行使没有责任的权限。为了履行职务，必须明确每个人应负的责任，同时也必须授予其应有的权限。

（2）明确责任和权限。管理人员应尽可能把责任委托给下属，并向其授予所需的权限，这种组织就有灵活性，有利于下属主观能动性的发挥。当然上级也要注意，即使已把责任和权限交付给了下属，也应当承担监督、指导、检查的责任，不能一推了之。

各级主管在分配工作划分职责范围时，必须避免重复、遗漏、含糊不清等情况的出现。同时还应做到：将相同性质的工作归纳起来进行分析；分配工作要具体、明确；每一项工作不要分得过细，令许多下属一起承担；量材施用，任人唯贤；经常检查，拾遗补缺，以防止出现工作上缺口。

3. 优先组建管理机构和配备人员

组织机构应优先物色管理人员。建立组织机构时，为了达到目标，要根据工作岗位的要求，优先确定合适的管理人选，一系列工作由管理人员负责展开，并由管理人员负责进行相关工作人员的配备工作。

第三节 典型的组织结构形式

组织结构是对工作任务进行分工、分组和协调合作的方式，组织结构合理与否，直接影响着组织功能的发挥，企业组织中典型的组织结构形式有以下几种。

一、直线职能型组织结构

1. 直线制

直线制结构是一种最简单的集权式组织结构形式，也是最早出现的集权式组织结构形式，又称军队式结构。其基本特点是组织中的各种职位按垂直系统直线排列，不设专门的职能机构，自上而下形成垂直领导与被领导关系，如图 7-2 所示。

直线制结构的优点是：结构简单，指挥系统清晰、统一；责权关系明确；内部协调容易；信息沟通迅速，解决问题及时，管理效率高。

图 7-2 直线制结构示例

其缺点是：组织结构缺乏弹性，组织内部缺乏横向交流；缺乏专业划分工，不利于管理水平的提高；经营管理事务仅依赖于少数几个人，要求企业领导人必须是经营管理全才，但这是很难做到的，尤其是在企业规模扩大时，管理工作会超过个人能力所能承受的限度，不利于集中精力研究企业管理的重大问题。因此，直线制组织结构的适用范围是有限的，只适用于那些规模较小或业务活动简单、生产技术比较单一的企业。

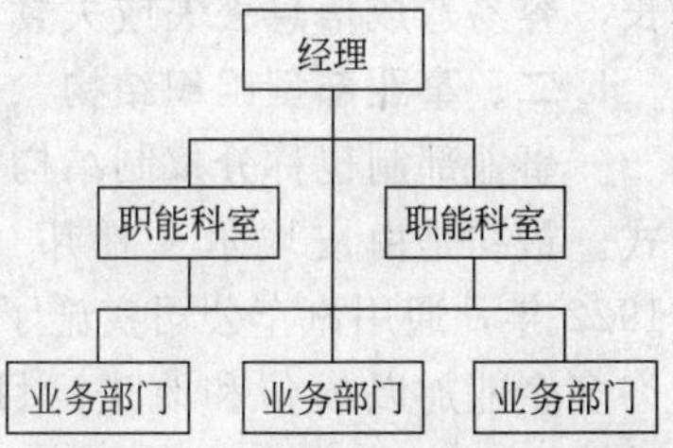

2. 职能制

职能制又称多线制，是在直线制形式的基础上，为各职能领导者设置相应的职能机构和人员。职能制组织结构在总经理下面设置职能部门，各部门在其业务分工范围内都有权向下级下达命令和指示，直接指挥下属单位，下属既服从直线领导的指挥，又服从上级各职能部门的指挥，其组织结构如图 7-3 所示。

图 7-3 职能制结构示例

职能制结构的优点是：将企业管理工作按职能分工，适应了现代企业生产技术比较复杂，管理工作分工较细的特点，提高了企业管理的专业化程度和专业化水平；可充分发挥专家的作用，对下级的工作提供详细的业务指导；适当的分权，使得领导者工作负担得到了减轻，有更多的时间和精力考虑组织的重大战略问题；有利于各职能管理者的选拔、培训和考核的实施。

其缺点是：容易形成多头领导，妨碍生产行政的统一指挥，不利于集中领导和统一指挥；容易造成直线人员和职能部门责权不清，彼此之间易产生意见分歧，难以协调，造成管理混乱；过分强调按职能进行专业分工，各职能人员的知识面和经验较狭窄，不利于培养全面型的管理人才；决策慢，不够灵活，难以适应环境的变化。因此，这种组织形式在现代企业中很少采用。

3. 直线职能制

　　直线职能制又称直线参谋制。直线职能制以直线制结构为基础，集权和分权相结合，一方面保持了直线制统一领导、统一指挥的优点，另一方面又吸收了职能管理专业化的长处，实行统一指挥与职能部门参谋、指导相结合，如图7-4所示。直线职能制是一种有助于提高管理效率的组织结构形式，在现代企业中适用范围比较广泛。

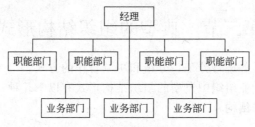

图 7-4　直线职能制结构示例

　　直线职能制的主要优点是：保证了统一领导和统一指挥，领导者对业务和职能部门均实行垂直式领导，各级直线管理人员在职权范围内对直接下属有指挥和命令的权利；职能管理部门是领导者的参谋和助手，并没有直接指挥权，其职能只是向上级提供信息和建议，并在职能范围内对各业务部门提供指导和监督，因此，它与业务部门的关系只是一种指导关系而非领导关系。

　　其缺点是：随着组织规模的扩大，职能部门也将会随之增多，各部门之间的横向联系和协作将变得复杂和困难；职能部门缺乏必要的自主权，权力集中在最高管理层，使其无法将精力集中于企业管理的重大问题；各职能部门之间的横向协调性差；企业信息传递路线过长，容易造成信息丢失或失真，适应环境能力差。

二、事业部型组织结构

　　事业部制也称分权制结构，是一种在直线职能制基础上演变而来的现代企业组织结构形式。最初是由皮埃尔·杜邦（Perre DuPont）于 1920 年改组杜邦公司时提出的。1921～1922 年，通用汽车公司实施了更为完善的"联邦分权制"，成为分权制的一种典型。之后，许多企业加以模仿和改进。目前许多企业集团尤其是跨国公司大多采取了事业部型组织结构。

　　事业部制按照"集中决策、分散经营"的原则，实行集中决策指导下的分散经营，按产品、地区和顾客等标志将企业划分为若干相对独立的经营单位，独立核算、自负盈亏。总公司主要负责研究和制定重大方针、政策，以及投资方向、重要人员任免方面的决策。事业部制的组织架构是业务导向型的，从权力结构上讲是分权制，每个事业部是一个利润中心，每个利润中心内部又按职能式组织结构设计。

　　1. 产品事业部（又称产品部门化）

　　按照产品或产品系列组织业务活动，在经营多种产品的大型企业中显得日益重要。产品部门化主要是以企业所生产的产品为基础，将生产某一产品的有关活动，完全置于同一产品部门内，再在产品部门内细分职能部门，进行生产该产品的工作。这种结构形态，在设计中往往将一些共用的职能集中，由上级委派以辅导各产品部门，做到资源共享，如图7-5所示。

　　产品事业部制结构主要具有以下几个方面的优势：

　　（1）权力下放，组织最高管理部门可以摆脱繁杂的日常行政管理事务，成为真正强有力的决策机构；

　　（2）各事业部自成体系，独立经营、核算，摆脱了事事请示汇报的规定，可以发挥其灵

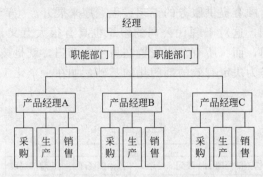

图 7-5 产品事业部结构示例

活性和主动性，并进而增强企业整体的灵活性和适应能力；

（3）各事业部可集中力量从事某一方面的经营活动，实现高度专业化，整个企业可以容纳若干经营特点迥异的事业部，可促进各事业部之间的竞争，促进企业发展；

（4）各事业部经营责任和权限明确，通过权力下放，使各事业部接近市场和顾客，按市场需要组织生产经营活动，有助于经济效益的改进和提高；

（5）有利于培养和训练管理人才。

产品事业部制的缺点在于：容易造成组织机构重叠、管理人员膨胀、管理费用高的现象；各事业部独立性强，考虑问题时容易忽视企业整体利益，局部利益和整体利益难以协调。因此，事业部制结构适合那些经营规模大、生产经营业务多元化、市场环境差异大、要求较强适应性的企业。

2. 区域事业部制（又称区域部门化）

对于在地理上分散的企业来说，按地区划分部门是一种比较普遍的方法。其原则是把某个地区内的业务工作集中起来，委派一位经理来主管其事。按地区划分部门，特别适用于规模大的公司，尤其是跨国公司。这种组织结构形态，在设计上往往设有中央服务部门，如采购、人事、财务、广告等，向各区域提供专业性的服务，这种组织结构见图 7-6。总体来说，区域事业部必须具有三个基本要素：即相对独立的市场、相对独立的利益、相对独立的自主权。

图 7-6 区域部门化结构示例

区域部门化的优点是：责任到区域，每一个区域都是一个利润中心，每一区域部门的主管都要负责该地区的业务盈亏；放权到区域，每一个区域有其特殊的市场需求与问题，总部放手让区域人员处理，会比较妥善、实际；有利于地区内部协调；对区域内顾客比较了解，有利于服务与沟通；每一个区域主管，都要担负一切管理职能的活动，这对培养通才管理人员大有好处。

区域部门化的缺点是：随着地区的增加，需要更多具有全面管理能力的人员，而这类人员往往不易得到；每一个区域都是一个相对独立的单位，加上时间、空间上的限制，使得总部难以控制；由于总部与各区域是天各一方，难以维持集中的经济服务工作。

三、过程部门化组织结构

过程部门化又称流程部门化，是依据生产过程、工艺流程或设备来划分部门，使各项工作活动沿着处理产品或为顾客提供服务的工艺过程顺序来展开。生产一种产品的过程可以作为决定工厂部门化的基础，这对于现代公司的组织也具有很大意义，如图 7-7 所示。例如，将所有铣床组成一个部门，而将所有车床安置在另一个部门，就是按设备进行部门化。在其他工业中，生产过程可作为决定有效的部门化的基础，如在一个化工厂中，一个过程，如蒸馏就可成为一个作业单位。

图 7-7　过程部门化组织结构示例

过程部门化的优点是：能取得经济优势；充分利用专业技术和技能；简化了培训，容易形成学习氛围。

过程部门化的缺点是：部门间的协作较困难；只有最高层对企业获利负责；不利于培养综合的高级管理人员。

四、顾客部门化组织结构

顾客部门化又称用户部门化，是依据共同的顾客来划分组织的业务活动，这组顾客具有某类相同的需要或问题，见图 7-8。在激烈的市场竞争中，顾客的需求导向越来越明显，企业应当在满足市场顾客需求的同时，努力创造顾客的未来需求，顾客部门化顺应了顾客需求发展的这一趋势。例如，零售商店可通过建立特殊部门来迎合具体顾客阶层。一个制造阀门的工业企业则可以这样分配它的推销人员：一部分负责向原设备制造企业进行销售；而另一部分负责配件市场的销售。

图 7-8　顾客部门化组织结构示例

顾客部门化的优点：能满足目标顾客各种特殊而广泛的需求，获得用户真诚的意见反馈；可以有针对性地按需生产、按需促销；发挥自己的核心专长，创新顾客需求，建立持久性竞争优势。

顾客部门化的缺点：只有当顾客达到一定规模时，才比较经济；与顾客需求不匹配会引起矛盾和冲突；需要更多能妥善处理和协调顾客关系问题的管理人员；造成产品或服务结构的不合理，影响对顾客需求的满足。

五、矩阵式组织结构

矩阵式结构又称规划目标结构组织。矩阵式组织结构是指为完成某一临时任务而由各部门临时抽调人手组建项目小组，所构成的组织结构形式，见图 7-9。这一结构的存在改变了传统的单一直线垂直领导系统，使一位员工（以图中的圆圈表示）同时受两位主管人员的管理，呈现交叉的领导和协作关系，适用于因技术发展迅速而产品品种较多、管理活动复杂的企业。

这种组织形式打破了传统的命令统一原则，使一个员工同时接受两方面的领导：在执行日常工作任务方面，接受原职能部门的垂直领导；在完成特定任务（即这一矩阵式组织的目标）过程中，要接受项目负责人的横向指挥。任务一旦完成，组织成员仍回原部

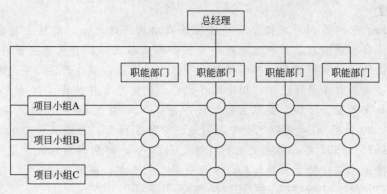

图 7-9 矩阵式结构示例

门工作。

矩阵制组织结构的优点是：既能充分利用各部门内的专业技术知识，又能促进各部门之间的横向协作，有利于加强各部门之间的沟通、协作和配合，及时解决问题，为企业综合管理与专业管理的结合提供了组织结构形式；矩阵制在不增加机构设置和人员编制的前提下，将不同部门的专业人员集中在一起，把横向部门的联系、纵向项目小组的协调、集权与分权有机地结合起来，具有较大的灵活性、适应性，能够有利于发挥专业人员的潜力，有利于各种人才的培养。

其缺点：矩阵制则从结构上看，组织关系比较复杂、形成了双头指挥的格局；双重领导容易产生矛盾和扯皮现象，对项目负责人的要求较高，大家都有临时工作的感觉会导致人心不稳。

六、网络型组织结构

在社会分工日趋细化的时代，大而全、小而全的企业已经难以在激烈的市场竞争中占据竞争优势，众多的各具优势的企业联合起来，相互支持、互为补充，不仅可以使每个企业获得开展生产经营活动所需的资源，而且可以在生产经营活动中强化自身的竞争优势，于是网络组织结构这种组织模式相应产生了。

网络型结构也指虚拟组织，它是指一些相互独立的业务过程或企业等多个伙伴以信息技术和通信技术为基础，依靠高度发达的网络将供应企业、生产企业、消费者甚至竞争对手等独立的企业连接而组成的暂时性联盟，每一个伙伴各自在设计、制造、分销等领域为联盟贡献出自己的核心能力，并相互联合起来实现技能共享和成本分担，以把握快速变化的市场机遇，见图 7-10。

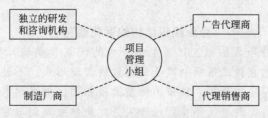

图 7-10 网络型组织结构示例

在这种组织形态下运作的企业有完整的功能，如生产、营销、设计、财务等，但在企业内部却没有执行这些功能的部门。企业仅保留最关键的功能，然后将其他功能虚拟化，以各种方式借用外力进行整合，进而创造企业本身的竞争优势。虚拟公司采用的是借用"外部资源整合"的策略，而非以往所说的"内部资源选择"的策略。

【阅读材料 7-4】

耐克（Nike）公司是利用虚拟公司抢占市场成功的公司之一。耐克公司是世界上著名的体育用品供应商和制造商，其中运动鞋是最主要的产品之一，公司将主要的财力、物力、人力投入到产品的设计和销售上，甚至样鞋也不靠自己生产，其生产活动完全在其他地区的企业中进行。公司的许多经理经常穿梭全球寻找合适的生产合作伙伴。20 世纪 70 年代，耐克与菲律宾、马来西亚、英国、爱尔兰的制鞋厂合作，20 世纪 80 年代耐克转向中国台湾、韩国谋求合作，20 世纪 90 年代耐克对中国内地、印度尼西亚、泰国又信心十足。耐克的成绩是惊人的，1985～1992 年，耐克的纯利润增长了 24 倍。耐克成功的关键是恰当地组建虚拟公司，并在虚拟公司中处于领导地位，从而获得了低成本、高利润。

资料来源：http://wenku.baidu.com/view/3412ddb565ce05087632136b.html.

七、企业集团

企业集团不同于单一企业，也不同于建立在合同基础上的网络组织，其是多个企业的联合体。企业集团的联合是多层次的，往往由处于核心层、紧密层、半紧密层、协作层的众多企业所组成，处于不同层次上的企业之间往往因产权关系等因素而具有很强的制约甚至控制关系。企业集团有核心企业，核心企业可以是一个或若干个大中型骨干企业、科研单位或其他有投资能力的企业组成。

集团核心企业以资金、技术、商标等产权关系为纽带，把众多企业联系起来，形成在管理指挥方面具有一定集中程度的经济联合体。产权关系是把众多的企业联合在一起形成企业集团的最重要的纽带，集团中企业部分甚至全部都是独立的法人。按产权关系可以把集团中的企业划分为全资子公司、控股公司和参股公司，然后结合集团经营战略的需要，确定企业在集团中所处的层次。

【阅读材料 7-5】

东风汽车集团公司的责权规定

(1) 决定全资（控股）子公司董事会的组成；

(2) 通过控制董事会实施经营战略；

(3) 审批资本实力扩充及境内外重大投资项目；

(4) 确定子公司的大政方针，包括产品发展方向、战略规划、中期及年度投资和利润计划；

(5) 按照资本收益全面评价子公司的业绩；

(6) 制定实施对子公司的控制以及主要管理制度；

(7) 协调各子公司之间的关系。

资料来源：http://www.360doc.com/content/12/0311/14/7084020_193484304.shtml.

【阅读材料 7-6】

企业组织结构的变化趋势

一个组织如果只保持今天的眼光，满足于今天的优点和成就，必将丧失对未来的适应力。工业时代初期典型的直线式等级制度是最有效的管理形式。不过，这种管理系统依赖的条件是：现场要有大量精确的反馈，决策的性质大致相同。如果组织内外部环境稳定，决策者面临的问题是重复性的，种类又不多，经理人员就能够收集到与它们有关的大量信息，而且能从以往的成败中积累有用的经验。但是今天，这两大根本条件已难以为继了，导致森严的垂直等级制度正逐渐失效。

全球经济一体化分化了企业所处的经济、技术和社会环境，要求企业更迅速地作出多种多样的反应。由于要求、机会和压力日益变化无常，从时间上讲，有关的信息更难逐级向上传递。上下级之间不单纯是层次过大或过多，还在于需要处理的数据种类越来越多了。除了复杂的技术、经济决策外，政治、文化、社会责任也压得高层管理者不胜其苦，而现场的反馈却越来越少。就绝对数量而言，领导部门从来没有掌握过这么多来自下层的信息。这样一来，就企业内部而言，决策的层次应该越来越低，才能见效。因此，公众参与势在必行。

现代企业外部环境的动态性、复杂性也给企业战略带来了挑战。企业战略总是要适应外界环境的变化，这就要求组织战略对外部动态的环境进行相应的变化，同时，企业管理组织结构也要适应经营战略的要求，进行调整。过去那种金字塔式的管理组织结构难以适应现代动态环境和经营的变化，必须寻找新的组织结构形式。因此国内外许多有开拓精神的公司，都在对新的企业结构进行试验。扁平型组织结构就是在这种形势下产生的。传统的金字塔式组织结构，就是企业管理组织从结构上层层向上，逐渐缩小，权力逐级扩大，有严格的等级制度，形成一种纵向体系。而扁平型组织结构则是减少管理层次，形成同一层次的管理组织之间相互平等，横向联系密切，像一棵棵大树组成森林那样形成横向体系。也就是说，企业管理权逐步从集中走向分散，企业的组织结构逐步从金字塔式走向扁平型或网络结构。

许多学者认为最有效的组织，不是官僚主义结构，而是可塑的"特别机构主义"，即组织是由一些单元或组件构成，任务或目标完成后可以拆卸，甚至可以扔弃。构成组织的各单元之间并没有上下级关系，而只具有横向的联系。组织的决策也同产品和服务一样，即不是统一和标准的，而是因时制宜的。未来的企业组织可能有以下几个特点：①组织将在一种动荡的环境中经营，组织必须经受住不断的变化和调整，从管理结构到管理方法都将是柔性的；②组织规模日益扩大，日益复杂化，组织将需要采取主动适应型战略，以动态自动调节过程而寻求新的状态；③科学家和专业人员的数量将增多，职工队伍素质不断提高，且他们对组织的影响将不断扩大；④企业管理将重点放在说服而不是强迫职工参与组织的职能工作。

资料来源：蒋景楠等，企业组织结构的发展与变化，石油化工技术经济，2002 年第 6 期.

本 章 小 结

（1）组织是为了实现一定的共同目标而按照一定的原则、程序所构成的一种权责结构和人事安排，其目的在于通过明确责任分工合作，有效配置有限资源，确保最高效率地实现目标。这个概念包括了以下几方面的含义：组织必须具有明确的目标；组织内部必须有适当的分工与协作；组织内部要有不同层次的权力和责任；组织要对活动中所需的资源进行合理配置，以保证其正常运转。

（2）组织结构是指为了完成组织目标而设计的，组织内各构成要素以及它们之间的相互关系。它是对组织复杂性、正规化和集权化程度的一种量度。组织结构包含以下三个方面的要素：管理层次和管理幅度，部门组合，组织的运行机制。在一定条件下，管理幅度愈宽，管理层次就愈少。按照组织层次与管理幅度的反比关系就形成了两种结构：扁平化组织结构和锥型式组织结构。

（3）组织结构设计就是指将组织的目标或任务分解成为组织内部各个分支机构或部门的工作，并将这些分工关联起来形成有效的工作。组织结构设计的原则为：战略导向原则、适度弹性原则、系统优化原则、有效管理幅度与合理管理层次相结合原则、责权对等原则、职能专业化原则、稳定性原则、信息畅通原则。组织结构设计受到如下因素的影响：环境、战略、技术、人员素质、组织规模、部门依赖性。组织结构设计的具体内容有以下几个方面：职能设计、部门化设计、层级化设计、职务设计、职权配置、人员设计、激励设计、协调设计、规范设计。组织结构的设计只有按照正确的程序进行，才能达到组织设计的高效化，组织结构设计的程序如下：业务流程的总体设计、按照优化原则设计部门与岗位、规定岗位的输入输出与转换、岗位人员的定质与定量、设计控制业务流程的组织结构。

（4）组织中典型的组织结构形式有以下几种：直线职能型组织结构、事业部型组织结构、过程部门化组织结构、顾客部门化组织结构、矩阵式组织结构、网络型组织结构、企业集团。

【案例思考】

王教授的建议

某冰箱厂近几年来有了很大的发展，该厂厂长周冰是个思路敏捷、有战略眼光的人。早在前几年"冰箱热"的风潮中，他已预见到今后几年中冰箱热会渐渐降温，变"畅销"为"滞销"，于是命该厂新产品开发部着手研制新产品，以保证企业能够长盛不衰。果然，近来冰箱市场急转直下，各大商场冰箱都存在着不同程度的积压。好在该冰箱厂早已有所准备，立即将新研制生产出的小型冰柜投入市场，这种冰箱物美价廉且很实用，一问世便受到广大消费者的欢迎，该厂不仅保证了原有的市场，而且又开拓了一些新市场。但是，近几个月来，该厂产品销售出现了一些问题，用户接二连三地退货，要求赔偿，影响了该厂产品的声誉。究其原因，原来问题主要出在生产上。主管生产的副厂长李英是半年前从该市二轻局调来的，她是个工作勤恳、兢兢业业的女同志，工作认真负责，口才好，有一定的社交能力，但对冰箱生产技术不太了解，组织生产能力欠缺。该厂生产常因所需零部件供应不上而停产，加之质量检验没有严格把关，尤其是外协件的质量常常不能保证，故产品接连出现问题，影响了该厂的销售收入，原来较好的产品形象也有一定程度的破坏。这种状况如不及时改变，该厂几年来的努力也许会付诸东流。周厂长为此很伤脑筋，有心要把李英撤换下去，但她也没犯什么错误，不好硬撤，不撤换吧，厂里的生产又抓不上去，长此以往，企业很可能会出现亏损局面。周厂长想来想去不知如何是好，于是就去找该厂的咨询顾问某大学的王教授商量。王教授听罢周厂长的诉说，思忖一阵，对周厂长说："你何不如此如此呢……"周厂长听完，喜上眉梢，连声说："好办法，好办法！"于是便按王教授的意图回去组织实施，果然，不出2个月，厂里又恢复了生机。王教授到底如何给周厂长出谋划策的呢？原来他建议该厂再设一生产指挥部，李英升为副指挥长，另任命一有能力、懂生产的赵翔为生产指挥长主管生产，而让李英负责抓零部件、外协件的生产和供应，这样既没有得罪二轻局，又使企业的生产指挥的强化得到了保证。同时又充分利用了李、赵两位同志的特长，调动了两人的积极性，解决了一个两难的难题。

小刘是该厂新分配来的大学生，他看到厂里近来一系列的变化，很是不解于是就去问周厂长："厂长，咱们厂已经有了生产科和技术科，为什么还要设置一个生产指挥部呢？这不是机构重复设置吗？我在学校里学过有关组织设置方面的知识，从理论上讲组织设置应该是'因事设人'，咱们厂怎么是'因人设事'，这是违背组织设置原则的呀！"周厂长听完小刘一连串的提问，拍拍他的肩膀关照说："小伙子，这你就不懂了，理论是理论，实践中并不见得都有效。"小刘听了，仍不明白，难道是书上讲错了吗？

【案例思考题】1. 在企业中如何设置组织机构？到底应"因事设人"还是应"因人设事"？

2. 请评价王教授的建议。

3. 如果你是厂长，有更好的办法处理这个难题吗？

资料来源：http://zhidao.baidu.com/question/281553648.html. 略有删改.

复习思考题

一、单项选择题

1. 组织结构设计必须与（　　　　）相匹配。

A. 组织目标　　　　　B. 管理理念　　　　　C. 组织结构　　　　　D. 战略计划

2. 责任、权力之间不可分割，必须是协调的、平衡的和统一的。这就是组织结构设计的（　　　）原则。

A. 责权对等　　　　B. 分工与协作　　　　C. 分级管理　　　　D. 弹性结构

3. 以下组织结构形式中，（　　　）最适用于组织部门间的横向协作和攻关项目。

A. 职能制结构　　　B. 直线职能制结构　　　C. 事业部制结构　　　D. 矩阵制结构

4. 管理幅度是指（　　　）。

A. 管理者间接有效管理和控制下属人员的数量

B. 管理者直接有效管理和控制下属人员的数量

C. 管理者影响支配和控制下属人员的数量

D. 管理者有效管理和控制下属人员的数量

5. 管理幅度和管理层次之间直接呈（　　　）。

A. 比例关系　　　　B. 反比例关系　　　　C. 正比例关系　　　　D. 无比例关系

6. 下列说法中不正确的是：（　　　）。

A. 管理幅度越大，管理层次就越少；管理幅度越小，管理层次就会相应增加

B. 管理者的能力强、素质高，管理幅度就可以比较大；反之，管理幅度就应该相对较小

C. 管理者需要处理的非管理事务较多，管理幅度的设计就需要相对加大，否则就可以相应缩小

D. 下属工作内容和性质的相似性程度高，管理幅度的设计就可以大，而相似性程度低的下属工作，管理幅度的设计就应该相应缩小

7. 在组织机构形式中，仅适合于规模小的组织结构形式是（　　　）。

A. 直线制组织结构　　　　　　　　　B. 职能制组织结构

C. 事业部制组织结构　　　　　　　　D. 直线职能制组织结构

8. 存在权力集中在最高管理层，各职能部门之间的横向协调性差，企业信息传递路线过长，容易造成信息丢失或失真等问题的组织结构是（　　　）。

A. 直线职能制结构　　　　　　　　　B. 事业部组织结构

C. 矩阵制结构　　　　　　　　　　　D. 流程型结构

9. 以直线为基础，在各级行政领导之下设置相应的职能部门从事专业管理的组织结构形式是（　　　）。

A. 直线职能制结构　　　　　　　　　B. 事业部组织结构

C. 矩阵制结构　　　　　　　　　　　D. 流程型结构

10. 职能职权的运用最可能造成（　　　）。

A. 加强直线职权　　B. 弱化直线职权　　C. 多头领导　　D. 无人负责

11. 给职位承担者一定的权力，同时加入相应的责任，使得这位承担者感受到工作的挑战性和成就感，以此激发其工作积极性。这种方式属于组织职务设计的哪种方法？（　　　）。

A. 职务专业化　　　　　　　　　　　B. 职务轮换制

C. 职务丰富化　　　　　　　　　　　D. 职务扩大化

12. 关于扁平式组织结构，下列说法中正确的是：（　　　）。

A. 它是指管理层次多而管理幅度小的一种组织结构形态

B. 它有利于缩短上下级距离、密切上下级关系、降低管理费用

C. 它更有可能使信息在传递过程中失真

D. 它不适合于现代企业组织

13. 随着计算机等信息技术的广泛运用，组织结构将有可能变得（　　　）。

A. 扁平　　　　　B. 高耸　　　　　C. 高度集权化　　　　　D. 不能定论

14. 没有反映出管理专业化分工的组织结构为（　　　）。

A. 职能型结构　　B. 直线制结构　　C. 事业部制型结构　　D. 矩阵型结构

15. 职能结构与事业部结构的基本区别是（　　　）。

A. 是否设职能部门　　　　　　　　B. 管理层次的多少

C. 业务是集中还是分散　　　　　　D. 是集权还是分权

16. 职能式组织结构的特点在于（　　　　）。

A. 管理集中、指挥统一　　　　　　B. 能适应灵活多变的经营环境

C. 有助于管理工作的分工与专业化　D. 常表现为独立企业的联合体

17. 管理者的管理跨度，随着管理层次的不同，其一般变化规律是（　　　　）。

A. 高层管理跨度＞中层管理跨度＞基层管理跨度

B. 高层管理跨度＝中层管理跨度＝基层管理跨度

C. 高层管理跨度＜中层管理跨度＜基层管理跨度

D. 高层管理跨度＞中层管理跨度＜基层管理跨度

18. 矩阵结构这种组织形式适用于（　　　　）。

A. 工作内容变动频繁的组织

B. 工作内容比较稳定的组织

C. 每项工作的完成需要技术知识比较单一的组织

D. 每项工作的完成需要人手较多的情况

二、判断题

1. 事业部制是一种分级管理、分级核算、自负盈亏的组织结构形式。（　　）

2. 高科技和适宜的外部环境是网络型组织结构的基础条件。（　　）

3. 组织发展是管理层的事，与普通员工无关。（　　）

4. 如果工作岗位在地理上较为分散，该主管所能领导的直属部下数量就要减少。（　　）

5. 因事设职是组织设计的基本原则，它与因人设职是不相容的。（　　）

6. 综合管理者的管理幅度大于专业管理者的管理幅度。（　　）

7. 组织层次过多，不利于组织内部的沟通。（　　）

8. 环境变化剧烈时，组织结构弹性应该大一些。（　　）

9. 组织就是两个或两个以上人组合成的人群集合体。（　　）

10. 下属要执行的计划本身制定的越不完备，主管对下属的有效管理幅度就越小。（　　）

11. 非正式组织的存在对正式组织的发展不利。（　　）

12. 事业部制实际上是一种集权制组织结构。（　　）

13. 分工是社会化大生产的要求，所以分工越细，效率就越高。（　　）

14. 规模越小的企业其管理幅度也就越小。（　　）

15. "三个和尚没水吃"的典故，反应了要素组合的低效方式，使得整体的力量反而削减。（　　）

16. 信息手段越先进，配备越完善，主管人员的管理幅度就越大。（　　）

三、名词解释

组织，组织设计，组织结构，部门化，层级化，管理幅度，管理层次，事业部制，直线职能制，企业集团，网络型组织结构，矩阵式组织结构。

四、思考题

1. 简述组织设计的原则。

2. 简述部门化的基本原因和依据。

3. 管理幅度和管理层次的关系如何？

4. 影响管理幅度的因素有哪些？怎样使组织扁平化？

5. 组织设计中要考虑哪些因素？这些因素是如何影响组织设计的？

6. 典型的组织结构类型有哪些？各有什么优缺点？适合于哪些情况？

7. 简述组织设计的内容。

8. 如何理解组织的含义？组织的分类有哪些？

9. 简述组织设计的程序。

第八章 组织职权设置

学习目的与要求：

- 了解三种职权的关系与矛盾，处理好职权关系的方法，集权和分权的均衡，授权的作用，组织制度的含义和特点；
- 理解集权和分权的影响因素，判断组织分权程度的标准，授权的含义，授权的原则，组织制度的功能，组织制度的层次，组织制度制定的原则和程序；
- 掌握职权类型，集权和分权的含义，分权的途径，授权流程。

 引导案例：

戴安娜的辞职信

某一天，巴恩斯医院的产科护士长戴安娜给院长戴维斯博士打来电话，要求立即做出一项新的人事安排。从戴安娜的急切声音中，院长感觉到一定发生了什么事，因此要她立即到办公室来。5分钟后，戴安娜递给了院长一封辞职信。

"戴维斯博士，我再也干不下去了。"她开始申述，"我在产科当护士长已经四个月了，我简直干不下去了。我有两个上司，每个人都有不同的要求，都要求优先处理。我已经尽最大的努力适应这种工作，但看来这是不可能的。让我给举个例子吧。请相信我，这是一件平平常常的事。像这样的事情，每天都在发生。"

"昨天早上7:45，我来到办公室就发现桌上留了张纸条，是杰克逊（医院的主任护士）给我的。她告诉我，她上午10点钟需要一份床位利用情况报告，供她下午在向董事会作汇报时用。要知道，这样一份报告至少要花一个半小时才能写出来。30分钟以后，乔伊斯（戴安娜的直接主管，基层护士监督员）走进来质问我为什么我的两位护士不在班上。我告诉她雷诺兹医生（外科主任）从我这要走了她们两位，说是急诊外科手术正缺人手，需要借用一下。我告诉她，我也反对过，但雷诺兹坚持说只能这么办。你猜，乔伊斯说什么？她叫我立即让这些护士回到产科部。她还说，一个小时以后，她会回来检查我是否把这事办好了！我跟你说，类似的事情每天都会发生好几次的。一家医院就只能这样运作吗？"

资料来源：http://edu.21cn.com/emba/g_31_398678_2.html.

组织的基本结构确立之后，接着就需要对各部门的权力和责任范围及其相互关系加以明确而具体的规定。否则，这些不同层次和部门在实现组织整体目标的过程中就会发生冲突，不易成为一个协调统一的管理工作系统。

第一节　组织中的职权关系

组织中存在着三种职权关系，这三种职权关系如果处理不好，将给组织运作带来一定的问题和矛盾，所以要正确处理组织中的三种职权关系。

一、职权关系

1. 权力与责任

任何一位管理者从事某项管理工作时都应有一定的权力和责任。所谓权力，从领导和指挥角度讲，就是为了实现组织的整体目标或各部门的目标，管理者要求或命令其下属如何行动或停止行动的一种力量和影响力，这是组织中的一种约束力量。权力的本质是领导者影响和制约自己或其他主体价值和资源的能力，是领导者为实现组织目标在实施领导的过程中对被领导者施行的强制性支配和控制力量。

所谓责任是接受职务的管理者履行职务的义务，基本含义和内容就是尽义务。上级领导者有权命令和要求下级人员去做某项工作或事情，下级人员则依据组织内部的契约关系和制度去尽义务，去处理或完成某项工作任务，并对其结果负责，以便取得某些报酬和其他利益。

管理者的权力和责任是相辅相成的关系。就是说，管理者有管理权力就应有管理责任，有责任就应有权力。世上没有无权力的义务，也没有无义务的权力。在安排和处理组织中的权力义务关系问题时，应坚持权力与责任的对等或相应原则。职权是发布命令的权力，职责是对结果所负的责任，职权与职责二者应予平衡，不能让一方胜过或低于另一方。

2. 职权类型

职权分为三种形式，即直线职权、参谋职权和职能职权。在组织的垂直权力体系中应明确和注意的是直线职权与参谋职权问题。

（1）直线职权。直线人员拥有的发布命令及执行决策的权力，即指挥权。直线人员是指能领导、监督、指挥、管理下属的人员。直线职权是组织中一种最基本、最重要的职权，缺少了直线职权的有效行使，组织的运转就会出现混乱。直线职权在组织内部保持一条持续的命令链，该命令链从最高管理层一直到最基层管理层。管理层级的等级链与命令链是对应的，每一管理层要对应的成为命令链中的一环。具有直线职权的管理者一方面接受上级的命令，另一方面向下属下达命令。

显然，每一管理层的主管人员都具有直线职权，只不过每一管理层次的功能不同，其职权的大小及范围不同而已。例如从公司的总经理到基层的班组长，都拥有各自相应的直线职权。在每一层级上，都要接受来自上一级的指示和命令，并切实加以贯彻执行，同时每一级又都要接受下一级的工作汇报，并负责向下一级发布命令和指示，由此一级管理一级就形成了一个直线职权指挥系统，即从上至下形成了一个指挥链。

（2）参谋职权。参谋职权是指管理者拥有某种特定的建议权或审核权，可以评价直线方面的活动情况，进而提出建议或提供服务，它在本质上是一种筹划、咨询和建议性的权力。在组织权力关系中，直线权力是主导的，参谋职权是从属的，参谋人员是从属于主管人员的，他们是主管人员的助手和谋士。具有参谋职权的管理者是组织中某个领域中具有专业特长的人员，他们向具有直线职权的管理者提出计划和建议，由具有直线职权的管理者作出决策。这两类管理者对组织目标实现担负的责任不同。直线管理者可以采纳来自参谋职权的建议，也可以否决参谋职权的建议，参谋可以很多，但为保证指挥的统一，负有直接职责的管理者只能有一个人。就是说，纵向职权关系是单轨道的，上级主管有指挥下一级主管的权力，而上级参谋人员却无权命令下级主管人员。

参谋和直线之间的界限有时是模糊的。作为一个主管人员，他既可以是直线人员，也可以是参谋人员，这取决于他所起的作用及行使的职权。当他处在自己所领导的部门中，他行使直线职权，是直线人员；而当他同上级打交道或同其他部门发生联系时，可能又会成为参谋人员。例如医院院长在医院内是直线人员，但在卫生局进行计划或决策而征询他的意见时，他便成为参谋人员了。人们普遍持有的看法是，直线职能被赋予基本的职权是指对于实现目标负直接职责的那些职能；而参谋职能则是指为实现企业目标负有见解职责的一些职能，它向组织提出建议，起支持作用。

（3）职能职权。职权的第三种类型是职能职权。它是直线管理者把一部分原属自己的直线职权授予职能部门或职能管理人员的职权。在纯粹参谋的情形下，参谋人员所具有的仅仅是辅助性职权，并无指挥权。但是，有时由于知识、能力和精力等原因，上级管理者将直线组织中的某些专门的职能和权力授予参谋人员和部门，由参谋人员来直接领导和组织下级部门去完成某些工作和处理某些事情，这样就发生了部分直线职权的转移问题。职能职权实际上是直线职权与参谋职权的一种结合。直线职权对应的是组织整体目标的职责，职能职权对应的是组织整体目标中某项专业目标的职责。换句话讲，职能职权是因其职位对组织专业目标的实现担负职能管理职责的管理者所具有的职权。

使用职能职权是必要的，这样可以使工作做得更好或提高工作效率。但在使用职能职权时要注意：第一，职能职权要与参谋人员或职能部门的专业工作相一致，也就是说，参谋人员或者职能部门只能在他的专业领域内拥有职能职权；第二，使用职能职权仅限于具体工作方面，不能危及管理者正常的管理工作；第三，要加强协调工作，不要因此形成责任不清和工作上的混乱。

3. 三种职权的关系与矛盾

要很好地配置和运用职权，必须对直线职权、参谋职权和职能职权的相互关系有深刻的理解。

（1）直线职权与参谋职权。直线职权是指挥权、命令权，而参谋职权是建议权和直线管理者的授权，其建议内容也是通过直线职权的命令链向下才能得到下属的执行。具体来说，参谋对直线有以下三方面的贡献。

① 对领导者提供协助性质的服务。比如个人参谋中的经理助理，他主要是在直线经理的指派下，协助经理本人来处理某些问题，他是为经理本人提供专门服务的。

② 提供专业技术咨询服务。参谋人员不仅可以负责对其直线上司提供咨询性意见，由上级直线人员来决定是否采纳意见，还可以对下级直线人员提供咨询，并对下级参谋机构和参谋人员提供业务上的帮助与指导。在某些领域里，参谋专家们可以提供专业性很强的技术服务。在行政隶属关系上接受直线主管的领导，而接受服务的单位无权直接指挥专家们的工作，但可以对专家们的工作提出自己的建议与要求，还可以向上一级直线领导反映对专家技术服务的意见，以督促他们改进。

③ 参谋行使职能权力。有些时候，由于某些原因，直线主管人员会授权给某些参谋部门或某些参谋人员去处理一些本应由直线主管人员指挥的事情，这时参谋人员就具有了职能职权。如通过设立独立的监督机构行使审计、监督和检查权，这时候的直线和参谋关系就变成了一种监督与被监督的关系。

拥有这两种职权管理者的矛盾焦点在于，参谋职权的拥有者是否拥有专家权，双方通过各自不同的影响力影响对方。直线与参谋产生冲突的原因有以下的几方面。

① 两者所负的责任不同。直线主管人员必须对其所作出的决策结果负直接的、最后的责任，而参谋人员只对决策结果负有间接的、小部分的责任而已。参谋人员希望自己的建议能够得到完全的贯彻和执行，当他们看到直线人员对于他们所提建议或犹豫不决，或断然拒绝，便对直线人员心怀不满，认为直线人员缺乏对正确建议的判别能力，甚至认为直线人员太缺少专业知识，缺少魄力和勇气，怕承担风险和责任，结果总是失去机遇。

② 两者所拥有的知识和经验不同。直线主管人员通常工作年限较长，长期工作实践中积累起来比较丰富的工作经验，对实际工作熟悉，但缺少变革的动力和勇气。相反，参谋人员则大都比较年轻，受过良好的高等教育，拥有比较丰富的理论知识，而且大都充满自信，

有许多新鲜的想法和变革的勇气。因此，双方在工作的许多理念方面就会有一定的分歧，导致冲突产生。

③ 两者处事态度及管理哲学不同。直线人员是高度的行动导向，即靠行动来引导自己，看问题注重眼前，喜欢就事论事，更多把注意力放在问题的解决上，偏向于保护、赞扬本部门，习惯于用程序性决策方式思考问题，侧重于靠行政命令来解决问题。而参谋人员倾向于理论研究导向，喜欢对问题做分析，看问题眼光较远，喜欢用非程序性决策方式思考问题，更多地注重问题的分析，偏向于批评、苛求本部门。

为了有效发挥参谋作用，合理利用参谋职权，要做到以下几点：①明确关系，明确直线与参谋的关系，分清双方的职权关系与存在价值，从而形成相互尊重、互相配合的关系，直线人员可作最后的决定，对基本目标负责，故有最后之决定权，参谋人员提供建议与服务，直线与参谋人员均有向上申诉之权，当彼此不能自主解决问题时，可请求上级解决；②授予权力，授予参谋机构必要的职能权力，以提高参谋人员的积极性，同时，参谋人员也要主动地从旁协助，不必等待邀请，应时刻注意业务方面的情况，予以迅速的协助；③提供信息，直线管理人员要为参谋人员提供必要的信息条件，以便从参谋人员处获得有价值的支持。

（2）直线职权与职能职权。职能职权是直线职权和参谋职权的结合，除了参谋职权外，得到上级直线管理者的授权后，可以对直线管理者行使某项专业管理职权，如审计部门对直线管理者的审计；也可以是对下属职能职责部门行使专业管理职权，如总公司财务部对下属分公司财务部通过预算进行财务控制。拥有这两种职权管理者的矛盾焦点在于，实现全局目标与实现专业目标的关系处理上，管理者要按照专业目标服从全局目标的原则处理两者之间的关系。

（3）参谋职权与职能职权。由于职责的基础不同，拥有参谋职权的管理者对拥有直线职权的管理者负责，是直接对人负责；而拥有职能职权的管理者对专业目标的实现负责，首先是对目标负责，通过对目标负责实现对上级管理者负责，是间接对人负责。拥有这两种职权管理者的矛盾焦点在于拥有参谋职权与职能职权的管理者往往是同一人员，他既要作好直线管理者的参谋，又要接受上级职能管理者的专业指导，当直线管理者与上级职能管理者出现矛盾时，他们更倾向于参谋职权的使用。

二、正确处理好职权关系的方法

职权关系表明了组织中各职位之间在职权与职责上的联系，正确处理好组织中的职权关系，对于组织顺利运转十分重要。

1. 建立明晰的职权结构

（1）建立清晰的等级链。等级链是从最高领导人到最低领导人的系列权力流程，权力是依靠链条中的每一个环节进行传递的，这个流程既受企业中传递需要的支配，又受统一原则的支配。例如，一所院校的等级链：院长→副院长→系主任→系副主任→教研室主任。等级链需要明确两个关系：各个环节之间的权利关系，明确组织中的命令流程和责任范围；信息沟通的传递路线。在一个组织中存在着两类问题：一类是常规信息沟通；另一类是非常规的信息沟通。常规信息沟通脱离等级链是错误的，但对临时出现的意外、制度之外的情况盲目地坚持等级链的流程也是不可取的。

【阅读材料8-1】

王厂长的等级链

王厂长总结自己多年的管理实践，提出在改革工厂的管理机构中必须贯彻统一指挥原则，主张建立执行参谋系统。他认为，一个人只有一个婆婆，即全厂的每个人只有一个人对他的命令是有效的，其他的是无效的。如书记有什么事只能找厂长，不能找副厂长；下面的科长只能听从一个副厂长的指令，其他副厂长的指令对他是不起作用的。这样做中层干部高兴，认为是解放了。原来工厂有十三个厂级领导，每个厂级领导的命令都要求下边执行时大家就吃不消了。一次有个中层干部开会时在桌子上放一个本子、一支笔就走了，散会他也没回来。事后，王厂长问他搞什么名堂，他说有三个地方要他开会，所以就放一个本子，以便应付另外的会。此事不能怨中层领导，只能怨厂级领导。后来规定，同一个时间只能开一个会，并且事先要把报告交到党委和厂长办公室统一安排。现在实行固定会议制度。厂长一周两次会，每次两小时，而且规定开会迟到不允许超过五分钟。所以会议很紧凑，每人发言不许超过 15 分钟，超过 15 分钟就停止。

上下级领导界限要分明。副厂长是王厂长的下级，王厂长作出的决定他们必须服从。副厂长和科长之间也应如此。厂长对党委负责（注：当时实行的是党委领导下的厂长负责制），要向党委打报告，把计划、预算决算弄好后，经批准就按此执行。所以有时厂长跟党委书记一周一面也不见，跟副厂长一周只见一次面。王厂长认为这样做是正常的。厂里规定，报忧不报喜，工厂一切正常就不用汇报，有问题来找厂长，无问题各忙各的事。

王厂长认为，一个人管理的能力是有限的，所以规定领导人的直接下级只能有 5～6 人。他现在多了一点，有 9 个人（4 个副厂长，2 个顾问，3 个科长）。他提出，这 9 个人我可以直接布置工作，有事可直接找我，除此以外，任何人不准找我，找我也一律不接待。

资料来源：http://guanli.100xuexi.com/HP/20100624/DetailD1172355.shtml. 略有删改.

（2）明确划分权责界限。要合理划分组织纵向与横向部门之间，以及横向部门之间、各岗位之间的职责权限，建立科学的岗位责任制，结合具体的工作部门明确问责范围、对象和条件。在职责确定之后，员工会更有动力处理在职责内的各项任务。首先，管理者必须清楚自己所担当的职责和权限，明白组织对自己的要求，就每一项职责与自己的上级沟通，获得他们的确认，确定自己职务的说明书。然后，管理者需根据职务说明书的职责要求，对本部门或团队做出有效的分析和规划，明确授权对象的职责，给他们一份职责明确的职务说明书，使他们明白上级对自己的期待和要求，更加有方向的工作。只有分清工作职责，才能理顺权限关系，避免上下级相互扯皮现象发生。

（3）制定并严格执行政策、程序和规范。根据组织工作流程和企业组织文化，制定关于组织运行机制的相关政策和程序，以及行为规范。要求全体员工严格遵守这些政策、程序和规范，对于违反者要有相应的惩戒措施，并确保这些措施能够顺利执行。组织领导者在遵守和执行这些政策、程序和规范方面，要身体力行，起到带头示范作用。

2. 协调职权关系

（1）协调的必要性。协调就是将独立的个体和单位活动整合到为实现共同的组织目标而齐心努力的活动中去。组织中的每个员工和部门都被仅仅分配从事一小部分工作，每个个体与部门都有自身的利益所在，同时还存在着关联性和依存性，如果没有协调，这些个体与部门之间的努力方向会产生偏离，甚至可能会产生分歧和冲突。因此，协调各部门的工作和活动，是使各种工作相互配合和顺畅衔接，这是十分必要的，利于有效实现组织的目标。关于协调，主要有以下几个方面。

第一是目标协调。在制定组织目标时，按照企业总目标和总要求来设置和制定各部门的目标，使各部目标相互之间保持协调性，使各部门的目标形成一个相互支持的目标体系。

第二是组织协调。一是上级主管人员在指挥工作中要充分考虑和注意各横向部门之间的工作配合和协调问题；二是当各部门之间发生矛盾和不协调现象时，允许各部门直接协商解决问题，当难以自行解决时，可交由其直接上级主管出面解决问题；三是在组织中设有调查员、联络代表和协调员等职务，当横向部门之间发生职责矛盾，由他们出面调停，帮助加以解决。

第三是业务流程协调。通过建立标准化业务工作程序，以此来明确各部之间的权力和责任关系，可能的情况下，可制定相关的责任制度，以完成情况作为考核和奖罚的标准与内容。

（2）协调的准则。管理协调活动通过统一组织中不同个人和部门的活动实现整体的效能。协调工作应当遵循以下准则。

① 政令统一。政令统一是法约尔的 14 条管理原则之一，该原则要求组织活动具备以下特点：任何一个层级只能有一个人负责，即下级只接受一个上级的命令和指挥，防止出现多头领导的现象；上级不能越级指挥下级，下级只能向直接上级请示工作，不能越级请示工作；职能部门一般只能作为同级直线指挥系统的参谋，无权对下属直线领导者下达命令和指挥。当组织相对简单，工作可分解度高时，政令统一是很有效的原则。然而，随着社会经济的发展，许多工作需要不同群体和个人之间自主地相互协调、相互支持，过分强调政令统一有可能导致组织灵活性的降低，从而影响组织绩效。

② 命令链。这是法约尔另一条管理原则，又称作"梯度原则"，是指组织中的权力链从顶端开始，不间断地授权给组织的下端，使上下级之间形成一条指挥链。它为上级和下属之间提供了正式的沟通渠道，也有助于政令统一原则的实现。

③ "联系针"。政令统一和命令链原则为管理人员协调下级之间的横向工作关系创造了条件。同时，不同管理层次的管理者之间的纵向协调也十分重要。在 20 世纪 60 年代，美国行为科学家伦西斯·利克特提出"联系针"的概念，通过"联系针"把整个企业联结成为一个整体。在这样的组织体系中，每个下级组织的领导都是上一级组织的成员，这样就会同时兼顾到上下级单位的利益，并顺利地将企业整体目标贯彻到下级部门。

④ 委员会。另一种常见的组织协调方法是建立委员会。通过建立委员会，可以发挥集体决策的特点，提高决策的科学性；可以平衡权力，防止组织中某个人或部门权力过大；集体制定计划和政策来协调各部门间的行动；有助于信息的沟通、交流等。

第二节　集权和分权

组织结构中职权配置的方式主要有二种，即集权和分权，职权的配置对组织运作将会产生很大的影响。

一、集权和分权的概念和判定标准

1. 集权和分权的概念

随着企业规模的扩大和从业人员的增多，企业管理组织就形成一个多层次的职权等级系列。在多层次的组织结构中，有关大政方针和重大问题的决策权应集中在组织的最高管理层，只与局部有关的问题的处置权则应分散在组织的中下管理层。注重解决好权力集中与权力分散的关系是组织管理的关键问题之一。

集权是指决策权集中在组织领导层，下级部门和机构只是执行，一切行动听从上级指挥。这意味着决策权在很大程度上向处于较高管理层次的职位集中，它是以领导为中心的领导方式。分权是指组织领导层将其决策权下放给下级部门和机构的负责人，让他们独立地去处理某些情况和解决某些问题。分权意味着决策权在很大程度上分散到处于较低管理层次的职位上，是以下属为中心的领导方式。

2. 判断一个组织集权和分权程度的标准

衡量一个组织集权和分权程度，可以从决策的数量、决策的范围、决策的重要性、对决策控制的程度四个方面进行判断。

（1）决策的数量。组织中较低管理层次作出的决策数目越多，则分权的程度就越高；反之，上层决策数目越多，则集权程度越高。

（2）决策的范围。组织中较低层次决策的范围越广，涉及的职能越多，则分权程度越高。反之，上层决策的范围越广，涉及的职能越多，则集权程度越高。

（3）决策的重要性。如果组织中较低层次做出的决策越重要，影响面越广，则分权的程度越高；相反，如果下级做出的决策越次要，影响面越小，则集权程度越高。

（4）对决策控制的程度。组织中较低层次做出的决策，上级要求审核的程度越低，分权程度越高；如果做出决策之后必需立即向上级报告，分权的程度就小一些。

二、集权和分权的影响因素

在管理中不存在绝对的集权和分权，关键在于管理者对集权和分权的权衡。影响集权与分权的程度，是随条件变化而变化的。企业管理应采取权变策略，宜集权则集权，宜分权则分权。具体来说，管理者应综合下述因素相机行事，采取恰当的行动（表 8-1）。

表 8-1　影响集权与分权度的因素

更 集 权 化	更 分 权 化
决策的代价大	决策的代价相对小
希望保持政策的一致性	制定决策的灵活性
企业规模小	企业规模大
组织成立初期	组织逐渐成长
管理人员素质与下属成熟度高	管理人员素质与下属成熟度低
监控制度和环节完善	监控制度和环节不完善
工作性质差异大	工作性质差异小
环境稳定	环境复杂且不确定

1. 决策的代价

决策失误的代价越高，越不适宜交给下级人员处理，越应该集权，而且甚至是高度的集权，如关于组织战略任务这些关于组织发展方向和目标的决策，需要高层领导者来亲自掌控。某些重大的投资决策，一旦失误将造成巨大损失，这时也需要高层领导者集权。而如一般的日常生产决策，交由中下层管理者决策即可。

2. 管理哲学

有些组织采用高度集权制，有些组织推行高度分权制，原因往往是高层管理者的个性和管理哲学不同。如果高层管理者希望保持政策的一致性，则趋向于集权化。如果高层管理者希望政策更加灵活，则会放松对职权的控制程度。

3. 组织的规模

组织规模与集权的程度是成反比的。组织规模较小时，一般倾向于集权，有利于控制组织的全面发展方向。当组织规模扩大后，组织的层次和部门会因管理幅度的限制而不断增加，过度的集权将造成信息延误和失真。因此，为了加快决策速度、减少失误，最高管理者就要考虑适当的分权。

4. 组织的成长

组织成立初期绝大多数都采取和维持高度集权的管理方式。随着组织逐渐成长，规模日益扩大，则由集权的管理方式逐渐转向分权的管理方式。当企业发展到较大规模，造成决策者的精力和知识难以应对时，企业应进入分权阶段：通过实行事业部制，总部掌握投资决策权、财务承诺权、融资权、人事权和工资制定权，其他权力则下放到各事业部，调动事业部的积极性，促进企业的跨越式大发展。

5. 管理人员素质与下属成熟度

管理人员素质不高可能会限制组织实行分权，即使高层管理者有意分权，但没有下属可以胜任，也不能成事。相反，如果管理人员数量充足、经验丰富、训练有素、管理能力强，则可有较多的分权。

下属成熟度也会影响组织集权程度。下属成熟度就是指个体完成某一具体任务的能力和意愿程度。在员工的职业生涯早期，员工的工作能力较低、经验不足，领导者应该尽可能给予员工指导和帮助，即采用指导型的领导方式。随着员工职业能力的成长，员工工作能力和经验完全能够胜任工作，这时领导者的主要角色是提供便利和沟通，应给予员工一定的决策权力，采用授权型的领导方式。

6. 控制的可能性

分权不可失去有效的控制，必须能够对下放的权力进行足够有效的控制。当高层管理者在将决策权下授时，必须同时保持对下属的工作和绩效的控制。如果在一个组织中，监控制度和环节非常完善，而且领导者对下属的工作和绩效能够有效控制，就可以授予更多的权力。反之，管理者则倾向于集权。

7. 工作性质

组织的分权程度也因工作性质而异，有些领域需要更大的分权程度，有些则相反。如果一项工作的技术化程度、专业化程度较高，超出了领导者个人素质所能承受的限度，那么领导者就应该采取分权模式。而那些经常处于日常化的事务管理或"危急状态"的组织一般应该集权管理，如军队、警察等部门。

8. 组织环境的确定性程度

组织结构、人员比率、市场环境、竞争对手、主要供应商、客户等情况的变化，都是影响企业采取集权或分权的因素。环境不确定性较低的企业，其对市场适应力的要求不高，可以通过集权管理来增加管理的效率。如果一个组织正处于多边的市场环境中，组织的高层管理者可能不得不做出较多的决策，但又无法应付的情况下会被迫向下分权，以此很好地发挥下层的主动性和创造性，所以分权更适合不确定性较高的环境。

三、集权与分权的均衡

1. 过度集权的危害

当一个组织规模较小的时候高度集权可能可以充分显示出其优越性，此时是必需的。但随着组织规模的发展，如果将许多决策权过度地集中在较高的管理层次，则可能表现出种种弊端。

（1）降低决策的质量。随着组织发展壮大，如果领导者过度集权，领导层的决策需要层层传达，基层发生的问题也同样需要层层请示、汇报，在此过程中，一方面耽误时间，另外一方面可能发生信息扭曲，从而误导决策。每个人的精力都是有限的，当领导者需要做出大量决策时，必然带来决策质量和决策效率的下降，可能给组织造成重大的危害。

（2）降低组织的适应能力。组织外部环境是不断变化的，组织的决策必须适应外部环境的变化并进行适时的调整。但是如果权力都集中在高层领导者手中，当组织环境发生变化时，下属员工又没有权力去改变决策，必需层层上报，这就使整个组织处于一个僵化的运行模式中，可能使各个部门失去自我适应和调整的能力，从而削弱组织整体的应变能力。

（3）降低下属积极性和工作热情。领导者的过度集权，意味着几乎所有的决策权都集中在领导者手中，而下属们没有决策权、发言权和自主权，需要事事汇报，成为纯粹的任务执行者。即使是下属们有一些好的建议和策略，也往往难被采纳，长此以往，下属员工的积极性和创造性就会被磨灭。

2. 集权倾向的原因

集权倾向主要与组织的历史和领导的个性有关，但有时也可能是为了追求行政上的效率。

（1）组织的历史。如果组织是在自身较小规模的基础上逐渐发展起来，发展过程中亦无其他组织的加入，那么集权倾向可能更为明显。因为组织规模较小时，大部分决策都是由最高主管直接制定和组织实施的。决策权的使用可能成为习惯，一旦失去这些权力，主管便可能产生失去了对"自己的组织"的控制的感觉。因此，即使事业不断发展，规模不断扩大，最高主管或最高管理层仍然愿意保留着不应集中的大部分权力。

（2）领导的个性。权力是赋予一定职位的管理人员的，它是地位的象征。权力的运用可以证实、保证、提高其使用者在组织中的地位。组织中个性较强和自信的领导者往往喜欢所辖部门完全按照自己的意志来运行，而集中控制权力则是保证个人意志绝对被服从的先决条件。集中地使用权力，统一地使用和协调本部门的各种力量，创造比较明显的工作成绩，也是提高自己在组织中的地位、增加升迁机会的重要途径。

（3）政策统一与行政效率。在决策方面，集权可以带来两个方面的好处：一是可以保证组织总体政策的统一性；二是可以保证决策执行的速度。集中的权力制定出组织各单位必须执行的政策，可以使整个组织统一认识、统一行动、统一处理对内对外的各种问题，从而防止政出多门、互相矛盾；同时，集权体制下，任何问题一经决策，便可借助高度集中的行政指挥体系，迅速组织实施。

【阅读材料 8-2】

某公司是某地方生产传统工艺品的企业，伴随着我国对外开放政策，该公司逐渐发展壮大起来。销售额和出口额近十年来平均增长15％以上，员工也由原来的不足200人增加到了2万多人。但企业还是采用过去的类似直线型的组织结构，企业一把手王厂长既管销售，又管生产，是一个多面全能型的管理者。最近企业发生了一些事情，让王厂长应接不暇。第一，由于生产基本是按定单生产，由厂长传达生产指令，碰到交货紧，往往由厂长带头，和员工一起挑灯夜战，虽然按时交货，但往往质量不过关。这次就发生了产品由于质量不过关被退回，并被要求索赔的问题。第二，以前企业招聘人数少，所以王厂长一人就可以决定了，现在每年要招收大中专学生近50人，还要牵涉到人员的培训等问题，以前的做法不行了。第三，过去总是王厂长临时抓人去做后勤等工作，现在这方面工作太多，临时抓人去做，已经做不了也做不好了。凡此种种，以前有效的管理方法已经失去作用了。

资料来源：http://doc.mbalib.com/view/79e7e25145d301ddf5b72eo1ed057e81.html.

3. 寻求集权与分权的平衡点

集权的优点是可以加强统一指挥、统一协调和直接控制；缺点是会使高层管理人员负担过重，经常陷于日常事务之中，无暇考虑大政方针，并且事事请示汇报限制了各级人员的积极性，不利于管理人员的培养，难以适应迅速变化的环境。分权的优点可以减轻高层管理人员的负担，增强各级管理人员的责任心、积极性和自主性，增强组织的应变能力；缺点是可能会造成各自为政、各行其是的现象，增加各部门之间协调的复杂性，并且受到规模经济、有无合格的管理人员的限制。

主管权力下放的四个层次如图8-1所示。从图8-1中可以看到权力下放的程度，下属的权力又是如何逐步上升的。第一层次：主管保留绝大多数权力。在这一层次上，主管分配工作，下属只负责执行，无自主决策权力，必须按照主管指示行事。第二层次：下属行动前应该得到主管的批准，下属可以思考如何完成工作，最后由主管审核和批准。第三层次：这时下属的权力越来越大，下属可以自主决策，但是要定期向主管报告工作进度。第四层次：下属不经常向主管报告，下属具有较大的自主行动和决策权力，主管主动放手让下属完成工作。

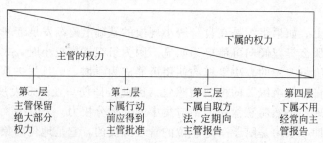

图 8-1 主管权力下放的四个层次示意图

不管是集权还是分权，都只是管理的一种手段，目的是为更有效地实现组织的目标。要达到这一目的，最重要的是要在集权和分权之间恰当地权衡得失，取得良好的均衡，做到"既放得开又管得住"。

四、分权的途径

分权可以通过两个途径来实现，即组织设计中的制度分权与主管人员在工作中的授权。

1. 制度分权

制度分权是指在组织设计过程中通过组织制度的明文规定给予岗位和部门以一定的职权。也就是说，在组织设计时，在工作和岗位、部门设计分析的基础上，根据组织规模和组织活动的特征，考察各岗位工作任务的要求，通过制度安排规定必要的职责和权限。制度分权主要是组织工作的一条原则，在此原则下用来安排组织设计中的纵向分工。由于制度分权是在详细分析、认真论证的基础上进行的，需要根据整个组织构造的要求，确定权力的性质、应用范围和程度，将权力分配给某个职位和部门，因此，制度分权是相对稳定的，除非整个组织结构重新调整，否则制度分权不会收回。

2. 工作授权

工作授权就是管理者在工作过程中适当地授予下属职权。授权是领导者在管理工作中的一种领导艺术，一种调动下属积极性、充分发挥下属作用的方法。工作授权往往与管理者个人的能力与精力、下属的特长、业务发展情况相联系，委任何种权力，委任后应作何种控制，不仅要考虑工作的要求，而且要依据下属的工作能力，因此具有很大的随机性。授权可以是长期的，也可以是临时的。长期的授权可能制度化，在组织结构调整时成为制度分权，但由于授权不意味着放弃权力，在组织再设计之前，不管是长期或是临时授权的权力，授权者都可以重新收回权力。

作为分权的两种途径，制度分权与授权是互相补充的。组织设计中难以详细规定每项职权的运用，难以预料每个管理岗位上工作人员的能力，同时也难以预测每个管理部门可能出现的新问题，因此，需要各层次领导者在工作中的授权来补充。

第三节 授 权

组织中的不同层级有不同的职权，权限会在不同的组织层级间流动，因而产生组织的授权问题。授权是管理者的重要任务之一，有效的授权将使得组织及所有参与者均受益。

一、授权及其作用

1. 授权的概念

授权是指由领导者授予直接被领导者以一定的权力，使其能够自主地对授权范围内的工作进行决断和处理，授权后，领导者拥有指挥和检查监督的权力，被授权者负有完成任务与报告的责任。授权只发生在领导者与直接被领导者之间，隔级之间不应该存在授权问题。

要注意区别授权和代理、助理或秘书、分工均不同。代理职务是在某一时期，依法或受命代替某人执行其任务，代理期间相当于该职，是平级关系，而不是上级授权给他。授权也不同于助理或秘书职务。助理或秘书只帮助主管工作，而不承担责任，授权的主管依然应负全责，而在授权中，被授权者应该承担相应的责任。分工是一个集体内，由各个成员按其分工各负其责，彼此之间无隶属关系，而授权则是授权者和被授权者有上、下级之间的监督和报告关系。

2. 授权的作用

（1）主管获得更多的时间。授权能够减少领导者的负担，使其从繁忙的工作中解脱出来，腾出时间学习新的技能，或者集中精力处理好重大问题的决策和全局性的指挥。如果领导者什么事都管，不授任何权力，必然没有充足的时间去考虑事关全局的大事，也不可能有时间去学习新的技能。这对领导者自身的发展是很不利的。

（2）激励员工。让下属独立自主的完成工作，可以增加下属的自信心，使他们能更好地投入工作，有成就感，让他们觉得这些工作是应由他们自己来完成，是他们自己做决定、拿主张的。授权增强了下属执行任务的信心，并使下属相信自己对组织作出了有影响的贡献。授权也提升了下属工作的士气，十足的信心和高昂的士气使他们工作更为主动，在面对困难时能坚持不懈地去完成他们的目标和领导者的抱负。

（3）培养管理人才。通过授权让员工尝试新工作，解决新问题，促进员工成长，增加员工的自信心。同时也能挖掘人才，培养后备管理人才。有职无权或者有责无权，会限制下属履行职责的积极性，束缚其能力的发挥，并且容易养成消极被动的心理状态。而职务与权力相适应，责任和权力相一致，则必定会增强下属的责任心，激发其工作热情，使其才智和能力得到充分的发挥。专权压抑下级的才干，分权才能使其得以展示。在有挑战性的工作锻炼下，下属的才干也会得到进一步的培养。

（4）有益于信息传递，提高工作效率。授权减少了某些繁琐而又并非必要的请示和批复的工作环节，这就必然会加快事务处理的速度，提高工作效率。被授权的下属得向领导者及时报告进展情况，使得上下级之间的信息传递快速、顺畅。尤其在市场经济条件下，工作的快节奏、市场的多变性、信息的快速传递和良好的工作效率显得更加重要。

二、分权与授权的区别

授权与分权涵义相近，分权一般是从静态的角度来理解权力在领导者和下属之间的分配问题，而授权往往是从动态的角度来看待权力从领导者向下属的委托或转移过程，因此人们往往把分权与授权相提并论，等同使用。授权与分权虽然都与职权下放有关，但两者还是有一定区别：授权主要是权力的授予与责任的建立，仅指上下级之间的短期的权责授予关系；而分权则是在组织中有系统地授权，这种权力可以根据组织的规定较长时期地留在中下级管理人员手里。分权是授权的基础，授权以分权为前提。分权是组织最高管理者的职责，授权则是各个层次的管理者都应掌握的一门艺术。

三、管理者有效授权的障碍

管理者有效授权的障碍主要来自于授权者、被授权者两个方面。对于授权者而言，不愿意授权的原因有如下几个方面：一是害怕手中的权力由于授权而被分散，但应该注意到的一个事实是，适当的授权将使管理者有更多的时间和精力专注于重大事项的决策，因此将会提高管理者的决策效率；二是不信任下属能力，很多时候管理者认为下属的能力不如自己，把事情交由下属去做会担心下属做得不好，所以不愿意授权，宁愿事必亲为；三是担心失去控制，如果主管习惯于全面清楚地答复上级的检查、询问，就有可能担心授权后失去控制；四是害怕挑战，担心下属的成长对自己构成威胁。

对于被授权者而言，不愿意接受授权的原因有如下几个方面：一是害怕承担责任，决策本来就是工作上非常困难的事，谁决策谁负责，事情既然是自己决策的，那么将来发生问题，自己应是责任人，因害怕受批评而不愿意承担责任；二是缺少某种能力或资源，如果下级觉得自己缺乏必要的能力或资源，恐不能圆满完成任务，也不敢轻易承担新任务，因为倘若接受了新任务，事情做起来会很辛苦，工作易受挫折；三是缺少积极的激励，在职权方面应该责权利对等，既要有相应的责任也要有相应的权利，如果不能做到责权利对等，只有很大的责任，而没有与之对等权利，那么下属也不愿意接受授权。

总之，对授权行为发生的双方，由于对授权存在着不同的看法和态度，而这些看法和态度又会直接影响到授权的实施及效果，所以就需要正确地分析造成这种看法和态度的原因，并从主观和客观上采取相应的措施，防止授权失效，并产生积极的、富有建设性的成果。

【阅读材料 8-3】

授权的障碍

B 公司的李老板从某大企业挖来了精明强干的刘先生担任公司的总经理，并将公司的大小事务均交由刘先生全权处理。由于得到授权，刘先生便结合公司的特点和实际情况，对公司的经营模式和管理体制进行了大胆的变革，将公司原先的品牌经营模式转变为 OEM（贴牌生产）服务模式，并提出了颇具创新意识的 OEM 改进方式，变被动的 OEM 服务为主动的 OEM 服务，得到了众多客户的认同与支持。然而，当刘先生意欲更深入地推动企业的变革时，他发现，其实自己手中的权力十分有限，虽然李老板总是客客气气地对其进行鼓励，但刘先生的内心里却非常地困惑，久而久之，刘先生的变革锐气便渐渐地消失了。

资料来源：http://wenku.baidu.com/view/cf6f191b650e52ea55189830.html.

四、授权的原则

不管对领导者还是下属，授权都是一件严肃而重要的事情。要根据所授事项的性质、特点和难易程度，来确定合适的授权人选。为了保证授权稳妥得当，在授权的过程中，必须遵循以下的基本原则。

1. 因能授权

授权不是权力分配，不是利益分配，不是荣誉照顾，而是为了把工作做好，因此要注重考察下属的能力，将权力授予能够胜任的人，这是授权的一条最根本的准则。如果被授权者无法胜任工作，完不成授权的目标，那授权注定就是失败的。

2. 责权对应

授权要注意避免发生有权无责或权责失当的现象，下属需要承担多大的工作职责，就必须赋予多大的权力。注意保持权力和责任的对应、对等关系，权力过大，可能出现下属滥用职权的现象，权力不足，不利于调动下属的积极性。

3. 逐级授予

授权应在直接主管与他领导下的直接下属之间进行，不能越级授权。例如，局长直接领导处长，就应向处长授权，而不能越过处长直接向科长或科员授权。越级授权，势必造成权力等级紊乱，破坏上下级之间的正常工作关系，不利于工作正常运行。

4. 充分信任和有效控制相结合

既要信任下属，调动和发挥下属的积极性和主动性，又要保持领导者对整个工作的有效控制，这是授权工作中必须遵守的一条原则。授权过程中，领导者应充分信任下属，放手让下属在自己职权范围内自主地处理工作，不要过多地干预他们的工作。但是也应该注意适当地进行监督和控制，了解实际情况，必要给予指导和帮助，切不可以放任自流，撒手不管。可以通过制定明确的工作准则、考核方法和报告制度，完善行之有效的监督措施，一旦发现下属严重偏离目标，就应当及时加以纠正。

【阅读材料 8-4】

著名的日本连锁企业"八佰半"曾经盛极一时，在中国就拥有很多家分店。到了后期，"八佰半"的创始人禾田一夫将公司日常事务都授权给自己的弟弟处理，而自己天天躲在家里看公文或报告。他的弟弟送来的财务报告每次做得很漂亮。但实际上，他弟弟背地里做了假账来蒙蔽他。最后，庞大的商业帝国"八佰半"顷刻间便宣告倒闭，禾田一夫也变得一无所有。

后来，禾田一夫在中央电视台《对话》栏目接受采访时，有人问他，回顾过去的教训是什么？他的回答是：不要轻信别人的话。

资料来源：http://www.doc88.com/p-67234239870.html.

五、授权的流程

授权事项包括授权工作的内容、目标，以及为完成工作目标所需的资金、技术、设备、人员、信息等资源，还包括授受双方的权力义务关系，授受工作的期限及控制措施等。

1. 确定授权任务

授权工作应在授权之前确定授权的任务，明确什么样的工作任务可以授权，什么样的工作任务不可以授权，并不是所有的事情都可以授权，有些事情是不能授权给下属的。对于不同等级的领导者，可以授权的工作任务范围不同，领导者级别越高，可授权的范围就越多。

可以授权的事情包括：①日常性的工作和重复性的劳动，这些工作往往会浪费领导者宝贵的时间，增加领导者的工作负担，且这部分工作需要的技能并不很高，可以授权下属来完成；②专业性强的工作，领导者在专业性很强的工作方面，未必十分精通，因此需要授权出去，这既是对领导者自身的解放，也是对下属能力的锻炼；③锻炼性强的工作，某些工作任务，如果具有较强的锻炼性，下属在完成工作任务的过程中，能够获得很大成长，领导者就应该考虑给下属发展的机会。

不可以授权的工作任务包括：①敏感的人事或事务，人事安排是敏感和重要的问题，因此，领导者要把握对直接下属和关键部门的人事任免权，即组织人事权，这样就能保证领导机构的运转正常和高效，对于高度机密的事务，也必须由领导者亲自完成，否则一旦出现问题，下属无法承担那么大的责任；②事关重大决策的事务，该类事务影响面广，领导者应该亲自关注，如危机问题、对直接下属的培养以及上级领导者要求亲自处理的事情。

2. 选贤任能

（1）选择授权对象。当授权已经成为确定无疑的事情之后，选择授权对象成了首要问题。要根据个人的特点，选拔人才，把每个人安排到合适的岗位上去，最大限度地激发每个人的工作热情和创造力。可授权的人员分为三大类：经验丰富，资历很深，不干涉其工作；有一定经验，但缺乏信心，给予一定的支持和监督；极具潜质，但需学习，予以充分的支持和监督。

（2）选择授权对象的注意事项。选择授权对象关系到管理者的领导能力和切身利益，许多管理者在这方面难免会拘泥于个人意愿和狭隘利益，而走入一个个选人用人的误区里面，导致有才能的人不被重用，被重用的人却不能胜任工作的情况。应注意避免一些用人的误区，真正做到知人善任，成为一个优秀的管理者和授权者。

① 切忌任人唯亲。授权不但是一种管理方式，也是一种激励手段，授权过程中的任人唯亲对管理者来说，是十分有害的。要避免陷入任人唯亲的误区。

② 避免唯才是用。用人过程中，要避免重能力轻人品，考虑个人的才能是无可厚非的，但不能只考虑个人能力，而不考虑其他因素。能力固然是一个重要的考量因素，但是人格与品质在很多时候比能力更重要。能力可以培养，但品性却难改变。

③ 避免学历至上。学历是评判个人才能的重要标准之一，但是，如果一味看学历，不重能力，便走向了事物的极端。

3. 授权沟通

(1) 明确告知任务的意义和要达到的内容。授权都是为了要实现一定的目的，或者是出成果，或者是培养人才。授权的目的必须事先明确并告知受权者，使他们在执行任务过程中有所侧重，同时要让被授权者明确工作的内容，如目标、进度、准则及要求。

① 告知完成任务的意义。授权任务不能让受权者觉得莫名其妙，要告知被授权者完成任务的意义，该任务在公司战略规划中的地位，完成该任务能给公司和个人带来什么好处，或者完不成任务公司会有什么样的损失。让被授权者清楚地了解到这种利害关系，助于激励和规范他们的行为。

② 告知受权者应可以通过任务学到什么。要想通过授权培养人才，就必须告诉受权者在执行任务的过程中应该学习些什么知识，应该注意培养些什么技能，这是管理者应负的指导责任。如，该任务可以增加业务知识、提升工作技能和人际关系能力等。

③ 告知任务的内容。管理者必须对任务的主要内容、结构形式有清楚的思路，并将自己的思路告知受权者，让他们知道要做的是什么方面的事情，这件事情有哪些特征，可能遵循什么样的因果关系和结构形式，完成任务需按什么程序进行。

④ 明确预期成果。给下属授予一项任务，必须事先告知他们预期的成果是什么，并且这个预期成果应该量化、具有可测量性。预期成果的确定，有助于被授权者制定详细工作计划，也能方便管理者随时检查任务的执行情况和对任务执行进程进行控制。

(2) 明确授受双方的权责关系。在告知被授权者关于任务的目的和内容后，要明晰授受双方的权责关系，即被授权者的责任是什么，所拥有的权力又是什么，与主管的权责关系又如何。

① 被授权者的权力。为了完成任务，可以在多大范围内自己决策，比如可以对员工的工作方式和报酬在多大范围内进行调整，被授权者与受权者的每一项权力都伴随着明确的界限，不能超越界限使用权力。

② 被授权者的责任。责任是对受权者权力的最大约束，也是为了实现授权目标对受权者进行控制的主要方式。有权力就必须承担责任，有多大的权力就必须承担多大的责任。受权者在得到权力的同时，也就意味着要承担相应的责任，应明确告知被授权者应承担的责任，如完不成任务应承担什么样的责任。所以，被授权者在运用自己权力的同时，也必须牢记自己的责任。

③ 授权者与被授权者的关系。在授权之后，管理者不必亲自去完成授权任务，但是，毕竟授权任务是属于自己管辖范围内的事，不可能完全撒手不管。所以要告知被授权者两者之间的关系，在授权关系中授权者享有监督控制权、建议权、了解权以及验收权。

(3) 明确授权工作的资源分配。资源配置方式是授受双方权力划分的依据之一，但鉴于资源分配对于授权工作是否能够达到预期目标有着至关重要的作用，因此需要告诉被授权者哪些资源可利用，哪些资源可以通过其他部门协调后利用。

① 信息资源。被授权者可以调动哪些信息材料，后续信息的来源渠道，对各种信息的处理方式等都应明确。如，信息来源主要是向什么部门、什么人要求新的信息资源，被授权者能够采取什么方式获取信息等。

② 资金。被授权者者可以调动哪一部分资金，可以调动多少资金应有明确规定。在大多数情况下，还应对资金的用途和投向进行约束。

③ 物质资料。在生产性组织中，要通过授权完成生产任务的话，必须对被授权者者可支配的能源、原材料、机器设备及辅助材料等做出具体规定。

④ 技术与人员。要让被授权者高效快捷地完成任务，必须为他分配一定数量有相应技能的人员。

将授权的各方面内容都确定下来，不但能指导被授权者工作，也能保持组织关系稳定，不使授权冲击组织其他工作的正常开展。

（4）授权时的策略。对于不同的人员，授权时要采用不同的方法。对经验丰富的人，授权后就不要再干涉其工作，否则，容易引发不满情绪；对有一定经验的人，要提供一定的支持和监督，一方面支持他，一方面监督他，相辅相成；对极具潜质，但缺乏经验的人，在授权前要加强辅导、培训，授权后做充分的支持和监督。

4. 授权后的监督与控制

跟进完成是授权程序中的一项重要工作，领导可以视下属的成熟程度和授权程度，与下属保持一定的联络，检查进度，商讨应变措施。下放权力后不要轻易干预，需要时才从旁协助。应该充分信任下属，但适度的监督必不可少，必要的时候要提供协助。下属任务完成得好，要真诚地表扬其成绩，及时激励，给予下属一定的奖励。如果任务没有很好地完成，也应该根据实际情况使其承担一部分责任。没有控制的授权不是授权，而是放弃权力；控制太多太严的授权也不是授权，而是分派任务。授权离不开监督和控制，但是授权后的监督与控制却是一门深奥的艺术，过头和不及都会影响授权的正常进行。

（1）通过设定目标建立授权控制体系。贯穿于整个监督与控制过程的主线就是预先设定的任务和目标，只有建立了完善的任务和目标体系，才能在此基础上评价员工工作的成败得失，纠正错误，奖励创新；才可以收集信息，并及时根据新情况调整目标；同时还可以对员工进行指导，使授权工作始终沿着目标设定的方向发展，不偏离轨道。

【阅读材料 8-5】

张总经营着一家中型服装加工企业，公司规模虽然不是很大，但是他一个人也管理不过来。因此，他将其中几个部门的权力授予了相关人员，每月 10 号各部门的负责人向他汇报各自的情况，以使他了解公司整体的运作情况。但是，张总发现虽然各部门报告的情况都很好，可是公司的运行却出现了问题，很多加工合同不是不能按质完成就是不能按量完成，他感到十分的苦恼。

（2）通过定期检查进行监督与控制。定期检查是一种正式的、常规的监督检查方式。管理者首先要掌握好定期检查的内容及方法要求，才能进一步了解更多监督方法。要使检查结果真正对授权工作起到控制作用，就必须要求下属认真对待检查结果，以检查中的评价及意见作为改善工作的依据。下属对于检查中被发现的问题要做出解释并拟出修改计划，对于可能出问题的一些做法要向上面说明情况，征求上面的意见后决定是否修改。

（3）通过突击检查进行监督和控制。相对于定期检查而言，不定期的突击检查肯定更能得到真实的检查结果。因为下属是猝不及防地接受检查，没有时间去准备，一切情况都是以本来面目呈现的。突击检查使得下属时刻得注意自己的工作，不敢马虎大意，不敢矫饰作假。

【阅读材料 8-6】

某地是有名的煤炭产区，这个地方有着一个不怎么光彩的说法，即这里的煤炭职工是全世界最危险的工人，他们所经受的事故率及事故死亡率是全世界同行业里最高的。

为什么会这样？关键还是在安全检查上。缺乏突击检查，根本查不到或者没有人愿意真正查到安全隐患，无法将事故消除于隐患状态。每一次安全检查都会提前两三个月就告诉各煤矿，快要检查了，赶快做好准备。而各煤矿则是为了应付检查而粉饰一番，所有的安全隐患都被提前掩盖了，检查组也不会去细察，而一些实在危险且无法隐藏的煤矿，则在检查还未来之前就先停产了，等待检查结束再照常开采。

没有突击检查，一切就这样在互相应付的形式主义作风下进行着，每年上报的安全生产形势都是良好，而每年都有为数不少的煤炭职工葬身矿井之中。

资料来源：http://www.zju.zj.cn/brand/magzine_show.aspx? id=394.

第四节 制度设计与管理

如果说组织结构本身是硬件，那么组织制度就是软件，二者共同保证了组织的高效率运转。

一、组织制度概述

1. 组织制度的含义和内容

组织制度建设的重要性已经被越来越多的企业所熟悉，一个完善的、合事宜的组织制度，能规范员工行为，使各项工作有章可循，提高治理效率与质量。组织制度是企业组织中全体成员必须遵守的行为准则，包括企业组织机构的各种章程、条例、守则、规程、程序、办法、标准等，它规定了企业的组织指挥系统，明确了人与人之间的分工和协调关系，并规定各部门及其成员的职权和职责。

一套完整的公司组织管理制度应至少包括以下内容。

（1）公司组织管理制度设计的原则规定。根据公司的目标和特点，确定公司组织管理制度设计的原则、方针和主要参数。

（2）职能分析和设计规定。规定公司组织管理职能及其结构，并层层分解到各项管理业务和工作中，进行管理业务的总体设计。

（3）结构框架的设计规定。具体表现为公司的组织系统图，设计出各个管理层次、部门和岗位，及其责任、权利的规范。

（4）联系方式的设计规定。指规范控制、信息交流、综合、协调等方式和规定的设计。

（5）管理规范的设计规定。指规范管理工作流程、管理工作标准和管理工作方法等管理人员的行为规范的设计。

（6）人员配备和培训规定。指根据结构框架设计，对配备和培训各级各类管理人员的过程进行管理。

（7）运作规定的设计规定。设计管理部门和人员绩效考核规定，设计精神鼓励和工资奖励规定。

（8）反馈和修正制度。将运行过程中的信息反馈回去，定期或不定期地对上述设计进行必要的修正。

2. 组织制度的层次

（1）组织的基本制度。基本制度是企业的"宪法"。它是企业制度规范中具有根本性质的，规定企业形成和组织方式，决定企业性质的制度。基本制度主要包括企业财产所有形式、企业章程、股东大会、董事会、监事会组织、高层管理组织规范等方面。组织基本制度通过公司的决策机构、执行机构和监督机构的规定，明确了企业所有者、经营者和生产者之间责权分明、相互制约的关系，并以国家相关的法律法规和公司章程加以确立和实现。

(2) 组织的管理制度。组织的管理制度是管理的规范和准则，是对组织各领域、各层次的管理工作所制定的指导与约束规范体系。管理制度对企业管理的各基本方面规定了活动框架，用以调节集体协作行为。管理制度比企业基本制度层次略低，用来约束集体的成体系的活动和行为，保证了各个层次、部门和岗位按照统一的要求和标准进行配合和行动，管理制度主要针对集体而非个人。

(3) 组织的技术与业务规范。技术规范是有关使用设备工序，执行工艺过程以及产品、劳动、服务质量要求等方面的准则和标准。业务规范是针对业务活动过程中那些大量存在、反复出现，又能摸索出科学处理方法的事务所制定的作业处理规定。技术与业务规范对组织中各种技术标准、技术规程，以及业务活动的工作标准与处理程序作出了规定和要求。当这些规范在组织管理制度上被确认后，就成为组织的技术和业务法规。

(4) 组织中的行为规范。组织中的行为规范是指针对组织中的个人和群体，对其行为进行引导与约束所制定的规范，如员工职业道德规范等。行为规范是在组织中根据组织文化、组织战略、经营哲学逐步形成和确立的，是组织成员在组织活动中所应遵循的标准或原则。因此其对全体成员具有引导、规范和约束的作用，引导和规范全体成员可以做什么、不可以做什么和怎样做，是组织价值观的具体体现和延伸。

3. 组织制度的功能

(1) 规范功能。国有国法，家有家规，组织制度相当于组织的家规，可以规范员工的行为，规范企业的管理。组织制度对实现工作程序的规范化，岗位责任的法规化，管理方法的科学化，起着重大作用。组织制度可以作为全体员工在工作期间的行为指引，如对相关人员做些什么工作、如何开展工作都有一定的提示和指导，组织制度把全体员工组合成一个统一整体，实现了一加一大于二的效应。

(2) 制约功能。组织制度会规定违反组织制度的后果，使员工能够在工作过程中自觉抑制违规行为的发生。同时，由于组织制度将对违规员工作出惩处，这样既使有违规行为的员工受到了惩罚，也使其他员工受到了教育。

(3) 协调功能。企业组织制度可以协调企业管理工作上的分工协作，促进各个部门和各个岗位之间的工作衔接，还可以避免各项工作环节上出现"真空"，或者避免各工作环节上出现管理"重叠"。此外，组织制度还可以起到防止争议的作用，如法律规定了带薪年休假，但带薪年休假如何安排，年休假期间享受什么待遇，这些在规章制度里落实了，就可以避免双方的许多争议。

4. 组织制度的特点

(1) 权威性。组织制度权威也可叫正式权威，来自于组织结构中对管理者地位和权力的正式规定。这种形式下，管理者拥有组织授予的奖惩权，可以视被管理者工作的不同情况，决定给予奖励或惩罚。它建立在强制力的基础上，不是个人的权威。

(2) 强制性。组织制度是对企业全部或部分范围经营管理行为进行规范和约束的文件，是刚性的，一旦颁布，适用范围内的员工均必须遵守和执行，没有讨价还价和打折扣的余地。组织制度一旦形成将对适用范围之内的所有人员有效，不管职位高低或是权限大小。

(3) 长期性。任何一项规章制度的实施都有一个认识、熟悉、适应和掌握的过程，应保持相对的稳定性。如果朝令夕改，频繁更动，即使非常合理的规章制度，也难以实施，甚至会造成管理上的混乱。当然，组织制度也不是一成不变的，应当随着客观情况的变化，进行调整、增减，那些经过实践证明不合理和不完善的条款应按规定的程序修订完善。组织制度一旦形成，将保持较长时间的稳定性。这一特点将规章制度与其他的相关公文区别开来，比如一事一议的通知、会议纪要等。

二、组织制度的制定

1. 制定组织制度的原则

（1）法制性原则。企业组织制度是建立在国家法制的要求之上的，其内容和程序都必须符合法律法规的相关规定，并与现行法律相衔接，与行业要求、规定相统一，与已颁布的规章制度相协调。

（2）目标性原则。制定组织制度的目的是使组织管理走向规范化、制度化和法制化，以保障组织的战略目标实现。组织制度属于法规的范畴，它是组织工作的指南、员工行为的规范和各项工作的准则，任何部门和个人都应严守各项制度，才能保障各项工作有序进行，以实现组织的最终战略目标。

（3）标准化原则。规章制度不仅包括部门职能、岗位职责和工作制度，而且还包括服务标准、操作规程、工作流程，以及考核评价标准等。为了使各种制度规范、紧密衔接、准确划一，制定组织制度必须坚持标准化原则。遵循标准化原则必需要求制度的描述语言、格式要标准化，更重要的是各项工作、操作的标准化，用同一个标准要求、衡量，以促进组织各项工作协调一致，全面提高服务质量。

（4）系统性原则。组织制度作为一个整体系统服务于组织战略目标和使命，系统性原则要求制度设计必须做到以下几点：组织制度存在位阶，位阶高的效力高，位阶低的效力低，下位阶的制度不得与上位阶的制度冲突；同一组织层级的制度之间必须和谐，不得相互冲突；具体制度的设计必须有助于系统功能的实现；具体制度的废、改必须纳入制度系统中，防止影响制度系统功能正常发挥。

（5）科学性原则。科学性原则要求组织制度的制定从企业管理的整体出发，科学规划，合理划分各项工作的层次和界限，理顺关系，明确责任。企业管理的各个层次、各个方面，都应有相应的制度，各个层次和环节的规章制度构成一个有机体系发挥整体功能的作用。在制定过程中，不仅要把本企业管理已经成功的经验纳入其中，也要把先进的管理方法和管理技术吸收进去，以利于促进先进管理方法和管理技术的推广和应用。

（6）可行性原则。可行性要求组织制度表述要具体，结构要严谨，条理要分明，用词要准确。每一条款，每句话都应明确具体，使执行者明确干什么、干到什么程度，因此能定量的要尽量定量，不能定量的也要给出具体工作内容和要求，切忌空话、套话和概念性的口号等，同时条文要具有可考核性，标准都是明确的，是否达到标准让执行人和监督人都明白，切忌模棱两可的衡量标准。

2. 制定组织制度的程序

组织制度的形成和制定过程，一般有以下五个基本步骤。

第一步，结合组织战略进行调研。要根据组织内外环境的变化及组织发展战略规划的需要，明确制度制定的依据、制度需要达到的目的，以此提出建立组织制度的目标指向，并由组织的相关管理部门进行资料收集和制度制定的调研。这样一方面可以充分了解组织所在的行业特点以及行业内的既定规则，因为行业内既定的规则和规范直接影响所在该行业的企业的内部运行机制。另一方面可以通过调研弄清楚组织的制度体系是否可以与工作习惯相匹配，制度是为了合理配置企业资源、规范企业运行流程和规范员工行为，所以制度体系一定要与工作习惯和工作流程相协调和配合。

第二步，制定草案。在进行充分调研的基础上，结合调研的结果以及组织的战略任务和目标，并由有关部门和人员根据管理工作的需要，提出制度制定的要求，根据要求起草管理制度的初步方案。

第三步，讨论和审查。组织制度草案提出后，要广泛征求相关各方的看法和意见，集思广益，充分讨论和研究，并改正其中不切合实际之处，弥补疏漏，调整与其他方面的制度矛盾、重复之处，使制度草案进一步完善化。

第四步，试行和修定。制度草案经上级管理部门审批后，可以进行试行，试行的目的是在实践中进一步检验和完善，使之成熟化、合理化。对于新制定的制度规范，试行是必不可少的一个阶段。试行、修订后才可以全面推广，同时要根据运行情况制定配套措施。需要注意的是，修改后的制度草案要报请上级管理部门审批。

第五步，正式执行。制度经过一段时间试行、修定和完善后，即可稳定下来，形成正式的、具有法律效果的制度文本，按照确定的范围和时间正式执行。与此同时，要向相关方面说明情况，报送上级管理机构备案。

三、组织制度的执行

组织制度一经批准，就必须在实际工作中切实地贯彻执行。为使组织制度能顺利地得到贯彻执行，应当注意以下一些问题。

1. 宣传教育，使制度深入人心

必须重视组织制度的教育培训，通过教育培训，使员工充分理解制度的内容，减少组织制度执行的阻碍，提高员工执行制度规范的自觉性。当员工进入新的部门工作，或者某些员工调动岗位后，应该安排一个老员工帮助、辅导他们，从业务上给予具体指导，帮助他掌握执行制度所必需的业务技术知识和技能，尽快独立开展工作。

2. 明确责任，严格执行

要坚持在制度面前人人平等的原则，企业的一切组织制度，各级领导干部必须带头遵守，成为执行管理规范的模范。必须严格按组织制度办事，坚持严格的检查和考核。做到有章必循、违章必究、令出必行。执法不严，组织制度将会失去权威性，实际上等于取消了管理规范。要坚持定期和不定期的检查制度，通过检查，发现问题，纠正不足，并且对每个部门、每个岗位实行定性和定量的考核，把考核结果同职位变动、奖惩等结合起来。

3. 坚持原则性与灵活性的统一

伴随企业的发展，逐步规范企业的管理是很有必要的。但规范化管理需要一个过程，从没有规范到不太规范再到比较规范，需要时间和员工的逐步适应。具体行动时，可先制定一个条款较为宽松的管理制度，让员工有一个心理适应的过程。如果时间允许和有必要的话，可以规定一个模拟运行期。在此期间，只检查不考核，奖励制度执行好的部门和个人，引导员工从心理和行为上适应新制度。制度执行一段时间，员工已经习惯和适应之后，再根据情况需要，细化制度条款，明确考核奖惩措施。由于员工前一段时间已经适应了制度，在这个基础上，再接受细化的制度，难度就会小很多。

四、组织的制度化管理

1. 制度化管理的含义

制度化管理就是倚重组织制度体系进行管理的模式，其实质就是由制度体系构建的具有客观性的管理机制进行管理。制度化管理是企业成长必须经历的一个阶段，这种管理方式以制度为标准，把制度看成是企业的法律，职工进入企业以后，先进行企业制度方面的教育，让职工充分了解企业的要求，并要求职工严格执行组织制度。在平时的工作中，企业处处以制度为准绳，管理者几乎相当于企业的执法人员，以制度来衡量员工的一举一动，一旦员工违犯了组织制度，将按照组织制度的规定进行处罚。

管理制度化可以从以下几点进行理解。第一，制度化既是对他管理又是对己管理。制度的核心实质是从公的而不是从私的，是从众的而不是从己的。它必须保持必要的中立状态和公平原则。立公从众是制度的核心，也是制度化管理的核心本质。仅以为制度是管理他人的，这是十分错误的出发点。第二，既是全面的、整体的管理，又是局部的、个体的管理。它的建立和实施都必须以整体利益和众体意志为出发点，但同时组织制度的遵循又是由个体行为的遵守为前提的。第三，制度是实体的又是程序的，它是整体调控的思想，又是流变过程控制的措施。作为管理工具而言，组织制度是实体的，也就是说，它是需要具体落实的，是实体性的意志安排。但是它同时又必需动态地分解落实到每个具体的环节中去。

2. 制度化管理的优势

（1）利于企业运行的规范化和标准化。一切按制度办事是企业制度化管理的根本宗旨。制度化管理是企业的低文本文化向高文本文化过渡的具体表现。企业通过各种制度来规范员工的行为，员工更多的是依据其共同的契约即制度来处理各种事务，而不是以往的察言观色和见风使舵，使企业的运行逐步趋于规范化和标准化。

（2）利于企业提高工作效率。制度化管理意味着程序化、标准化，因此，实施制度化管理便于员工迅速掌握本岗位的工作技能，便于部门与部门之间，员工与员工之间及上下级之间的沟通，使员工最大限度地减少工作失误。同时，实施制度化管理更加便于企业对员工的工作进行监控和考核，从而促进员工不断改善和提高工作效率。

（3）制度化管理可在很大程度上减少决策失误。制度化管理使企业的决策从根本上排斥一言堂，排斥没有科学依据的决策，企业的决策过程必须程序化、透明化，决策必须要有科学依据，决策的结果必须要经得起实践的检验和市场的考验，决策人必须对决策结果承担责任，在最大限度上减少了决策失误。

（4）制度化管理能强化企业的应变能力，增强企业的竞争力。制度化管理使企业管理工作包括市场调研、供应商及客户的管理和沟通等工作都得以规范化和程序化，并在企业内部形成快速反应机制，使企业能及时掌握市场变化情况并及时调整对策，也使整个供应链的市场应变能力得到增强，从而提高供应链和企业本身的竞争力。

3. 制度化管理的要求

要真正实现组织的制度化管理，实现各项工作的突破，需要从以下几个方面入手。

（1）从领导班子抓起。制度化管理首先要从领导抓起，从领导班子的制度化抓起，也就是说一个组织的制度化管理，必须从领导集体的制度建设开始。一个组织的各项制度建设伊始首先应建立领导们必须遵守的规章、制度、办法，只有把这些规章制度建立起来，且领导成员真正遵守，单位才能制定出管理工作的规章制度。而且班子成员带头遵守执行，不搞特殊化，给组织的其他成员树立榜样，就可以使单位上下共同遵守这些组织制度，调动单位全体人员的积极性、创造性，从而实现制度化管理，收到应有的效果。因此说，领导带头遵守执行各种规章制度，是实现制度化管理的关键，也是各项工作全面上升的关键。

（2）全员参与，制定科学合理、符合实际的组织制度。制度是规则，是需要大家共同遵守的，因此制度首先要让大家了解和认可，否则，就是一纸空文。有的单位制度制定得不少，可在实践中无法执行，还有的制度空洞无物，脱离实际情况，自身相互矛盾，这样的制度是不起作用的。要想使规章制度真正发挥作用，首先要让组织全体成员都认可组织制度的合理性、必要性，要使这些制度深入人心。因此制定组织制度时，要让全体成员充分参与和讨论，只有这样才会制定出单位全体成员都接受的规章制度，制度才有合理性和可操作性，组织的所有成员也才会心甘情愿地接受它的约束，收到制度化管理的成效。

（3）建立相应的考核机制。只有科学合理、符合实际的规章制度还不够，还必须建立与之相配套的考核制度。考核是检验组织制度落实情况、评价制度是否合理可行和便于操作的方法。同时考核工作也需要规范，也要建立制度，而且必须是更具操作性和标准化。在考核的过程中绝不能走过场，流于形式，而是应该把考核细化、量化，并建立档案，使各项制度的考核真正落到实处，不漏过一个管理和考核对象。组织上下都认真遵守执行各种制度，每个人既是制度执行者，同时又是别人执行制度的监督者，使组织上下形成一个制度管理的立体网络。由于有了考核这个监督机制，才使各项制度真正落到实处，真正发挥制度管理的作用，从而确保其他工作的全面进步。

（4）做好员工思想工作。要实现制度化管理，必须有一定的思想工作做保证，在制度酝酿、协商、起草和讨论过程中，应注意充分听取、广泛收集组织成员的意见，集中全体成员的智慧，尊重他们的积极性、创造性，并把思想工作贯彻于各项工作的始终。实行严格的组织制度后，必然会有部分成员感到不适应，甚至牢骚满腹，这就需要通过耐心细致的思想工作，在坚持制度标准不变的情况下，消除他们的疑虑，化解他们的不满，使他们从抵制执行制度到自觉遵守制度。

本 章 小 结

（1）组织中存在着三种职权类型：直线职权、参谋职权和职能职权。直线人员拥有发布命令及执行决策的权力，即指挥权。直线人员是指能领导、监督、指挥、管理下属的人员。参谋职权是指管理者拥有某种特定的建议权或审核权，可以评价直线方面的活动情况，进而提出建议或提供服务，它在本质上是一种筹划、咨询和建议性的权力。在组织权力关系中，直线权力是主导的，参谋职权是从属的，参谋人员是从属于主管人员的，他们是主管人员的助手和谋士。职能职权是直线管理者把一部分原属自己的直线职权授予职能部门或职能管理人员的职权。可以通过建立明晰的职权结构，来协调三种职权的关系。

（2）集权是指决策权集中在组织领导层，下级部门和机构只是执行，一切行动听从上级指挥。这意味着决策权在很大程度上向处于较高管理层次的职位集中，它是以领导为中心的领导方式。分权是指组织领导层将其决策权下放给下级部门和机构的负责人，让他们独立地去处理某些情况和解决某些问题。分权意味着决策权在很大程度上分散到处于较低管理层次的职位上，是以下属为中心的领导方式。决策的代价、组织的规模、管理人员素质与下属成熟度等因素影响到组织的集权和分权程度。不管是集权还是分权，都只是管理的一种手段，目的是为更有效地实现组织的目标。要达到这一目的，最重要的是要在集权和分权之间恰当地权衡得失，取得良好的均衡，做到"既放得开又管得住"。

（3）分权可以通过两个途径来实现，即组织设计中的制度分权与主管人员在工作中的授权。授权是指由领导者授予直接被领导者以一定的权力，使其能够自主地对授权范围内的工作进行决断和处理，授权后，领导者拥有指挥和检查监督的权力，被授权者负有完成任务与报告的责任。授权应遵循因能授权、责权对应、逐级授予、充分信任和有效控制相结合的原则。授权的流程为：确定授权任务、选贤任能、授权沟通、授权后进行监督与控制。

（4）如果说组织结构本身是硬件，那么组织制度就是软件，二者共同保证了组织的高效率运转。组织制度是企业组织中全体成员必须遵守的行为准则，包括企业组织机构的各种章程、条例、守则、规程、程序、办法、标准等，它规定了企业的组织指挥系统，明确了人与人之间的分工和协调关系，并规定各部门及其成员的职权和职责。组织制度包含组织的基本制度、组织的管理制度、组织的技术与业务规范、组织中行为规范四个层次。组织制度具有规范、制约、协调的功能。组织制度的形成和制定过程，有以下几个步骤：结合组织战略进行调研、制定草案、讨论和审查、试行和修订、正式执行。

【案例思考】

三九企业集团的发展

三九企业集团（简称三九企业）是中国目前五大制药企业之一，作为一家军队开办的、经营有方的药品生产企业，它从1987年建成投产，截至1994年底，共为国家上缴2.541亿元的所有权收益，产值和利税在7年时间内各自增长了60倍和52倍。三九企业的发展经历了以下的几个阶段。

第一，创业阶段。1985年，赵新先厂长带领5个年轻人艰苦创业，责成手下5人各自独立负责一摊子工作，各自也都没有配副手。赵新先发现这种办法用人少、矛盾少、责任明确、效率很高，所以将之归纳为"各级领导个人负责制"，并视为一条基本组织原则，在企业发展壮大后的多次组织改组中都给予了支持。

第二，投产阶段。三九企业于1987年9月建成投产以后，开始形成正式的直线职能制。这种组织形式的特点是，企业设立两套组织系统：一套是按统一指挥原则设立的直线管理系统；另一套是按劳动分工原则设立的参谋职能系统。职能管理人员作为直线指挥人员的参谋和助手，只对下一层次机构的工作进行业务指导，而无权发布命令进行指挥。这种组织结构形式可以避免多头领导，同时实现了管理工作上的职能分工。三九企业投产初期的组织机构包括开发部、供应部、生产部、贸易部、企管部和后勤部。赵新先作为一厂之长，对药厂的工作全面负责，各位部长对所管辖领域的一切问题负责。为了避免各部门之间频繁地发生不必要的跨部门联系，三九企业在设置直线职能制组织结构时遵循了一条重要的原则——"大职能，小部门"原则，即在坚持少用人的前提下，尽可能把相关的工作归并在一个部门内。例如，生产部包含了药品生产过程的指挥及有关的所有技术与管理工作；贸易部既包括药品推销工作也包括市场营销工作；后勤部既负责后勤保障、行政管理和安全保卫，同时还负责工人管理。这种把相互关系比较密切的工作尽可能地组合到一起的做法，在三九企业日后的其他机构设计中都得到了遵循和体现。

第三，强化经营、组织结构调整阶段。三九企业经过几年的发展已经形成了一定的生产规模，并将三九胃泰、壮骨关节丸、正天丸、感冒灵冲剂等6种产品成功地推向了市场。鉴于全国医药市场从1991年开始出现不利的变化及药厂的拳头产品出现了断层的现象，为加强经营工作，三九企业在原贸易部基础上组建了三九贸易公司（隶属于三九药业有限公司）。贸易公司着力进行销售网络建设，在全国各大城市建立了62分支机构，销售网络共达3000多个，并在1994年完成了对宁波、长沙、无锡三家营业额达1亿元以上的国营医药商业单位的收购（三九药业有限公司下设医药投资管理部，负责对购并来的医药经销渠道进行管理），使三九药业销售规模达到了8.6亿元的水平。

三九企业鉴于在发展过程中要投入大量的资金做产品宣传广告，为此投资建立了三九广告传播公司，一方面为药厂制作高水平的广告并形成独具特色的广告风格，有力地宣传三九系列药品；另一方面又通过承揽其他厂家的广告业务挣得额外收益。三九企业组织结构调整的再一步骤，是成立了"两部"、"两院"。

考虑到药品质量是药品生产经营工作的一大关键，三九企业及时成立了质检中心，加强产品质量把关。后来，为将药品质检工作与药品质量管理工作有机地结合起来，1992年3月成立了质量管理部，下设实验室质量检验和业务室质量管理两大机构。另外，由于药厂生产规模扩大、人员日益增多，对干部的考核与使用、企业的思想宣传工作和文化建设也显得日趋重要。为此，药厂成立了人事部和党务部，并于 1994 年底合并为党务人事部，负责这方面工作。

三九企业成立的"两院"，一是在撤销药厂开发部机构基础上设立的三九医药研究院，另一是新近着手筹建的三九医院。成立"两院"的目的，是建立药厂自己的科研基地和新药临床试验基地，以进一步增加产品储备，占领和扩大医药市场。这种科工贸并举的较为完全的医药开发、生产和销售体系的形成，是三九药业的一大优势。

随着各类组织机构的建立和完善，内部联系也逐步变得复杂起来。为了理顺各种关系，三九企业逐渐形成了横向协调的机制。如企业每月制定生产计划，先是由贸易公司根据销售和库存情况与生产部协商确定，然后由生产部根据能力负荷情况做出计划安排，报请厂长批准后下达具体生产任务到各车间，并通知供应部和管理部。平常的工作联系，不用开会，而是主要通过电话来实现销售、生产、供应和质检等环节的沟通与协调。这样灵活的、自主的协调机制，构成了三九企业组织设计的另一特色。

第四，多元化经营，开拓国际市场阶段。这一阶段的组织结构调整是伴随着三九企业集团的成立与发展进行的，主要包括以下几个方面。

（1）在加强中成药生产基地建设的同时，围绕医药关联产品建立了西药生产基地（九新药业有限公司）和生化制品生产基地（九升生物制品厂、九阳天然保健制品厂、九泰保健日用品厂、九先生物工程有限公司等）。

（2）1990 年三九企业得到美国食品与药品管理局（FDA）同意"三九胃泰"在美国生产和销售的批文，并与外商合资建立了一个生产厂（九美企业），在美国就地加工和生产"三九胃泰"胶剂。同时，为协调三九系列药品的海外开拓工作，三九企业于 1995 年初成立了海外公司党委和海外公司管理部，以加强企业对海外业务的统一管理。

（3）三九企业投资和联合了一些军队和地方企业，壮大了三九企业集团队伍，并在一段时间内与三九企业集团管理机关合署办公，实行"两个牌子，一套班子"，以更有效地精简机构和管理人员。

三九企业集团自 1991 年底组建以来，截至 1994 年底，集团企业已由原来的 34 家发展到 90 余家，固定资产从 16 亿元增加到 43.33 亿元，人均产值和利税分别为 138 万元和 20 万元。三九企业集团在短短的几年时间内获得这么迅速的发展，是同集团坚持以医药为主、科工贸并举、多元化和国际化经营的发展战略分不开的，同时也同集团的合理的组织管理密不可分。

【案例思考题】1. 你认为，三九企业是一个集权的企业还是分权的企业？为什么？

2. 试分析三九企业的组织结构变动引发了怎样的职权关系变化？

3. 试总结三九企业职权配置特点。

资料来源：http：//teaching. njtu. edu. cn/managements/glx/glxcourse/%B9%DC%C0%ED%D1%A7%BF%CE%B3%CC%CD%F8/anli/ANLI/new _ Page _ 43. htm. 略有删改.

复习思考题

一、单项选择题

1. 责权一致原则是指（　　）。

　　A. 只赋予责任　　　　　　　　　　　B. 只赋予权力

　　C. 赋予责任也赋予相应的权力　　　　D. 权力大于责任或责任大于权力

2. 某公司总经理要求下属人员都按他的要求工作，而副总经理也是这样要求下属，结果下属不知如何是好，问题出在（　　）。

    A. 总经理与副总经理不信任下属　　　　B. 总经理与副总经理不知道这种做法的坏处

    C. 总经理与副总经理违背统一指挥原则　　D. 总经理与副总经理有矛盾

3. 如果你是公司的总经理，你将授予（　　　）以决策和行动的权力？

    A. 参谋人员　　　　　　B. 直线人员　　　　　　C. 咨询人员　　　　　　D. 一线员工

4. 职能职权就是（　　　）。

    A. 参谋人员的咨询、建议、指导、协调、服务的权力

    B. 直线人员的指挥、决策、命令的权力

    C. 参谋人员通过组织分权而获得的那部分权力

    D. 参谋人员被授予的原属于直线人员的那部分权力

5. 考察一个组织分权程度的关键在于（　　　）。

    A. 按地域设立部门　　　　　　　　　　B. 按职能设立部门

    C. 按顾客设立部门　　　　　　　　　　D. 决策权或命令权是保留还是下放

6. 一个企业中处于较低管理层的管理人员所作的决策数量很多且很重要，在决策时受到的限制很少，则可能认为该企业（　　　）。

    A. 管理人员的素质较高　　　　　　　　B. 高层主管比较开明

    C. 组织集权程度较高　　　　　　　　　D. 组织分权程度较高

7. 比较严峻的外部环境在一定程度上会助长（　　　）。

    A. 授权　　　　　　　　B. 分权　　　　　　　　C. 集权　　　　　　　　D. 放权

8. 过去企业内部各分厂（车间）之间是"无偿"提供零部件或半成品，现在企业内部管理体制改革，各分厂实行独立核算，各分厂（车间）之间零部件或半成品的转移按内部结转价格核算，这体现的组织管理思想是（　　　）。

    A. 集权管理　　　　　　B. 分权管理　　　　　　C. 按劳分配　　　　　　D. 经济责任制

9. 支持组织集权的正当理由是（　　　）。

    A. 维护政策的统一性与提高行政效率　　B. 提高组织决策质量

    C. 提高组织的适应能力　　　　　　　　D. 提高组织成员的工作热情

10. 在一个组织内，甲帮助乙做事情，但不承担责任，甲对乙是（　　　）。

    A. 被授权者　　　　　　B. 代理职务　　　　　　C. 助理或秘书　　　　　D. 参谋人员

11. 以下哪一种作法不是较为分权的做法？（　　　）。

    A. 组织中较低层次决策设计的频度和数目度很大

    B. 组织中较低层次决策涉及的职能较多

    C. 组织中采取了减低上级领导工作负担的措施

    D. 高层对较低层次的决策不加控制

12. 过渡集权的弊端是（　　　）。

    A. 降低组织的适应能力　　　　　　　　B. 降低决策质量和员工的工作热情

    C. A＋B　　　　　　　　　　　　　　　D. 降低生产能力

13. 某公司总经理把一项物资采购工作授权给采购部经理完成，结果采购出现差错，给公司造成巨大损失，则（　　　）。

    A. 总经理和采购经理都对损失负有责任　　B. 总经理对损失有责任

    C. 采购经理对损失没有责任　　　　　　D. 只有采购经理对损失负有责任

14. 某大型集团公司在其各子公司的高层设有参谋，在高层的一次关于参谋问题的会议上，收集到了如下建议，你认为哪种更科学？（　　　）。

    A. 设参谋之职违反了命令统一的原则，应取消此职

    B. 为了不使参谋成为有职无权的摆设，应授予参谋决策和行动的权力

    C. 参谋应当只起服务和协调的作用，不应越权或篡权

    D. 参谋应当只起服务和协调的作用，没有权力提出决策建议

15. （　　　）职能部门需要较大的集权？

　　A. 销售　　　　　　　B. 顾客服务　　　　　C. 生产　　　　　　　D. 财务

16. 所谓授权是指（　　　）。

　　A. 在组织设计时，规定下属管理岗位必要的职责与权限

　　B. 在组织调整时，规定下属管理岗位必要的职责与权限

　　C. 管理者将部分处理问题的职权委派给某些下属

　　D. 委托代理关系

二、判断题

1. 强调权力下放，主要是为了减轻领导者的工作负担。　　　　　　　　　　　　（　　）

2. 领导者的责任不能随着权力的下放而相应地全部转移给下级。　　　　　　　　（　　）

3. 一般来说，企业的规模越大就越倾向于采取更为分权的组织形式。　　　　　　（　　）

4. 权力高度集中可提高决策效率，因而确保决策质量。　　　　　　　　　　　　（　　）

5. 分权越彻底，管理越有效。　　　　　　　　　　　　　　　　　　　　　　　（　　）

6. 过分分权会降低组织成员的工作热情。　　　　　　　　　　　　　　　　　　（　　）

7. 集权与分权相平衡原则就是既集权又分权。　　　　　　　　　　　　　　　　（　　）

8. 参谋人员的职责不仅仅是建议，在很多场合还具有指挥与协调的作用。　　　　（　　）

9. 考察一个组织的分权程度，关键看决策或命令权下放或保留程度。　　　　　　（　　）

10. 参谋人员只能具有命令权限而不能具有职能权限。　　　　　　　　　　　　　（　　）

11. "理解，执行；不理解，执行中理解"，这是在管理活动中具有分权化倾向的管理者的表述。（　　）

12. 上级为下级制定的计划越完备，则集权化倾向越明显。　　　　　　　　　　　（　　）

13. 环境不确定程度较高，则实行较大程度的分权。　　　　　　　　　　　　　　（　　）

14. 组织规模越大，越应分权。　　　　　　　　　　　　　　　　　　　　　　　（　　）

15. 重要程度较低的决策可实行较大的分权。　　　　　　　　　　　　　　　　　（　　）

三、名词解释

职权，直线职权，参谋职权，职能职权，集权，分权，授权，等级链，协调。

四、思考题

1. 简述集权与分权的关系。

2. 如何正确发挥参谋的作用？

3. 怎样判断一个组织分权的程度？

4. 影响集权和分权的因素有哪些？

5. 集权和分权各有何利弊？

6. 管理者为什么要进行授权？授权的基本过程如何？

7. 简述直线职权与参谋职权、职能职权的关系。

8. 授权应遵循哪些原则？

9. 简述正确处理好职权关系的方法。

10. 分权途径有哪些？

11. 有效授权的障碍有哪些？

第九章　人力资源管理

 引导案例：

松下企业实行新的干部考核标准

松下企业的人事政策向来是稳定的，但近年来由于公司经营危机的加深，公司的人事政策也开始发生剧烈的变化。松下公司长期以来，管理岗位一直存在着难以衡量工作绩效的问题，因而管理人员工作平平也不会影响他的收入和职位。松下提出的管理职位人事改革的原则，就是以能力中心，将管理人员的年薪差拉大到3倍，以奖优罚劣，增强工作激励的诱导能量。

松下企业新的人事考核系统具有以下显著特点。

第一，考核结果的差距拉大。新的人事考核系统把过去7级评价标准改为5级评价标准，从而把考核结果的差距拉大。以前采用的7级评价标准：即由好到坏依次为A1、A2、B1、B2、B3、C1、C2。按照这一评价标准，有一半以上的管理人员的考核结果集中在中间，因而很难体现工作差距。最好的A1、A2占5%，最差的C1、C2占3%，B1占15%，B3占7%，而体现一般标准的B2则高达70%。在新的人事考核系统中，将7级减少为5级，依次为G1、G2、G3、G4、G5。按照新的标准分级，考核结果的差距进一步体现出来了，G1占17%，G2占33%，G3占33%，G4占14%，G5占3%。在新的分级标准中，虽然G2仍然可以看作是一般标准，但集中明显减少。

第二，员工的收入差距扩大。采用新的体系后，根据考核结果的不同，在收入上充分体现了工作业绩。由于各年度的考核结果实行累积，因而时间越长，则收入差距越大。例如，员工从新入厂到提升为科长的14年间，收入差距不大；但提升为科长以后，收入差距加速度拉大。拿连续获得G1的员工来说，不考虑基本工资的提高，在新的标准下，到50岁收入将超过G5员工1100万日元；而在旧的考核体系下，两者的差距只有700万日元。新的标准对考核结果不佳的员工，采取减薪的办法，特别是在未来提薪时，其收入会明显下降。

第三，采用量化的人事考核标准。为了推动企业经营业绩的提高，松下公司在人事考核中采用了具体的、量化的考核标准。松下公司实行一系列的有助于企业长盛不衰的战略战术，并结合了中国的古代兵法和世界企业的经验。在实际考评中，许多绩效不佳的人都被降过职。在人事待遇方面，松下提出了"向日本最优厚待遇的企业"看齐，除了提供工资、奖金之外，还向员工支付勤劳津贴。如果一位员工连续三个月都评为G1，公司将在11月份支付相应的年度勤劳津贴,并在7~8月放假一个月。

第四,推行实绩主义招聘制。近年来,松下公司的人事制度逐渐以论功主义向能力主义转变。能力主义仅仅反映一个人的潜在力,与实际工作业绩没有必然联系,因此,松下开始建立体现实绩主义的资格制和聘任制。

在松下的资格制和聘任制下,员工只有经过资格考核,如达到标准,公司才予以考虑晋升。这样,就使得员工的工作效率有所提高,工作成绩一目了然,在人事考核中则可以克服个人的喜恶感情和派系的影响,从而体现公开、公正的考核原则。

公司对下属单位规定目标,下属单位必须努力工作到最大极限才有可能达到。虽然这样,但由于有晋升的希望,所以每位员工都拼命地努力着。经理和各部门的主管人员的选拔非常激烈,在全部参加研修班的人员中,只有10%的人才能够被升为领导。如果公司下属单位没有按计划在本年度完成任务,将被降职处分。

当企业公开招聘担任某项工作时,首先内部提出某项需要公开招聘业务人员和工作职位。各类员工均可参加招聘,但必须提出自己的工作计划,参加类似设计比赛的竞争活动。员工为了得到某个职位,还必须接受根据公职科所拟定的资格测验,在通过各项定量的考核之后,确定相应的人员。

资格制和招聘制的推行,增加了人事管理的公平性和透明度,提高了员工的竞争意识和组织能力。特别是通过设计比赛这种类型的竞赛活动,大大提高了员工的创新意识和工作能力。

新的考核系统改变了过去狭隘的看法,它分为四个过程:评价、展示、对话、改进。公司不仅仅给员工带来丰厚的收入,而且使这种体系的运转成了良性的、高效的工作程序。正是由于松下公司实行了这种"人事革命",极大地激发了员工的工作热情,培养了员工的工作能力,所以松下并没有过多的受经济不景气的影响,而是继续保持了良好的发展势头。

资料来源:http://www.chinacpx.com/zixun/80800.html.略有删改.

近30年来,随着科技的进步,经济全球化与竞争化的强化,企业对员工工作的主动性与创造性越来越看重。美国知名管理学者托马斯·彼得斯认为,企业或事业唯一真正的资源是人,管理就是充分开发人力资源以做好工作。经济学家认为,土地、厂房、机器、资金等已经不再是国家、地区和企业致富的源泉,唯独人力资源才是企业和国家发展的根本。

第一节 人力资源管理概述

一、人力资源管理的含义与目标

人力资源管理是指组织的一系列人力资源政策以及相应的管理活动。这些活动主要包括组织人力资源战略的制定,员工的招募与选拔,培训与开发,绩效管理,薪酬管理,员工流动管理,员工关系管理,员工安全与健康管理等。即企业运用现代管理方法,对人力资源的获取(选人)、开发(育人)、保持(留人)和利用(用人)等方面所进行的计划、组织、指挥、控制和协调等一系列活动,最终达到实现组织发展目标的一种管理行为。

人力资源管理的最终目标是促进组织目标的实现。阿姆斯特朗对人力资源管理体系的目标作出了如下10方面规定:

① 企业的目标最终将通过其最有价值的资源——它的员工来实现;

② 为提高员工个人和企业整体的业绩,人们应把促进企业的成功当作自己的义务;

③ 制定与企业业绩紧密相连、具有连贯性的人力资源方法和制度，是企业最有效利用资源和实现商业目标的必要前提；

④ 应努力寻求人力资源管理政策与商业目标之间的匹配和统一；

⑤ 当企业文化合理时，人力资源管理政策应起支持作用；当企业文化不合理时，人力资源管理政策应促使其改进；

⑥ 创造理想的企业环境，鼓励员工创造，培养积极向上的作风；人力资源政策应为合作、创新和全面质量管理的完善提供合适的环境；

⑦ 创造反应灵敏、适应性强的组织体系，从而帮助企业实现竞争环境下的具体目标；

⑧ 增强员工上班时间和工作内容的灵活性；

⑨ 提供相对完善的工作和组织条件，为员工充分发挥其潜力提供所需要的各种支持；

⑩ 维护和完善员工队伍以及产品和服务。

二、人力资源管理的内容

人力资源管理是指企业的一系列人力资源政策以及相应的管理活动。人力资源管理通常包括以下具体内容。

（1）职务分析与设计。对企业各个工作职位的性质、结构、责任、流程，以及胜任该职位工作人员的素质、知识、技能等，在调查分析所获取相关信息的基础上，编写出职务说明书和岗位规范等人事管理文件。

（2）人力资源规划。把企业人力资源战略转化为中长期目标、计划和政策措施，包括对人力资源现状分析、未来人员供需预测与平衡，确保企业在需要时能获得所需要的人力资源。

（3）员工招聘与选拔。根据人力资源规划和工作分析的要求，为企业招聘、选拔所需要的人力资源并录用安排到一定岗位上。

（4）绩效考评。对员工在一定时间内对企业的贡献和工作中取得的绩效进行考核和评价，及时做出反馈，以便提高和改善员工的工作绩效，并为员工培训、晋升、计酬等人事决策提供依据。

（5）薪酬管理。包括对基本薪酬、绩效薪酬、奖金、津贴以及福利等薪酬结构的设计与管理，以激励员工更加努力地为企业工作。

（6）员工激励。采用激励理论和方法，对员工的各种需要予以不同程度的满足或限制，引起员工心理状况的变化，以激发员工向企业所期望的目标而努力。

（7）培训与开发。通过培训提高员工个人、群体和整个企业的知识、能力、工作态度和工作绩效，进一步开发员工的智力潜能，以增强人力资源的贡献率。

（8）职业生涯规划。鼓励和关心员工的个人发展，帮助员工制定个人发展规划，以进一步激发员工的积极性、创造性。

（9）人力资源会计。与财务部门合作，建立人力资源会计体系，开展人力资源投资成本与产出效益的核算工作，为人力资源管理与决策提供依据。

（10）劳动关系管理。协调和改善企业与员工之间的劳动关系，进行企业文化建设，营造和谐的劳动关系和良好的工作氛围，保障企业经营活动的正常开展。

三、人力资源管理的功能

现代企业人力资源管理，具有以下五种基本功能。

（1）获取。根据企业目标确定的所需员工条件，通过规划、招聘、考试、测评、选拔，获取企业所需人员。

（2）整合。通过企业文化、信息沟通、人际关系和谐、矛盾冲突的化解等有效整合，使企业内部的个体、群众的目标、行为、态度趋向企业的要求和理念，使之形成高度的合作与协调，发挥集体优势，提高企业的生产力和效益。

（3）保持。通过薪酬、考核、晋升等一系列管理活动，保持员工的积极性、主动性、创造性，维护劳动者的合法权益，保证员工有安全、健康、舒适的工作环境，以增进员工满意感，使之安心满意的工作。

（4）评价。对员工工作成果、劳动态度、技能水平以及其他方面作出全面考核、鉴定和评价，为做出相应的奖惩、升降、去留等决策提供依据。

（5）发展。通过员工培训、工作丰富化、职业生涯规划与开发，促进员工知识、技巧和其他方面素质提高，使其劳动能力得到增强和发挥，最大限度地实现其个人价值和对企业的贡献率，达到员工个人和企业共同发展的目的。

第二节 人力资源计划

一、人力资源计划含义、内容与作用

1. 人力资源计划含义

人力资源计划（Human Resource Planning，HRP），是组织为实现其发展目标，对所需人力资源进行供求预测，制定系统人力资源政策和措施，以满足自身人力资源需求的活动。人力资源计划是一种将人力资源管理与组织宏观战略相结合，并最终实现组织目标的途径。把握人力资源计划的内涵，应从以下三个方面入手：

第一，人力资源计划是以组织的战略目标和内外部环境的变化以及员工利益的满足为依据的；

第二，人力资源计划的主要内容是分析和预测组织的人力资源供需状况和变化趋势；

第三，人力资源计划的最终成果是制定出相应的人力资源方案、政策和措施，以确保组织人力资源供需的动态平衡。

2. 人力资源计划的主要内容

现代组织的人力资源计划有两个层次：人力资源总计划和人力资源子计划。人力资源总计划，是组织人力资源计划的骨干系统；人力资源子计划是总体人力资源计划有机组成部分。

人力资源总计划的主要内容包括：计划期内人力资源开发和利用的总的战略目标、政策措施、筹划安排和实施步骤以及预算。

人力资源子计划的主要内容包括：人力资源评估计划、人力资源补充更新计划、人力资源发展计划、人力资源使用和调整计划、员工培训计划、员工薪酬计划等，具体内容如表9-1所示。

3. 人力资源计划的作用

人力资源计划是整个人力资源管理的基础，在企业人力资源管理中发挥重大作用。

① 人力资源计划使组织保持人力资源供给需求动态平衡。通过人力资源合理配置，提高了人力资源利用效率，增强了人力资源优势，提高了市场竞争能力。

② 人力资源计划促使组织有效控制人力成本，确保长期发展。

③ 人力资源计划能将组织自身发展和需要与职工发展和需要相统一。

④ 人力资源计划能够优化企业内部人力资源组合结构，有效提高职工工作效率。

表 9-1 人力资源子计划的主要内容

人力资源子计划	计划目标	相关政策与措施
人力资源评估计划	增加员工参与,增进绩效,增强组织凝聚力,改善企业文化	绩效评估计划、奖罚制度、沟通机制
人力资源补充更新计划	优化人力资源结构,满足组织对人力资源的数量和质量上的要求	工作分析、新员工的招聘
人力资源发展计划	选拔后备人才,形成人才群体,规划员工职业生涯	岗位选拔制度,提升职位的确定,未提升资深人员的安排,员工职业生涯计划
人力资源使用和调整计划	提高人力资源使用效率,适人适岗,组织内部人力资源流动	岗位轮换制度,岗位责任制度与资格制度,企业内部员工流动制度
员工培训计划	拟定培训项目,确定培训系统,评估培训效果	有关普通员工、管理人员、专业技术人员的培训制度
员工薪酬计划	内外部员工薪酬调查,形成有效的薪酬管理,为员工谋求最大利益	薪酬制度、奖励制度、福利制度
人力费用与控制计划	控制人力资源成本,提高组织效益	招聘费用预算、培训费用、工资预算和员工福利等
员工关系计划	协调员工关系,增进员工沟通,完善组织文化,增进员工满意度	员工参与管理制度,合理化建议制度,员工沟通制度
员工退休解聘计划	做好职工退休工作、解聘工作,职工离岗正常化、规范化	退休政策规定,解聘制度和程序,退休与解聘人选确定与工作实施

二、编制人力资源计划的目的及任务

1. 编制人力资源计划的目的

编制人力资源计划,就是要通过规划人力资源管理的各项活动,使组织的需求与人力资源的基本状况相匹配,确保组织总目标的实现。具体而言,编制人力资源计划的目的主要有以下几点。

(1) 规划人力发展。人力发展包括人力预测、人力增补及人员培训,这三者紧密联系,不可分割。人力资源计划一方面对目前人力现状予以分析,以了解人事动态;另一方面,对未来人力需求做一些预测,以便对企业人力的增减进行通盘考虑,再据此制定人员增补和培训计划。所以,人力资源计划是人力发展的基础。

(2) 促使人力资源的合理运用。只有少数组织其人力的配置完全符合理想的状况:在相当多的组织中,其中一些人的工作负荷过重,而另一些人则工作过于轻松;也许有一些人的能力有限,而另一些人则感到能力有余,未能充分利用。人力资源计划可改善人力分配的不平衡状况,进而谋求合理化,以使人力资源能配合组织的发展需要。

(3) 配合组织发展的需要。任何组织的特性,都是不断的追求生存和发展,而生存和发展的主要因素是人力资源的获得与运用。即如何"适时、适量、适质"的使组织获得所需的各类人力资源。

(4) 降低用人成本。影响组织结构用人数目的因素很多,如业务扩展、技术革新、机器设备、组织工作制度、工作人员的能力等。人力资源规划可对现有的人力结构进行分析,找出影响人力资源有效运用的瓶颈并加以解决,促使人力资源效能充分发挥,降低人力资源在成本中所占的比率。

2. 编制人力资源计划的任务

编制人力资源计划的任务主要包括以下三个方面。

(1) 系统评价组织中人力资源的需求量。人力资源计划就是要使组织内外人员的供给与一定时期组织内部的需求相一致。人力资源的需求量主要是根据组织中职务的数量和类型来确定的。一个组织在进行了组织设计之后，需要把组织的需求与组织内部现有的人力资源状况进行动态对比并找出预计的差距。

（2）选配合适的人员。组织中的员工总是随着内外环境的不断变化而变动。为了确保担任职务的人员必须具备职务所要求的基本知识和技能，必须对组织内外的候选人进行筛选。这就必须研究和使用科学的人力资源管理方法，使组织中所需要的各类人才的得到及时补充。

（3）制定和实施人员培训计划。要使组织中的成员、技术、活动等要素能够更好地适应环境，就必须运用科学的方法，有计划、有组织、有重点、有针对性地对员工进行全面培训，以培养和储备适应未来要求的各级人才。

三、影响组织人力资源计划的因素

影响组织人力资源计划的因素有很多，可以从内部因素和外部因素两个层面来考虑。

1. 影响组织人力资源计划的内部因素

（1）组织目标的调整。知识经济时代竞争空前激烈，为谋求生存发展，组织要随时根据外部环境和自身情况变化调整目标。组织目标的调整，必然导致人力资源计划随之进行调整。

（2）员工素质的高低。随着经济、社会发展和受教育水平的提高，员工素质有重大变化。白领比重逐步提高，知识工人成为主力军。传统人事管理体制和管理方法已不能适应需要。现代组织制度和管理方法普遍受到重视，并逐步取代传统管理体制和方法。

（3）组织形式的改变。传统型组织层次多、信息损失大、人际关系复杂、效率低下。现代企业制度要求企业组织形式更趋合理，包括减少中间层次，减少信息与资源损耗，完善员工关系，增进企业的效率等。组织形式的变化要求人力资源计划作出相应改变，促进企业制度向现代化方向转化。

（4）组织高层的理念。最高领导层对人力资源管理所持观念，关系到他们对企业人力资源管理活动的作用，也直接影响企业人力资源计划的内容。

2. 影响组织人力资源计划的外部因素

（1）劳动力市场。劳动力市场、供给和需求变化或同时发生。制定人力资源计划的依据就是对供给与需求的预测。一个组织只有认真研究劳动力市场变化特点，才能够有针对性地制定人力资源计划。

（2）政府相关政策。政府人才流动政策、户籍政策、大学毕业生就业政策等，会影响组织招聘范围和对象。

（3）行业发展状况。组织所处行业发展状况对人力资源计划有较大影响。如某些传统行业属于"夕阳行业"，组织需调整经营结构、开拓发展渠道，人力资源计划一要着重引进或培养经济增长点所需要人才；二要考虑冗员安置，以降低劳动力成本。对于属于"朝阳行业"的高新技术行业而言，行业发展前途光明、潜力巨大，人力资源计划应着重于吸引、激励人才。

内部、外部因素会同时影响计划，有些是积极的，有些是消极的，因此在编制人力资源计划之前，要仔细分析各种影响因素。趋利避害，使计划尽可能科学合理，促进组织战略目标的实现。

四、人力资源计划的制定

1. 人力资源计划的制定原则

人力资源计划的编制和执行不仅关系到人力资源本身的获得和利用，而且影响到组织其他资源的利用效率；不仅关系到组织的生存和发展，而且直接关系到组织员工的职业生涯发展。因此，编制人力资源计划时需要依据以下原则。

（1）充分考虑内部、外部环境的变化，促进组织长期发展。由于环境的变化，组织活动的内容和方式也在不断变化。通过人力资源计划的编制和组织实施，不仅要确保组织获得必要的人力资源，使组织的每项活动都有符合要求的人去从事，从而保障组织目前活动的顺利进行，而且要为组织的未来发展准备人才力量，特别是准备干部后备力量。随着组织规模的不断扩大，组织活动日趋复杂，对人力资源的数量和质量要求会不断提高，人力资源计划应该针对可能出现的情况做出风险预测和应对策略。

（2）确保组织的人力资源保障。组织的人力资源保障问题是人力资源计划中应解决的核心问题。它包括人员的流入预测与流出预测、人员的内部流动预测、社会人力资源供给状况分析、人员流动的损益分析等。只有有效地保证了对组织的人力资源供给，才可能去进行更深层次的人力资源管理与开发。

（3）促使组织员工实现自身价值，为员工长期发展提供机会。人力资源计划不仅是面向组织的计划，也是面向员工的计划。组织的发展和员工的发展是互相依托、互相促进的关系。如果只考虑组织的发展需要，而忽视了员工的发展，则会有损组织发展目标的达成；如果只考虑员工的发展需要，而忽视了组织的发展，则员工个人的发展目标就无法实现。优秀的人力资源计划，一定是既能够促使组织员工实现自身价值，又能充分实现组织发展的目标。在实际工作中，正确使用人力资源并为其提供充分的发展机会，不仅可以充分满足企业员工的个人需要，还可以维持员工对企业的忠诚，提高员工参与企业活动的积极性，减少员工的流动。

2. 人力资源计划的时间跨度

人力资源计划依据时间跨度的不同，可以分为短期计划、中期计划和长期计划。不同跨度的计划，编制要求不同。

短期计划（1年之内）。编制要求：目的明确，内容具体，具有灵活性。

中期计划（3～5年）。编制要求：适合组织中期总体发展目标，主要以人力资源管理政策、措施内容为主。

长期计划（5～10年）。编制要求：一是适合组织长期总体发展目标，对组织人力资源开发和管理的总战略、总方针和总目标等进行的系统筹划；二是对组织人力资源开发和管理具有战略性和指导性，直接为短期和中期计划的判定与实施提供框架及基础。

计划时间跨度划分，必须与组织总体发展计划保持一致。

3. 人力资源计划制定的步骤

人力资源计划的制定是整个人力资源管理的第一步，这一步可以细分为以下六个步骤。

（1）明确分析组织外部条件。制定人力资源计划，首先要分析组织面对的外部经营环境，包括市场环境、劳动力市场供求状况、劳动者文化素质、政府有关法律政策以及本地区平均工资水平、人们择业偏好等，这些因素都会对人力资源计划的制定形成制约。因此，要明确分析外部条件，作为制定计划的必要依据。

（2）认真分析组织总体发展战略。组织总体发展战略是人力资源计划的基础，组织发展重点、企业技术设备特点、产销状况、经营规模和扩展方向等，都会对人力资源提出不同要求。人力资源计划必须满足组织上述要求。

（3）分析组织现有人力资源状况。对照组织发展要求，对现有人力数量、质量、配置结构等进行资源盘点。

（4）对组织的人力资源供求状况进行预测。理清现况与发展差距，分析内部和外部的人力供给状况，并进行预测。

（5）制定人力资源计划。包括总体计划和各项职能计划，制定计划时应注意计划时间跨度、各不同职能计划以及相关制度之间的平衡和衔接。

（6）完善计划执行监督和控制机制。企业应建立有效的监督机制，保证计划有效实施。

（7）完善计划评估和调整系统。及时评估计划执行效果，及时调整，保证计划有效性。

第三节　员工的招聘与解聘

招聘工作直接关系到组织人力资源的形成，有效的招聘工作不仅可以提高员工素质、改善人员结构，也可以为组织注入新的管理思想，为组织增添新的活力，甚至可能给组织带来技术、管理上的重大革新。员工招聘，是指组织根据人力资源管理计划和工作分析的要求，从组织内部和外部吸收人力资源的过程。员工招聘包括员工招募、甄选和聘用等内容。招聘是组织整个人力资源管理活动的基础，有效的招聘工作能为以后的培训、考评、工资福利、劳动关系等管理活动打好基础。因此，员工招聘是人力资源管理的基础性工作。

一、员工招聘的原则与标准

1. 员工招聘的原则

员工招聘是落实人力资源计划的重要一步，必须依据一定的原则来招聘员工。这些原则包括：因事择人原则，公开、公平、公正原则，竞争择优原则和效率优先原则。

（1）因事择人原则。所谓因事择人，就是员工的选聘应以实际工作的需要和岗位的空缺情况为出发点，根据岗位对任职者的资格要求选用人员。

（2）公开、公平、公正原则。公开就是要公示招聘信息、招聘方法，这样既可以将招聘工作置于公开监督之下，防止以权谋私、假公济私的现象，又能吸引大量应聘者。公平、公正就是确保招聘制度给予合格应征者平等的获选机会。

（3）竞争择优原则。竞争择优原则是指在员工招聘中引入竞争机制，在对应聘者的思想素质、道德品质、业务能力等方面进行全面考察的基础上，按照考查的成绩择优选拔录用员工。

（4）效率优先原则。效率优先原则就是用尽可能低的招聘成本录用到合适的人选。根据岗位对任职者的资格要求选用人员。

2. 员工招聘的标准

组织员工素质的高低、能力的大小将直接决定着组织竞争力的强弱，因此，组织员工的招聘必须遵循相应的标准，谨慎选人。不同岗位的员工，组织要求不同。以管理岗位为例，员工招聘应遵循以下标准。

（1）良好的品德。良好的品德是每个组织员工都必须具备的基本素质，对管理人员而言尤为重要。由于管理人员拥有一定的职权，而组织对权利的运用不可能随时进行严密、细致、有效的监督，所以权利是否正确运用在很大程度上取决于管理人员的自觉性和自律性。因此，管理人员必须具有正直高尚的道德品质。

（2）强烈的管理愿望。强烈的管理愿望是有效开展管理工作的基本前提。对组织员工而言，担任管理工作意味着在组织中拥有更高的地位、名誉和报酬，这将产生很强的激励作用。同时，管理意味着权利的运用，意味着可以通过自己的知识和技能以及与他人有效的合作来实现自我的价值，这将带来心理上的极大满足感。管理能力低下、自信心不足、对权力不感兴趣的人自然不会负责任地有效运用权力，这样就难以达到工作效果。

（3）具有创新精神。对于一个现代组织而言，管理的任务绝不仅仅是执行上级的命令，维持系统的运转，而是要能在组织系统运行中不断创新。只有不断创新，组织才能充满生机和活力，才能不断发展。创新意味着要打破传统机制的束缚，做以前没有做过的事。

（4）较高的决策能力。随着组织管理重心的日趋下移，对管理人员的决策能力要求越来越高。为了更好地完成任务，管理人员不仅要计划和安排好自己的工作，更重要的是要通过一系列的决策组织和协调下属工作。如本部门在未来一段时期内要从事何种活动，这种活动需要达成怎样的工作效果，谁去从事这些活动，如何授权，利用何种条件，在何时完成这些活动等。

二、员工招聘的来源

员工招聘的来源可以是多方面的，如学校、人才市场、部队转业军人等，但招聘工作的有效性更多地依赖于劳动力市场的状况、组织规模的大小、组织的社会形象等因素。劳动力市场越大，人员越容易招聘；组织规模大，可选机会多；组织社会形象好，社会地位越高，应聘者就会越多。一般而言，组织招聘员工可以通过以下几种渠道。

1. 人才交流中心和人才招聘会

我国很多城市都设有专门的人才交流服务机构，这些机构常年为企事业用人单位提供服务。他们一般建有人才资料库，用人单位可以很方便地在资料库中查询条件基本相符的人才资料。通过人才交流中心选择人员，具有针对性强、费用低廉等优点。

人才交流中心或其他人才交流服务机构每年都要举办多场人才招聘会，用人单位的招聘者和应聘者可以直接进行接洽和交流。招聘会的最大特点是应聘者集中，用人单位的选择余地较大，费用也比较合理，而且还可以起到很好的企业宣传作用。

2. 媒体广告

企业可以通过报纸杂志、广播、电视等媒体进行广告宣传，向公众传达招聘信息。应聘者可以根据自己的情况选择自己合适的职业，减少盲目应聘，组织也可以通过媒体广告渠道集中挑选需要人员。相比而言，在报纸、电视中刊登招聘广告费用较大，但容易醒目地体现组织形象；很多广播电台都辟有人才交流节目，播出招聘广告的费用较少，但效果也比报纸、电视广告差一些。

招聘广告应该包含以下内容：组织的基本情况；招聘的职位、数量和基本条件；招聘的范围；薪资与待遇；报名的时间、地点、方式以及所需的材料等。

媒体广告招聘的优点是：信息传播范围广、速度快；应聘人员数量大、层次丰富；组织的选择余地大，可以招聘到素质较高的员工。

媒体广告招聘的缺点是：招聘时间较长；广告费用较高；要花费较多的时间进行筛选。

3. 网络招聘

网络招聘是一种新兴的招聘方式。用人单位可以将招聘广告张挂在自己的网站上，或者在一些专门的招聘网站上发布信息。

网络招聘具有信息传播范围广、速度快、成本低、时间周期长、联系快捷方便等优点，供需双方选择余地大，且不受时间、空间的限制，因而被广泛采用。当然网络招聘也存在一定的缺点，比如容易鱼目混珠，筛选手续繁杂，以及对高级人才的招聘较为困难等。

4. 校园招聘

学校是人才高度集中的地方，是组织获取人力资源的重要来源。对于大中专院校应届毕业生招聘，可以选择在校园直接进行。包括在学校举办的毕业生招聘会、招聘张贴、招聘讲座和毕业生分配办公室推荐等。

校园招聘的优势有：第一，组织可以在校园中招聘到大量的高素质人才；第二，大学毕业生普遍具备巨大的发展潜力；第三，由于大学生思想较为活跃，可以给组织带来一些新的管理理念和新的技术，有利于组织的长远发展。

但是，校园招聘也存在明显的不足：首先，毕业生无法满足组织即时的用人需要；其次，新招聘的学校毕业生要经过一段较长时间的适应期；再次，招聘所费时间较多，成本也相对较高；最后，在校园中招聘的员工到岗率较低，而且经过一段时间后，离职率较高。

5. 员工或关联人员推荐

通过企业员工推荐人选，是组织招聘的重要形式。研究表明，组织对员工或关联人员推荐的人员满意度高于其他形式招募来的员工，因为这样的推荐事关推荐人的名声，且本人对组织比较了解，容易形成凝聚力，此外可以省去招聘成本。

6. 职业介绍机构推荐

对于规模较小而且没有正式人事机构的组织而言，职业介绍机构能使组织以较低的成本找到职位应聘者。职业介绍机构有三种类型：第一种是公营的机构，该类机构所雇用的职员不具备太强的技术或受过太多的培训，因此收费较低；第二种是私营机构，这类机构介绍的职位较高，提供的服务也比较全面，因此收费也比较高；第三种机构是管理顾问公司，也称"猎头"公司，它是一种专门为雇主"猎取"高级人才和尖端人才的职业中介机构，这类机构服务更周全、信息更完整，收费也更高，是企业获取中高层管理人员的主要来源。

三、人员招聘的方式

人力资源计划中最为关键的一项任务就是能够招到并留住有才能的人员。依据招聘来源的不同，组织可以通过内部选拔和外部招聘两种方式来选择和填补岗位的空缺。

1. 内部选拔

内部选拔是指组织内部成员的能力和素质得到充分确认之后，被委以比原来责任更大、职位更高的职务，以填补组织中由于发展或其他原因而空缺的职务。

内部选拔有以下优点。

（1）有利于保证选聘工作的正确性。对于已经在组织中工作一段时间的候选人，组织比较了解，能够做到用其所长，避其所短。候选人在组织中工作的时间越长，组织对其能力、业绩、基本素质就越了解，越有利于组织的考察、跟踪和评估，从而越有利于保障选聘工作的正确性。

（2）有利于应聘者迅速开展工作。被聘者能力的有效发挥取决于他们与组织文化的融合程度以及对组织本身运作特点的了解。内部应聘者熟悉组织中错综复杂的机构、组织政策和人事关系，了解组织的运行特点，适应工作的过程会大大缩短，他们上任后能很快进入角色，迅速开展新的工作。

（3）有利于调动员工的积极性。内部选拔会带来示范效应，让每个人都知道，只要在工作中不要断学习，努力提高业务水平，就有可能得到提升，这样做可以鼓舞员工士气，提高员工工作热情，激发员工的上进心。此外，内部提升还可以维持员工的忠诚度，鼓励那些有发展潜力的员工更加自觉、积极地工作，以促进组织的发展，同时也为自己创造更多的晋升机会。

（4）简化招聘程序，为组织节约了时间和大量费用。内部选拔可以节省组织的广告费用、招聘费用、被录用人员的生活安置费、培训费等。

（5）为员工提供了重新选择工作的机会。内部选拔为那些被迫从事当前自己不喜欢工作的员工，提供了新的发展机遇，使他们有可能选择新的工作机会。

内部选拔也有其缺陷。

（1）内部备选对象选择范围狭窄，不能满足组织发展需要。当组织处于创业初期、快速发展时期或重大改革时期，组织急需大批特殊人才，如高级技术人员、高级管理人员，此时，仅采用内部选拔就无法满足组织发展的需要。

（2）容易造成"近亲繁殖"。老员工有老的思维定势，在工作方法上喜欢模仿上级，不利于创新和水平的提高，而创新是组织发展的动力。

（3）容易在组织内部形成错综复杂的关系网。任人唯亲、拉帮结派，给公平、合理、科学的管理带来困难。

（4）可能会引起同事之间的矛盾。在若干个候选人中提升一名员工时，可能会引起其他落选人员的不满情绪，这将不利于被选拔者开展工作，也不利于组织的人员团结。

2. 外部招聘

外部招聘就是根据组织制定的标准和程序从组织外部选拔符合空缺职位要求的员工。选择员工具有动态性，特别是一些高级管理人员岗位和技术岗位，常常需要组织将选择的范围扩展到全国甚至全球市场。

与内部选拔相比，外部招聘有很多优点。

（1）应聘人员来源广泛，组织选择空间大。与内部提升相比，外部招聘来源广泛，这给组织选聘员工提供很大选择空间。如，在组织初创和快速发展时期，组织中会出现大量管理岗位空缺，这时就更需要从外部招聘各类管理人员。

（2）应聘人员具备"外部竞争优势"。所谓"外部竞争优势"是指应聘者没有太多顾虑，可以放手工作，具有"外来和尚好念经"的外来优势。组织内部成员往往只知道外部选聘人员目前的工作能力和业绩，对其历史上的负面信息知之甚少，有利于树立工作中的权威性。

（3）可以避免"近亲繁殖"，能够为组织输送新鲜血液。外部应聘人员能给组织带来新鲜空气和活力，有利于组织创新和管理革新。他们没有太多固定的束缚，工作起来可以放开手脚，从而给组织带来更多的创新机会。此外，由于他们新近加入组织，与其他人没有历史上的个人恩怨关系，从而在工作中可以很少顾忌复杂的人情网络。

（4）有利于缓和内部竞争者之间的紧张关系。组织中某些职位的空缺可能会引发若干内部竞争者的较量。内部晋升一人，会引起其他竞争者的不满；而外部选聘者则会使这些竞争者得到某种心理上的平衡，有利于缓和内部竞争者之间的紧张关系。

（5）外部招聘可以要求应聘者有一定的学历和工作经验，因而可节省在培训方面所耗费的时间和费用。

外部招聘也有许多缺点，主要表现在以下几个方面。

（1）外部应聘者缺乏对组织了解，不利于迅速打开工作局面。外聘者一般不熟悉组织内部结构及复杂的情况，缺乏一定的人脉基础，很难一下子进入工作角色。因此，外聘者需要一段磨合时间才能适应组织的文化，才能真正有效开展工作。

（2）组织对外聘者缺乏了解，难以准确判断他们的实际工作能力。由于被聘者的实际工作能力与选聘时的评估能力可能存在很大落差，在选聘时虽然可以借助一定的测试和评估方法，但很难对一个人的实际工作能力加以准确评估。如果组织聘用到一些实际工作能力远远低于其评估能力的员工，这种选聘可能会给组织带来一定危害。

（3）外部招聘容易造成对内部员工的打击。大多数员工都希望在组织中能有不断晋升和发展的机会，都希望能够担任越来越重要的工作。如果组织过于注重从外部招聘人员，就会挫伤内部员工工作的积极性。同时，有才华、有潜能的外部人才由于担心今后的升迁也不敢轻易应聘。

（4）外部招聘费用较高。为了招聘到能力强的人员，组织势必要开出具有竞争力的报酬，这无疑会增大组织的支出。此外，能力强的人员多数是通过"猎头"公司获得，组织还要支付"猎头"公司招聘费。

3.组织选择招聘方式时应考虑的因素

（1）外部环境的特点。外部环境变化剧烈时，组织宜从外部选聘适合的人才。在这种环境中，行业的技术基础、竞争特征以及竞争规则可能发生根本性的变化，知识迅速更新、组织原有的特长和经验可能成为适应环境的障碍，因此，从组织外部，甚至是行业外部吸纳人才和寻求新的资源成为组织生存与发展的重要条件。实际上，在环境迅速变化的条件下，不允许组织坐等内部人才的成熟。

（2）组织所处的发展阶段。当组织处于成长期，适合选择外部招聘方式。因为，仅仅依靠内部选拔与培养无法满足企业迅速发展的需要，同时由于组织人员规模有限，内部选聘余地相对较小。当组织处于成熟期时，通过长期的培养，组织已经积累了一定优秀的人力资源，此时内部选拔更为恰当。

（3）选聘人才的层次。一般来说，高层次管理人才选拔应考虑内部优先。内部选拔，不仅可以因对候选对象的长期考察和充分了解，从而确保选拔的正确性，而且有利于组织战略的连续性，特别是有利于组织文化的传承。同时，内部晋升的高级管理人才更能深刻理解和领会组织的核心价值观。

（4）组织战略以及与之相关的组织文化的调整。组织战略不变，需要原有文化的支持，这时内部选拔可以保证组织文化的传承。相反，当组织对原有战略进行调整时，通常也需要对原有文化进行改造。在这种情况下，内部员工对已经接受的的价值观和行为准则更为熟悉，而对文化以及行为方式的调整可能有意或无意抵制。因此，需要从外部招聘以对内部的价值观、行为准则形成一定的冲击，从而促进组织文化改造的要求。

四、员工招聘的程序

为了保证员工招聘工作的有效性和可行性，必须按照一定的程序并通过竞争来组织招聘工作。具体步骤如下。

（1）制定并落实招聘计划。招聘计划是组织根据发展目标和岗位需求对某一阶段招聘工作所做的安排，包括招聘目标、信息发布的时间与渠道、招聘员工的类型及数量、甄选方案及时间安排等方面。

（2）发布招聘信息及搜寻候选人信息。组织要将招聘信息通过多种渠道向社会发布，向社会公众告知用人计划和要求，确保有更多符合要求的人员前来应聘。

组织可以通过以下方式搜寻候选人信息：①应聘者自己所填的求职表，内容包括性别、年龄、学历、专业、工作经历及业绩等；②推荐材料，即有关组织或个人就某人向本单位写的推荐材料；③调查材料，指对某些岗位人员的招聘，还需要亲自到应聘人员工作或学习过的单位，或向其接触过的有关人员进行调查，以掌握第一手材料。

（3）甄选。甄选的过程一般包括对所有应聘者的情况进行的初步的审查，知识与心理素质的测试和面试，以确定最终的录用者。

内部候选人的初选可以根据以往人事考评记录来进行；外部应聘者的初选需要简短的初步面谈，以了解其工作经历，观察其兴趣、观点、见解、独创性等。在初选的基础上，对初选合格者进行材料审查和背景调查，并在确认之后进行细致的测试与评估，包括：智力与知识测试、竞聘演讲与答辩、案例分析、候选人实际操作能力考核等。

（4）录用。在上述各项工作的基础之上，需要利用加权法算出每个候选人的综合得分，并根据职务类型和具体要求决定取舍。人员录用过程一般可分为试用合同的签订、新员工的安置、岗前培训、试用、正式录用几个阶段。

试用就是企业对新上岗员工的尝试性使用，这是对员工的能力与潜力、个人品质与心理素质的进一步考核。员工的正式录用是指试用期满后，对表现良好、符合组织要求的新员工，使其成为组织正式成员的过程。一般由用人部门根据新员工在使用期间的具体表现对其进行考核，做出鉴定，并提交人力资源管理部门。人力资源管理部门对考核合格的员工正式录用，并代表组织与员工签订正式录用合同，正式明确双方的责任、义务与权利。

正式录用合同一般应包括以下内容：当事人的姓名、性别、住址和法定社会身份；签订劳动合同的法律依据，劳动合同期限；工作内容，劳动保护和劳动条件；劳动报酬，劳动纪律，变更和解除劳动合同的条件与程序；违反劳动合同的责任与处置等。

（5）招聘工作评估与反馈。招聘评估主要指对招聘的结果、招聘的成本和招聘的方法等方面进行评估。一般在一次招聘工作结束之后，要对整个招聘工作做一个总结和评价，目的是进一步提高下次招聘工作的效率。

对招聘工作的评估一般应从以下两方面进行：一是对招聘工作的效率评估；二是对录用人员的评估。

五、员工的解聘

员工解聘是指当人力资源计划过程中存在多余人员，或者组织面临结构性收缩，或者员工存在违反组织政策的行为时，组织裁减一部分员工的活动。解聘的方式多种多样，主要有解雇、临时解雇、自然减员、缩短工作周、调换岗位、提前退休。表 9-2 说明了几种主要的解聘方案。

表 9-2 几种主要的解聘方案

方 案	说 明
解雇	永久性、非自愿地终止合同
临时解雇	临时性、非自愿地终止合同；可能持续若干天，也可能持续几年
自然减员	对志愿辞职或正常退休腾出的职位空缺不予填补
缩短工作周	让员工每周少工作一些时间，或者进行工作分组，或以临时工身份做这些工作
调换岗位	横向或向下调换员工岗位，通常不会降低成本，但可以减缓组织内的劳动力供求不平衡
提前退休	为年龄大、资历深的员工提供激励，使其在正常退休期限前提早离岗

第四节 员工的绩效考评

人力资源管理最直接的目的就是选拔人才和使用人才，充分发挥人的潜能和积极性，为完成组织的目标服务。因此，对员工工作绩效的有效控制是人力资源管理的重要职能之一。通过绩效考核，组织可以给员工提供其工作反馈，使其扬长避短，改善工作，提高素质和能力。同时，组织对员工绩效考核的结果，是选人、用人的依据，员工升迁的依据，奖惩的依据，与员工个人和组织的利益都息息相关。

一、绩效考评的含义、作用及条件

1. 绩效考评的含义

绩效考评是绩效考核和评价的总称，是指组织依据工作目标或绩效标准，采用一定的考评方法，评定员工的工作任务完成情况、员工的工作职责履行程度和员工的发展情况，并将上述评定结果反馈给员工的过程。

2. 绩效考评的作用

绩效考评是组织与员工之间的一种互动关系。由于绩效考评给人力资源的各个方面提供了反馈信息，并与组织的各个部分紧密联系，因此绩效考评一直被认为是组织内人力资源管理中最棘手也是最强有力的管理手段之一。具体而言，绩效考评在人力资源管理中的作用表现在以下几个方面。

（1）绩效考评为组织的发展提供了重要支持。绩效考评的首要目标是提高员工的业绩，引导员工努力的方向，使其能够跟上组织的变化和发展。绩效考评提供的相关信息资料可以作为激励或处分员工、提升或降级、职务调动以及进一步培训的依据，这是绩效考评最主要的作用。

（2）绩效考评为最佳决策提供了重要的参考依据。绩效考评的另一个重要目标是为组织目标的实现提供支持，特别是在制定重要的决策时，绩效考评可以使管理者及其下属在制定初始计划过程中及时纠偏，减少工作失误，为最佳决策提供重要的参考依据。

（3）绩效考评为员工提供了一面有益的"镜子"。绩效考评使员工有机会了解自己的优缺点以及他人对自己工作情况的评价，是一面有益的"镜子"。特别是当这种评价比较客观时，员工可以在上级的帮助下有效发挥自己的潜能，顺利执行自己的职业生涯计划。

（4）绩效考评为员工潜能的评价以及相关人事调整提供依据。绩效考评中对员工能力的考评是通过考察员工在一定时间内的工作业绩，评估他们的现实能力和发展潜力，看其是否符合现任职务所具备的素质和能力要求，是否具有担任更重要工作的潜能。组织必须根据员工在实际工作中的表现，对人事安排进行必要的调整。应该把能力不足的员工安排到其力所能及的岗位上，而对潜能较强的员工应该提供更多的晋升机会，对能力较为平衡的员工则可以保持在现有职位。考评时要注意把反映员工过去业绩的评价与描述将来潜力的评价区分开来，为此组织需要创建更为科学的绩效考评体系，为组织制定人事调整提供科学决策依据。

（5）绩效考评为确定员工的工作报酬提供依据。绩效考评的结果为确定员工的实际工作报酬提供决策依据。实际工作报酬必须与员工的实际能力和贡献相结合，这是组织分配制度的一条基本原则。为了鼓励员工多出成绩，组织必须设计和执行一个公正合理的绩效评估系统，对那些最富有成效的员工和小组给予明确的加薪奖励。

3. 绩效考评的条件

从广义上说，绩效考评贯穿于人力资源管理过程的始终。要想有效地开展绩效考评，必须具备以下三个基本前提条件。

（1）必须要有明确的绩效考评标准。明确的标准是实施有效评价的首要前提。考评标准是评价员工业绩的基本依据。它主要包括员工个人在工作岗位上应该完成目标的数量、质量和时限要求，以及进行考评选取的评价尺度等。

（2）必须要有完整的信息。要对员工进行有效考评，就必须充分掌握相关信息，这些信息必须能够全面、准确地反映实际状况与预定标准之间的差异程度。信息不完整，就不能形成有效的绩效考评。所以，绩效考评必须要有足够的、准确的信息供给。

（3）必须要有科学权威的考评组织。考评组织包括考评人员和考评方式。不管考评制度如何完善，如果考评人员缺乏必要的培训，也决不会有效运用这一制度。有效的考评组织应该兼具权威性与科学性。

二、绩效考评体系的建立

1. 选取考评内容

（1）选取考评内容的原则。考评内容主要是以岗位的工作职责为基础来确定的，但要注意遵循以下三个原则。

① 与企业文化和管理理念相一致。考评内容实际上就是对员工工作行为、态度、业绩等方面的要求和目标，它是员工行为的导向。考评内容是企业组织文化和管理理念的具体化

和形象化，在考评内容中必须明确：企业在鼓励什么，并且在反对什么，给员工以正确的指引。

② 要有侧重。考评内容不可能覆盖该岗位上的所有工作内容，为了提高考评的效率，降低考评成本，并且让员工清楚工作的关键点，考评内容应该选择岗位工作的主要内容进行考评，不要面面俱到。这些主要内容实际上已经占据了员工 80% 的工作精力和时间。另外，对难于考核的内容也要谨慎处理，认真的分析它的可操作性和它在岗位整体工作中的作用。

③ 不考评无关内容。一定要切记，绩效考评是对员工的工作考评，对不影响工作的其他任何事情都不要进行考评。比如说员工的生活习惯、行为举止、个人癖好等内容都不宜作为考评内容出现，如果这些内容妨碍到工作，其结果自然会影响到相关工作的考评成绩。

（2）对考评内容进行分类。为了使绩效考评更具有可靠性和可操作性，应该在对岗位工作内容分析的基础上，根据企业管理特点和实际情况，对考评内容进行分类。比如将考评内容划分为"重要任务"考评、"日常工作"考评和"工作态度"考评三个方面。

"重要任务"是指在考评期内被考评人的关键工作，往往列举 1～3 项最关键的即可，如对于开发人员可以是考评期的开发任务，销售人员可以是考评期的销售业绩。"重要任务"考核具有目标管理考核的性质。对于没有关键工作的员工（如清洁工）则不进行"重要任务"的考评。

"日常工作"的考核条款一般以岗位职责的内容为准，如果岗位职责内容过杂，可以仅选取重要项目考评。它具有考评工作过程的性质。

"工作态度"的考核可选取对工作能够产生影响的个人态度，如协作精神、工作热情、礼貌程度等，对于不同岗位的考评有不同的侧重。比如，"工作热情"是行政人员的一个重要指标，而"工作细致"可能更适合财务人员。另外，要注意一些纯粹的个人生活习惯等与工作无关的内容不要列入"工作态度"的考评内容。

2. 选择考评方式

根据考评内容的不同，考评方式也可以采用多种形式。常见的考评方式有目标考评、自评、互评、上级考评和书面考评。采用多种方式进行考评，可以有效减少考评误差，提高考评的准确度。

（1）目标考评。对"重要任务"的考评可以采取目标考评方法。在一个考评周期前，考评人和被考评人要讨论制定一个双方都接受的"重要任务说明"，该说明中要明确任务名称、任务描述、任务工作量等内容。

（2）自评。自评即被考评人的自我考评，考评结果一般不计入考评成绩，但它的作用十分重要。自评是被考评人对自己的主观认识，它往往与客观的考评结果有所差别。考评人通过自评结果，可以了解被考评人的真实想法，为考评沟通做了准备。另外，在自评结果中，考评人可能还会发现一些自己忽略的事情，这有利于更客观的进行考评。

（3）互评。互评是员工之间相互考评的考评方式。互评适合于主观性评价，比如"工作态度"部分的考评。互评的优点在于：员工之间能够比较真实的了解相互的工作态度，并且由多人同时评价，往往能更加准确的反映客观情况，防止主观性误差，互评在人数较多的情况下比较适用，比如人数多于 5 人。另外，在互评时不署名，在公布结果时不公布互评细节，都可以减少员工之间的相互猜疑。

（4）上级考评。在上级考评中，考评人是被考评人的管理者，多数情况下是被考评人的直接上级。上级考评适合于考评"重要工作"和"日常工作"部分。

（5）书面评价。由于每位员工都有不同的特点，而标准化的考评方式则忽略了这个因素，将员工整齐划一，不利于员工个人成长。书面评价则弥补了这个缺陷。一般来讲，书面评价应该包括三个方面的内容：肯定员工成绩、指出员工不足以及企业对员工的期望。书面评价可以由上级撰写，也可由企业人力资源部门统一撰写。

三、绩效考评流程

绩效考评的有效性依赖于严格的考评流程。在确定考评流程之前，首先要对影响绩效考评过程中的内外环境因素进行分析，确定哪些因素会影响到考评的有效性。一般而言，绩效考评流程包括以下 10 个工作环节。

① 人力资源部负责编制考评实施方案，设计考评工具，拟定考评计划，对各级考评者进行培训，并提出处理考评结果的应对措施，供考评委员会决策。

② 各级主管组织员工撰写述职报告并进行自评。

③ 所有员工对本人在考评期间内的工作业绩及行为表现（工作态度、工作能力）进行总结，核心是对照企业对自己的职责和目标要求进行自我评价。

④ 部门主管根据受评人日常工作目标完成程度、管理日志记录、考勤记录、统计资料、个人述职等，在对受评人各方面表现充分了解的基础上，负责进行客观、公正的考核评价，并指出对受评人的期望或工作建议，交部门上级主管审核。如果一个员工有双重直接主管，由其主要业务直接主管负责协调另一业务直接主管对其进行考评。各级主管负责抽查间接下属的考评过程和结果。

⑤ 主管负责与下属进行绩效面谈。当直接主管和员工就绩效考核初步结果谈话结束后，员工可以保留自己的意见，但必须在考评表上签字。员工若对自己的考评结果有疑问，有权向上级主管或考评委员会进行反映或申诉。对于派出外地工作的员工，反馈面谈由该员工所在地的直接主管代为进行。

⑥ 人力资源部负责收集、汇总所有考评结果，编制考评结果一览表，报公司考评委员会审核。

⑦ 考评委员会听取各部门的分别汇报，对重点结果进行讨论和平衡，纠正考评中的偏差，确定最后的评价结果。

⑧ 人力资源部负责整理最终考评结果，进行结果兑现，分类建立员工绩效考评档案。

⑨ 各部门主管就绩效考评的最终结果与下属面谈沟通，对受评人的工作表现达成一致意见，肯定受评人的优点所在，同时指出有待改进的问题和方向，双方共同制定可行的绩效改进计划和个人发展计划，提高个人及组织绩效。

⑩ 人力资源部对本次绩效考评成效进行总结分析，并对以后的绩效考评提出新的改进意见和方案，规划新的人力资源发展计划。

第五节　员工的培训与发展

员工的培训与发展是组织人力资源管理的重要工作，对组织发展和员工个人发展都具有重大意义。员工培训是指一定组织为开展业务及培育人才的需要，采用各种方式对员工进行有目的、有计划的培养和训练的管理活动，其目标是使员工不断的更新知识，开拓技能，改进员工的动机、态度和行为，适应企业新的要求，更好的胜任现职工作或担负更高级别的职务，从而促进组织效率的提高和组织目标的实现。

一、员工培训的分类及作用

1. 员工培训的分类

（1）员工培训按内容可以分为员工技能培训和员工素质培训。员工技能培训是组织针对岗位的需求，对员工进行的岗位能力培训。员工素质培训是组织对员工素质方面的要求，主要有心理素质、个人工作态度、工作习惯等的素质培训。

（2）员工培训按对象职位不同可以分为导入培训、在职培训和离职培训。导入培训又称职前引导，是指组织的人力资源部对新入职的员工就将要从事的工作给予必要的介绍和引导。导入培训的目的在于使新入职员工减少在新的工作开始之前的担忧和焦虑，使他们能够尽快熟悉工作、了解组织。在职培训是为了使员工通过不断学习掌握新技术和新方法，从而达到新的工作目标要求所进行的不脱产培训，工作轮换和实习是两种最常见的在职培训。离职培训是指为了使员工能够适应新的工作岗位要求而让员工离开工作岗位一段时间，专心致力一些职外培训，最常见的离职培训方式包括教室教学、影片教学以及模拟演练等。

（3）员工培训按形式可以分为公开课和组织内训。公开课是让员工到组织外面参与一些相关公开培训课程。组织内训是企业邀请相关讲师到组织进行调研，针对性的对员工进行培训，这是全面的内部培训，一般不对外公开。

2. 员工培训的作用

员工培训，可以直接提高经营管理者能力水平，增长员工才干和敬业、创新精神，为组织提供新的工作思路、知识、信息、技能，是最为重要的人力资源开发，是比物质资本投资更重要的人力资本投资。有效的企业培训，其实是提升组织综合竞争力的过程，可以为组织腾飞插上翅膀。事实上，培训的效果并不取决于受训者个人，恰恰相反，取决于组织本身。良好的员工培训对组织发展具有四大作用。

（1）培训能增强员工对企业的归属感和主人翁责任感。就企业而言，对员工培训得越充分，对员工越具有吸引力，越能发挥人力资源的高增值性，从而为企业创造更多的效益。有资料显示，百事可乐公司对其深圳270名员工中的100名进行了一次调查，这些人几乎全部参加过培训。其中80％的员工对自己从事的工作表示满意，87％的员工愿意继续留在公司工作。培训不仅提高了职工的技能，而且提高了职工对自身价值的认识，对工作目标有了更好的理解。

（2）培训能提高员工综合素质，增强企业的盈利能力。培训能提高员工综合素质，提高企业的生产效率和服务水平，树立企业良好形象，增强企业盈利能力。美国权威机构监测，培训的投资回报率一般在33％左右。在对美国大型制造业公司的分析中，公司从培训中得到的回报率大约可达20％～30％。如摩托罗拉公司向全体员工提供每年至少40小时的培训。调查表明：摩托罗拉公司每1美元培训费可以在3年以内实现40美元的生产效益。摩托罗拉公司认为，素质良好的公司员工已通过技术革新和节约操作为公司创造了40亿美元的财富。摩托罗拉公司的巨额培训收益说明了培训投资对企业的重要性。

（3）培训能增强企业内部沟通，有利于塑造优秀的企业文化。培训能促进企业与员工、管理层与员工层的双向沟通，增强企业向心力和凝聚力，塑造优秀的企业文化。不少企业采取自己培训和委托培训的办法。这样做容易将培训融入企业文化，因为企业文化是企业的灵魂，它是一种以价值观为核心对全体职工进行企业意识教育的微观文化体系。企业管理人员和员工认同企业文化，不仅会自觉学习掌握科技知识和技能，而且会增强主人翁意识、质量意识、创新意识，进而培养员工的敬业精神、创新精神和社会责任感，形成上上下下自学科技知识、自觉发明创造的良好氛围，企业的科技人才将茁壮成长，企业科技开发能力会明显增强。

（4）培训可以为企业培养后备力量，保持企业的生命力。培训有助于企业适应市场变化、增强竞争优势，培训可以为企业培养后备力量，保持企业永继经营的生命力。企业竞争从表面上看是产品的竞争，而产品竞争的背后是技术的竞争，技术竞争的实质是人才的竞争。明智的企业越来越清醒地认识到培训是企业发展不可忽视的"人本投资"，是提高企业

"造血功能"的根本途径。美国的一项研究资料表明，企业技术创新的最佳投资比例是5：5，即"人本投资"和硬件投资各占 50％。"人本"为主的软技术投资，作用于机械设备的硬技术投资后，产出的效益成倍增加。在同样的设备条件下，增加"人本"投资，可达到投 1 产 8 的投入产出比。发达国家在推进技术创新中，不但注意引进、更新改造机械设备等方面的硬件投入，而且更注重以提高人的素质为主要目标的软技术投入。事实证明，人才是企业的第一资源，有了一流的人才，就可以开发一流的产品，创造一流的业绩，企业就可以在市场竞争中立于不败之地。

二、员工培训的主要方法

（1）讲授法。讲授法属于传统的培训方式，优点是运用起来方便，便于培训者控制整个过程。缺点是单向信息传递，反馈效果差。常被用于一些理念性知识的培训。

（2）视听技术法。通过现代视听技术（如投影仪、DVD、录像机等工具），对员工进行培训。优点是运用视觉与听觉的感知方式，直观鲜明。但学员的反馈与实践较差，且制作和购买的成本高，内容易过时。视听技术法多用于企业概况、传授技能等培训内容，也可用于概念性知识的培训。

（3）讨论法。按照费用与操作的复杂程序又可分成研讨会与一般小组讨论两种方式。研讨会多以专题演讲为主，中途或会后允许学员与演讲者进行交流沟通。优点是信息可以多向传递，与讲授法相比反馈效果较好，但费用较高。而小组讨论法的特点是信息交流时方式为多向传递，学员的参与性高，费用较低。讨论法多用于巩固知识，训练学员分析、解决问题的能力和人际交往的能力，但运用时对培训教师要求较高。

（4）案例研讨法。通过向培训对象提供相关的背景资料，让其寻找合适的解决方法。这一方式使用费用低，反馈效果好，可以有效训练学员分析解决问题的能力。另外，近年的培训研究表明，案例讨论的方式也可用于知识类的培训，且效果更佳。

（5）角色扮演法。受训者在培训教师设计的工作情况中扮演角色，其他学员与培训教师在学员表演后作适当的点评。由于信息传递多向化、反馈效果好、实践性强、费用低，因而多用于人际关系能力的训练。

（6）自学法。这一方式较适合于一般理念性知识的学习，由于成人学习具有偏重经验与理解的特性，让具有一定学习能力与自觉性的学员自学是既经济又实用的方法，但此方法也存在监督性差的缺陷。

（7）敏感训练法。敏感训练法也称互动小组法。此法主要适用于管理人员的人际关系与沟通训练。通过学员在培训活动中的亲身体验来提高他们处理人际关系的能力。其优点是可明显提高人际关系与沟通的能力，但其效果在很大程度上依赖于培训教师的水平。

（8）网络培训法。网络培训法是一种新型的计算机网络信息培训方式，投入较大。但由于使用灵活，符合分散式学习的新趋势，节省学员集中培训的时间与费用。这种方式信息量大，新知识、新观念传递优势明显，更适合成人学习。因此，特别为实力雄厚的企业所青睐，也是培训发展的一个必然趋势。

（9）工作轮换培训。工作轮换是指人员在不同部门的各种职位上轮流工作。工作轮换有助于受训人全面了解整个组织的不同工作情况，积累和掌握各种不同的工作经验，从而提高受训人的组织和协调能力，为其今后的升迁和发展打好基础。

（10）设置助理职务培训。在一些较高的管理层级上设立助理职务，不仅可以减轻主要负责人的负担，而且有助于培训一些后备管理人员。这种方式可以使助理接触到较高层次上的管理实务，使他们不断吸收其直接主管处理问题的方法和经验，在特殊环境中积累特殊经验，从而促进成长。

三、员工培训有效性的标准

要充分发挥员工培训在组织发展中的作用，就必须增强培训的有效性，培训的有效性是指组织和员工从培训中获得的收益，其往往是通过培训结果体现出来的。对公司来说，收益包括顾客满意度的增加，市场占有率的增加，最终是企业效益的增加；对员工个人来说，收益意味着学到新的知识或技能；一般而言，培训有效性的标准可以从以下几个方面来衡量。

(1) 组织效益的增加。员工将培训结果及时运用到工作中，提高组织产品和服务质量，降低组织的生产成本，最终提高了顾客的满意度，增加了组织的经济效益。

(2) 员工知识的增加。组织通过员工培训向员工传授基础知识、专业知识和背景知识。当今社会处于知识爆炸的时代，知识老化速度加快，知识更新不断涌现。掌握新的专业知识需要以扎实的基础知识为基石；又由于生产经营活动涉及领域的复杂与广泛，使背景知识比专业知识更重要，背景知识不仅涵盖了科技方面，也包括人文、社会科学。通过培训，员工具备了完成本职工作所必需的基本知识，能够更好地了解组织经营的基本情况，如组织的发展前景、战略目标、经营方针、规章制度等。

(3) 员工技能的提升。组织的员工培训注重培养员工掌握的能力，经过培训，员工可以掌握本职工作所必备的技能，如商务人员的对外谈判技能、技术人员的操作技能、行政人员处理人际关系的技能等。传统培训观点只强调能力的硬的一面，即技术性专业能力；而现代培训观点强调能力的软、硬结合，即在重视技术性专业能力培训的同时，注重人际技能，如沟通能力、协调能力、冲突处理能力等的培训。尤其是对管理人员的培训，更加重视人际技能的培训。

(4) 员工态度的转变。通过培训，组织与员工之间建立了相互信任的关系，增强了员工的敬业精神，培养了员工的团队合作意识。同时，也增加了员工适应并融于组织文化的主动性，实现了员工态度的转变。

(5) 员工行为的改变。员工知识的扩展、技能的提高和工作态度的积极转变，最终体现在员工回到工作岗位后的行动中去。员工把新知识、新技能运用到实践中，解决了以往工作中解决不了的问题；员工转变了原来的工作态度，增强主人翁责任感及团队合作意识，积极主动地为组织发展作出贡献。

【阅读材料 9-1】

人力资源未来的发展趋势

"人"是组织最重要的资产，也是竞争力的关键因素。因此，不管是企业还是国家机关越来越重视人才的培育，甚至不惜投入大笔资金开展教育训练。

美国训练及发展协会（ASTD, American Society for Training and Development）所出版的《Position Yourself for the Future》小册子中，提到了人力资源发展（HRD）的未来发展趋势。

一、为适应科技的快速变革，将持续提升对人员的专业技术需求

近半个世纪以来，由于科技不断的革新，造成整个世界难以评估的影响，广及政治形态、经济、文化等许多层面，同时它也带动着人力运用形态的改变。因为这样的变革，我们开始使用并享受许多高科技产品的方便，但熟悉这些产品的专业人员与这些高科技产品，必须同样进行精细的分门别类，因此对人员的专业要求将成为对人力需求的重点。

二、员工将接受更多的训练

以美国为例，女性及少数的族群如临时工、part-time人员、较年长的员工等受训机会及时数远少于主要的白人男性工作者，而这样的差距会造成在工作场所中，因教育程度的落差而产生的冲突。未来训练的层面将更为广泛，也将朝训练多能工方向发展。

三、组织规模将影响训练经费的多少

组织的规模影响着教育培训的频率及规模。如，全美500强企业每年固定提供一笔经费用于员工培训，培训经费的多少与组织的规模成正比，换言之，当组织蓬勃发展时，组织为员工提供较多的训练机会；一旦组织规模缩小的时候，培训经费将随之缩水。

四、训练部门在规模及角色上将有戏剧化的转变

第一个转变是训练外包的情形将会逐渐地增加，以成本及专业性来考量，机构内负担训练部门的成本，不如与多家机构共同分享一家专业训练中心来得经济，外部资源如今是唾手可得的，而这样的改变绝对牵涉到训练部门的角色及定位。第二个转变是训练部门将由传统训练部门的形态转而跳脱成为顾问（consul tants），也就是说训练部门必须负起推动组织未来发展的责任，并以顾问的角色结合专家机构的眼光，走在组织发展的前端。

五、科技的发展将造成训练方式革命性的改变

目前传统的课堂训练方式仍为主流，但以高科技产品为基础的方式将会迅速发展。硬体设备的进步、电脑与网络的流行、多媒体教学、视频会议等，这些高科技将以惊人的潜力带来更快速的训练，并且使教育训练能更接近员工的工作现场（如：远距教学），带来更直接而快速的功效。

六、训练部门将转换新的方式来提供服务

在美国，训练部门，即人力资源发展部门，几乎不能免疫于整个组织变革下所造成的改变，如缩小规模、重组、人事精简等，同时被迫要更接近员工的工作地点以降低训练费用，换言之，更能有效利用现有环境的资源来作训练是必需的改变。因此未来的趋势将不再把员工从部门中调派出来，作长时间的训练，反而是会以邻近员工的工作地点为考量。

七、训练人员工作重点将聚焦于组织绩效的提升

训练焦点将更贴近组织的目标，也就是绩效的达成及提升。在全球激烈的竞争下，组织机构将聚精会神地关注于局势的变化，并严格地审视每一个工作环节对公司策略及机构的目标是否带来积极的效果，其中显然也包括训练部门。因此专业人员的注意焦点将由课程的时数，转变成个人、组织的绩效提升。

八、整合的高绩效工作系统将大量产生

重新整合的组织希望能发挥更多功能，因此，我们将训练部门视为一般的业务单位，并重新审视其角色，衡量其创造的绩效。此外，如何协助重组的专案团队及部门，彼此做最佳的合作，将是未来训练工作的重点。

九、组织将转变成学习型组织

建立学习型的组织的概念将会成为趋势，未来愈来愈多公司将会朝此发展。许多组织将以知识为基础，因此学习将会被推广至不同的层级，如个人、专案团队、部门等。

"人是机构内最重要的资产"的观念已经深入人心，因此人力资源的管理将在未来对组织发展产生重大意义。

资料来源：http://www.doc88.com/p-995598324289.html.

本 章 小 结

（1）人力资源管理是指企业的一系列人力资源政策以及相应的管理活动。人力资源管理的具体内容包括职务分析与设计、人力资源规划、员工招聘与选拔、绩效考评、薪酬管理、员工激励、培训与开发、职业生涯规划、人力资源会计、劳动关系管理。人力资源管理的功能主要有获取、整合、保持、评价、发展。

（2）人力资源计划，是组织为实现其发展目标，对所需人力资源进行供求预测，制定系统人力资源政策和措施，以满足自身人力资源需求的活动。一个组织的人力资源计划有两个层次：总体人力资源计划和人力资源子计划。编制人力资源计划，就是要通过规划人力资源管理的各项活动，使组织的需求与人力资源的基本状况相匹配，确保组织总目标的实现。影响组织人力资源计划的因素有内部因素和外部因素两个层面。

（3）员工招聘，是指组织根据人力资源管理计划和工作分析的要求，从组织内部和外部吸收人力资源的过程。员工招聘应遵循的标准有良好的品德、管理的愿望、具有创新精神、较高的决策能力。员工招聘的来源可以是多方面的，如学校、人才市场、部队转业军人等。人员招聘的方式组织可以通过内部选拔和外部招聘两种方式，这两种方式各有其优缺点。员工解聘是指当人力资源计划过程中存在多余人员，或者组织面临结构性收缩，或者员工存在违反组织政策的行为时，组织裁减一部分员工的活动。

（4）绩效考评是绩效考核和评价的总称，是指组织依据工作目标或绩效标准，采用一定的考评方法，评定员工的工作任务完成情况、员工的工作职责履行程度和员工的发展情况，并将上述评定结果反馈给员工的过程。常见的考评方式有目标考评、自评、互评、上级考评和书面考评。绩效考评的有效性依赖于严格的考评流程。

（5）员工培训是指一定组织为开展业务及培育人才的需要，采用各种方式对员工进行有目的、有计划的培养和训练的管理活动。员工培训按培训对象职位不同可以分为导入培训、在职培训和离职培训；按培训内容可以分为员工技能培训和员工素质培训；按培训形式可以分为公开课和企业内训。良好的员工培训对企业发展具有重要的作用。员工培训的方法主要有讲授法、视听技术法、讨论法、案例研讨法、角色扮演法等。

【案例思考】

山花煤矿奖金分配风波

山花煤矿是一个年产120万吨原煤的中型矿井。该矿现有职工5136人，其中，管理干部458人，占全矿职工的8.9%。1990年全矿职工在矿井领导的带领下，使100万吨原煤生产死亡率降到了2人以下，一跃跻身于同行业的先进行列。上级主管部门因此特拨下15万元奖金，奖励该矿在安全与生产中做出贡献的广大干部和职工。

在这15万元奖金的分配过程中，该矿袁军矿长代表矿行政召集下属五位副矿长和工资科长、财务科长、人事科长以及相关科室的领导开了一个分配安全奖金会议。袁矿长首先在会上发言，他认为，奖金分配应该大家都有份，但是不能搞平均主义，因为每个人的贡献有大小，工人和干部就该拉开距离。如果奖金分配不公，就会打击干部和工人的工作积极性。

财务科王科长为参会领导介绍了奖金分配方案：奖金总额是15万元，主要分五个档次，矿长550元，副矿长500元，科长400元，一般管理人员200元，工人一律5元。这样分下来，全矿处级干部13人，科技干部130人及各类管理人员307人，职工4678人，刚好分均。

主管生产的冯副矿长认为，这样的分配方案虽能鼓励大家努力工作，只是工人这个档次5元太少了，并且不论什么工种都是5元，这样过于平均。冯副矿长建议把工人的奖金也拉开档次，否则工人的积极性怕是要受到影响，不利于今后工作任务的完成。

安检科陈科长心里想，我具体主管安全，责任不比你矿长小，奖金倒要少150元，与其他科长领取同档次奖金，这不是太不公平了吗？于是便开了腔："要说安全工作，全矿大大小小几百条巷道我都熟悉，天天都在和安全打交道，处理安全事故每次都到现场，但有些人一年没下几天井，安全工作不沾边，奖金反倒不少，我建议多来一个档次，六个档次。"

陈科长的发言马上引起了人事科长、财务科长等人的极大不满，于是大家你一言我一句地说开了。最后袁矿长做了总结性的发言，他把大家的意见归纳为两条：第一，怕工人闹意见影响生产；第二，多拉开些档次。他认为，不论怎样分奖金都会有人闹意见，比如有些与安全工作无关的人，一视同仁的给点，就会使意见相对小一些。要说影响生产，矿里现在实行的是岗位责任制，多劳多得，不劳就不该得。至于多拉档次，袁矿长认为就不必了，多拉一个档次，就会多一层意见。最后，让财务科按奖金分配原方案尽快把奖金发下去。

　　奖金发下后全矿显得风平浪静，但几天后矿里的安全事故就接连不断的发生，先是运输区转运队的人车跳轨，接着三采区割煤机电机被烧，随后就是开拓区冒顶两人受伤。袁矿长坐不住了，亲自组织带领工作组到各队追查事故起因。追查人车跳轨事故时，机车司机说钉道工钉的道钉松动，巡检维修不细心。而钉道工说是司机开得太快，造成了跳道，追来查去大家最终说出了心里话，他们说，"我们拿的安全奖少，没那份安全责任，干部拿的奖金多，让他们干吧。"还有一些工人说："老子受伤，就是为了不让当官的拿安全奖。"此后一段时间内矿里的安全事故仍然在不断的发生，最终矿里虽然采取了一些措施，进行了多方面的调整工作，总算把安全事故压下去了，但山花矿区从前那种人人讲安全、个个守规程的景象不见了。

【**案例思考题**】1. 为什么山花煤矿人人都得到了奖金却不再讲安全了？

　　2. 如果你是主管生产的冯副矿长，你认为应该建立怎样的奖励机制？

　　3. 如果你是安检科的陈科长，你认为应该怎样做？

　　4. 面对奖金风波后的煤矿，如果你是矿长，将采取哪些措施恢复原来人人讲安全、个个守规程的局面？

　　资料来源：http://www.mba.org.cn/anliku/3963.html. 略有删改.

复习思考题

一、单项选择题

1. （　　　　）对企业各个工作职位的性质、结构、责任、流程，以及胜任该职位工作人员的素质、知识、技能等，在调查分析所获取相关信息的基础上，编写职务说明书和岗位规范等人事管理文件。

　　A. 人力资源规划　　　B. 职务分析与设计　　　C. 绩效考评　　　　　D. 员工激励

2. （　　　　）鼓励和关心员工的个人发展，帮助员工制定个人发展规划，以进一步激发员工的积极性、创造性。

　　A. 劳动关系管理　　　B. 培训与开发　　　　　C. 职业生涯规划　　　D. 绩效考评

3. （　　　　）是人力资源管理程序中的第一步。

　　A. 招聘员工　　　　　B. 员工培训　　　　　　C. 编制人力资源计划　D. 设计薪酬

4. 编制人力资源计划的目的不包括（　　　　　　）。

　　A. 扩大企业市场占有率　　　　　　　　　　　B. 促使人力资源的合理运用

　　C. 规划人力发展　　　　　　　　　　　　　　D. 配合组织发展的需要

5. 下列情况下，宜采用内部提升的是（　　　　　　）。

　　A. 高层次管理人员的选拔　　　　　　　　　　B. 外部环境剧烈变化时

　　C. 处于成熟期的企业　　　　　　　　　　　　D. 中层管理人员的选拔

6. （　　　　）不是外部招聘所具有的优点。

　　A. 被聘者具有"外部竞争优势"

　　B. 能够为组织输送新鲜血液

　　C. 有利于平息和缓和内部竞争者之间的紧张关系

　　D. 有利于被聘者迅速开展工作

7. 内部招聘的主要弊端是（　　　　　　）。

　　A. 可能会引起同事之间的矛盾　　　　　　　B. 要花很长的时间重新了解企业

　　C. 知识水平可能不够高　　　　　　　　　　D. 没有竞争优势

8. 内部提升和外部招聘都是非常重要的选拔人才方式，但是二者各有利弊。你认为在（　　　　）情况下优先采用内部提升方式。

　　A. 选拔中层管理人员　　　　　　　　　　　B. 组织需要一个持续发展的既定战略

　　C. 需要对公司战略进行重大修改　　　　　　D. 外部环境变化剧烈

9. 下列关于内部招聘不正确的是：（　　　　）。

　　A. 有利于调动员工的工作积极性　　　　　　B. 不利于吸引外部人才

　　C. 可能会引起同事之间的矛盾　　　　　　　D. 可能会导致组织内部的"近亲繁殖"现象发生

10. 外部招聘的缺点是：（　　　　）。

　　A. 难以在质与量两方面均满足对管理人员的需要

　　B. 难以深入了解应聘者的情况及实际工作能力

　　C. 有可能打击未被提升者的积极性

　　D. 容易导致组织内部产生"近亲繁殖"现象

11. （　　　　）是常见的在职培训。

　　A. 影片教学　　　　　　B. 教师教学　　　　　　C. 工作轮换　　　　　　D. 知识讲座

12. 下列关于绩效评估的说法不正确的是：（　　　　）。

　　A. 绩效评估是组织与员工之间的一种互动关系

　　B. 绩效评估的结果为确定员工的实际工作报酬提供了决策依据

　　C. 员工能力的大小与其绩效存在着严格的一一对应的关系

　　D. 绩效评估的结果为员工的晋升提供了决策依据

13. 面谈的不足之处在于（　　　　）。

　　A. 间接反馈　　　　　　　　　　　　　　　B. 无法对表达能力做评估

　　C. 提供的情况有限　　　　　　　　　　　　D. 容易受表面现象的影响

14. 通过（　　　　）发布用人信息是最常用的招聘方式。

　　A. 职业介绍机构　　　　　　　　　　　　　B. 广播、报纸、电视等传媒渠道

　　C. 校园招聘　　　　　　　　　　　　　　　D. 员工介绍

15. 有一天，某公司总经理发现会议室的窗户很脏，好像很久没有打扫过，边打电话将这件事告诉了行政后勤部的负责人，该负责人立刻打电话告诉事务科长，事务科长又打电话给公务班长。公务班长派出两名员工，很快将会议室的窗户擦干净。过了一段时间，同样的情况再次出现。这表明公司在管理方面存在着什么问题？（　　　　）。

　　A. 组织层次太多　　　　　　　　　　　　　B. 总经理越级指挥

　　C. 各部门职责不清　　　　　　　　　　　　D. 员工缺乏工作主动性

16. 以空缺职位和工作的实际要求为标准来选拔符合标准的各类人员，这是人力资源计划中人员配备原则的（　　　　）。

　　A. 因事择人原则　　　　　　　　　　　　　B. 因才选用原则

　　C. 用人所长原则　　　　　　　　　　　　　D. 人事动态平衡原则

17. 根据人的能力和素质的不同，去安排不同要求的工作，这是人力资源计划中人员配备原则的（　　　　）。

　　A. 因事择人原则　　　　B. 因才选用原则　　　　C. 用人所长原则　　　　D. 人事动态平衡原则

18. 在用人时不能够求全责备，管理者应注重发挥人的长处，这是人力资源计划中人员配备原则的（　　　　）。

　　A. 因事择人原则　　　　B. 因才选用原则　　　　C. 用人所长原则　　　　D. 人事动态平衡原则

19. 绩效评估的第一个步骤是：（　　　　）。

　　A. 确定考评责任者　　　　　　　　　　　　B. 评价业绩

　　C. 确定评估目标　　　　　　　　　　　　　D. 公布考评结果，交流考评意见

20. 某商店的某售货员长期以来服务态度就不好，当某一天她再次对顾客不理不睬而被经理解雇时，

她声称没有听到过有关她工作表现令人不满意的评价。这种事情可以借助于（　　　　）来避免。

    A. 组织结构设计   B. 人员配备   C. 人员培训   D. 绩效评估

二、判断题

1. 在组织中，人力资源管理主要是人力资源管理部门的事，各直接管理人员应着重搞好生产经营。

    （　　）

2. 员工招聘是指企业到外部寻找和吸引那些有能力、又有兴趣到本单位任职的人，并从中选出适宜人员予以录用的过程。（　　）

3. 招聘员工是人力资源计划过程中的第一步。（　　）

4. 组织用人时不能求全责备，管理者应注重发挥人的长处。（　　）

5. 良好的品德是每个组织成员应具备的基本前提。（　　）

6. 研究表明，经内部员工或关联人员推荐的人员比其他形式招募来的人员满意度高。（　　）

7. 员工外部招聘比内部提升更具优势。（　　）

8. 外部招聘比内部招聘的选择范围更大，所以总能招到优秀的人才。（　　）

9. 内部招聘和提升可以激励员工努力进取，因为他们对组织的政策和期望都能明确了解。（　　）

10. 在职培训是依培训目标和内容而划分的一种培训形式。（　　）

11. 职务轮换培训是依所在职位而划分的一种培训形式。（　　）

12. 绩效评估不仅可以作为加薪、晋升、调职、开除的依据，而且可以为分析员工的优缺点和制定相应的培训计划提供依据。（　　）

13. 绩效评估的第一步是确定考评责任者。（　　）

14. 一开始在组织中权力影响大的部门工作，有可能在今后的职业生涯中得到快速的提升。（　　）

15. 人员配备既可遵循因事择人的原则，也可遵循因人设事的原则。（　　）

三、名词解释

人力资源管理，人力资源计划，内部晋升，外部招聘，员工培训，绩效考评。

四、思考题

1. 人力资源管理包括哪些内容？

2. 影响人力资源编制计划的因素有哪些？

3. 员工招聘要经过哪些步骤？

4. 员工招聘的标准有哪些？

5. 内部提升的优势和局限性表现在哪些方面？

6. 外部招聘的优势和局限性表现在哪些方面？

7. 在人力资源管理中，绩效考评的作用表现在哪些方面？

8. 绩效考评要经过哪些工作流程？

9. 组织中常用的绩效考评方法有哪些？

10. 组织开展员工培训的作用有哪些？

第十章　组织变革与组织文化

 引导案例：

通用公司的组织结构变革

当杜邦公司刚取得通用汽车公司控制权的时候，通用公司只不过是一个由生产小轿车、卡车、零部件和附件的众多厂商组成的"大杂烩"。这时的通用汽车公司由于不能达到投资人的期望而面临困境，为了使这一处于上升时期的产业为它的投资人带来应有的利益，公司在当时的董事长和总经理皮埃尔·杜邦的主持下进行了组织结构重组，形成了后来为大多数美国公司和世界上著名的跨国公司所采用的多部门结构。

在通用公司新的组织结构中，原来独自经营的各工厂，依然保持各自独立的地位，总公司根据它们服务的市场来确定其各自的活动。这些部门均由企业的领导——即中层经理们来管理，它们通过下设的职能部门来协调从供应者到生产者的流动，即继续担负着生产和分配产品的任务。这些公司的中低管理层执行总公司的经营方针、价格政策和命令，遵守统一的会计和统计制度，并且掌握这个生产部门的生产经营管理权。最主要的变化表现在公司高层上，公司设立了执行委员会，并把高层管理的决策权集中在公司总裁一个人身上。执行委员会的时间完全用于研究公司的总方针和制定公司的总政策，而把管理和执行命令的权力留给生产部门、职能部门和财务部门。同时在总裁和执行委员会之下设立了财务部和咨询部两大职能部门，分别由一位副总裁负责。财务部担负着统计、会计、成本分析、审计、税务等与公司财务有关的各项职能；咨询部负责管理和安排除生产和销售之外的公司其他事务，如技术、开发、广告、人事、法律、公共关系等。职能部门根据各生产部门提供的旬报表、月报表、季报表和年报表等，与下属各企业的中层经理一起，为该生产部门制定出部门指标，并负责协调和评估各部门的日常生产和经营活动。同时，根据国民经济和市场需求的变化，不时地对全公司的投入和产出作出预测，并及时调整公司的各项资源分配。

公司高层管理职能部门的设立，不仅使高层决策机构——执行委员会的成员们摆脱了日常经营管理工作的沉重负担，而且也使得执行委员会可以通过这些职能部门对整个公司及其下属各工厂的生产和经营活动进行有效的控制，保证公司战略得到彻底和正确的实施。这些庞大的高层管理职能机构构成了总公司的办事机构，也成为现代大公司的基本特征。

另外，在实践过程中，为了协调职能机构、生产部门及高级主管三者之间的关系和联系，艾尔弗雷德·斯隆在生产部门间建立了一些由三者中的有关人员组成的关系委员会，加强了高层管理机构与负责经营的生产部门之间广泛而有效的接触。这些措施进一步加强了公司高层管理人员对企业整体活动的控制。

资料来源：http://wenku.baidu.com/view/62ac12bdf121dd36a32d828e.html.

当今世界经济一体化的趋势越来越明显，企业信息化程度越来越高，组织始终处在一个动态的、变化不定的内外部环境之中，组织若要适应这种变化，就要适时的进行变革和进行组织文化的建设和调整。

第一节　组织变革和发展

当组织所处环境发生变化，如产业结构的调整、政府经济政策的调整、科技发展引起产品和工艺的变化、组织战略目标的调整等，都将给组织生存和发展带来挑战，这时就必须摸清楚组织变革的一般规律，研究有效进行组织变革的具体措施和方法。

一、组织变革概述

1. 组织变革及其作用

一种组织结构、组织制度在当前环境下可能是适应的，但经过一段时间，在新的内外部环境下，原有的组织形式可能就不适用了。为了使组织适应环境的变化，更有效地利用资源，最大限度地实现组织目标，组织相关要素必须不断进行调整和变革。所谓组织变革就是指组织管理人员主动对组织的原有状态进行改变，以适应组织内外部环境变化，从而更好地实现组织目标的活动。组织变革的范围包括组织的各个方面，如组织行为、组织结构、组织制度、组织成员和组织文化等。某些时候组织结构不改变，继续经营将会遇到很大阻碍，因此，企业管理者必须抓住时机，及时进行组织变革。

组织变革对组织生存和发展具有重大的影响和作用。通过组织变革，组织的目标和任务可以变得更加明确，组织成员的认可程度和满意程度都会得到提高，组织完成任务的方法更加明确，组织发展更加符合社会发展的要求；通过组织变革，组织机构的管理效率可以得到提高，组织作出的决策更加合理、准确；通过组织变革，组织更具有稳定性和适应性，对内外部环境的变化，组织的信息沟通渠道更加畅通无阻，信息传递更加准确，并提升自我更新能力。

2. 组织变革的目标

组织变革的目标是促进组织的发展，因此，组织变革的目标应与组织目标协调一致。组织变革应致力于实现以下目标。

（1）提高组织适应环境的能力。适应环境是组织生存和发展的前提，当组织内外部环境发生了变化，组织也必须随之而变。但是这种变化不是盲目地跟随，而是在对环境变化作出正确判断的基础上，审时度势，认真思考后进行的。组织变革通过建立健全组织结构，改善组织运行机制和流程来增加组织对环境的适应性。

（2）提高组织的工作绩效。通过组织变革提高组织的适应能力，是组织变革的基础目标。在提高组织适应能力的基础上，通过改善组织运作效率和效益，使组织不断发展壮大，是组织变革的终极目标。

（3）承担更多的社会责任。在现代社会中，任何组织都不能只追求自身利益，而是要在追求自身利益的同时兼顾社会责任，因此，这就要求组织树立良好的社会形象。组织的社会责任要求组织不断地进行调整与变革，这是组织变革的最高目标。

3. 组织变革的内容

在组织变革实践中，大致涉及四个方面的内容：技术，组织结构，产品和服务，文化和人员。

(1) 技术变革。技术变革是指组织生产过程的技术性变化，包括保证差异化竞争的知识库、技能库等的变革，变革的目的是提高生产效率，并增加产量。技术变革涉及产品或服务的制造技术，包括工作方法、设备、工作流程等。比如，一个污水处理厂，其技术变革是为了设计出高效的污水再生系统，并采用先进的信息技术在组织内传播技术和知识。

(2) 组织结构变革。组织结构是组织内部分工协作的基本形式或框架。组织结构变革是以组织结构为核心的组织系统的调整和变化，包括工作专门化、部门化、指挥链、管理跨度、集权与分权等方面的改变。管理者可以对这些结构要素的一个或者多个方面进行调整。比如，精简某些层次、拓宽管理跨度、减少官僚机构、使组织扁平化等。组织结构变革通常是由上而下地进行，也就是说，由最高管理层下令进行变革。

(3) 产品与服务变革。产品与服务变革通常是由下而上进行。产品与服务变革是指调整和变化一个组织输出的产品或服务，包括对现有产品的小幅度调整或开发全新产品线。开发新产品通常是以提高市场份额或开发新市场、新顾客为目标。比如，Milacron 机床公司面对激烈的外部竞争，将自己转变为一个全面的服务供应商，不仅提供机床，还提供所有的工业塑料、流体、化学制品。

(4) 文化和人员变革。文化和人员变革是指价值观、态度、期望、信念、能力、员工行为等方面的改变。现代企业组织强调尊重员工的人格，重视员工的需求，给予员工充分信任和支持。文化和人员的变革是侧重于改变人员以及人际间工作关系来进行的变革。比如一家供应特种金属的公司，它本来的文化特征是怀疑与不信任，管理人员经常不征询员工意见就突然强制改变管理方法和政策，后来公司改变了它的文化，开始尊重员工的价值，鼓励员工的参与，这使得公司的产品质量得到了很大的提高。

这四种变革内容并不是孤立的，而是相互关联的，其中一种变革往往会引起另一种变革。如一个新产品可能会引起生产技术的变革，而组织结构的变化可能需要员工学习新的技能。总之，组织是由互相联系、互相影响的系统组成的，某个部分的改变必然会引起其他部分的变革。

二、组织变革的原因

在全球化和信息化日益发展的今天，组织面对的是一个动态的、不稳定的环境，一个组织要生存、发展、壮大，就必须根据外部环境和内部条件的变化而适时的调整其目标与结构。促使组织变革的动因可以归纳为外部环境和内部环境变化两个方面。

1. 外部环境因素

从系统的观点看，任何组织都是一个开放的系统，它属于社会大环境中的一个子系统，因此，它无力控制外部环境，而只能主动适应外部环境。它通过与其所在的环境不断地进行物质、能量和信息的交换而生存与发展。组织外部环境的变化是组织变革的重要动因。

(1) 经济环境变化对组织的影响。随着全球经济一体化趋势日趋明显，企业国际化生产经营已经成为新的全球模式，这种模式引起了企业经营战略的变化。国际化经营要求企业都要修正或制定新的发展战略，企业的战略变化，必然导致组织相关要素的变化。同时，经济一体化使组织各部门间的协调控制工作越来越困难，如何协调组织内各部门的工作，使之达到企业共同的目标，是组织工作面临的新形势。最后，企业的全球化生产经营模式引起了跨文化的接触与交流，不同文化背景的员工思维方式、价值观念有很大差异，容易造成冲突。所有这些都对企业的沟通、人员培训、授权等组织工作提出了新的挑战。

(2) 知识与技术的进步对组织的影响。知识经济时代的到来给企业生产经营活动带来了持续而深远的影响。知识成为了经济增长、组织发展的关键性因素，企业管理信息化的趋势已经不可逆转，人们在组织中的地位更多取决于其知识的掌握和更新，组织工作的重点已转变为开发和利用知识资源，如学习型组织、终身学习等思想已经深刻地影响到了组织成长的理念。当企业外部出现重大技术创新时，就足以影响整个行业的发展，如数码技术对彩色胶卷行业的影响。知识经济也加速了高新技术企业的发展，高科技企业具有人才密集、产品生命周期短、竞争激烈、风险大等一系列新特征。由于信息时效性、真实性的要求，知识经济时代对企业的组织结构也提出了新的要求，要求组织结构更加扁平化，权力更加分散化，决策更加迅速。同时，信息技术的普遍应用也改变了传统的组织管理模式，计算机取代了大量管理人员的工作，减少了企业的管理层次。

（3）国家政策的调整。国家相关政策的调整，如产业政策的改变、环保标准的提升等，都将导致企业经营环境的变化，给企业带来重大的影响。企业组织结构、产品和服务是实现企业战略目标的手段，企业外部政策环境的变化必然要求企业组织相关要素做出适应性的调整。当一个企业面临政策环境重大变化时，应及时进行组织诊断，用以判定企业组织结构、产品和服务等是否有加以变革的必要。

2. 内部环境因素

（1）企业内部条件的变化。企业内部拥有的各种条件和资源发生变化时，需要组织进行变革，以适应这种变化。当企业生产经营缺乏创新，如企业缺乏新的战略和适应性措施，缺乏新的产品和技术更新时，就需要改变技术条件，实行技术改造，引进新的设备，同时要求技术服务部门进行技术、生产、营销等部门的调整。当企业员工士气低落，不满情绪增加，也需要考虑进行组织变革，对人员条件进行改变，进行人员结构调整和提高人员素质等。当组织机构本身病症的显露，如决策迟缓、指挥不灵、信息交流不畅、机构臃肿、职责重叠、管理效率下降等，需要对管理条件进行改变，如实行计算机辅助管理、实行优化组合等。当企业规模发生变化时，需要对组织结构进行调整，以适应企业处于不同的生命周期时对组织结构的不同要求，如小企业成长为中型或大型企业，单一品种企业成长为多品种企业，单厂企业成为企业集团等。

（2）组织机构设置存在问题。当企业规模较小，运行初期时，组织机构存在的各种问题不会显露出来，当企业规模扩大后，各种弊端将会显现。

① 组织机构的设置与组织目标不一致。如一家以销售为主业的公司，以销售为主的只有两个部门，但却有近十个非主营业务的管理部门，非主营业务部门所占管理人数近80%，这就是没有突出自己的核心主营业务，与组织目标不一致。

② 组织机构设置时求大求全。如即使公司只有十几个人也设立一个人力资源部；公司只有两三个业务员，也设一个销售总监。

③ 部门岗位设置时未充分考虑到部门所应承担的职能。部门的职能是通过管理岗位这个载体实现的，但在设置岗位时往往因人设岗，没有考虑到这个部门真正的职能。比如一家倡导以服务为品牌的公司，在自己的业务主导部门中看不到一个关于服务方面的岗位，却设置销售计划、销售结算等岗位。

④ 过分注重专业化的设置，忽略横向沟通的问题。一个公司如果过多的强调管理专业化，均排成一部门、二部门、三部门的，而横向沟通部门却极少见，只有上下，而无左右也会造成企业协作效率的降低。

三、组织变革的动力和阻力

1. 组织变革的动力

组织变革的动力就是指赞成和支持变革，并努力去实施变革的驱动力。组织变革的动力，总的说来，是来源于人们对变革必要性的认识及变革所能带来利益的理解。组织内外部客观条件的变化，组织自身所存在的各种问题，各层管理者居安思危的忧患意识，以及变革可能带来的权力和利益关系的变化，都可能成为组织变革的动力，形成变革的推动性力量。组织变革动力一般来自两个方面：组织外部力量和组织内部力量。

（1）组织外部力量的推动。当组织外部环境发生了变化，组织只有进行相应的改变，才能生存下去，获得发展机遇。组织变革的外部动力可以来自市场的推动力量，如激烈的市场竞争、顾客需求的变化；也可以来自技术变革力量，如新科技的应用，导致原有的工作内容、方式、流程的变化；还可以来自经济、政治、社会等一般环境变化所带来的力量，这些都会带来很大的组织调整。

（2）组织内部力量的推动。当组织战略发生改变，组织内部人员素质的普遍提高，组织规模扩大等，都会影响到组织目标，并需要组织机构及组织权力系统等方面的调整，从而最终引起组织的变革，这种变革往往是全面而深刻的。如海尔集团在其初创期，产品单一，只生产冰箱，当时采用的是集权型直线职能制的组织结构模式。随着企业的不断发展，它的产品已经扩展到几十种，规模也大幅度提高，原来的直线职能制组织结构已远远不能适应组织当前的发展，为此海尔集团及时地进行了组织变革，建立了分权型的事业部组织结构。

2. 组织变革的阻力

组织变革意味着打破组织原有状态，建立新的组织形态和运行机制。绝大部分组织变革均以失败而告终，高达80％的组织变革最终没有达到预期的目标。在造成组织变革失败的诸因素中，组织变革遭到抵制即阻力是首要原因。组织变革的阻力，是指人们反对变革、阻挠变革甚至对抗变革的制约力。充分认识这些阻力，并设法排除阻力是保证组织变革取得成功的前提条件。组织变革的阻力一般来自于以下几个方面。

（1）个体因素。任何一场变革都不可避免地要涉及人。由于不同个体对组织变革的结果接纳性及风险意识不同，因而对变革的态度就会不同，所以人的因素是组织变革的核心问题，甚至直接关系到企业变革的成败。变革中个体的阻力源主要来自于基本的人类特征如知觉、个性和需要，具体有以下几个方面。

① 变革导致个人对未来产生不安全感和恐惧感。组织变革是改变企业现状，以达到预期的未来状态的过程，所以组织变革将会带来一定的不确定性。而个人对不确定性会有不安全感和恐惧感，都有理性躲避风险的倾向，所以就会产生抵制变革的情绪与行为。

② 能力或资源不足产生的阻力。变革往往伴随着新的业务流程、新工作方法的导入，当员工能力不足以完成工作任务时，员工会担心自己在变革中成为牺牲品，所以反对变革。另外，在变革过程中，企业如果忽略给员工提供足够的资源支持，也会导致员工不愿意进行变革。

③ 变革倡导者无法令人信服。如果企业推行的变革是由某些无法叫人信服的倡导者发起的，将招致其他管理者和员工的反对。这种情况下，若企业强制推行变革，容易引发人们的逆反心理，员工的抵抗情绪也就更大、更明显。

④ 行为方式的惯性。个人对现实的稳定态度和习惯化的行为方式一旦形成，就不愿意进行改变。尤其是当员工对变革的目的、意义了解不足时，他们很难有参与变革的热情。在组织变革中那些倾向于安稳、不愿意冒险的员工更容易抱怨组织变革进而产生一定阻力。

（2）群体因素。组织变革的阻力还会来自群体方面，对组织变革形成阻力的群体因素主要有群体惯性、对专业知识的威胁、既得利益者的反对。

① 群体惯性。组织中的绝大多数人都是在昨天的组织中成长起来的，他们的态度和价值观都是在早期形成的，由于变革是一种新生事物，其优势一时很难体现，如果员工对变革的目的、意义了解不足，他们不会有参与变革的热情。他们一般倾向于把组织以前所发生的事看作是常规，对任何一种不合"常规"的事都会持强烈的拒绝态度。

② 对专业知识的威胁。组织中的变革可能会威胁到专业群体的专业技术知识。20 世纪80 年代初计算机的引进就是一个例子。计算机可以使管理者直接从公司的主要部门中获得信息，但却遭到许多信息系统部门的反对，原因就在于计算机终端的使用对集中化的信息系统部门所掌握的专门技术构成了威胁。

③ 既得利益者的反对。变革威胁到某些部门或个人的既得利益，如一部分管理者的地位会降低，收入或其他个人利益也会发生变化。这些人对现有体制所作的投资越多，反对变革的阻力就越大，因为他们担心失去现有的地位、收入、权力和个人便利等，类似情形尤其在老职工中易出现，组织中的这部分员工可能会抵制变革。

（3）组织因素。在组织变革中，组织运行过程中的一些因素也会影响组织变革的进程。

① 管理层未达成共识。管理层对组织变革的积极参与是组织变革成功的关键。某些管理者可能本身观念陈旧，不愿意轻易改革，或者对变革的认识不够，或者对组织变革的前景没有信心时，会阻碍变革。当管理层没有达成共识，就会对组织中的其他人造成一定的影响。员工会结成小团队、小派别，某些人支持变革，某些人反对变革，这样变革就很难进行下去。

② 没有与改革相适当的组织结构或管理制度。组织变革本身是一种社会革新，那些解决组织管理中的一般性问题的组织变革也是如此。因此，在变革中，一定要注意一切配套措施、制度，一定要迎合变革，保护组织创新成果。如，为了鼓励利于变革的员工行为，人力资源管理体制（如薪酬、考核、员工发展）就要做相应的调整。

③ 组织的保守倾向。随着存在期限的增长，组织往往有保持其稳定性的倾向，使组织产生一种惯性，组织惯性的存在不利于变革。一些研究表明，组织除非处于快速增长或内部动荡的时期，否则组织年龄越长就变得越保守。这是因为随着组织年龄的增长，组织内部建立起来的制度化的规则就越多。这些规则约束了组织对环境的反应，长此以往，会在组织中形成保守的组织文化。组织文化对组织中员工行为的影响已经被证实，当变革与保守的个人习惯和价值观发生冲突时，会引起员工对组织变革的抵制。相当一部分企业在企业变革过程中还是未能充分发挥组织文化的作用，在变革过程中，注重企业文化的重塑，变革的阻力会少很多。另外，随着组织年龄的增长，组织中具有创新精神的管理者将会被具有保守倾向的管理人员所取代，使组织失去了创新型人才，也增加了变革的难度。

3. 降低组织变革阻力的策略

（1）采用正确的变革策略。组织实施变革时可以采取强制变革策略、教育变革策略和理性或自利变革策略。强制变革策略指靠发出和强制执行命令而实施变革，这种策略的优越性是执行迅速，但其缺陷是低责任心和高阻力。教育变革策略的做法是通报信息而使人们确信变革的必要性，这种策略的缺点是实施缓慢而困难，但比起强制变革策略，它可以激发更强的责任感并减少阻力。理性或自利变革是使人们确信变革会对他们个人有利，这种战略一旦成功，实施将会相对容易，因此理性变革战略往往被视为最理想的变革策略。

（2）建立推动变革的组织团队。

① 由领导能力强的领袖推动变革。在企业变革的过程中，可以针对各种情况，采取一些创新性策略与手段，来减少阻力。可以由企业的精神领袖推动变革，因为企业的精神领袖通常具有卓越的人格魅力和非常优秀的工作业绩，由他们发动变革，变革的阻力就会很小。在整个变革过程中，领导者必须确定某种长期持有并被公认的观念，作为快速变化过程中的稳定剂，否则，组织结构和程序就会混乱无序。

② 组织领导应全身心地投入变革。组织变革过程中需要有一批人尤其是高层管理者坚定地拥护组织变革，支持组织变革的管理者权力越大，组织变革成功的可能也就越大。只有

组织的高层领导才可能最清楚地告诉员工组织变革的重要性和必要性。最高领导层不仅要确定组织变革将要达到的目标，为了实现组织变革的目标，他们还应该规划并管理变革的过程，只有这样，才能在表明变革的重要性的同时实现变革目标和变革过程间的协调统一。

③ 保持组织公正。组织的公正性会激发员工的信任感，在信任的前提下，员工较易从事对组织有益的工作行为——支持组织变革。在领导者有能力，且组织在分配、程序、互动等方面公正性较强的情况下，组织变革遇到的阻力将会较小。

(3) 有步骤地实施变革。通过精心设计变革过程，管理者可以降低变革的阻力，提高变革成功的可能性。理想的变革过程应该包括以下几个方面的内容。

① 邀请员工参加变革。人们对事件的参与程度越大，就越会承担工作责任，支持工作的进程。当有关人员能够参与有关变革的设计讨论时间越多，抵制变革的情况就会显著减少。因此，在变革实施过程中，要让员工理解变革的实施方案，并尽可能地听取员工的意见和建议，让员工参与到变革中来，听取反对者的意见，将持反对意见的人吸收到决策过程中来，争取反对者的态度转变。

② 建立激励机制。提高员工的士气，肯定并奖励参与改进的员工，建立有效的业绩管理体系是促进企业变革成功的重要活动。在组织变革中，必须让员工感到自己是有价值的，帮助他们找回自己的归属感。

③ 加强与员工的沟通与交流。在变革实施之前，企业决策者应该营造一种危机感，让员工认识到变革的紧迫，及变革对组织、个体的好处，并适时提供有关变革的信息，做到信息透明，消除对变革的恐惧感，为变革营造良好的氛围。与此同时，企业还应该时刻地关注员工的心理变化，及时与员工交流，通过沟通与信息交流，尽量让变革有关人员充分了解改革的目的、内容、执行方式与可能的结果，尽可能消除不必要的误解决。

④ 把握组织变革的时间和进程。任何变革都需要时间来完成，员工需要时间去适应新的制度，排除障碍。因此领导必须有耐心，逐步适时推行变革，否则就容易导致员工的抵制。这就要求领导者处理好变革和时间的关系。过分追求变革成果，而忽略时间对变革成功与否的影响，只能适得其反。

(4) 对组织文化进行革新，创造相互信任的组织文化环境。员工的个性与其对待变革的态度有着密切的关系，因此，在组织变革的过程中，企业要加强对员工的培训，提高员工的知识水平和技能水平，努力培养组织的创新性文化和团体主义文化，培养员工对组织的归属感，形成一种愿意与企业同甘共苦的、愿意接受改革和新鲜事务的组织文化。

(5) 综合运用各种策略与手段。

① 收买。收买是指通过让某个变革阻力群体的领导者在变革决策中承担重要角色来使他们转变并支持变革。之所以注重这些反对派领导者的意见，并不是为寻求更完善的决策，而是为了使他们转变立场并取得他们对变革支持的允诺。相对而言收买易于获得反对派的支持，但如果对象意识到自己被欺骗和被利用时，这种策略会产生适得其反的效果，一旦被识破，变革推动者会因此而信誉扫地。

② 谈判与协商。当变革面对阻力时，应该认真分析，确定阻力来自何方，哪些阻力是主要的，哪些是次要的，反对变革者有何种担忧。一旦确认了主要阻力，就应该及时地与这些主要阻力的关键人物进行接触、沟通和协商，必要时候，甚至可以通过某种有价值的东西来换取变革阻力的同意。比如某些老员工对绩效工资的改革可能产生担心，此时就有必要与这些员工进行接触、沟通，甚至谈判。

③ 强制。当改革势在必行，而上述方法又不奏效时，也可以采取强制手段，事后再给予解释。强制手段可以包括：改换工种、开除、降低薪酬、不给予提升机会等。强制可以快

速推进变革，但缺点是放任人员对倡导者的愤怒，应慎重使用。

四、组织变革的阶段和程序

（一）组织变革的阶段

任何业务变革首先要了解当前状态，确定所要达到的理想状态，组织变革需要经过三个阶段。

第一步是解冻阶段，组织的变革会遇到不少阻力，这就要求对变革有所准备，在整个组织范围内做好全面的宣传动员工作，积极创造一种对改革进行自由讨论的氛围，鼓励人们树立新的观念，讲清组织变革的目的、目标、原则、程序与方法等，使大家心中有数，以保证组织改革过程中的科学性与平稳性。

第二步是实施变革阶段，经历了解冻过程，对变革做好准备之后，就要开始进入变革的具体实施阶段。组织变革要按照事先的规划和设计精心组织实施，要尽可能的先通过试点，积累起一定的相应变革经验后再逐步推广。要注意抓住变革的重点，突破难点，同时开展各种必要的改革配套措施，形成整体推进的局面。

第三个阶段是巩固阶段，也叫再冻结阶段，即为了避免退回到变革前状态而采取相应措施，以保证新的组织结构和运行模式不断得到加强和巩固。要注意把组织变革与建立健全管理制度结合起来，把变革的成果用管理制度的形式来加以规范化，巩固变革成果。

（二）组织变革的程序

1. 确定变革的问题

管理者必须要从内外部环境变动的信息中发现有利和不利因素，更重要的是从组织内部信息中发现一些情况，如利润、市场占有率、质量、成本、员工士气等方面的变化，然后认真分析，确定是否需要变革以及所要变革的内容。

2. 组织诊断

为了准确地掌握组织需要变革的方面，要对组织进行诊断。管理者要围绕问题广泛收集资料信息，然后采取行之有效的方式将组织现状调查清楚，对所掌握的材料进行科学分析，找出期望与现状的差距，以便进一步确定需要解决的问题和所要达到的目标。目标必须是具体化的，既可以是数据化的目标，也可以是非数据化的目标。组织诊断主要包含以下两个方面的内容。

（1）组织调查。组织调查是指收集关于企业组织的各种资料和情况。在组织调查中，比较实用的方法有以下三种。

① 系统地收集反映企业组织结构现行状况的资料。主要包括职位说明书、组织结构图和组织手册，管理业务流程图、系统流程图和管理工作标准，管理工作的定员和人员配备情况资料，部门、科室人员的考核和奖惩制度。

② 问卷调查。实施抽样调查，抽样总数一般占总人数的5%～20%，原则上每个部分都至少有1～2人参加。问卷不记姓名，但要注明填表人所在单位、职务、性别、年龄、文化程度等，以便分析。问卷调查方法可以用较短时间和比较科学的方法，具体了解各部分成员对组织结构的现状、问题的意见以及组织成员的思想状况。问卷的内容要根据组织的具体情况及组织变革的目标而定。

③ 个别面谈和小型座谈。通过问卷调查，可以比较系统地发现组织中存在的一些问题，即在组织结构图及规章制度等文字资料中发现不了的情况。但对于组织中存在的某些深层次原因和影响因素，及某些问题之间的关联，仅靠问卷调查也是难以回答的。这时，还需进一步通过面谈，采用个别面谈和小型座谈的形式做进一步的定性调查。采用面谈和座谈的形式，可以就某些问题做更加深入的了解，对某些问题的实质有更深刻的把握。

（2）组织分析。通过调查，掌握了丰富、真实的资料和情况后，就有必要进行组织分析了。通过分析研究，明确现行组织结构设计和运行中存在的问题和缺点，为组织变革的方案打下基础。组织分析的内容可以归纳为以下二个方面。

① 业务和职能分析。随着内外环境的变化从而将导致企业经营目标和战略的改变，这时就需要明确有哪些职能或业务需加强或增加？哪些业务和陈旧的职能可以取消或合并？哪些职能是组织的关键性职能？这些分析有助于正确构造部门结构。凡是属于同类贡献的职能，只要管理幅度允许，不论其技术专业如何，都不妨共置于同一部门之中，共置于一个管理部门之下；而性质不同的业务，则不宜于合并在同一单位，而应该分开管理。

② 关系分析。关系分析就是要从整体角度出发考虑如何把各项业务进行整合促进组织战略目标实现，并把组织各项职能进行有效衔接连接成组织的合理结构。关系分析是确定各管理层次、各管理部门的职责与权力的重要依据。关系分析主要包括以下内容：分析每个部门应当包括多少职能和哪些职能？部门之间的职能是否重复过多或搭接不够？一个部门的业务工作应当与哪些部门和岗位发生工作联系？各部门间的协调配合和综合工作组织的如何？通过关系分析，确定和修改各部门的职责，对制定管理业务流程、各科室和岗位的工作标准等，都有重要作用。

3. 提出变革方案

在诊断明确问题之后，就要根据问题产生的根源有针对性地提出相应的组织变革与创新方案。组织变革的方案可以采取彻底革命的方式，即完全打破原有组织结构，采取新的组织管理方法。也可以采取渐进的方式，即分阶段地按照一定步骤和程序在一定时间期限内，逐步推进变革。不同的变革方式适用于不同情况，要根据组织存在问题的性质，有针对性地选择。

4. 制定变革的计划

在确定了变革方案以后，就要具体制定变革计划。在制定计划时，必须要设计出变革的操作步骤，同时要制定出一个较为具体、全面实施的计划，包括时间安排、人员的培训、人员的调动、物力与财力的筹备等内容，以及可能遇到的问题及应对措施。

5. 计划的实施

组织变革是一种权力和利益格局的调整，势必会影响一部分人的权力和利益。所以，在实施变革计划时，既要注意选择发起变革的适当时机，又要恰当地选择变革的范围，力求将变革的阻力降至最低，保证变革计划的顺利实施。

6. 评价效果

随着变革计划的执行，管理者要对变革的效果进行检查、分析和评价，检查计划实施后是否达到了变革的目的，是否解决了组织中存在的问题，是否提高了组织的效能，要找出影响变革的因素并加以改进，切实保证变革能达到预期的效果。与此同时，还要建立起良好的信息反馈系统，对计划执行情况的信息及时反馈，确保改革方案的顺利实施。

第二节　组织文化

组织文化是 20 世纪 80 年代初提出的一种文化、经济和管理相结合的产物，目前正受到越来越多组织的关注和重视。

一、组织文化的含义与特征

1. 组织文化的含义

文化是一种社会现象，是社会历史的积淀物，是人们长期创造形成的产物。所谓文化是指一个国家或民族在长期发展过程中，所形成的历史、风土人情、传统习俗、生活方式、文学艺术、行为规范、思维方式、价值观念等。由此来看，文化是一个非常宽泛的概念。在一个组织的形成和发展过程中，经过长时间的积累，也会逐渐形成自己的组织文化。威廉·大内认为组织文化是由组织的传统风气所构成，它意味着一个组织的价值观，诸如进取、保守或灵活，这些价值观构成了组织员工的活动、意见和行为的规范，同时也是指导组织制定职工和顾客政策的宗旨。迪尔和肯尼迪将组织文化描述成一种集意义、信仰、价值观和核心价值观在内的存在，认为组织文化是一个企业所信奉的价值观。埃德加·沙因认为："组织文化是一套基本假设——由一个特定的组织在学习处理对外部环境的适应和内部整合问题时所创造、发现或发展起来的，一种运行地很好且被证明是行之有效的，并被用来教育新成员正确感知、思考上述这些问题的基本假设。"对组织文化的各种定义虽然表述方面存在差别，但基本含义却大致相同，都认为组织文化是一种反映组织特色，支配员工行为的价值观念和价值观念体系。

【阅读材料10-1】

麦当劳的文化象征

麦当劳餐馆典型地位于有着大窗户的矩形建筑之中，以让阳光进来，并保持环境整洁。停车场巨大而整齐，很少看得到乱七八糟的景象。"免下车"窗口意味着可得到快速服务。最著名的象征是金色拱形标志，高耸在建筑物上。在内部，明亮的颜色和植物创造了家庭般的氛围。在柜台后闪闪发光的不锈钢器具提供了现代的、高效的和卫生的外观。最重要的是，一切都很干净，服务人员们经常的打扫，迅速去除垃圾、收集物品，清洁未用的桌子和不断地打扫柜台。内部和外部都传达着高效、速度、礼貌、友好和干净的文化象征。

组织是按照一定的目的和形式而建构起来的社会集合体。为了满足组织运作的要求，组织成员必须要有共同的目标、共同的理想、共同的追求、共同的行为准则以及与此相适应的机构和制度，否则组织就会是一盘散沙。而组织文化的任务就是努力创造这些共同的价值观念体系和共同的行为准则。因此，组织文化的概念可以这样给出：组织文化是组织在长期的管理活动中形成的，并为全体员工共同遵循的组织目标、价值标准、基本信念和行为规范。进一步说，组织文化就是每一位员工都明白怎样做是对组织有利的，而且都自觉自愿地这样做，经过一定时间的积淀，便形成了一种习惯，成了人们头脑里一种牢固的观念，而这种观念一旦形成，又会约束大家的行为，逐渐以规章制度、道德公允的形式成为众人的行为规范。

2. 组织文化的特征

组织文化反映了组织特色，反映了支配员工行为的价值观念和价值体系。组织文化具有如下四个方面的特征。

（1）实践性。每个组织的文化，都不是凭空产生或依靠空洞的说教建立起来的，而是在组织长期生产经营管理实践过程中，逐渐积累形成的。所以说，组织文化不是口号，也不仅仅是一种文化理念，而是与组织实践紧密结合的一种价值观和行为规范。与组织实际无法紧密结合的所谓组织文化，要么流于空泛的口号、形式，要么昙花一现，很快夭折。

（2）独特性。由于每个组织的成长环境、类型、性质、规模、心理背景、人员素质等因素均不同，因此所形成的组织文化也或多或少的有所差异，不存在完全相同的组织文化。每个组织都会在长期实践中形成具有自己特色的价值观、经营准则、经营作风、道德规范和发展目标等，这造就了组织文化鲜明的独特性。

（3）可塑性。组织文化的形成，一方面要受到组织传统因素的影响，但另一方面，在组织发展过程中，受到时代发展、组织结构、战略目标等组织内外环境因素的影响，组织文化也会逐渐地发生变化。因此，可以通过充分发挥能动性、创造性，积极倡导新的准则、精神、道德和作风，对传统的组织精神因素择优汰劣，形成新的组织文化。

（4）稳定性。组织文化是在一定程度上代表着组织的灵魂，是组织彰显自身形象的有效载体，属于精神和思想层面的范畴。因此，一个组织在长期发展过程中沉淀下来的组织文化一旦形成，便不容易发生变化。

二、组织文化的层次

组织文化的某些方面非常容易被外部所察觉，如一些著名企业的产品和企业标识，都已经被消费者所熟知，但这些企业的核心价值观、经营理念，消费者却未必能够有一个清晰的认识。组织文化是一个系统整体，具有一定的层次性和纵深性，按照组织文化系统内各要素之间的时空顺序、主次地位，组织文化可以分为三个层次，即物质层、制度行为层和精神层。

1. 物质层

这是组织文化的表层部分，是由组织创造的产品和各种物质设施等构成的器物文化，是一种以物质形态表现的表层文化。物质层主要包含两部分内容，一是企业生产的产品和提供的服务，这部分是企业生产经营的成果，是物质文化的首要内容；二是企业的生产环境、容貌、建筑、广告、产品包装与设计等。

2. 制度行为层

这是组织文化的中间层次，主要是指对组织员工和组织行为产生规范性、约束性影响的部分。这一要求包括两部分内容，一是对行为的非书面约束，即组织的行为准则，包括组织行为的规范、组织人际关系的规范和公共关系的规范等几个方面。组织虽然没有明文规定组织成员该做什么、不该什么，但组织成员在组织文化的约束下，会在工作中自觉遵循组织文化的行为规范。二是组织的规章制度，即规定组织成员在共同的工作活动中所应当遵循的行动准则，包括各种工作制度、责任制度和特殊制度（如员工生日、结婚、生病时的访问）等。制度文化是组织为实现自身目标对员工行为给予的具有一定限制性的文化，它规范着组织的每一个人。

3. 精神层

精神层是组织文化的核心层次，是指组织在长期生产经营过程中，在一定的社会文化背景、意识形态影响下而形成的一种精神成果和文化观念，包括企业精神、经营哲学、组织道德、组织价值观念等，是组织意识形态的总和。精神层是组织文化的核心和灵魂，是形成组织文化的物质层和制度行为层的基础和原因。衡量一个组织是否形成了自己的组织文化，主要就看组织组织文化中是否具有了精神层。

组织文化三个层次的内容相互依存、相互作用，精神层是组织文化的核心，精神层决定了物质层和制度层；制度层是精神层和物质层的中介；物质层和制度层是精神层的直观体现。组织文化的精神层决定着其他两个层次，因此，建设组织文化要以精神层文化的确立为核心。

三、组织文化的功能

组织文化的功能是指组织文化发挥作用，对组织的生产、经营、管理等活动产生影响。组织文化的功能具有双重性，一方面具有提高组织管理效率，增强组织成员行为的一致性，引导组织的成长、进步的功能，另一方面在特定背景下，组织文化会对组织发展产生束缚和限制等负面效应。

1. 组织文化的正功能

组织文化在组织中的正向作用主要表现在如下几个方面。

（1）组织文化的激励功能。组织文化可以使全体员工看到组织的特点和优点，认识自己工作的意义，产生热爱本企业的荣誉感、自豪感和归属感，激发工作热情，从而充分发挥自身的巨大潜力。

（2）组织文化的凝聚功能。当员工真正从内心接受了组织文化，接受了组织的共同信念和价值观，组织文化就能够对员工的思想、性格、兴趣起到潜移默化的影响作用，使员工能自觉或不自觉地把个人融合到集体，减少内耗，产生归属感，增强凝聚力。

（3）组织文化的导向功能。组织文化一旦形成，就会产生一种思维定势，使组织成员统一思想和价值观，对组织整体的价值取向和行为起到导向作用，这对实现组织目标将是十分有利的。

（4）组织文化的规范功能。在一个特定的组织文化氛围中，组织文化可以起到有效的规范组织行为和组织成员行为的作用。组织规范再完善也不可能完全规范每个员工的行为，也很难消除一些违反规章制度的行为。组织文化则是用一种无形的思想上的约束，以一种软管理的形式约束员工的行为，弥补规章制度的不足。

（5）组织文化的协调功能。冲突是组织中的普遍现象，但员工的共同价值观和行为规范，可以强化成员之间的合作、信任和团结，培养亲近感、信任感和归属感，从而促进组织内部各个部门之间、个体之间的有机配合。

2. 组织文化的负功能

尽管组织文化存在上述正功能，但是也应注意到，组织文化同时还可能成为组织变革和组织发展方面的潜在障碍。这些副作用主要表现在以下的方面：一，变革创新的障碍，组织文化通常经过多年的建设和沉淀才能形成，但一旦形成，就很难变更，当组织面对的环境比较稳定时，组织文化会成为组织发展的一种动力，而当组织面对动态的环境，需要对组织进行变革时，组织文化就有可能成为组织发展的束缚；二，多样化的障碍，在面对变化的环境时，管理层希望通过新成员的思想和理念为组织带来活力，但组织文化的存在，使得这些新成员必须接受组织的核心价值观，与组织其他成员的行为和组织的形象保持一致，这样将导致组织文化多元化的努力失败；三，兼并与收购的障碍，在进行兼并或收购决策时，跨组织文化的管理和整合，一直是个难题，不同的组织文化之间的差异，将给企业并购带来很大的挑战。

四、组织文化建设的内容

组织文化一旦形成便不容易发生变化，因此它在一定程度上代表着组织的灵魂，是组织彰显自身形象的有效载体。根据组织文化的定义，其内容是十分广泛的，其中最主要的应包括如下几点。

1. 组织精神

组织精神是指经过精心培养而逐步形成的并为全体组织成员认同的思想境界、价值取向和主导意识。它反映了组织成员对本组织的特征、地位、形象和风气的理解和认同，也蕴含着对本组织的发展、命运和未来所抱有的理想与希望，折射出一个组织的整体素质和精神风格，成为凝聚组织成员的无形的共同信念和精神力量。美国管理学家劳伦斯·米勒在《美国企业精神》中说："一个组织很像一个有机体，它的机能和构造更像它的身体，坚持一套固定信念、追求崇高的目标而非短期的利益，是它的灵魂。"组织精神一般以高度概括的语言精练而成的，如日本松下电器公司的"七精神"、美国国际商业机器公司的"IBM就是服务"等。

2. 组织价值观

组织价值观是指组织职工对企业存在的意义、经营目的、经营宗旨的评价和为之追求的群体意识，是组织全体职工共同的价值准则。只有在共同的价值准则基础上才能产生组织正确的价值目标，有了正确的价值目标才会有奋力追求价值目标的行为，组织发展才有希望。

3. 组织道德

组织道德是指调整组织与组织之间、组织与顾客之间、组织内部员工之间关系行为规范的总和。与法律规范和制度规范不同，组织道德不具有强制性，但具有积极的示范效应和强烈的感染力，当被人们认可和接受后具有自我约束的力量。因此，它具有更广泛的适应性，是约束组织和员工行为的重要手段。

4. 团体意识

团体意识是指组织成员的集体观念，是组织内部凝聚力形成的重要心理因素。组织团体意识的存在使每个员工把自己的工作和行为都看成是实现组织目标的一个组成部分，从而把组织看成是自己利益的共同体和归属。因此，当员工具有了团体意识，他们就会为实现组织目标而努力奋斗，自觉地克服与实现组织目标不一致的行为。

5. 组织形象

组织形象是企业通过外部特征和经营实力表现出来的，被消费者和公众所认可的企业总体印象。由外部特征表现出来的企业的形象称表层形象，如招牌、门面、徽标、广告、商标、服饰、营业环境等；通过经营实力表现出来的形象称深层形象，如人员素质、生产经营能力、管理水平、资本实力、产品质量等。表层形象是以深层形象为基础，没有深层形象这个基础，表层形象就是虚假的，也不能长久地保持。

五、组织文化建设的原则和程序

组织文化是企业经营的灵魂，能激发人们自觉地创造性地从事经营活动，丰富组织物质财富。组织文化永远不可能在一夜建立或改变，但人们可以有意识地加以导引、取舍、完善和强化，使之在渐变中达成质变。

1. 组织文化建设的原则

（1）以人为本。文化，归根结底是以人为载体，人是文化生成与承载的第一要素。因此组织文化建设中的第一要义就是要强调关心人、尊重人、理解人和信任人。优秀的组织总是把普通组织成员看作提高质量和生产率的根本源泉，对组织成员必须把他们当作同伴、朋友、家人来看待，待之以礼，导之以德，尊重他们，关心他们，而不是把他们和资本、设备一起看作生产工具。

（2）杜绝形式主义。组织文化属于意识形态的范畴，但它又要通过组织或员工的行为表现出来，这就容易形成表里不一的现象。这就要求建设组织文化必须从组织成员的思想观念入手，树立正确的价值观念和哲学思想，在此基础上形成组织精神和组织形象。形式主义、言行不一，不仅不能建设好组织文化，而且还是对组织文化概念的歪曲。因此，在组织建设文化时，应注意虚实结合、密切配合；既不能急功近利，又不能浮躁冒进。

（3）继承本土传统文化。组织文化建设应在传统文化的基础上进行挖掘、继承、发扬，脱离了本土传统文化，组织文化就成了无水之源，就会失去存在的基础，也就没有生命力。因此应对本土的传统文化进行借鉴，去其糟粕，取其精华。我国传统文化中的民本思想、平等思想、务实思想等都是值得挖掘的内容，大庆"三老四严"的"铁人精神"就是这种民族精神继承和挖掘的结果。

（4）支撑组织战略计划。组织为生存和发展需要制定了系统性、专业性相统一的战略计划，要求员工在职务行为中按照战略计划来统一行动和工作。组织文化的形成和发展就是为了更好保障组织战略计划的实施和执行，缺少了组织文化的支撑，组织发展战略的实现和经营活动的正常运行都将有可能遇到困难。处在职能层面的产品战略、质量战略、技术战略、品牌战略、人力资源战略等管理内容由于更加具体，因此更需要组织文化的约束和控制。

2. 组织文化建设的程序

组织文化建设是一项复杂的系统工程，是组织长期倡导、提炼、强化和总结的结果。在建设组织文化的过程中，必须根据组织文化发展规律的要求，按照科学的程序和规律建设组织文化。

（1）调查研究。除新建组织的组织文化零起点外，多数组织的组织文化都是在原有组织文化的基础上进行培育和改变的，因此，建设组织文化，应首先把握当前的组织文化状况，为组织文化建设做好准备。组织文化调研究应该了解当前组织文化属于哪种类型，组织发展面临的主要文化阻力，组织当前占主导地位的基本价值观和伦理道德观，以及这些基本价值观、伦理道德观所体现出来的经营思想、行为准则等。确立组织价值观有两个前提：一是要立足于本组织的具体特点，不同的组织有不同的目的、环境、习惯和组成方式，由此构成千差万别的组织类型，因此必须准确地把握本组织的特点，选择适合自身发展的组织价值观，否则就不会得到广大员工和社会公众的认同与理解；二是要把握住组织价值观与组织文化各要素之间的相互协调，因为各要素只有经过科学的组合与匹配才能实现系统整体优化。

（2）组织文化的策划。通过调研，摸清了当前组织文化的现状，明确了组织成员素质和组织对组织文化的需求，以及地区经济与人文环境的影响，这时就可以对组织文化建设进行策划了。可以建立组织文化建设的组织机构，使组织领导和员工均参与进来，适当时可以外聘专家作为组织文化建设的顾问。具体来说，组织文化的策划需要遵循以下的几个步骤。

① 精心分析，提出方案内容。在经过调研之后，应当将调研意见加以剖析和评价，并在吸收有关专家和员工的合理化意见基础上，根据组织使命和战略目标，提出组织的基本价值观、伦理道德、职业道德；提出组织精神、组织口号及组织座右铭的初步方案；开发经营哲学；提出组织经营理念、管理理念、服务理念等。

② 全面归纳。在系统分析的基础上，进行综合的整理、归纳、总结和反思，采取去粗取精、去伪存真、由此及彼、由表及里的方法，删除那些落后的、不为员工所认可的内容与形式，保留那些进步的、卓有成效的、为广大员工所接受的内容与形式。

③ 精练定格。把经过充分论证和讨论的组织精神、组织价值观，予以条理化、完善化、格式化，加以必要的理论加工和文字处理，用精练的语言表述出来。

建构完善的组织文化需要经过一定的时间过程，如我国东风汽车公司经过将近三十年的时间才形成"拼搏、创新、竞争、主人翁"的企业精神。因此，充分的时间、广泛的发动、认真的提炼、严肃的定格是创建优秀的组织文化所不可缺少的。

（3）组织文化的实施。选择和确立了组织价值观和组织文化模式之后，就要对组织实施组织文化的培育工作了，把基本认可的方案通过一定的强化灌输使其深入人心。

首先，对全体员工进行组织文化培训，使得员工充分理解本组织新的组织文化理念。充分利用一切宣传工具和手段，大张旗鼓地宣传组织文化的内容和要求，使之人人皆知，以创造浓厚的环境氛围，并通过有目的的培训与教育，能够使组织成员系统接受和强化认同组织所倡导的组织精神和组织文化。培训教育的形式可以多种多样，在健康有益的娱乐活动中恰如其分地融入组织文化的基本内容和价值准则，往往不失为一种有效的方法。

其次，通过树立和培养典型人物，来阐述本组织的组织文化理念和价值观，使得组织文化理念鲜活起来。典型榜样是组织精神和组织文化的人格化身与形象缩影，能够以其特有的感染力、影响力和号召力为组织成员提供可以仿效的具体榜样，而组织成员也正是从英雄人物和典型榜样的精神风貌、价值追求、工作态度和言行表现之中深刻理解到组织文化的实质和意义。尤其是组织发展的关键时刻，组织成员总是以榜样人物的言行为尺度来决定自己的行为导向。

再次，领导要率先垂范。组织领导者在塑造组织文化的过程中起着决定性的作用，领导本人的模范行为就是一种无声的号召和导向，会对广大员工产生强大的示范效应。所以任何一个组织如果没有组织领导者的以身作则，要想培育和巩固优秀的组织文化是非常困难的。这就要求组织领导者观念更新、作风正派、率先垂范，真正肩负起带领组织成员共建优秀组织文化的重任。

最后，要以组织精神与价值观为导向，制定管理制度。通过制度的制定使员工发生符合组织精神与价值观的行为，在执行制度的过程中，组织精神与价值观不断得到内化，最终成为员工自己的理念与价值观。

（4）组织文化的巩固。组织文化的建设并非一劳永逸，在经过实施阶段后，为防止原有组织文化的恢复，需要对组织文化的建设成果进行巩固。这时就需要进一步完善组织文化运行的条件和制度，同时要求组织领导者必须起到率先垂范的作用，并营造良好的组织文化运行的氛围。在组织文化演变为全体员工的习惯行为之前，要使每一位成员都能自觉主动地按照组织文化和组织精神的标准去行事，几乎是不可能的，因此，建立某种奖优罚劣的规章制度是十分必要的。

（5）组织文化的完善。组织文化既是一个不断淘汰旧文化性质和不断生成新文化特质的过程，也是一个认识与实践不断深化的过程，由此经过循环往复达到更高的层次。当组织文化运行一定时期后，随着组织内外部环境的变化，会出现一些意象不到的问题和瑕疵，这时就需要对组织文化进行充实、完善。要不断地吸收外部组织文化的精华，剔除本组织文化中不利于组织长远发展的成分，对现有组织文化进行提炼、升华，促进组织文化建设的不断完善。

本章小结

（1）组织变革就是指组织管理人员主动对组织的原有状态进行改变，以适应组织内外部环境变化，从而更好地实现组织目标的活动。大致涉及四个方面的内容：组织的技术，组织的结构，组织的产品和服务，组织的文化和人员。促使组织变革的动因可以归纳为外部环境和内部环境变化两个方面。组织变革动力一般来自两个方面：组织外部力量和组织内部力量。组织变革的阻力一般来自于以下几个方面：个体因素、群体因素、组织因素。降低组织变革阻力可以采取以下策略：采用正确的变革策略、建立推动变革的组织团队、有步骤地实施变革、创造相互信任的组织文化环境、综合运用各种策略与手段。组织变革需要经过解冻、变革实施和巩固阶段。组织变革的程序为：确定变革的问题、组织诊断、提出变革方案、制定变革的计划、计划的实施、评价效果。

（2）组织文化是组织在长期的管理活动中形成的，并为全体成员共同遵循的组织目标、价值标准、基本信念和行为规范。组织文化可以分为三个层次，即物质层、制度行为层和精神层。组织文化三个层次的内容相互依存、相互作用，精神层是组织文化的核心，精神层决定了物质层和制度层；制度层是精神层和物质层的中介；物质层和制度层是精神层的直观体现。组织文化的精神层决定着其他两个层次，因此，建设组织文化要以精神层文化的确立为核心。组织文化的功能具有双重性，一方面具有提高组织管理效率，增强组织成员行为的一致性，引导组织的成长、进步的功能；另一方面在特定背景下，组织文化会对组织发展产生束缚和限制等负面效应。组织文化建设的主要内容包括：组织精神、组织价值观、组织道德、团体意识、组织形象。组织文化建设的程序为：调查研究、组织文化的策划、组织文化的实施、组织文化的巩固、组织文化的完善。

【案例思考一】

上海汽车工业销售总公司组织结构的变革

上海汽车工业销售总公司（原名为上海汽车工业供销公司），是上海汽车工业（集团）总公司下属生产企业的物资供应和产品销售的公司，它主要承担上海大众汽车有限公司生产的桑塔纳的国内总经销。上海汽车工业销售总公司是一个集整车销售、配件经营、储运分流、材料供应、组织串换、采购协调、库存管理、财务核算以及汽车租赁等为一体的大型综合性物资流通的公司。

随着公司的快速发展，公司的高层领导已逐渐意识到，原来的组织机构暴露了许多弊端与不足，如不对原来的组织机构进行变革，则必会严重影响公司的有效运转和进一步发展。为此，公司领导组织各部门的管理人员和有关专家，根据公司的现状和未来的发展，研讨公司组织机构的变革与创新问题。

一、公司组织结构变革的原因

经过分析，公司领导和各部门管理人员以及专家们一致认为，基于下面三个主要原因，必须对公司的组织结构进行变革与创新。

1. 公司的目标有了变化

上海汽车工业供销公司原是上海汽车工业总公司所属生产企业的物资供应和产品销售的专业公司，性质比较单一，仅负责总公司系统内的材料采购和产品销售。但自从成为桑塔纳销售的全国总经销后，公司的经营业务范围已大大地扩大了，除负责桑塔纳整车的销售外还要经销国内外各种型号的小轿车，另外公司还要经销数以万计的轿车零部件，以及管理与销售相匹配的储运仓库、全国储运系统和运输体系等。公司已由原来经营单一的供销公司变为一个大型综合性的集整车和零部件销售和储运为一体的公司。原来的上海汽车工业供销公司改名为上海汽车工业销售总公司，这一改变，不仅只是名称的改变，而是深刻地反映出该公司目标的变化和业务扩大的真实内涵。

2. 公司经营环境的变化

上海汽车工业供销公司的组织结构带有明显的计划经济的传统模式。随着我国社会主义市场经济的完善，在剧烈的市场竞争条件下，要担负起桑塔纳在全国的总销售的职责，要开辟桑塔纳和其他型号轿车及零部件的销售市场，就必须改变"计划配给"型的机制，就必须以市场、顾客为导向，以营销为中心，主动地找市场、找用户并提供及时的良好储运和服务，这就需要建立起一个新的适应于市场需要的有效的组织机构体系。

3. 原公司的组织管理功能存在着严重的缺陷和问题

随着公司目标的变化和经营管理业务的扩大，原有的组织机构就逐渐暴露出缺陷和问题。

（1）沟通不畅。公司内上情难于下达，下情难于上通，上下指令或意见的沟通层次多，既费时，又往往受到堵塞或被歪曲。

（2）总经理工作负担过于繁重。以前，总经理主管财务部，又要兼顾储运以及多个小公司的经营，事无巨细，一切都要管，无暇规划公司的长期战略目标和计划。

（3）决策缓慢。对某一问题的解决，或对某一事件进行决策，都要涉及各个部门的人员参加，意见多且难以统一，因此决策缓慢，影响时效。

（4）权责混乱。部门之间职责重叠，如业务一部、业务二部的权责一直无法划清。

（5）权力过分集中。公司集中办理的事情过多，所有附属小公司遇到的问题，不管大小，都需到本部有关机构解决，而公司本部办事手续繁杂，致使整个工作效率受到严重的影响。

（6）本位主义严重。各部门之间沟通少，过于重视本部门局部利益。

上述所有的问题都与原公司的组织结构设置有关。现将原公司的组织机构设置如图1所示。

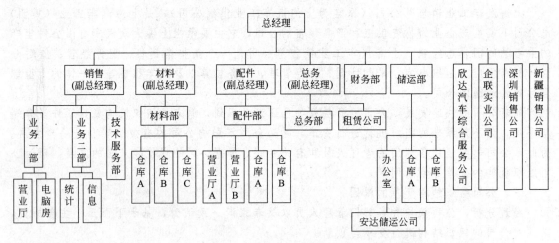

图 1 公司的原组织机构设置

二、公司组织机构变革的目的和要求

经过公司和部门领导以及专家的共同研究，认为公司组织结构的变革应达到如下几个目标和要求。

（1）减少直线管理层次，明晰各级主管人员的职责，责任与权限相对称，副职对正职负责，下级对上级负责，形成明确的指挥链。

（2）改进协调与合作的功能，从组织最高层到最底层都应有完善有效的协调和合作网络。

（3）改进与完善组织的沟通渠道，以使纵横信息沟通及时准确。

三、组织变革的具体实施

在公司和部门领导以及专家反复研究的基础上，明确了公司组织机构变革的重要性、问题的症结以及变革所要达到的目的要求，在此基础上向公司职工宣传，并听取职工的意见，绝大多数职工都支持变革。为了使变革更加稳妥，并使广大职工都能逐步适应，公司决定分阶段地推行组织机构的变革。

第一阶段：重点变革原销售部门业务一部和业务二部的职责，对原销售部进行重组。重组后的销售部门如图2所示。

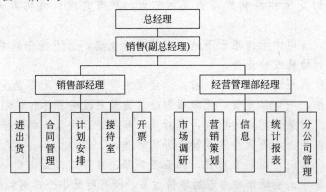

图 2 重组后的销售部门

第二阶段：随着公司的不断发展，使市场营销的其他职能，如营销调研、产品市场引导和顾客服务等更为突出，而且随着公司在国内各省已逐渐建立了代理公司（分公司），且分公司的销售量也越来越大，对这些分公司的管理也显得越来越重要。因此，有必要对变革后的营销部的组织结构加以调整和完善。再次调整后的结构如图3所示。

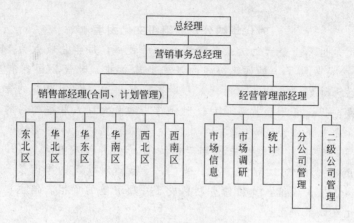

图 3　再次调整后的结构

从实践来看，再次调整后的经营部的组织机构又有了一定的改进，其根据市场细分，把营销与销售结合了起来。再次调整后的经营部能较有效地了解市场，对各个市场做出快速而有效的反应，各层管理层的职责分明，上层较易协调，调动了各级管理人员的积极性和管理水平，对公司的营销工作起到了较大的推动作用。

第三阶段：在经销部组织机构改革取得成效的基础上，公司领导开始推行全公司的组织机构变革。公司变革后的组织结构如图4所示。

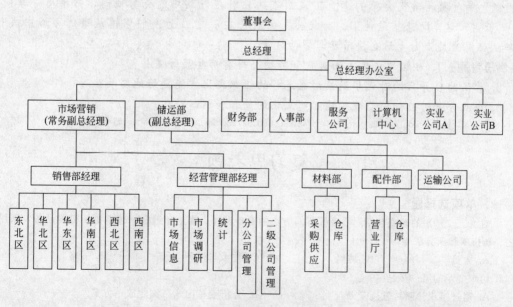

图 4　公司变革后的组织结构

该公司还在考虑建立参谋顾问部、项目管理小组，以及完善审计部等机制。该公司在组织结构中进行了一些变革，对公司的工作起到了较大的推动作用。在此同时，该公司的领导也认识到，要使公司能较好地适应环境变化的需要，尚需不断地变革其组织结构。

【案例思考题】1. 该公司为什么要进行组织机构变革?

2. 该公司组织机构变革首先从哪开始? 为什么?

3. 为确保变革成功, 你认为后续还应该采取哪些措施?

资料来源: http://doc.mbalib.com/view/70744aedf77ac9ced6bca5e8ae7co7ob.html. 略有删改.

【案例思考二】

时代华纳公司的组织文化困境

时代华纳公司是世界上最大的大众传播媒介公司之一, 每年总收入为145亿美元。公司是在1989年时代公司收购了华纳通讯公司的基础上建立的。时代公司拥有多家知名的宣传出版物, 如《运动天地》、《人物》、《时代》、《财富》等, 这是他们兼并的资本; 华纳公司主要经营电影、有线电视、音乐唱片等项目。时代与华纳两大巨人联手的目的, 就是创造一个综合性的传播媒介企业集团。

收购后头5年, 管理人员和股民所期望的大好局面并没有出现。1990年, 公司亏损2.27亿美元, 1993年仍亏损1.64亿美元。当然, 导致这种状况的原因很多, 尤其是在收购产权时, 公司付出了很大代价, 支付债务利息成了一项沉重的负担。但主要问题是, 两种差异很大的组织文化难以很快融合。

从亨利·路斯创建时代公司之日起, 时代公司就把编辑出版事务同商业事务相分离, 并得到了长足的发展。时代公司的文化保守、家长制作风浓重。与其新闻价值观相一致, 公司培养了一种强烈的整体观念。公司给员工提供稳定的工作环境。提供一种家庭感, 实行终身雇用制, 这在美国公司中是比较难得的。

但华纳公司则相反, 作为一个商业经营味很浓的公司, 它的产品——音乐唱片、电视系列剧、录音磁带等在不断变化, 要求公司不断地参与市场交易。好莱坞及其他一些娱乐行业的价值观影响了华纳公司的文化。华纳公司员工流动率很高, 这里的环境充满着"高风险-高报酬"的气氛。时代公司的老员工谈到华纳公司在好莱坞的交易商时, 常不屑一顾使用"品质低劣"这个词来描绘他们。时代公司的员工在一个鼓励人们谨慎从事的环境中成长, 而华纳公司的员工则生活在快节奏与冒险之中。

【案例思考题】1. 在组织文化方面时代和华纳公司有哪些显著差异?

2. 你认为合并后的时代华纳应形成怎样的组织文化才能更好地发展?

3. 企业合并时应如何处理不同组织文化的兼容和创新?

资料来源: http://doc.mbalib.com/view/b748df8bc63d30a799afdelab75aa7293.html. 略有删改.

复习思考题

一、单项选择题

1. 对 ( ) 的改变包括对作业流程与方法的重新设计、修正和组合, 包括更换机器设备, 采用新工艺、新技术和新方法等。

    A. 人员   B. 结构   C. 技术与任务   D. 战略

2. 组织变革的第一步是 ( )。

    A. 通过组织诊断, 发现变革征兆   B. 分析变革因素, 制定改革方案

    C. 选择正确方案, 实施变革计划   D. 评价变革效果, 及时进行反馈

3. 改变员工原有的观念和态度是组织在 ( ) 的中心任务。

    A. 解冻期间   B. 变革阶段   C. 再冻结阶段   D. 完善阶段

4. 一般认为, 组织文化有三个层次结构, 其中属于中间层的是 ( )。

    A. 精神层   B. 制度层   C. 物质层   D. 表层

5. 组织文化的三个层次结构中，最直观、人们最易感知的部分是（　　　　）。

    A. 精神层　　　　　　　B. 制度层　　　　　　　C. 物质层　　　　　　　　　D. 核心层

6. 下列关于组织文化的说法中不正确的是：（　　　　）。

    A. 一般的文化都是在非自觉的状态下形成的，组织文化则可以是在组织努力的情况下形成

    B. 文化组织具有自我延续性，不会因为领导层的人事变更而立即消失

    C. 仁者见仁，智者见智，组织文化应该使组织成员面对某些伦理问题时产生多角度的认识

    D. 组织文化的内容和力量会对组织员工的行为产生影响

7. 一个组织内部的规章制度属于（　　　　）。

    A. 组织的一般环境的内容　　　　　　　　　B. 组织的内部环境的内容

    C. 组织文化的隐性内容　　　　　　　　　　D. 组织文化的显性内容

8. 在整个企业管理中，倡导尊重每一位员工、重视员工权利的思想。这种观念和做法属于（　　　　）。

    A. 公司文化　　　　　　B. 政治手腕　　　　　　C. 经济条件　　　　　　　　D. 激励理论

9. 在跨国合作中，人们常提到"文化冲突"这个术语，下列哪一项不属于文化冲突之列？（　　　　）。

    A. 双方由于经济利益要求不同而产生的矛盾

    B. 双方因价值观与信念的不同而引起的冲突

    C. 双方因语言、生活与工作习惯不同而导致的误解与摩擦

    D. 双方因行为方式不同而引起的冲突

10. 组织变革的过程不包括（　　　　）。

    A. 解冻　　　　　　　　B. 协调　　　　　　　　C. 变革　　　　　　　　　　D. 冻结

11. （　　　　）指组织需要根据环境的变化适时对组织的结构进行变革，并重新在组织中进行权力和责任的分配，使组织变得更为柔性灵活、易于合作。

    A. 战略性变革　　　　　B. 结构性变革　　　　　C. 流程主导性变革　　　　　D. 以人为中心的变革

12. 组织文化具有（　　　　）。

    A. 强的创新性，打破传统观念和价值体系

    B. 独立于环境，始终保持高雅性和纯洁性

    C. 在内外条件发生变化时，淘汰旧文化，发展新文化

    D. 以不便应万变，始终保持稳定性

13. 塑造组织文化，应该注意（　　　　）。

    A. 主要考虑社会要求和行业特点，和本组织的具体情况无关

    B. 组织领导者的模范行为在组织文化的塑造中起到号召和导向作用

    C. 组织文化主要靠自律，所以不需要建立制度

    D. 组织文化一旦形成，就无需改变

14. 关于组织精神的表述，不正确的是：（　　　　）。

    A. 它一般是在组织的发展历程中以文件形式塑造形成的

    B. 它反映了组织成员对组织的特征、形象、地位等的理解和认同

    C. 它折射出一个组织的整体素质和精神风貌

    D. 它是组织文化的核心

15. 一位新上任的领导，面对经营状况严重恶化和管理的无效率状态，用大刀阔斧的方式对组织机构和人员进行调整。这属于组织的（　　　　）。

    A. 渐进式变革　　　　　B. 革命性变革　　　　　C. 计划的变革　　　　　　　D. 效率变革

16. 某工会成员个人乐于接受资方提出的对其工作的变革，但他最终因为工会条例要求抵制资方作出任何单方面变革而表现出抵制这项变革，这属于组织变革阻力中的（　　　　）。

    A. 习惯　　　　　　　　B. 安全　　　　　　　　C. 群体惯性　　　　　　　　D. 结构惯性

17. 面对动态变化、竞争加剧的世界经济，管理者必须注意考虑环境因素的作用，以便充分理解与熟悉环境，从而能够做到有效地适应环境并（　　　　）。

    A. 进行组织变革　　　　B. 保持组织稳定　　　　C. 减少环境变化　　　　　　D. 推动环境变革

二、判断题

1. 组织变革的根本目的就是为了提高组织的效能，使组织顺利地成长和发展。 （　　）

2. 按照组织所处的经营环境的不同，可以将组织变革分为渐进式变革和激进式变革。 （　　）

3. 再冻结阶段，组织要把激发起来的改革热情转化为改革的行为。 （　　）

4. 组织文化的重要任务就是努力创造共同的价值观念体系和共同行为准则。 （　　）

5. 美国的组织文化深受儒家文化的影响，强调团队合作、家族精神。 （　　）

6. 一个组织中，物质文化比精神文化有更多的稳定性。 （　　）

7. 组织文化是组织行为方式和风格特征的深层次影响因素，对组织的经营业绩和长期发展具有明显作用。 （　　）

8. 企业文化建设是现代企业管理不可或缺的重要组成部分。 （　　）

9. 组织变革阻力的一个重要原因是触动了某些人的原有利益。 （　　）

10. 组织文化对组织没有副作用。 （　　）

11. 组织变革的阻力没有正面作用，应予以杜绝。 （　　）

三、名词解释

组织变革，组织变革阻力，组织变革动力，组织文化，组织精神，组织价值观，组织形象，产品与服务变革，技术变革，组织结构变革。

四、思考题

1. 什么是组织变革？它对组织有什么作用？组织变革的目标是什么？

2. 你认为低层员工能成为变革推动者吗？说明你的理由。

3. 针对你所了解的一个需要变革的组织，假设你是该组织的管理者谈谈你的变革思路。

4. 组织变革程序包括几个步骤，分别是什么？

5. 阻碍组织变革的因素有哪些？

6. 消除组织变革阻力的管理对策有哪些？

7. 简要叙述组织文化的功能。

8. 组织文化的内容是什么？

9. 如何塑造组织文化？

10. 组织变革的内容有哪些？

11. 阐述组织变革的动因。

第四篇　领　导

第十一章 领 导 概 论

学习目的与要求：

- 了解领导的作用，领导特质理论，怀特和李皮特的三种领导方式理论，领导的四分图模式，领导的路径-目标理论，几种新型的领导理论；
- 理解领导的本质特征、领导者与管理者；
- 掌握领导的含义、领导权力的构成、管理方格理论、菲德勒的权变领导理论、领导生命周期理论。

 引导案例：

唐院长的领导难题

唐凯是一家大型省级医院的院长，医院由 6 个工作单位组成。每个单位皆有 1 位负责人向唐凯负责。这些部门分别是：医疗部门、护理部门、财务部门、膳食部门、杂务部门、药剂部门。

身为医院的院长，唐凯必须处理每一部门负责人提出的意见和要求。他是医院里唯一有权决定管理事务的人。两个最不好处理的部门是医疗和护理。唐凯对这两个部门的人员构成做了如下分析。

医疗部门由医生和实验技术员组成。其中包括神经科和儿科在内的内科医生、外科主任、临床实验主任和麻醉科主任。医生们大多是男性，而实验室技术员男女大致各占一半。

护理部门的成员主要是女性，负责提供病床护理以及手术室护理工作。护理部门护士总数大约为 975 人。

在多数情况下，唐凯是直接和这两个部门的负责人联络的。他发现他的直率、坦白的领导风格更适合于医疗部门的管理人员，而对护理部门的管理人员就不太适合，也就是说对所有与自己共事的人采取同一领导方式并不是最有效的办法。

唐凯认为他和护理部门人员的关系似乎不是很理想。他们好像对他和其他部门抱有敌意，特别是医疗部门。此外，一些病人抱怨护士态度不好。唐凯和护理部门之间的紧张关系几乎总是在每月一次的护理管理人员的会议上达到顶点。每个月护理部门的 42 位护理监督与唐凯一起开会。在会议上，唐凯试图确切了解护理部门的表现如何。护理管理人员抱怨说没有什么衡量工作绩效的标准可用来决定效率。他们还抱怨，他们受到了太严格的监督，而医疗部门就从来没与院长开会讨论过工作绩效问题。

因此，唐凯决定对护理部门的问题进行研究。他设想他的领导方式存在严重缺点，他还考虑到了他读过的有关领导的权变理论。

资料来源：http://teaching.njtu.edu.cn/mangements/glx/glxcourse/%B9%DC%C0%ED%D1%A7%BF%CE%B3 CC%CD%F8/anli/ANLI/new_page_45.htm.略有删改。

管理的组织职能，是对组织的资源进行配置。但如何让他们运作起来，需要通过管理的领导职能来完成。管理的领导职能是组织成员在一定的组织环境中，通过管理者的指挥和协调，完成组织目标的过程。

第一节　领导职能概述

一、领导的含义

领导是管理工作的四项基本职能之一。管理者通过行使计划、组织和控制职能，是可以取得一定的成果的。但是，如果管理者在工作中能够进行有效领导的话，其所取得的成果将会好得多。根据国外学者的研究，在一般情况下，员工的才能因上级领导的职权而激发出来的只有 60％左右，而剩余的 40％是因主管人员的领导能力而激发出来。因此，一个管理者只有既发挥职权的作用，又重视领导能力的作用，才能使员工的才能充分地施展出来。从领导作为管理的一项职能的角度出发，我们可以把管理的领导职能定义如下。

领导就是对组织内的个体和群体的行为进行引导和施加影响的活动或过程，其目的在于使个体和群体能够自觉自愿并充满信心地为实现组织目标而努力。

领导不等于管理，它是管理中的一个重要方面。领导是在一定的环境下，个体与群体之间的一种特殊的相互作用的过程。在管理过程中，作为一名主管人员应该站在下属前面率领和引导他们前进，鼓励他们努力实现组织的目标。领导就是影响人们心甘情愿、满腔热情、充满自信地去工作。

有效的领导需要有科学理论的指导，更需要可操作的技巧和诀窍，它是科学和艺术的结合。尽管许多管理实践者和学者已总结出许多领导方面的理论和原则可借鉴，但管理者仍然需要在实际工作中发挥其能动性和随机应变的能力，这样才能使领导工作更加富有成效。

二、领导的本质特征

（1）领导作为管理的一项职能，主要表现为对人的管理。领导本质上是一种人与人之间的关系或活动。它特指在管理过程中，领导者对人的直接作用和影响。离开对人的作用与影响，就无所谓领导。

（2）领导的目的要有明确的目标。即一切领导行为必须指向组织或群体目标，领导的目的是通过影响被领导者的行为来实现组织或群体目标，离开对目标的追求，领导将毫无意义。

（3）领导的核心是一种影响力。对人们施加影响是领导活动的实质所在。但是，我们还认为，影响力只是领导的核心，而不是领导的全部，领导应是借助影响力，作用与他人，以实现目标的活动或过程。

（4）实施领导行为最关键的是作用于被领导者的心理。注重对被领导者的心理影响与激励，是现代领导行为的普遍趋势。管理者要有效地进行领导，就必须了解和掌握有关人的心理、人的行为、人的动机等方面的知识。

三、领导者与管理者

领导的职能贯穿于管理工作的各个方面，但不能因此就把领导同管理看作一回事。管理的对象包括人、财、物、时间、信息等，而领导的对象只有人，领导的范围相对小些，主要是指对人们施加影响的过程。而管理的范围则较大，除了对人们施加影响之外，还包括进行计划、组织和控制。这就决定了领导具有不同于其他各项管理职能的特征和内容。有许多学者把领导从管理过程中独立出来，专门予以探讨和研究，逐渐形成了管理科学的一个新的分支——领导科学。

在有些学者的论述中，领导者较多地倾向于为组织的活动指出方向、创造态势、开拓局面的行为；管理者则倾向于为组织的活动选择方法、建立秩序、维持运动的行为。有些观点也强调，领导者和管理者有着不同的关注点，其差别如表 11-1 所示。

表 11-1 领导者与管理者不同的关注点

领 导 者	管 理 者
剖析	执行
开发	维护
价值观、期望和鼓舞	控制和结果
长期视角	短期视角
询问"做什么"和"为什么做"	询问"怎么做"和"何时做"
挑战现状	接受现状
做正确的事	正确地做事

从本质上看，领导者和管理者的区别主要体现在：管理者是被任命的，他们拥有合法的权力进行奖励和惩罚，其影响力来自于他们所处的职位赋予的正式权力，管理是建立在合法的职务权力基础上对下属的行为进行指挥的过程；领导是一种影响力或者说是对下属施加影响的过程，领导者既可是任命的，也可能是在非正式组织中产生或由非正式组织成员公认的，其对组织成员的影响可能建立在合法的、有报酬的和强制性的权力基础上，也可能是建立在个人影响权和专长权以及模范作用的基础之上。

那么，所有的管理者都是领导者么？或相反，所有的领导者都是管理者么？从管理就是计划、组织、领导和控制这一角度而言，一位优秀的管理者当然也应当是一个优秀的领导者。但是，并不是所有的领导者都是管理者，一种原因是其可能不处于管理岗位上；另一种原因可能是，一个人能够影响别人并不表明他也同样能够做好计划、组织和控制等管理工作。在理想的条件下，所有的管理者都应当是领导者，本章我们就从管理者的角度来探讨这一主题。因此，本章的领导者指的是那些能够影响他人并拥有管理权力的人。

四、领导权力的构成

权力的本质就是一个人影响他人行为的能力，领导者的权力主要来源于以下两个方面。

1. 职位权力

职位权力是职位授予的，随职位的变动而变动，它主要包括以下几种形式。

（1）法定权力。法定权力是组织内部各领导职位所固有的、合法的、正式的权利。不同的组织或相同组织的不同职位，享有的法定权力不同，领导可以通过这种权力向下属发布命令、下达指示等。

（2）奖励权力。奖励权力是当下属服从领导的要求时领导能够给予奖赏或酬劳的权力。

（3）惩罚权力。惩罚权力是一个人给予另外一个人惩罚的权力。在组织中对那些有利于组织的行为进行奖励的同时，领导者要对不利于组织发展的行为予以惩罚。这种权利的行使与领导者的职位与工作内容有关。

2. 非职位权力

这种权力来自于领导者自身，包括专长权、感召权。

（1）专长权。专长权是因个人的特殊的技能或某些专业知识而形成的权力。它来自下级的信任，即下级感到领导者具有专门的知识、技能，并能够帮助他们排除障碍、克服困难，实现组织目标和个人目标。

（2）感召权。感召权是建立在对个人素质的认同及人格的赞赏基础之上的，即领导者具有良好的品质、资历、魅力和作风，受到下级的敬佩，使下级愿意受其影响。

五、领导的作用

领导的本质就是一种影响力，这种影响力的作用主要体现在以下几个方面。

（1）指挥作用。指在组织活动中，领导者需要头脑清醒、胸怀全局，能高瞻远瞩、运筹帷幄的帮助组织成员认清所处的环境和形势，指明活动的目标和达到目标的路径。

（2）协调作用。指组织在内外因素的干扰下，领导者来协调组织成员之间的关系和活动，朝着共同的目标前进。

（3）激励作用。指领导者为组织成员主动创造能力发展空间和职业生涯发展等，能影响组织成员的内在需求和动机，引导和强化组织成员为组织目标而努力。

第二节　领导特质理论

领导理论的研究成果可依其内容大致分为四类：领导特质理论、领导行为理论、领导权变理论和新型领导理论。四类领导理论的依次提出，对应于领导理论研究的四个阶段：在20世纪40年代以前，有关领导的研究集中在领导者与非领导者相比应具备的特殊素质方面；从20世纪40年代开始到20世纪60年代中期，关于领导的研究主要侧重于领导行为方面，试图根据个体所采取的行为解释领导；从20世纪60年代中期开始，领导理论的研究转向于权变理论的研究，运用权变模型弥补了先前理论的不足，并将各种研究发现综合在一起；20世纪80年代以来，一些管理者又提出了几种新型的领导理论。

领导理论的变迁表明领导更像是一种风格，不但强调领导者的实质，也强调领导者的外在表现。

领导是什么样的？不同的人会有不同的回答。你可能会得到一系列的品质特征，如智慧、魅力、决策力、热情、实力、勇气、正直和自信等。领导特质理论的本质就是试图寻求区分领导者与非领导者的特质或特性，它在早期的领导理论研究中占有统治地位。对于那些被公认为成功的领导者的个体，我们能够从他们身上分离出一个或几个非领导者所不具备的特质吗？事实上，他们各自表现出全然不同的特点。众多分离领导特质的研究努力均以失败告终。人们并没有找到一些特质因素总能对领导者与下属以及有效领导者与无效领导者进行区分。可是比较乐观的是，大多数人相信对于所有成功的领导者来说，都具备一系列一致而独特的个性特点，不论他们在什么样的企业中工作。不过，在考察与领导高度相关的特质的研究方面，得到的结果却相当令人瞩目。研究者发现，领导者有六项特质不同于非领导者，即进取心、领导意愿、正直与诚实、自信、智慧和与工作相关的知识。表11-2简要描述了这些特质。

表 11-2　成功领导者的六项特质

领导者特质	描　　述
进取心	领导者表现出高努力水平，拥有较高的成就渴望，他们进取心强，精力充沛，对自己所从事的活动坚持不懈，并有高度的主动精神
领导意愿	领导者有强烈的愿望去影响和领导别人，他们乐于承担责任
正直与诚实	领导者通过真诚与无欺以及言行高度一致而在他们与下属之间建立相互信赖的关系
自信	下属觉得领导从不缺乏自信，领导者为了使下属相信其目标和决策的正确性，必须表现出高度的自信
智慧	领导者需要具备足够的智慧来收集、整理和解释大量信息；并能够确立目标、解决问题和做出正确的决策
与工作相关知识	有效的领导者对于公司、行业和技术事项拥有较高的知识水平；广博的知识能够使他们做出富有远见的决策，并能理解这种决策的意义

另外，最近的研究表明，个体是否是高自我监控者（在调节自己行为以适应不同环境方面具有很高的灵活性）也是一项重要因素，高自我监控者比低自我监控者更易于成为群体中的领导者。

应该看到，单纯的特质对解释领导来说并不充分，完全以特质为基础的解释忽视了情境因素。具备恰当的特质只能使个体更有可能成为有效的领导者，但他还需要实施正确的活动。而且，在一种情境下正确的活动在另一种情境下未必正确。

总之，大半个世纪以来的大量研究使我们得出这样的结论：具备某些特质确实能提高领导者成功的可能性，但没有一种特质是成功的保证。

为什么特质论在解释领导行为方面并不成功？第一，它忽视了下属的需要；第二，它没有指明各种特质之间的相对重要性；第三，它没有对因与果进行区分（如到底是领导者的自信导致了成功，还是领导者的成功建立了自信）；第四，完全以特质为基础的特质理论忽视了情境因素。具备恰当的特质只能使个体更有可能成为有效的领导者，但还需要采取有效的活动。而且，在一种情境下正确的活动在另一种情境下却未必正确。这些方面的欠缺使得研究者的注意力转向了其他方面。

【阅读材料 11-1】

日本企业界要求领导应具备的十项品德和十项能力

十项品德：

· 使命感，责任感；

· 信赖性，积极性；

· 忠诚老实，进取心；

· 忍耐性，公平；

· 热情，勇气。

十项能力：

· 思维决策能力，规划能力；

· 判断能力，创造能力；

· 洞察能力，劝说能力；

· 对人的理解能力，谈判能力；

· 培养下级的能力，调动积极性的能力。

美国企业界要求领导应具备的十大条件

(1) 合作精神。能赢得人们的合作，愿与其他人一起工作，对人不是压服，而是说服。

(2) 决策才能。依据事实而非想象进行决策，具有高瞻远瞩的能力。

(3) 组织能力。能发挥部属的才能，善于组织人力、物力和财力。

(4) 精于授权。能大权独揽，小权分散，抓住大事，把小事分给部属。

(5) 善于应变。不抱残守缺，不墨守成规。

(6) 敢于负责。对上级、下级、产品、用户及整个社会抱有高度的责任心。

(7) 敢于求新。对新事物、新环境、新观念有敏锐的感受能力。

(8) 敢担风险。敢于承担企业发展中的风险，有改变企业面貌、开创新局面的雄心和自信心。

(9) 尊重他人。重视和善于采纳别人的意见，不武断狂妄。

(10) 品德超人。品德为社会人士、企业职工所敬仰。

我国对企业领导者的素质要求

序号	领导者的素质	回答问题人数的百分比/%
1	组织能力和决策能力	97.5
2	责任心、事业心和进取心	90.2
3	求知欲和创新精神	68.4
4	知人善任,开发人才,合作精神	46.3
5	一定的转业知识和知识广度	39.0
6	敏锐的观察力和全局思考能力	31.7
7	大公无私,品德端正	29.3
8	应变能力和分析、解决问题能力	27.1
9	处理人际关系能力	19.5
10	适应环境,协调和平衡各种关系的能力	14.6

在我国成为领导者的条件

序号	成为领导者的条件	回答问题人数的百分比/%
1	一定的专业知识和技术	78.1
2	年富力强	60.9
3	一定的工作能力(领导能力、组织决策能力、反应能力)	58.6
4	善于处理人际关系,群众基础好	43.9
5	有责任心、事业心和进取心	41.4
6	符合中央提出的干部"四化"标准	29.2
7	有一定的思想觉悟和道德修养	21.9
8	熟悉本企业情况	17.1
9	按照干部成长阶梯选拔上来的	12.0
10	机遇(改革的历史条件和其他)	9.8

资料来源:余凯成,组织行为学,大连理工大学出版社,2006.

【阅读材料 11-2】

卡耐基的二十四项领导黄金法则

(1) 想成为优秀的领导者,先得是一个完整的人。

(2) 能影响他人的人,才能领导他人。

(3) 成功的领导无法模仿。

(4) 职位越高越需要方方面面的沟通。

(5) 让他人心甘情愿为你效劳。

(6) 若要关心下属,先要记住他的名字。

(7) 学会以部属的关切点为出发点。

(8) 请关掉你的发送机,转到接收功能上。

(9) 了解部属对自己的期待,然后满足之。

(10) 除非团队赢了,否则都等于输。

(11) 让部属体会到你肯定他们的重要性。

(12) 用肉片取代皮鞭,用赞赏替代批评。

(13) 如果你做不到，也别要求他人做到。

(14) 不受任何干扰地传递和接收信息。

(15) 把巨大的敌意之墙转化为积极力量的源泉。

(16) 选拔人才既要针对目前，又要着眼未来。

(17) 如果你希望部属热忱工作，你先得充满热忱。

(18) 以目标为导向引发部属的工作动机。

(19) 做员工的协作者，而非裁判者。

(20) 切勿用"感情"处理人的问题。

(21) 订立清晰可行的目标，让部属能够看到未来的远景。

(22) 紧盯一个方向，然后全力以赴。

(23) 与其命令下属，不如提供建议。

(24) 把忧虑从你的生命驱除出去。

资料来源：聂瑞等，管理学，机械工业出版社，2008.

第三节 领导行为理论

早期对于领导效能的大量研究侧重于领导者的个人特质和个人影响力方面，进入到 20 世纪 60 年代以后，对领导研究的重点开始从领导者可能具有哪些特质转向领导者应当如何行为方面。与特质理论不同，该理论认为一个人可以通过合适的、最优的领导行为的学习和培训而使自身更加有效地开展领导工作。

领导行为可以有不同的方式、作风、风格或形态。有的领导者和蔼可亲、平易近人，给下级以充分的信任和自主权；有的则严厉粗暴、高高在上、独断专行。领导风格的差异，不仅因为领导者的特质存在着不同，更由于他们对权力运用方式及对任务和人员之间关系有不同的理解、态度和实践。不同的人，以及同一个人在不同的时期和场合，都可能表现出不同的领导风格。这里只着重介绍几种比较有代表性的理论。

一、怀特和李皮特的三种领导方式理论

美国管理学家拉尔夫·K·怀特（Ralph K. White）和罗纳德·李皮特（Ronald Lippett）将领导方式分为三种类型，即权威式、民主式及放任式。

(1) 权威式领导。这种领导方式的特征是，所有政策均由领导者决定；所有工作进行的步骤和技术，也由领导者发号施令；工作分配及组合，多由他单独决定；领导者对下属较少接触，如有奖惩，往往对人不对事。

(2) 民主式领导。这种领导方式的特征是，主要政策由组织成员集体讨论决定，领导者采取鼓励与协助态度；通过讨论，使其他人员对工作全貌有所认识，在所设计的完成工作的途径和范围内，下属人员对于进行工作的步骤和所采用的技术，有相当的选择机会。

(3) 放任式领导。这种领导方式，组织成员或群体有完全决策权，领导者放任自流，只负责给组织成员提供所需的条件和咨询，而且尽量不参与，也不主动干涉，只偶尔表示意见。工作进行几乎全依赖于组织成员、个人自行负责。实践表明，权威式和民主式领导利弊并存，而放任式领导在通常情况下往往弊多利少。

二、四分图模式

研究领导行为的前期代表人物是美国俄亥俄州立大学工商企业研究所的研究人员佛莱希曼和他的同事们。第二次世界大战后，他们对领导效能进行了大量研究，其原来的意图是开发出测量领导行为的工具，使用了多种问卷。在做了成千上万次测量后，发现总是有两种领

导行为突显出来，他们把这两种因素叫做创立结构与关怀体谅。

创立结构是指把重点放在完成组织绩效上的领导行为，如把任务规定得很明确，组织得条理分明，任务委派得职责分明，并使用职权与奖惩去监督和促使绩效目标的实现，这是一种重视任务的领导行为。

关怀体谅则指信任、尊重下级，关怀下级个人福利与需要，与下级沟通对话并鼓励下级参与决策的制定，这是重视下级及人际关系的领导行为。

这两种因素虽有一定关联，但却是基本分开和独立的。两个维度分别代表结构与关怀。根据这两个维度，领导者行为风格特征可有四种典型组合，如图 11-1 所示。

图 11-1 领导行为的四分位图

研究者逐渐形成一种被称为双高假说的认识，认为最有效的领导方式就是兼顾关怀与结构、关系和任务两方面。然而，双高假说并未获得实证研究的支持。关怀和结构都可能是成功的原因，两者一起也能获得成功，但有时两者都不能。原因可能是双高假说过于简化，其实关怀与结构都是较广的领导风格，各自包含了许多子因素，因此这四种领导行为哪种好、哪种差，不能一概而论，要根据具体情况而定。

三、管理方格理论

管理方格理论是由美国管理学家罗伯特·布莱克和简·穆顿于 1964 年提出来的。他们认为，领导方式在相当大程度上反映了对待人与工作的关系上。因此，从二维出发，即对人的关心程度与对工作的关心程度两方面来研究领导方式，并利用二维的 9.9 方格图加以表示，从而创立了管理方格理论。

该理论以横坐标表示领导者对工作的关心程度，以纵坐标表示对人的关心程度。每个坐标用 9 个格加以表示，这样，纵横坐标组合，就形成了 81 个方格，如图 11-2 所示。每个方格都代表一种领导方式，由其所处的坐标位置，表示一定程度的对人关心与对工作关心的组合。他们认为，各个领导者由于自身条件及管理环境、任务的不同，各自的管理方式是不相同的，但绝对极端类型是很少见的，大多数领导者所持的都是处于中间状态的各种混合型领导方式。

从图 11-2 中可以看到五种典型的领导方式：

1.1 贫乏型，领导者既不关心工作，也不关心人，是一种放任式管理；

9.1 任务型，领导者只关心工作，注重工作的效率，而不关心人的因素；

1.9 俱乐部型，领导者只关心人，而对工作很不关心；

9.9 战斗集体型，领导者既高度关心工作，又高度关心人；

5.5 中间型，领导者对工作和对人都是一般程度的关心，寻求两者的平衡。

以上五种典型的领导方式，9.9 最为理想，工作效率高，人际关系也协调；1.1 最差，工作与人际关系都不好。

领导者在实际管理中应用管理方格理论时，应特别注意以下几点：①既要关心人，又要

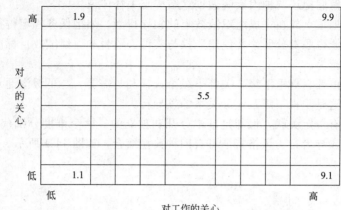

图 11-2 管理方格图

关心工作，两者均不可偏废，一般至少应维持在一个基本满意的水平，如均达到 5 以上；②应根据不同工作时期或阶段，针对不同的目标、任务，结合各种主客观条件，适度强化某一因素，如将精力集中于工作或集中于人，各有侧重，在关心工作与关心人上保持一种动态并重或平衡，例如，当面临紧急任务时，领导者必须集中精力于工作，而在紧急任务过后，可将主要精力转到做人的工作上来；③完全理想的 9.9 型在现实中很难达到，领导者只能以 5.5 为下限，各有侧重地动态平衡，并向 9.9 努力。

【阅读材料 11-3】

领导行为问卷

美国俄亥周立大学的研究者，在上千个领导行为因子的基础上，归纳出两类因素（工作取向，领导行为偏重于团体和组织目标；人情取向，像严父慈母般关心成员情绪），编制出领导人行为的描述性问卷。

工作取向的 15 个题目：

① 对下级清楚地表述自己的态度；

② 在本单位中能实施自己的新方案；

③ 以极严的手段抓管理工作；

④ 批评那些工作表现不好的下级；

⑤ 以不容他人质问的口气讲话；

⑥ 分配下级做规定的工作；

⑦ 坚持一定的作业标准；

⑧ 做事有一定的计划性；

⑨ 强调一定要在限期内完成工作；

⑩ 规定工作程序；

⑪ 要清楚是否所有的下级都了解其在团队中的地位；

⑫ 要求下级遵照标准化的规则和法令；

⑬ 下级知道领导人对他们的要求是什么；

⑭ 关心和注意下级是否充分发挥其能力；

⑮ 注意下级工作是否协调。

人情取向的 15 个题目：

① 给下级以私人帮助；

② 做一些使下级感到愉快的小事情；

③ 容易使下级了解自己；

④ 抽空听取下级的意见；

⑤ 信守承诺；

⑥ 关心下级个别人的福利；

⑦ 拒绝解释自己行为的原因；

⑧ 从来不会没有和下级商量而自行行动；

⑨ 缓慢地接受新的方案；

⑩ 以平等态度对待每一个下级人员；

⑪ 愿意对现状有所改变；

⑫ 平易近人；

⑬ 与下级谈话时，能使他们觉得轻松自然；

⑭ 对下级提的意见付诸实施；

⑮ 在推行重要事项之前，先取得下级的赞同。

评定方法：评定主体可以是上级、下级、同级，也可以是被评定对象自己，评分可以用五级量表评定，"经常"为 5 分，"较多"为 4 分，"有时"为 3 分，"很少"为 2 分，"从未"为 1 分。经过综合评分比较，就能知道该领导人在团体成员的心目中是工作取向还是人情取向。

资料来源：陈春花，杨忠，曹洲涛，组织行为学，机械工业出版社，2009.

第四节　领导的权变理论

在此后的研究中，人们发现，领导行为的有效性实际上并不取决于领导者所采用的某种特定的领导方式，而是与该领导方式所应用的情境密切相关。与特定情境相适合的领导方式，是有效的，而与特定情境不适合的领导方式，则往往是无效的。在某种情境下有效的领导方式，在另一种情境下可能会失去效能。因此，不存在一种普遍的最好的领导方式，有效的领导方式是因情境而权变的，由此而出现了领导的权变理论。这方面比较著名的理论分别是菲德勒的权变领导理论、路径-目标理论和领导生命周期理论。

一、菲德勒的权变领导理论

弗雷德·E·菲德勒（Fred E. Fiedler）提出的权变理论认为，领导者施加影响的能力取决于群体的工作环境、领导者的风格和个性，以及领导方法对群体的适合程度。菲德勒提出，对领导者的工作影响最大的三个基本因素是职位权力、任务结构和上下级关系。

（1）职位权力。这指的是与领导人职位相关联的正式职权以及领导者从上级和组织各方面所取得的支持的程度。当领导者拥有明确的职位权力时，则更容易使群体成员遵从他的指导。

（2）任务结构。这指的是任务明确程度和人们对这些任务的负责程度。当下属人员对所担任的任务性质清晰明确而且例行化时，领导者对工作质量较易控制。群体成员也有可能对自己所担任的任务性质模糊不清，或其任务多有变化，这时领导者就需要更好地担负起他们的职责。

（3）领导者与下级的关系。菲德勒认为在这个方面，从领导者的角度看是最重要的。因为职位权力与任务结构大多可以置于组织控制之下，而上下级关系可影响下级对一位领导者的信任和爱戴，从而决定是否乐于追随他共同工作。

根据这三个因素，领导者所处的环境从有利到不利共分为八种类型（见表 11-3）。三个条件均齐备或具备两个的是有利的环境，三者都缺乏的是不利的环境，其他为中间状态环境。领导方式应与环境类型相适应才能获得好的效果。菲德勒对 1200 个团体进行了调查分析，证明在不利和有利的两种情况下，采取以任务为中心的指令型领导方式效果较好；而对处于中间状态的环境，则采用以人为中心的宽容型领导方式效果较好。

表 11-3　菲德勒模型

因　素	有　利			中 间 状 态				不利
	1	2	3	4	5	6	7	8
上下级关系	好	好	好	好	差	差	差	差
任务结构	明确	明确	不明确	不明确	明确	明确	不明确	不明确
职位权力	强	弱	强	弱	强	弱	强	弱
领导方式	指令型			宽容型				指令型

二、路径-目标理论

由罗伯特·豪斯提出的路径-目标理论是目前最受人们关注的领导观点之一，这一理论源自弗鲁姆的期望理论。该理论认为，领导者的工作是帮助下属达到他们的目标，并提供必要的指导和支持以确保个人的目标与群体或组织的总体目标相一致。这一理论主张，有效的领导者要通过指明实现工作目标的途径来帮助下属，并为下属清理各种障碍和危险，从而使下属实现目标的过程更为容易。

路径-目标理论立足于下属，而不是立足于领导者。这一理论有两个基本原理：一是领导方式必须是下属乐于接受的方式，只有能够给下属带来利益和满足的方式，才能使他们乐于接受；二是领导方式必须具有激励性，激励的基本思路是以绩效为依据，同时以对下属的帮助和支持来促成绩效。

在此基础上，豪斯确定了四种领导行为。

（1）指导型领导。领导者对下属需要完成的任务进行说明，包括对他们有什么希望，如何完成任务，完成任务的时间限制等。指导型领导者能为下属制定出明确的工作标准，并将规章制度向下属讲得清清楚楚。

（2）支持型领导。领导者对下属十分友好，关注下属的福利和需要，平等对待下属，对下属表现出充分的关心和理解，在下属有需要时能够真诚帮助。

（3）参与型领导。领导者邀请下属一起参与决策，同下属一道进行工作探讨，征求下属的想法和意见并融入团体或组织的决策中去。

（4）成就导向型领导。领导者鼓励下属将工作做到尽量高的水平。这种领导者为下属制定的工作标准很高，寻求工作的不断改进。除了对下属期望很高外，成就导向型领导者还非常信任下属有能力制定并完成具有挑战性的目标。

豪斯强调，领导者的责任就是根据不同的环境因素来选择不同的领导方式。如果强行用某一种领导方式在所有环境条件下实施领导行为，必然会导致领导活动的失败。在现实中究竟采用哪种领导方式，要根据下属特性和环境变量而定。

如果下属是教条的和权力主义的，任务是不明确的，组织的规章和程序是不清晰的，那么，指导型领导方式最适合。

对于结构层次清晰，令人不满意或者是令人感到灰心的工作，领导者应使用支持型方式。当下属从事机械重复性的和没有挑战性的工作时，支持型方式能够为下属提供工作本身所缺少的"营养"。

当任务不明确时，参与型领导效果最佳，因为参与活动可以澄清达到目标的路径，帮助下属懂得所要通过的路径和实现的目标。对于独立性和控制欲较强的员工来说，参与型领导方式也具有积极影响，因为这种下属喜欢参与决策和工作建构。

如果要求下属执行模棱两可的任务，成就导向型领导方式效果最好。在这种情境中，激发挑战性和设置高标准的领导者能够提高下属达到目标的自信心。

三、领导生命周期理论

另外一种领导情景理论，是由美国管理学者保罗·赫塞（Paul Hersey）和肯尼斯·布兰查德（Kenneth Blanchard）提出的。他们补充了另外一种因素，即领导行为在确定是任务绩效还是维持关系更重要之前应当考虑的因素——下属的成熟度，并以此发展为领导生命周期理论。这一理论把下属的成熟度作为关键的情景因素，认为依据下属的成熟度水平选择正确的领导方式，决定着领导者的成功。

赫塞和布兰查德把成熟度定义为：个体对自己的直接行为负责任的能力和意愿。它包括工作成熟度和心理成熟度，工作成熟度是下属完成任务时具有的相关技能和技术知识水平；心理成熟度是下属的自信心和自尊心。高成熟度的下属既有能力又有信心做好某项工作。

生命周期理论提出任务行为和关系行为这两种领导维度，并且将每种维度进行了细化，从而组合成四种具体的领导方式。

（1）指导型领导（高任务、低关系）。领导者定义角色，告诉下属应该做什么、怎样做以及在何时何地做。

（2）推销型领导（高任务、高关系）。领导者同时提供指导行为与支持行为。

（3）参与型领导（低任务、高关系）。领导者与下属共同决策，领导者的主要角色是提供便利条件和沟通。

（4）授权型领导（低任务、低关系）。领导者提供较少的指导或支持。

在此基础上，领导方式和任务成熟度之间的关系如图 11-3。图中，S 代表四种领导方式，从 S_4 到 S_1 分别是授权、参与、推销和指导，它们依赖于下属的成熟度 M。M_4 代表高成熟度，M_1 代表低成熟度。

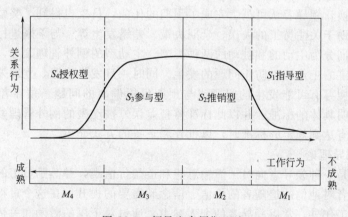

图 11-3　领导生命周期理论

这样一来，赫塞和布兰查德就把领导方式和员工的行为关系通过成熟度联系起来，形成一种周期性的领导方式。当下属的成熟度水平不断提高时，领导者不但可以减少对活动的控制，而且还可以不断减少关系行为。如指导型领导方式 S_1，是对低成熟度的下属而言的，表示下属需要得到明确而具体的指导。S_2 方式表示领导者需要高任务高关系行为，高任务行为能够弥补下属能力的欠缺，高关系行为则试图使下属在心理上领悟领导者的意图。S_3

表示可以运用支持性、非指导性的参与风格有效激励下属。S₄ 是对高成熟度的下属而言的，表示下属既有意愿又有能力完成任务，领导者需要采用授权，而减少任务行为与支持行为。

和菲德勒的权变理论相比，领导生命周期理论更容易理解和直观。但它只针对了下属的特征，而没有包括领导行为的其他情景特征。因此，这种领导方式的情景理论算不上完善，但它对于深化领导者和下属之间的研究，具有重要的基础作用。

第五节 新型领导理论

一、交易型和变革型领导理论

美国管理学家伯纳德·M·巴斯（Bernard M. Bass）把领导者分为两类，即交易型和改革型。前者为下属提出需要做什么、有哪些要求，帮助下属树立信心并实现目标；后者则通过提高人们对完成任务的价值与重要意义的认识，通过强调追求更高层次的需求等来激励下属完成比原来预期的更多的工作。

1. 交易型领导理论

交易型领导理论的基本假设是领导与下属之间的关系是以一系列的交换和隐含的契约为基础的。该领导理论是指当下属完成特定的任务后，便给予承诺的奖赏，整个过程就像领导者与追随者之间的一项交易活动。其主要特征为：

① 领导者通过明确角色和任务要求，指导和激励下属向着既定的目标活动，领导者向员工阐述绩效的标准，意味着领导者希望从员工那里得到什么，如满足了领导的要求，员工也将得到相应的回报；

② 以组织管理的权威性和合法性为基础，完全依赖组织的奖惩来影响员工的绩效；

③ 强调工作标准、任务的分派以及任务导向目标，倾向于重视任务的完成和员工的遵从。

交易型领导理论又可分为权变奖励领导和例外管理领导两种，并随着领导者活动水平以及员工与领导者相互作用性质的不同而不同。所谓权变奖励领导是指领导者和下属间的一种主动、积极的交换，领导者认可员工完成了预期的任务，员工也得到了奖励；例外管理领导则是指领导者借助于关注员工的失误、延期决策、差错发生等，与下属进行交换，并按领导者介入时间的不同分为主动的和被动的两种类型。主动型的例外管理领导，一般在问题发生前，持续监督员工的工作，以防止问题的发生。同时一旦发生问题，立即采取必要的纠正措施，当然也积极搜寻有可能发生的问题或与预期目标偏离的问题。领导者在员工开始工作时，就向员工说明具体的标准，并以此标准监督差误。被动型的例外管理领导，则往往在问题已经发生或没有达到规定的标准时，以批评和责备的方式介入。

2. 变革型领导理论

变革型领导是一种领导者向员工灌输思想和道德价值观，并激励员工的过程。变革型领导更多基于领导者对他们的追随者的价值、信念和需要的提升。在这个过程中，领导除了引导下属完成各项工作外，常以领导者的个人魅力，通过对下属的激励和关怀来改变员工的工作态度、信念和价值观，使他们为了组织的利益而超越自身利益，从而更加投入于工作中。

该领导方式可以使下属产生更强的归属感，满足下属高层次的需求，实现较高的生产率和较低的离职率。变革型领导的前提是领导者必须明确组织的发展前景和目标，下属必须接受领导者的可信性。其主要特征为：

① 超越了交换的诱因，通过对员工的开发与智力激励，鼓励员工为群体的目标、任务以及发展前景超越自我的利益，实现预期的绩效目标；

② 集中关注较为长期的目标，强调发展的眼光，鼓励员工发挥创新能力，并改变和调整整个组织系统，为实现预期的目标创造良好的氛围；

③ 引导员工不仅为了他人的发展，也为了自身的发展承担更多责任。

理查德·博伊德（Richard Boyd）在巴斯的基础上，提出变革精神的领导者必须具备五种新的领导技能：

① 预见技能，对不断变化的内外部环境能深谋远虑；

② 想象技能，运用说服和榜样诱导下属按领导者或整个组织的意图行事；

③ 价值观综合技能，把员工在经济、安全、心理、精神、美学和物质等方面的需求综合起来，以使人们有共同的动机、价值观和目标；

④ 授权技能，乐意并且有效地与下属分享权力；

⑤ 自知或反省技能，既明白自己的需求与目标，也了解下属的需求与目标。

博伊德的一个重要观点是，上述这些新的领导技能并不是生来就具备的，而是要在实践中锻炼、培养、学习和提高。

二、魅力领导理论

魅力领导是当代领导理论对于传统理论的复兴，越来越多的研究关注于有领袖魅力的领导者对下属和组织绩效会有什么影响。有关的研究表明，有领袖魅力的领导者与下属的高绩效和高满意度之间有着显著的相关性，员工为有领袖魅力的领导者工作会因为受到激励，从而付出更多的工作努力，他们喜爱自己的领导，对领袖魅力式的领导表现出更高的满意度。

什么是领袖式魅力？这是一个很难下定义的概念。罗伯特·豪斯较早对领袖魅力进行了系统研究。他认为魅力是远远超出一般的尊重、影响、钦佩和信任的，对追随者的情感具有震撼力的一种力量。

有领袖魅力的领导者有自信，他们对于自己的判断和能力有充分的信心；有目标远景，他们认为未来定会比现状更美好，有领袖魅力的领导者通过向下属绘制诱人的前景来捕获下属的奉献、承诺和动力；清楚表述目标的能力，他们能够使其他人都能明白所追求的目标，这表明了他们对下属需要的了解；强烈奉献精神，他们愿意从事高冒险性的工作，能够承受为之付出的高代价，为了实现目标能够自我牺牲；不循规蹈矩。他们的行为是创造性的、反传统的。有这些品质的领导者能激发起其追随者的信任、信心、接受、服从、同喜、同悲、钦佩及他们更高的工作绩效。表 11-4 说明了一些研究者确认的具有领袖魅力的领导者的个性特点。

表 11-4 部分学者确认的具有领袖魅力的领导者的个性特点

罗伯特·豪斯的观点	• 极高的自信 • 极强的支配力 • 对自己信仰的坚定信念
沃伦·本尼斯的观点	• 有令人折服的远见和目标 • 能清楚的表述目标，使下属明确理解 • 对目标的追求表现出一致性和全心的投入 • 了解自己的实力并以此作为资本
康格和凯楠格的观点	• 有一个希望达到的理想目标 • 为此目标能够全心地投入和奉献 • 反传统 • 非常固执和自信 • 是激进变革的代言人而不是传统现状的卫道士

如何获得领袖的魅力？尽管领袖魅力与个体的气质有一定的联系，但领袖的魅力并非不可以由学习获得。大多数学者专家认为个体可以经过培训开发出其潜能，在某些方面展现出领袖魅力的行为。比如，可以指导培训个体清晰地表述一个极高的目标；重视下属的需要，向下属传达高绩效的期望，对下属达到这些目标所具备的能力表现出很有信心。为了进一步捕捉领袖魅力的生动特征，还可以训练使用领袖魅力的非语言特点。

【阅读材料11-4】

科特的"总经理研究"

科特曾用5年的时间对15位总经理进行了观察研究，获得了大量当代企业的领导者行为特征的实证资料。

（1）谁能担任有成效的总经理？成功的管理者应具有哪些个人特征，科特的研究结果与流行观点之间有着不小的区别，如表11-5所示。

表 11-5　成功总经理的特征

主要问题	流行观点	科特研究结果
他们应该具有哪些重要的个人特征	智力、分析能力和经营管理相关的手段、概念、理论知识十分重要	至关重要的个人因素特征很多，其中包括志向、抱负、成就感、权力欲、情绪稳定性与乐观态度、关于所在企业与行业经营中的详尽知识，以及在该企业中与其他人之间的合作关系
这些特征具有多大程度的应用性和专业性	它们均具有广泛的实用性	它们在某种程度上呈现专业化趋势
这些特征形成的方式如何	通过接受正规教育，在成人后得到发展和成熟	在任职者一生中形成——儿童时期、所受的教育程度和任职初期

（2）这些任职者到底做些什么工作？这些总经理怎样开展工作，科特的研究结果也与流行观点相差甚远，如表11-6所示。

表 11-6　总经理的工作内容

问　题	流行观点	科特研究结果
任职者怎样进行工作	他们建立常规的工作计划，进行适当的人事安排来完成拟定的计划，运用正式的控制权力和奖惩制度实施拟定的计划	初期，依靠自身的个人素质创建责任领域的工作日程安排，并创建与自己工作日程安排所依靠的人员合作的工作关系网络。他们运用各种模糊方法，通过持续的、递增的、常常显得随便的过程来完成这些任务；接任6～12个月后，开始花更多时间，注重运用各种直接或间接的方式，影响其他人，通过已有的工作关系网络来实现自己拟定的工作日程安排
他们日常工作方式如何	他们平静地坐在办公室里，读着各种报告，进行资料分析，做出各种决策，向下级下达各种指令	他们将大量时间用在与人（同事、上司、各种外部人士以及下级）交往上，讨论范围广泛的话题，通常是简短、互不相关且没有事先约定的话题；谈论中总经理会提出许多问题，却很少做任何指示或命令

（3）是什么原因使有的总经理比另一些人更成功？成功总经理的原因如表11-7所示。

表 11-7　成功总经理的原因

问题	流　行　观　点	科特研究结果
优秀工作行为的关键是什么	良好的教育和训练，对经营管理理论上的最新知识的了解和掌握，个人智力水平和分析能力	具有众多适应这个工作职位所要求的极为复杂的个人素质

（4）总经理们运用时间的 12 种情形。

① 他们大部分时间用于与人交往。总经理们个人单独工作时间仅占整个工作时间的 24％。这部分时间通常是在家中、飞机上或外出乘车。

② 他们耗费时日交往的人不仅有公司老板、直接的下级经理人员，也包括许多其他人。

③ 谈话话题范围宽广。他们从不将话题简单地局限于计划安排、经营策略、人事安排及其他一些属于公司领导们考虑的问题。

④ 交谈中，他们会提出许许多多的问题。有时，一些总经理会在半个小时的交谈中提出上百个问题。

⑤ 交谈中，总经理很少做出任何重大决定。

⑥ 这些交谈还包括相当数量的玩笑、打趣和其他与工作无关的事情。

⑦ 邂逅谈话这一类型事例数量较大。

⑧ 在这些交谈中，总经理从不做出任何意义上的命令或指示，也就是说，他们从不告诫别人应该做些什么。

⑨ 然而，总经理总是希望通过交谈影响谈话对象。他们提问题、说要求，运用小恩小惠笼络人心，用要害说服对方，甚至以威胁对方来影响交谈对象。

⑩ 总经理们在安排与别人交谈的时间上，他们经常显得被动，以"反应型"的方式进行。

⑪ 总经理们与别人交谈的时间总是在一些简短且不连贯的谈话中的。一次集中于一个问题或一桩事件的交谈，其持续时间很少超过 10 分钟。在短短的 5 分钟内，涉及 10 个毫无联系的话题，这是十分常见的。

⑫ 总经理工作时间均较长，每周近 60 个小时。

资料来源：陈春花，杨忠，曹洲涛，组织行为学，机械工业出版社，2009.

三、以价值观为基础的领导

20 世纪 90 年代中期，豪斯和他的同事们根据多年的实证研究，在路径-目标理论的基础上，综合了领导特质理论、领导行为理论和权变理论的特点，以组织的愿景来替换并充实原来的路径-目标，围绕价值观这个核心概念，阐述了什么样的行为能有效地帮助领导者形成组织的共同价值观，以及这些行为的实施条件，提出了以价值观为基础的领导理论。

以价值观为基础的领导理论认为，被领导者对领导者所信奉的并已融入企业文化的价值观的共享和认同程度越高，领导行为就越有效。也就是说，持有明确价值观的领导者，通过明确表达愿景，向组织和工作注入自己的价值观，使之与被领导者所持有的价值观和情感发生共鸣，从而唤起被领导者对集体目标和愿景的认同，并导致被领导者自我价值的提高，进而更好地提高领导行为的有效性。以价值观为基础的领导理论还认为，有一系列行为对于形成组织的共同价值观非常有效。组织成员在对领导者所信奉的价值观产生强烈认同，并内化为自身的价值观后，将得到强烈的激励效果，这些行为被称为以价值观为基础的领导行为。它们包括：

① 清楚地表达组织愿景；

② 向员工展示领导者自身的良好素质、对愿景的不懈追求和牺牲精神；

③ 传达对员工的较高期望，表达对他人的高度信任；

④ 树立追求组织愿景的个人榜样；

⑤ 用智慧的手段将富有创造性的人团结在自己周围。

以价值观为基础的领导理论强调价值观的感召作用，这种感召能够不断吸引有能力的人加入组织。在一个有着强烈的共同价值观的组织中，即使有困难出现，人们也会为了共同的价值观而同甘共苦，一起渡过难关。大量的实证研究表明，领导者采用以价值观为基础的领导行为，将会对下属产生巨大的影响和积极的效果。当下属对领导者所信奉和倡导的价值观达到认同后，这种认同会逐渐化成为自身价值的一部分，成为其为人处世的相关原则。

本 章 小 结

（1）领导是管理工作的四项基本职能之一。领导就是对组织内的个体和群体的行为进行引导和施加影响的活动或过程，其目的在于使个体和群体能够自觉自愿并充满信心地为实现组织目标而努力。领导的权力来源于职位权力（法定权力、奖励权力、惩罚权力）和非职位权力（专长权、感召权）。领导的作用表现为指挥作用、协调作用和激励作用。

（2）领导理论的研究成果可依其内容大致分为四类：领导特质理论、领导行为理论、领导权变理论和新型领导理论。领导特质理论的本质就是试图寻求区分领导者与非领导者的特质或特性，研究者发现，领导者有六项特质不同于非领导者，即进取心、领导意愿、正直与诚实、自信、智慧和与工作相关的知识。

（3）领导行为理论认为一个人可以通过合适的、最优的领导行为的学习和培训而使自身更加有效地开展领导工作。怀特和李皮特的三种领导方式理论、四分图模式、管理方格理论是比较有代表性的领导行为理论。其中管理方格理论认为，领导方式在相当大程度上反映了在对待人与工作的关系上。因此，从二维出发，即对人的关心程度与对工作的关心程度两方面来研究领导方式，得出五种典型的领导方式，即1.1贫乏型、9.1任务型、1.9俱乐部型、9.9战斗集体型、5.5中间型。

（4）领导权变理论认为，不存在一种普遍的最好的领导方式，有效的领导方式是因情境而权变的，由此而出现了领导的权变理论。这方面比较著名的理论分别是菲德勒的权变领导理论、路径-目标理论和领导生命周期理论。菲德勒提出的权变理论认为，领导者施加影响的能力取决于群体的工作环境、领导者的风格和个性，以及领导方法对群体的适合程度。菲德勒提出，对领导者的工作影响最大的三个基本因素是职位权力、任务结构和上下级关系。根据这三个因素，领导者所处的环境从有利到不利共分为八种类型，三个条件均齐备或具备两个的是有利的环境，三者都缺乏的是不利的环境，其他则为中间状态环境。领导方式应与环境类型相适应才能获得好的效果，并且证明在不利和有利的两种情况下，采取以任务为中心的指令型领导方式效果较好；而对处于中间状态的环境，则采用以人为中心的宽容型领导方式效果较好。领导生命周期理论补充了另外一种因素，即领导行为在确定是任务绩效还是维持关系更重要之前应当考虑的因素——下属的成熟度，这一理论把下属的成熟度作为关键的情景因素，认为依据下属的成熟度水平选择正确的领导方式，决定着领导者的成功。把成熟度定义为：个体对自己的直接行为负责任的能力和意愿。它包括工作成熟度和心理成熟度，工作成熟度是下属完成任务时具有的相关技能和技术知识水平；心理成熟度是下属的自信心和自尊心。高成熟度的下属既有能力又有信心做好某项工作，从而组合成四种具体的领导方式，即：指导型领导、推销型领导、参与型领导、授权型领导。

【案例思考一】

保罗的领导方式

保罗在1971年从学校毕业后，到一家大型的会计师事务所的芝加哥办事处工作，由此开始了他的职业生涯。后来，公司执行委员会发现了他的领导潜能和进取心，遂在1983年指派他到纽约的郊区开办了一个新的办事处。其工作最主要的是审计，这要求有关人员具有较高程度的判断力和自我控制力。保罗主张工作人员间要以名字直接称呼，并鼓励下属人员参与决策制定。对长期的目标和指标，每个人都很了解，但实现这些目标的办法却是相当不明确的。办事处发展得很迅速，到1988年，专业人员达到了30名。保罗被认为是一位很成功的领导者和管理人员。

保罗在1989年初被提升为达拉斯的经营合伙人。他采取了帮助他在纽约工作时取得显著成效的同种富有进取心的管理方式。他马上更换了几乎全部的25名专业人员，并制定了短期和长期的客户开发计划。职员人数增加的相当快，为的是确保有足够数量的员工来处理预期扩增的业务，很快，办事处有了约40名专业人员。但在纽约成功的管理方式并没有在达拉斯取得成效，办事处在一年时间内就丢掉了最好的两个客户。保罗马上认识到办事处的人员过多了，因此决定解雇前一年刚招进来的12名员工，以减少开支。他相信挫折只是暂时性的，因而仍继续采取他的策略。在此后的几个月时间里又增雇了6名专业人员，以适应预期增加的工作量，但预期中的新业务并没有接来，所以又重新缩减了员工队伍。

伴随着这两次裁员，留下来的员工感到工作没有保障，并开始怀疑保罗的领导能力。公司的执行委员会了解到问题后将保罗调到新泽西的一个办事处，在那里他的领导方式又显示出很好的效果。

【案例思考题】1. 保罗作为一位领导者的权利来源是什么？

2. 这个案例更好地说明了领导的行为理论，还是领导的权变理论？为什么？

3. 保罗在纽约取得成功的策略，为什么在达拉斯没能成功？其影响因素有哪些？

资料来源：http://wenku.baidu.com/view/1f49423c376baf1ffc4fad8f.html. 略有删改.

【案例思考二】

副总家失火以后

一家公司的销售副总，在外出差时家里失火了。他接到妻子电话后，火速连夜赶回家。第二天一早去公司向老总请假，说家里失火要请几天假安排一下。但老总却说："谁让你回来的？你要马上出差。如果你下午还不走，我就免你的职。"这位副总很有情绪，无可奈何地从老总办公室里走了出来并马上又出差走了。

老总听说副手已走，马上把党、政、工负责人都叫了过来。要求他们分头行动，在最短的时间内，不计代价把副总家里的损失弥补回来，并把家属安顿好。

【案例思考题】1. 从管理方格理论分析这位老总属于哪一种领导风格？为什么？

2. 这位老总的做法恰当吗？你有何建议？

3. 从领导的艺术性角度而言，从本案例中可以获得哪些启示？

资料来源：http://wenku.baidu.com/view/a8aa45aad1f34693daef3e40.html. 略有删改.

复习思考题

一、单向选择题

1. 从管理的职能来看，因主管人员的领导能力而激发出来的下属的能力约占（　　　）。
   A. 30%　　　　　　　B. 40%　　　　　　　C. 50%　　　　　　　D. 60%

2. 下列哪项使科学、技巧、艺术和人的属性在实现组织目标过程中有机结合起来？（　　　）。
   A. 计划职能　　　B. 组织职能　　　C. 领导职能　　　D. 控制职能

3. 管理的基本特征之一，也就是管理的核心是（　　　）。
   A. 制定有效的决策　　B. 处理好人际关系　　C. 完善组织结构　　D. 实现组织目标

4. 通过组织中等级制度所赋予的权利是（　　　）。

    A. 法定权力   B. 奖励权力   C. 专长权   D. 感召权

5. 因个人的特殊的技能或某些专业知识而形成的权力是（   ）。

    A. 法定权力   B. 奖励权力   C. 专长权   D. 感召权

6. 当领导者使下属确认服从才是最好的选择时，领导者的用权方式是（   ）。

    A. 强制措施   B. 合理劝说   C. 专家权力   D. 感召权力

7. 根据管理方格图，对生产高度关心而对人很少关心的管理是属于哪种类型的领导风格？（   ）。

    A. 9.1 型   B. 1.9 型   C. 9.9 型   D. 1.1 型

8. 根据管理方格图，对人高度关心而对生产很少关心的管理是属于哪种类型的领导风格？（   ）。

    A. 9.1 型   B. 1.9 型   C. 9.9 型   D. 1.1 型

9. 罗伯特·豪斯的路径-目标理论是以（   ）为依据。

    A. 马斯洛的需求层次论   B. 赫兹伯格的双因素理论

    C. 弗鲁姆的期望理论   D. 斯金纳的强化理论

10. 根据生命周期理论，领导风格随着下属成熟度的不同而不同。对于高度成熟的下属，应该采取（   ）领导风格。

    A. 高工作，高关系   B. 低工作，低关系   C. 高工作，低关系   D. 低工作，高关系

11. 菲德勒的权变领导理论中的情景因素包括（   ）。

    A. 任务结构   B. 个人特点   C. 上下级关系   D. A+C

12. 有效的领导者要通过指明实现工作目标的途径来帮助下属，并为下属清理各种障碍和危险，从而使下属实现目标的过程更为容易，是（   ）。

    A. 管理方格理论   B. 路径-目标理论

    C. 生命周期理论   D. 菲德勒的权变领导理论

13. 假设领导者不能改变其领导风格来适应情境的理论是（   ）。

    A. 管理方格理论   B. 路径-目标理论

    C. 生命周期理论   D. 菲德勒的权变领导理论

14. 领导者的职位权力弱指的是（   ）。

    A. 经他人批准后才能分配工作   B. 可以决定职工职务升降

    C. 得不到下属的信任和尊重   D. 缺乏魅力

15. 任务导向型领导行为在下述因素中最关心的是（   ）。

    A. 下属的意见、感情   B. 职工满意度

    C. 工作群体的团结   D. 下属的执行情况

二、判断题

1. 领导本质上是一种人与人之间的关系或活动。   （   ）

2. 实施领导行为最关键的是作用于被领导者的心里。   （   ）

3. 拥有权力的人总是对他人具有影响力。   （   ）

4. 领导可以被定义为权利的技巧性运用。   （   ）

5. 领导和管理实际上是同一概念。   （   ）

6. 经理人员主要依靠感召权来获得下级对命令和指示的服从。   （   ）

7. 研究表明：下属行为是决定领导行为的重要变量。   （   ）

8. 最有效的领导行为总是对生产和人都高度关心。   （   ）

9. 好的管理人员一定是好的领导，好的领导不一定是有成效的管理人员。   （   ）

10. 专家权力来自于组织等级制度中的职位。   （   ）

11. 根据管理方格理论，1.1 型领导者对生产和人都很少关心。   （   ）

12. 当代研究表明领导人员的领导风格是不受任务特征影响的。   （   ）

13. 菲德勒认为领导人的领导风格是固定的，应该改变情景使之与领导风格相适应。   （   ）

14. 按照菲德勒的权变理论，在有利情景和不利情景时，任务导向型领导方式较为有效。   （   ）

15. 豪斯强调，领导者的责任就是根据不同的环境因素来选择不同的领导方式。   （   ）

三、名词解释

领导，职位权力，非职位权力，领导特质理论，领导行为理论，管理方格理论，菲德勒的权变领导理论，领导生命周期理论，路径-目标理论。

四、思考题

1. 领导的本质特征表现在哪些方面？

2. 领导者和管理者的区别是什么？

3. 什么是职位权力和非职位权力？

4. 简述领导的作用。

5. 简述领导特质理论。

6. 简述怀特和李皮特的三种领导方式理论。

7. 简述领导行为理论的四分图模式。

8. 简述布莱克和穆顿的管理方格理论。

9. 简述菲德勒的权变领导理论。

10. 简述罗伯特·豪斯的路径-目标理论。

11. 简述布兰查德和赫塞的领导生命周期理论。

第十二章 激 励

学习目的与要求:

● 了解需要的含义及管理学意义、动机与激励过程、成就需要理论、ERG 理论、挫折理论、实践中的激励方法;
● 理解激励与四种人性假设,理解三种类型激励理论的着眼点;
● 掌握激励的涵义、需求层次理论、双因素理论、期望理论、公平理论、强化理论。

 引导案例:

小王的烦恼

小王大学毕业后,在一家房地产公司找到了一份销售员的工作。公司实行佣金制,每个推销员的底薪很少。最初小王有点担心,他想自己缺乏工作经验,对房地产这一行业也不熟悉,他的佣金肯定要比别人少一大截,说不定连基本的生活都成问题。但是想到并不宽裕的家境和年迈的双亲,小王决定无论如何也要抓住这个机会拼搏一下。

最初的两年,由于房地产业本身处于低迷状态,所以,尽管小王尽心尽职,每天早出晚归,他的销售业绩一直平平。后来,房地产业开始不断升温,再加上小王自身的努力,他的销售业绩逐月上升,很快成了公司数一数二的销售明星。可观的佣金收入使小王有能力在市区繁华地段为父母购买了一套价格不菲的住房,不久,他又用分期付款的方式购买了一辆轿车。

对小王而言,推销员的工作对他实在是合适不过了,有丰厚的收入,同事的赞赏,领导的认可,他觉得已经非常满足了。恰在此时,销售部的经理被提拔为公司负责销售工作的副总经理,临调任前,他向公司人事部门推荐小王接替他的职位。

小王是抱着试试看的心情接受这个任命的,他觉得不能辜负了经理对他的一片厚望。半年之后,在公司例行的绩效评估中,与当初的预期相反,公司发现小王在销售部经理这个职位上干得并不出色。整个销售部的指标没有完成,他的下属觉得小王很少主动与他们沟通,作为有丰富经验的推销员,他也不太愿意指点新来的缺乏经验的下属。而小王自己也并不满意这个职位,他后悔当初接受了这一任命,现在想来还是当个推销员轻松自在,也很容易干出成绩,只要自己努力工作就可以了。而作为销售部经理,干得是好是坏,往往不是他一个人说了算,还得取决于下属们的共同努力。最让小王觉得不满意的是,以往当推销员做成一笔就可获得佣金,而作为销售部经理,奖金的多少到年底才能定下来,每月固定的工资收入用来支付分期付款的账单以后,就所剩无几了。思前想后,小王越想越烦恼,他真的不想干这个经理职位了。

资料来源: http://media. open. com. cn/media _ file /rm/fushi2006 /rlzygl /A /web /lesson /char7 /j1. htm. 略有删改.

激励组织中成员为实现组织目标而努力工作,这是领导职能的主要内容。激励本来是心理学的概念,其本质是指某种动机所产生的原因,即发生某种行为的动机是如何产生的。在管理中,不仅要研究某种动机是如何产生的,还要研究如何促使人们产生某种特定的动机,研究如何引导人们全力以赴为实现组织目标而努力。这就要求必须对人的本质或人性方面有所了解，必须懂得人们的需要，必须对人们的基本行为模式和行为过程有所了解。这便是本章要着重讨论的几个问题。

第一节　激励的基础

一、需要、动机与激励过程

每个组织都依靠其管理者激励员工。然而，由于人们对相同刺激方法的反应大不相同，使得激励成为一个非常难以预测的过程，对一些人来说，金钱是主要的刺激因素；而对另一些人而言，金钱所起的作用似乎微乎其微。对一些人来说，赞赏及其他精神奖励是至关重要的，而另一些人则可能对此不屑一顾。那么，人的积极性究竟来自何处呢？这就要从个体的需要、动机和激励过程谈起。

需要主要是指人对某种事物的渴求或欲望。当人们缺乏所需事物而引起生理或心理紧张时，就会产生需要，并为满足需要而采取行动。因此，需要是一切行为的最初原动力。

动机是一种信念和期望，一种行为的意图和驱动力，即内驱力，它推动人们为满足一定的需要而采取某种行为或表现出某种行为。需要是动机的源泉、基础和始发点，动机才是驱动人们去行动的直接动力和原因。

所谓激励，就是通过采取使人们的需要、愿望、欲望等得到满足的措施，来引导人们以组织或领导者所期望的方式行事。激励是一个满足需要的过程，激励的过程如图 12-1 所示。

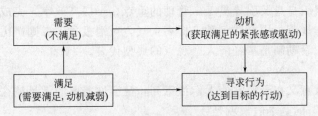

图 12-1　激励过程与人的行为规律

激励过程包括三个基本方面：行为的动力是什么，行为如何被导向特定的目标，怎样维持行为。

人的行为是由动机支配的，动机又是由人的需要引起的。需要产生动机，动机驱使人们去寻找目标。当人们产生了某种需要，一时又不能得到满足时，心理上会产生一种不安和紧张状态，进而产生一种内在的驱动力，促使个体采取某种行动，心理学上把这种内在的驱动力称为动机。人有了动机以后，就要寻找和选择满足需要的目标，找到目标后，就进行满足需要的行为。需要满足后，紧张和不安会消除，但接着又会产生新的需要，并引发新的动机和行为，如此不停地反复进行下去。激励所利用的正是这一过程，它在分析人们需要的基础上，不断激发、引导人们沿着组织所希望的方向去行动，以取得预期的效果。从这个意义上说，激励也就是对需求与动机的诱导。

二、激励与人性假设

激励是针对人而言的。对人的管理的一个实质性问题是对人性的认识。在管理活动中，管理者制定什么样的管理制度，采取什么样的管理方法，采用什么样的领导方式，建立什么样的组织结构都与他们关于人性的假设相关。因此，当我们探讨如何有效激发员工的工作积极性来提高管理的有效性时，就不可避免地想了解管理学中关于人性假设的研究。

西方管理学先后提出了多种人性假设理论，构成了管理行为研究的基石。1965 年，美国心理学家沙因将流行于西方的几种人性假设理论概括为经济人假设、社会人假设、自我实现人假设和复杂人假设。

1. 经济人假设

经济人假设以英国经济学家亚当·斯密为先驱。亚当·斯密认为人的本性是懒惰的，必须加以鞭策，人的行为动机源于经济原因，必须以计划、组织、激励、控制等建立管理制度，并以金钱和权力维持员工的效力和服从。

美国工业心理学家道格拉斯·麦格雷戈在 1960 年出版的《企业人性方面》一书中提出了两种对立的管理理论：X 理论和 Y 理论。麦格雷戈主张 Y 理论，反对 X 理论。而 X 理论就是对经济人假设的归纳和运用，因此经济人假设又称 X 理论，其主要内容如下：

① 大多数人的本性是懒惰的，他们都尽可能地逃避工作；

② 大多数人都缺乏进取心，没有雄心大志，不愿承担责任，心甘情愿受别人的领导；

③ 大多数人天生以自我为中心，对组织需要漠不关心；

④ 大多数人的个人目标与组织目标都是相矛盾的，必须用强制、惩罚的方法才能迫使他们为达到组织目标而工作；

⑤ 大多数人工作都是为了满足基本的生理需要和安全需要，都是由经济诱因来引发工作动机的，其目的在于获得最大的经济利益，因此只有金钱和地位才能激励他们努力工作；

⑥ 人群大致分为两类，多数人符合上述假设，少数人能克制自己，这部分人应当负起管理的责任。

基于这种假设所引出的管理方式是，组织以经济报酬来使人们服从和取得绩效，以权力与控制体系来保护组织自身及引导员工。管理的重点在于提高效率，完成任务。管理特征是订立各种严格的工作规范：用金钱刺激来提高士气，对消极怠工者则严厉惩罚，即采取"胡萝卜加大棒"政策。泰勒制是"经济人"观点的典型代表。

2. 社会人假设

霍桑实验的最大意义在于，它使人们注意到，社会性需要的满足往往比经济上的报酬更能激励人。"社会人"的基本假设就是：

① 从根本上说，人是由社会需要而引起工作动机的，并且通过与同事的关系而获得认同感；

② 工业革命与工业合理化的结果，使工作本身失去了意义，因此只能从工作上的社会关系去寻求意义；

③ 工人与工人之间的关系形成的影响力，比管理者部门所采取的管理措施和奖励具有更大的影响；

④ 员工的工作效率随着上司能满足他们社会需要的程度而改变。

与根据"经济人"假设的管理方式完全不同，基于这种假没的管理方式强调除了应注意工作目标（指标）的完成外，更应注意从事工作的人们的要求。不应只注意指挥、监督等，而更应重视员工之间的关系，培养和形成员工的归属感。不应只注意对个人的奖励，应提倡集体奖励制度。

3. 自我实现人假设

自我实现人是美国管理学家、心理学家亚伯拉罕·马斯洛（Abraham Maslow）提出的。所谓自我实现指的是，"人都需要发挥自己的潜力，表现自己的才能，只有人的潜力充分发挥出来，人的才能充分表现出来，人才会感到最大的满足"。这就是说，人们除了上述的社会需要之外，还有一种想充分运用自己的各种能力，发挥自己潜力的欲望。

麦格雷戈总结并归纳了马斯洛理论与其他类似的观点，相对于 X 理论，提出 Y 理论，其假设如下：

① 一般人都是勤奋的，如果环境条件有利，工作就如同游戏或休息一样自然；

② 控制和惩罚不是实现组织目标的唯一手段，人们在执行任务中能够自我指导和自我控制；

③ 在适当条件下，一般人不仅会接受某种职责，而且还会主动寻求职责；

④ 多数人而不是少数人，在解决组织的困难、问题时，都能发挥出高度的想象力、聪明才智和创造性；

⑤ 有自我满足和自我实现需要的人往往以达到组织目标作为自己致力于实现目标的最大报酬；

⑥ 在现代社会条件下，一般人的智能潜力只得到了部分的发挥。

如前所述，X 理论认为，组织的目标与其所属成员的个人目标是相矛盾的，因而主要强调利用权威作为指挥和控制的手段。而 Y 理论认为，只要人们被说服去接受组织任务，也就是说，一个组织的主管人员若能把工作安排得富有意义或挑战性，能使组织的成员以从事这一工作而自豪，或者以实现组织的目标而得到自我满足，就不需要组织的其他特别激励，组织成员能自我激励来完成组织的目标。因此，Y 理论是与马斯洛的"自我实现人"相对应的。

4. 复杂人假设

复杂人假设是 20 世纪 60 年代末由美国心理学家和行为科学家埃德加·莎因等人最初提出的。这一假设的提出是由于几十年的研究证明，前面所说的"经济人"、"社会人"和"自我实现人"，虽然都有其合理的一面，但是并不适用于一切人。这种假设主张人是复杂的。人性特征因人而异，而且同一个人在不同的年龄、地点、时期也会有不同的表现。人的需要随着各种变化而改变，人与人的关系也会改变。

因此，研究者认为人是复杂的，并提出了复杂人假设。其主要内容如下：

① 人的需要是多种多样的，而且这些需要随着人的发展和生活条件的变化而发生改变。每个人的需要都各不相同，需要的层次也因人而异；

② 人在同一时间内有各种需要和动机，这些需要和动机会发生相互作用并结合为统一的整体，形成错综复杂的动机模式；

③ 人在组织中的工作和生活条件是不断变化的，因而会产生新的需要和动机；

④ 一个人在不同单位或同一单位的不同部门工作，会产生不同的需要；

⑤ 由于人的需要不同、能力各异，对不同的管理方式会有不同的反应，因此没有适合于任何组织、任何时间、任何个人的统一的管理方式。

第二节　内容型激励理论

自二十世纪二三十年代以来，国外许多管理学家、心理学家和社会学家从不同的角度对怎样激励人的问题进行了大量的研究，并提出了许多激励理论。这些理论按照其所研究的激励侧面的不同及其与行为的关系可以归纳为内容型激励理论、过程型激励理论和调整型激励理论。

内容型激励理论着重对引发动机的因素，即激励的内容进行研究。主要包括马斯洛的需求层次理论、奥尔德佛的 ERG 理论、赫茨伯格的双因素理论、麦克利兰的成就需要论等。

过程型激励理论着重对动机的形成过程进行研究。主要包括弗鲁姆的期望理论、亚当斯的公平理论等。

调整型激励理论也称行为改造型激励理论，着重对达到激励的目的，即调整和转化人的行为方式进行研究。主要包括斯金纳德激励的强化理论、弗洛伊德的挫折理论等。

以上三类激励理论，对应激励的一般过程，如图 12-2 所示。

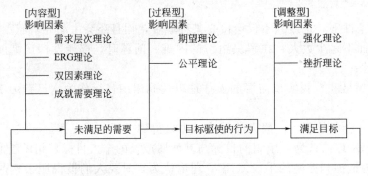

图 12-2 三类激励理论与激励过程

一、需求层次理论

美国社会心理学家亚伯拉罕·马斯洛提出，每个人都有五个层次的需要：生理的需要、安全的需要、社交或情感的需要、尊重的需要、自我实现的需要。如图 12-3 所示。

1. 需求层次理论的基本内容

① 生理的需要是最基本的需要，如衣、食、住、行等。在经济欠发达的社会，必需首先研究并满足这一需要。

② 安全的需要是保护自己免受身体和情感伤害的需要。

③ 社交的需要包括友谊、爱情、归属及接纳方面的需要。马斯洛认为，人是一种社会动物，人们的生活和工作都不是孤立地进行的。人们希望在一种被接受或属于的情况下工作，而不希望在社会中成为离群的孤鸟。

图 12-3 马斯洛的需求层次理论

④ 尊重的需要分为内部尊重和外部尊重。内部尊重因素包括自尊、自主和成就感；外部尊重因素包括地位、认可和关注或者说受人尊重。自尊是指在自已取得成功时有一种自豪感，它是驱使人们奋发向上的推动力。受人尊重，是指当自己做出贡献时能得到他人的承认。

⑤ 自我实现的需要包括成长与发展、发挥自身潜能、实现理想的需要。这是一种追求个人能力极限的驱动力。

自我实现是需要层次理论提出的最著名的概念。这种需要一般表现在两个方面。一是胜任感方面，有这种需要的人力图控制事物或环境，而不是等事物被动地发生发展；二是成就感方面，对有这种需要的人来说，工作的乐趣在于成果和成功，他们需要知道自己工作的结果，成功后的喜悦要远比其他任何报酬都重要。按照马斯洛的看法，只有平均 10％的人达到了自我实现。也就是说，绝大多数人在工作和生活中还有大量未被开发的潜力。

在这五个层次的需要中，马斯洛把生理需要、安全需要称为人的基本的、低层次的需要，而把社交需要、尊重需要平和自我实现需要称为较高级的需要。高层需要是从内部使人得到满足，而低层次的需要主要是从外部使人得到满足。

2. 需求层次理论的基本观点

马斯洛的需要层次理论是建立在其理论的基本假设基础上的。马斯洛认为：

① 人的行为受到人的需要欲望的影响和驱动，但只有尚未满足的需要才能够影响人的行为，已满足的需要不能起激励作用；

② 人的各种需要由于重要程度和发展顺序的不同，可以形成一定的层次性，人的五种需要按照由低到高的顺序，可以排列为金字塔状的层次结构，只有当较低层次的需要得到满足后，才会产生更高层次的需要；

③ 人的行为是由主导需要决定的，对于具体的人来说，并不是在任何条件下都同时具有这五种需要且保持它们间的同等的需要强度，对人的行为方向起决定作用需要的就是这个人在这一时期的主导需要。

马斯洛的需要层次对于激励理论有着突出的贡献，它指明了人的需要的基本类型；划分了人的需要的两大类层次，指出了只有在低层次需要得到满足之后，高层次的需要才可能被人关注；需要层次理论还促使人们开始关注个人发展和自我实现的重要性。

但是马斯洛的需要层次缺乏实证的基础，也没有注意到人类需要层次的高低也是具有相对性的一面。尽管总体来说高层次的需要的满足滞后于低层次的需要的满足，但这只是一种相对的过程。人类需要实际上具有多样性、层次性、潜在性和可变性等特征。也就是说一个人在不同时期可有多种不同的需要，即使在同一时期，也可存在着好几种程度不同、作用不同的需要。需要的层次应该由其迫切性来决定，而不是绝对由低到高排列。因此，只有在认识到了需要的类型及其特征的基础上，企业的领导者才能根据不同员工的不同需要进行相应的有效激励。

二、奥尔德弗的 ERG 理论

1. ERG 理论的基本内容

奥尔德弗于 1969 年提出了对马斯洛需要层次理论的修正理论，称为"生存、关系、成长"，也可称为 ERG 理论。他是在大量实证研究的基础上，对马斯洛的需要层次理论加以修改而形成的。奥尔德弗认为人有三种基本的需要，分别是生存的需要（Existence）、相互关系的需要（Relatedness）和成长发展的需要（Grow）。

（1）生存的需要。生存的需要是最基本的需要，即对一个人基本物质生存条件的需要。例如，对衣、食、住、行等的需要。生存需要大体上相当于马斯洛的生理需要和安全需要。

（2）相互关系的需要。相互关系需要即维持人与人之间关系的需要。相互关系需要大体上相当于马斯洛的人际关系方面的安全需要和社会需要。

（3）成长发展的需要。成长发展的需要即个人要求发展的内在愿望。成长发展的需要大体上相当于马斯洛的尊重需要和自我实现的需要。

2. ERG 理论的基本观点

（1）这三种需要并不都是生而具有的。马斯洛认为他的五种需要都是人类先天的一种特殊生物遗传，是一种"似本能"的东西。奥尔德弗对此有所修正，他认为生存的需要是先天具有的，而相互关系的需要和成长发展的需要则是通过后天学习才形成的。

（2）这三种需要也不是按照严格的由低到高的次序发展，可以越级发展。人们可能在低级需要未满足的情况下，就先发展较高一个层次的需要。

（3）各个层次的需要获得的满足越少，则人们对这种需要越是渴望得到满足。例如，人们生存的需要和成长发展的需要都获得了较充分的满足，而相互关系的需要没有得到满足时，人们就渴望与人交往，获得理解。

（4）当较低层次需要得到满足后，人们就渴望向高层次发展。这一点与马斯洛理论基本相同。奥尔德弗称之为"满足—上升"的趋势。

（5）对较高层次的需要不能满足，人们就会转而追求较低层次的需要。例如，有人在事业上或没有追求或受到挫折，就会更加注重追求物质享受，这一点与马斯洛理论有很大区别。奥尔德弗称之为"受挫—回归"的发展方向。

3. ERG 理论与马斯洛需要层次理论的不同

马斯洛的需要层次是一种刚性的阶梯式上升结构，即认为较低层次的需要必须在较高层次的需要满足之前得到充分的满足，二者具有不可逆性。而相反的是，ERG 理论并不认为各类需要层次是刚性结构，比如，即使一个人的生存和相互关系的需要尚未得到完全满足，他仍然可以为成长发展的需要而工作，而且这三种需要可以同时起作用。

此外，ERG 理论还提出了一种叫做"受挫—回归"的思想。马斯洛认为当一个人的某一层次需要尚未得到满足时，他可能会停留在这一需要层次上，直到获得满足为止。相反，ERG 理论则认为，当一个人在某一更高等级的需要层次受挫时，那么作为替代，他的某一较低层次的需要可能会有所增加。ERG 理论认为较低层次的需要得到满足之后，会引发出对更高层次需要的愿望，并且认为多种需要可以同时作为激励因素而起作用，并且当满足较高层次需要的企图受挫时，会导致人们向较低层次需要的回归。因此，管理措施应该随着人的需要结构的变化而做出相应的改变，并根据每个人不同的需要制定出相应的管理策略。

三、双因素理论

1. 双因素理论的基本内容

这一理论也叫"保健-激励理论"，是美国心理学家弗雷德里克·赫茨伯格于 20 世纪 50 年代后期提出的。这一理论的研究重点是组织中个人与工作的关系问题。赫茨伯格试图证明，个人对工作的态度在很大程度上决定着任务的成功与失败。为此，在 20 世纪 50 年代后期，他在匹兹堡地区的 11 个工商业机构中，向近 2000 名白领工作者进行了调查。在调查中，用所设计的诸多有关个人与工作关系的问题，要求受访者在具体情景下详细描述他们认为工作中特别满意或特别不满意的方面。最后，通过对调查结果的综合分析，赫茨伯格发现，引起人们不满意的因素往往是一些工作的外在因素，大多同他们的工作条件和环境有关；能给人们带来满意的因素，通常都是工作内在的，是由工作本身所决定的。

由此，赫茨伯格提出，影响人们行为的因素主要有两类：保健因素和激励因素。

保健因素是那些与人们的不满情绪有关的因素，如公司的政策、管理与监督、人际关系、工作条件等。保健因素处理不好，会引发对工作不满情绪的产生；处理得好，可以预防或消除这种不满。但这类因素并不能对员工起激励的作用，只能起到保持人的积极性、维持工作现状的作用，所以保健因素又可称为维持因素。

激励因素是指那些与人们的满意情绪有关的因素。与激励因素有关的工作处理得好，能够使人们产生满意情绪；如果处理不当，其不利效果顶多只是没有满意情绪，而不会导致不满。他认为，激励因素主要包括这些内容：工作表现机会和工作带来的愉快，工作上的成就感，由于良好的工作成绩而得到的奖励，对未来发展的期望，职务上的责任感。这两类因素与员工对工作的满意程度之间的关系如表 12-1 所示。

2. 双因素理论的基本观点

赫茨伯格双因素激励理论的重要意义在于它把传统的满意—不满意（认为满意的对立面是不满意）的观点进行了拆解，认为传统的观点中存在双重的连续体：满意的对立面是没有满意，而不是不满意；同样，不满意的对立面是没有不满意，而不是满意。如图 12-4 所示。

表 12-1　赫茨伯格的双因素表

激　励　因　素	保　健　因　素
• 成就	• 监督
• 认可	• 公司政策
• 工作本身	• 与上司的关系
• 责任	• 工作条件
• 晋升	• 同事关系
• 成长	• 同下属的关系
	• 个人生活
	• 地位
	• 薪金
	• 安全

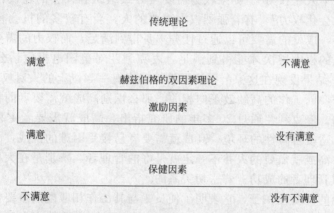

图 12-4　双因素理论中满意和不满意的关系

双因素理论与马斯洛的需求层次理论是相吻合的，马斯洛理论中低层次需要相当于双因素理论中的保健因素，而高层次需要相当于双因素理论中的激励因素。

这种理论对企业管理的基本启示是：要调动和维持员工的积极性，首先要注意保健因素，以防止不满情绪的产生；但更重要的是要利用激励因素去激发员工的工作热情，努力工作，创造奋发向上的局面，因为只又激励因素才会增加员工的工作满意感。

四、成就需要论

1. 成就需要论的基本内容

成就需要论也称为三种需要理论或后天需要论，它是由美国管理学家戴维·麦克利兰提出的。和其他的激励需要理论一样，戴维·麦克利兰也认为存在一些基本的需要引导着人的行为，他认为有三种基本需要，即成就需要、归属需要和权力需要与个体工作过程中的激励程度高度相关。但与传统的需要理论不同，麦克利兰理论的前提假设是：这些需要是后天获得的，它们在个体中如何达到平衡也是因人而异的。

（1）成就需要。是指对成就的强烈愿望和对成功及目标实现的执著。有些人追求的是个人的成就不是成功后的报酬，他们有一种欲望将事情做得比以前更好、更有效率，这种内驱力就是成就需要。

（2）归属需要。是指被他人喜欢和接受的愿望。有高归属需要的人更愿意与他人和睦相处，可能会较少考虑高水平地履行职责。高归属需要者喜欢合作而不是竞争的环境，希望彼此间的沟通和理解。

（3）权力需要。是指影响和控制他人的愿望。具有高权力需要的人喜欢承担责任，努力影响他人，喜欢处于竞争性环境和令人重视的地位，有高个人权力需要的人只关心实现个人的目标。

2. 成就需要理论的基本观点

实证研究表明，高度的成就需要同工作中的高绩效是相联系的。那些在富于竞争性的工作中取得成功的人，他们对取得成就的需要远远高于平均水平。大多数管理者和企业家都有高水平的成就需要，他们比一般的专业人员具有更高的成就需要。麦克利兰的研究还表明，非管理人员也有取得成就的需要。

毋庸置疑，很多人都需要和他们的同事保持密切联系。有着强烈归属需要的人可能是成功的"整合者"，如品牌管理人员和项目管理人员等。他们能够协调组织中几个部门的工作，具有过人的人际关系技能，能够与他人建立积极的工作关系。

权力需要常常表现为双刃剑，当这种需要表现为对他人恶意的控制和利用，对组织来说就是一种不利的"个人化权力"。如果权力需要可导致组织和社会的建设性改进，那么它就是一种积极的"社会化权力"。有着强烈权力需要的人，会有较多的机会晋升到组织的高级管理层。原因在于，成就的需要可以通过任务本身得到满足，而权力的需要只能通过上升到某种具有高于他人的权力层次才能得到满足。麦克利兰对美国电报电话公司管理层进行了16年的跟踪研究，结果发现在这家公司高层管理者中有一半以上的人对权力有强烈的需要。

既然高成就需要同工作的高绩效正向相关，那么识别高成就需要者的特征对于管理者来说就是非常重要的。麦克利兰通过20多年的研究指出，高成就需要者更喜欢个人责任、能够获取工作反馈和适度冒险性的环境。高成就需要者易接受困难的挑战，能够承担失败的责任。也应当指出，高成就需要的人并不一定就是好的管理者，特别是在大型组织中。归属需要和权力需要是与管理者的成功有着密切关系的。

麦克利兰理论的重要性在于，它表明了使员工与其工作相匹配的重要性。与具有高度成就需要的员工不同，高归属需要感的员工则喜欢安定、保险系数高和可预见的工作场所。体贴细心的管理者更适合他们。麦克利兰的研究还表明，下属的三种基本的激励需要是可以通过培训来培育和激发的。在一定程度上，管理者能够通过创造适当的工作环境来提高员工的成就需要，管理者可以赋予员工一定程度的自主权和责任感，逐步使其工作更具挑战性。

【阅读材料 12-1】

如何让你的孩子到达山顶

在一个由中国家长带领孩子登山的游戏中，组织者留心观察了孩子们的登山情况，发现孩子们在登山时的表现各不相同，而如何让孩子登上山顶，家长们各有各的招数，归纳起来如下。

（1）讲道理。告诉他登山能够强身健体，非常有利于他的健康。

（2）想办法让登山过程变得有趣。例如，边讲故事边登山。

（3）用爱激励她，告诉他"如果能上去，妈妈爸爸会更喜欢你。"

（4）一路上给他鼓励、加油和欣赏："你走得多快呀，我都跟不上你了！"

（5）由大人背着、抱着，或者拉上去；还可以借助于诸如缆车这样的交通工具。

（6）让他与其他小朋友进行一次爬山比赛，或是让他帮助别的小朋友爬山。

（7）将爬到山顶这个总目标，分解成若干个相对容易的目标，让孩子分阶段完成，并用他喜欢的东西（例如玩具车、遥控直升机）作为奖励，每到达一个目标都兑现奖励。

（8）选择适合他们的登山路线，有的爬山路是一级级人造台阶，重复上台阶很枯燥，又容易疲劳；而另外一些是溯溪小道，对于孩子来说就非常有吸引力，听着潺潺流水声，踩着形状各异、高低起伏、远近不同的石头，偶尔还会不小心还会踩到水里。这种登山既有趣，又有一定的探险性，能够激发孩子的好奇心和个人英雄主义，很受孩子们喜欢。

（9）吓唬、威胁，"狼来了！有蛇！""必须到达山顶，否则不要回家！"

（10）发脾气，训斥他，质问他，打他。

总结孩子成功到达山顶的情况，组织者发现，每一个孩子自身的特点不同，所能接受的方法也不一样。

（1）有些孩子喜欢边听故事边爬山；有些孩子呢，却喜欢在野外跑来跑去，对讲故事没有任何兴趣，一路小跑将讲故事的大人远远甩在后面。

（2）比赛的方法对争强好胜的孩子效果很明显，对经常在比赛中失败的孩子则不一定有效果。

（3）对于有些孩子来说，让他照顾别的小朋友登山，会让他很有成就感。

（4）有些孩子为了得到一个喜欢的玩具，可以全力以赴爬到山顶；另外的孩子则对得到一件玩具根本不当回事儿。

（5）还有些小朋友对大人的承诺半信半疑，因为以前大人有过没有兑现承诺的"前科"。

所以，我们要针对不同的孩子采用不同的激励方法，并且为了让效果更好，常常应该将多个方法组合使用。

同时，在使用上述方法时，还有很多技巧和注意事项。

例如，比赛的时候，选择实力相当的小孩一起参加效果会更好。如果两个孩子实力悬殊，显然，两个孩子都不会在比赛中全力以赴：实力强的孩子不用费力就已经跑到前面了，实力弱的孩子明白，无论自己如何努力都不会超过对手，于是他会选择干脆不努力。

在该案例中，我们关心的不应该仅仅是孩子们有没有到达山顶，而且还应该关心：孩子们花了多长时间到达；家长以什么样的代价让孩子到达山顶；本次到达山顶后，孩子们个人的感受如何，以及这些感受对他今后爬山的影响。

例如，我们可以承诺，如果孩子到达山顶就给他买一个他梦寐以求的遥控直升机（价值2000元）。不过，我们也可以根据对孩子喜好的了解，选择花很少的钱、甚至不花一分钱来激励他。再例如，不少孩子生性自由，不善服从。我们可能在说了一堆不起作用的道理后，对孩子威胁、谩骂，甚至打一顿才使他到达山顶。而在这种情况下，大人和孩子的登山过程都会非常不开心。孩子往往越骂越固执、越打越反叛。那么，下次再让孩子登山的时候，有了此次痛苦的记忆，估计孩子不大会再听从大人的安排了。而作为大人，一提到登山也会因上次而望而却步。

不过，反过来说，也可以让孩子有一个非常愉快的登山体验，让他近距离地接触大自然，发现很多新奇的事物，充实而有趣。或者邀请他喜欢的小朋友一同前往，让他们在登山的过程中，感受到朋友之间的友情。另外，到达山顶目的地还可以得到喜欢的奖品。各种美好的回忆和上次登山未了的心愿，会让孩子从内心深处向往下一次登山，以后只要有可能，孩子就会主动要求再去登山。

作为管理者，我们会发现，让下属实现的目标和任务就好比让小孩要到达的山顶。由于下属的经历、个性、能力、擅长、爱好、年龄等不同，所处的环境和所拥有的条件各异，在达到目标时自然会出现不同的情况。每个人都会采用自己独有的实现目标的方式，同时，在实现目标时的效率和代价都会有差别。

回忆以前我们是如何激励他人达到或实现目标的，再结合让孩子到达山顶的例子，反思：

① 对于不同的人是否要采用不同的激励方法，我们对自己要激励的对象是否真的很了解；

② 他们都适合用什么样的激励方法，在各种不同的方法中，我们是否选择了最适合他们的方法；

③ 对各种激励方法，我们理解得透彻吗，这些激励方法的持久性如何，我们应该如何组合使用各种方法，以及如何在不同的阶段使用不同的方法；

④ 为了激励他人，我们所付出的代价有多大；

⑤ 在激励他人达到目标的过程中，我们自己的感受如何，被激励者的感受又如何，对下一次完成任务的影响是正面的吗？

资料来源：陈春花，杨忠，曹洲涛，组织行为学，机械工业出版社，2009. 略有删改.

第三节　过程型激励理论

一、期望理论

相比较而言，对激励问题进行比较全面研究的是激励过程的期望理论。这一理论主要由美国心理学家维克托·弗鲁姆在 20 世纪 60 年代中期提出并形成。他对于组织通常出现的这样一种情况给予了解释，即面对同一种需要以及满足同一种需要的活动，为什么有的人情绪高昂，而另一些人却无动于衷呢？有效的激励取决于个体对完成工作任务以及接受预期奖赏的能力的期望。

期望理论认为，只有当人们预期到某一行为能够带来既定的成果且他对个人具有吸引力时，个人才会采取特定的行动，去达到组织的目标。

根据这一理论的研究，员工对待工作的态度依赖于对下列三种联系的判断。

（1）努力和绩效的联系。即员工感觉到通过一定程度的努力而达到工作绩效的可能性。如，需要付出多大努力才能达到某一绩效水平？我是否真能达到这一绩效水平？概率有多大？

（2）绩效和奖赏的联系。即员工对于达一定工作绩效后即可获得理想的奖赏结果的信任程度。如，当我达到这一绩效水平后，会得到什么奖赏？

（3）奖赏和个人目标的联系。即指如果工作完成，员工所获得的潜在结果或奖赏对他的重要性程度。如这一奖赏能否满足个人的目标？吸引力有多大？

我们可以把这三部分看成为要使员工激励水平达到最大化所必须回答的问题：需要付出多大努力才能达到某一绩效水平，我是否真能达到这一绩效水平，概率有多大；如当我达到这一绩效水平后，是否会得到组织的奖赏，我的所得与我付出的努力相匹配吗；如果能够得到奖励，这一奖赏能否满足个人的目标，吸引力有多大。因此，在一项工作上人们受到激励的程度（激励力 M），取决于经过努力后取得成果的价值（效价 V）与他对实现目标的可能性的估计（期望值或称期望概率 E）的乘积，即：

$$M = V \times E$$

式中，M 表示激励力，V 表示效价，E 表示期望值。

也就是说，如果个体越是认为一项工作及其结果能够给自己带来的满足程度高，那么其效价就越高。如果个体越是认为自己能够顺利完成某项工作，那么其期望值也就越高。较高的激励力是由效价和期望值共同作用的结果。在高激励力的条件下，员工们会很有信心地去努力工作。事实上，效价不仅是量的概念，也有质的内容，即取决于预期结果的类型，有些个体自己直接感受到的是内在报酬，如成就感、自尊的提高以及工作中新技能的发展等；有些则是外在报酬，比如奖金、表扬、晋升等。某一绩效水平可能同时与内在报酬和外在报酬相联系，每种报酬都有各自的激励力量。

期望理论的基础是自我利益，它认为每一员工都在寻求获得最大的自我满足。期望理论的核心是双向期望，管理者期望员工的行为，员工期望管理者的奖赏。期望理论的前提是管理者应当知道什么对员工最有吸引力。期望理论的员工判断依据是员工个人的知觉，而与实际情况关系不大。不管实际情况如何，只要员工以自己的知觉确认自己经过努力工作就能达到所要求的绩效，达到绩效后就能得到具有吸引力的奖赏，他就会努力工作。因此，期望理论的关键是，正确识别个人目标和判断的三种联系，即努力与绩效的联系、绩效与奖励的联系、奖励与个人目标的联系。

激励过程的期望理论对管理者的启示是，管理人员的责任是帮助员工满足需要，同时实现组织目标。管理者必须尽力发现员工在技能和能力方面与工作需求之间的对称性。为了提高激励，管理者可以明确员工个体的需要，界定组织提供的结果，并确保每个员工有能力和条件（时间和设备）得到这些结果。企业管理实践中不时有公司在组织内部设置提高员工积极性的激励性条款或举措，如为员工提供担任多种任务角色的机会，激发他们完成工作和提高所得的主观能动性。通常，要达到使工作的分配出现所希望的激励效果，根据期望理论，应使工作的能力要求略高于执行者的实际能力。

二、公平理论

公平理论是美国心理学家亚当斯在 1965 年首先提出来的，它主要研究相对报酬对工作积极性的影响。公平理论的基本观点是，当一个人做出成绩并取得报酬后，它不仅关心所得报酬的绝对量，还关心报酬的相对量。

对大多数员工而言，激励不仅受到绝对报酬的影响，还受到相对报酬的影响。员工并非工作在真空中，他会把自己的产出投入之比与其他人的产出投入之比进行比较以确定自己所获报酬是否合理，也会把自己现在的产出投入之比同过去的产出投入之比进行历史比较，比较的结果将直接影响今后工作的积极性和努力方向。

公平理论表明，公平感在激励中的作用不容忽视。当员工把自己的产出投入比率与别人的或自己以前的产出投入比率进行比较时，若发现比率相等，就会比较平静，认为自己得到了公平的待遇；当发现比率不相等时，内心就会紧张不安，从而会被激励去采取行动以消除或减少引起紧张不安的差异。

员工的产出性因素 O（Outcome）主要包括工资水平、奖金、津贴、加薪、晋升、认可、荣誉、地位等；投入性因素 I（Input）主要包括工作的数量与质量、技术水平、能力、努力程度、经验、受教育程度等。

在公平理论中，员工所选择的与自己进行比较的参照对象是一个重要变量，一般而言，员工可以选择 4 种对象：

① 自我—内部，员工在当前组织中不同职位上的经验。

② 自我—外部，员工在当前组织以外的职位或情境中的经验。

③ 别人—内部，员工所在组织中的其他人或群体。

④ 别人—外部，员工所在组织之外的其他人或群体。

员工采取哪种参照对比方式，不仅受到员工所掌握的有关参照人的信息的影响，而且受到参照人的吸引力的影响。这里需关注四个中介变量——性别、任职期、在组织中的地位和受教育或职业化程度。

研究表明，男女员工都倾向于同性别比较，从事没有性别区分工作的员工比只有男性或女性工作的员工能够进行更多的跨性别比较。在当前组织中任期短的员工可能不太了解组织中其他人的信息，所以他们依赖于自己的个人经历倾向于自我—外部、别人—外部比较，而任期长的员工更多地与同事比较；高层次的员工、受教育程度或职业化程度较高的人员以及专业技术人员，可能具有更加全球化的态度，掌握更多的关于其他组织中的人员工作报酬的信息，因此，这些类型的员工会进行更多的别人—外部比较。

1. 横向比较

所谓横向比较，就是将自我与他人相比较来判断自己所获报酬的公平性，从而做出相应反应。结果有三种情况。以 O_p 表示自己对自己所获报酬的感觉；O_x 表示自己对他人所获报酬的感觉；I_p 表示自己对自己付出的感觉；I_x 表示自己对他人的付出的感觉。

(1) $O_p/I_p = O_x/I_x$，进行比较的员工觉得报酬是公平的，他可能会为此而保持工作的积极性和努力程度。

(2) $O_p/I_p > O_x/I_x$，则说明此员工得到了过高的报酬或付出的努力较少。在这种情况下，一般来说，他不会要求减少报酬，而有可能会自觉地增加自我的付出。但过一段时间他就会重新因过高估计自己的付出而对高报酬心安理得，于是其产出又会回到原先的水平。

(3) $O_p/I_p < O_x/I_x$，则说明员工对组织的激励措施感到不公平。此时他可能会要求增加报酬，或者自动地减少付出以便达到心理上的平衡，也可能离职。

2. 纵向比较

除了进行横向比较，还存在着在纵向上把自己目前的状况与过去的状况进行比较。结果仍然有三种情况。以 O_{pp} 代表自己目前所获报酬；O_{pl} 代表自己过去所获报酬；I_{pp} 代表目前的投入量；I_{pl} 代表自己过去的投入量。

(1) $O_{pp}/I_{pp} = O_{pl}/I_{pl}$，此时员工认为激励措施基本公平，积极性和努力程度可能会保持不变。

(2) $O_{pp}/I_{pp} > O_{pl}/I_{pl}$，一般来讲员工不会觉得所获报酬过高，因为他可能会认为自己的能力和经验有了进一步的提高，其工作积极性不会因此而提高多少。

(3) $O_{pp}/I_{pp} < O_{pl}/I_{pl}$，此时员工觉得很不公平，工作积极性会下降，除非管理者给他增加报酬。

上述分析表明，公平理论认为组织中员工不仅关心从自己的工作努力中所得的绝对报酬，而且还关心自己的报酬与他人报酬之间的关系。他们对自己的付出与所得和别人的付出与所得之间的关系进行比较，做出判断。如果觉得这种比率和其他人相比不平衡，就会感到紧张，这样的心理是进一步驱使员工追求公平和平等的动机基础。

公平理论对企业管理的启示是非常重要的，它告诉管理人员，员工对工作任务以及公司的管理制度，都有可能产生某种关于公平性的影响作用。而这种作用对仅仅起维持组织稳定性的管理人员来说，是不容易觉察到的。员工对工资提出增加的要求，说明组织对他至少还有一定的吸引力；但当员工的离职率普遍上升时，说明企业组织已经使员工产生了强烈的不公平感，这需要管理人员引起高度重视，因为它意味着除了组织的激励措施不当以外，更重要的是：企业的现行管理制度有缺陷。

公平理论的不足之处在于员工本身对公平的判断是极其主观的，这种行为对管理者施加了比较大的压力。因为人们总是倾向于过高估计自我的付出，而过低估计自己所得到的报酬，对他人的估计则刚好相反。因此管理者在应用该理论时，应当注意实际工作绩效与报酬之间的合理性，并注意对组织的知识吸收和积累有特别贡献的个别员工的心理平衡。

第四节 调整型激励理论

内容型和过程型激励理论都是研究如何激发人的动机，调动人的积极性的问题；调整型激励理论说明怎样引导人们改正错误的行为，强化正确的行为。

一、强化理论

强化理论是美国著名心理学家、哈佛大学心理学教授斯金纳提出的一种新行为主义理论。斯金纳在巴甫洛夫条件反射理论的基础上，提出了操作条件反射理论，也叫强化理论。他认为人类（或动物）为了达到某种目标，本身就会采取行为作用于环境。当行为的结果有利时，这种行为会重复出现；不利时，这种行为就会减弱或消失。人们可以运用正强化或负强化的办法，来影响行为的效果，从而引导、控制和改造其行为，更好地为组织目标服务。

所谓强化就是指随着人的行为之后发生的某种结果会使以后这种行为发生的可能性增大。也就是说，那些能产生积极或令人满意结果的行为，以后会经常得到重复，即得到强化。反之那些产生消极或令人不快结果的行为，以后重新产生的可能性则很小，即没有得到强化。从这种意义上说，强化也是人的行为激励的重要手段，因而强化理论也被作为一种激励理论。

斯金纳认为，只要刺激和控制人的外部环境中的两个条件，就能引导和控制人的行为。这两个条件是：第一，在行为产生前确定一个具有刺激作用的客观目标；第二，在行为产生后根据工作绩效给予奖或惩，或既不奖也不惩。

利用强化的手段改造行为，一般有四种方式，如图 12-5 所示。

	令人愉快或所希望的事件	令人不愉快或不希望的事件
事件的出现	正强化 行为变得更加可能发生	惩罚 行为变得更加不可能发生
事件的取消	自然消退 行为变得更加不可能发生	负强化 行为变得更加可能发生

图 12-5　强化的类型

（1）正强化。正强化是指在期望的行为发生后提供令人快乐的结果，即对期望的行为进行奖励。但应注意，正强化不等同于奖励。奖励是个体希望得到和令自己快乐的结果。而对于个体来说，奖励是否是强化物是主观感受。因此，判断奖励是否是正强化物，取决于它能否增加先于它的行为频率。

（2）负强化。负强化是指当某种不符合要求的行为有了改变时，减少或消除施于其身的某种不愉快的刺激（如批评、惩罚等），从而使其改变后的行为再现和增加，即一种反应伴随着终止或逃离不愉快事件。

（3）自然消退。自然消退有两种方式：一是对某种行为不予理睬，以表示对该行为的轻视或某种程度的否定，使其自然消退；二是对原来用正强化建立起来的、认为是好的行为，由于疏忽或情况改变，不再给予正强化，使其出现的可能性下降，最终完全消失。

（4）惩罚。惩罚是用批评、降薪、降职、罚款等带有强制性、威胁性的结果，创造一种令人不愉快乃至痛苦的环境，或取消现有的令人满意的条件，以示对某一不符合要求的行为的否定，从而消除这种行为重复发生的可能性。

强化理论认为，在塑造组织行为的过程中，应当重点放在积极的强化，而不是简单的惩罚上，惩罚往往会对员工的心理产生不良的副作用。创造性地运用强化手段对于管理者是十分必要的。在现代扁平化组织中，管理者不能像过去那么多地指望通过加薪、提升来激励员工。因此，创造性地设计出新的强化方法和奖励措施，例如才智的挑战、更大的责任、弹性的工作时间等仍然是管理者的重要课题。

有时一些简单的规则可能有助于人们对于强化理论的认知，哈默尔规则就是其中之一。它包括六个规则：①不要对所有的个体给予同样的奖励，为了使行为强化有效果，奖励应基于工作绩效，对每个人都给予同样的奖励，实际上是强化不好或中等表现，忽视了突出表现；②注意忽视强化对于员工行为产生的影响，管理者做出反应或者不做出反应都会影响下属行为，没表扬一个理应受到表扬的下属，会导致他下一次工作时不那么努力；③一定要让人们清楚如何做才会得到奖励，组织应建立一个行为标准，让每个人都知道怎么做才能得到奖励，下属也可以相应调整他们的工作方式；④务必告诉下属他们错在哪里，如果管理人员收回对下属的奖励，却不对其说明这样做的理由，下属会迷惑不解，他也许会感到自己被愚弄了；⑤不要当众惩罚一个员工，训斥下属也许是制止不当行为的一种有用方式，但是，当众指责会使下属感到屈辱，并且可能引起工作团队内全体成员对管理者的不满；⑥要公正，一种行为应得到与其结果相对应的奖励，没有奖励应得到奖励的人，或是过度奖励不值得奖励的下属，都会削弱奖励的强化效果。

二、挫折理论

挫折理论或许可追溯到 20 世纪极负盛名的奥地利心理学家弗洛伊德创立的精神分析学说。该理论着重研究人因挫折感而导致的心理自卫。

1. 挫折和挫折感

常言道："不如意事常八九"。人在趋于目标的过程中，由于主客观原因，常致使行为受阻，未能达到目标，即遭受挫折是常有的事。挫折理论所注重的不是挫折而是挫折感，后者是行为主体对挫折的心理感受（或称知觉）。

挫折一方面使人失望、痛苦，使某些人消极、颓废乃至一蹶不振。另外挫折又可以给人以教益，使人们变得比较聪明起来，能使人发奋努力，在逆境中奋起。挫折的上述两重性是对立统一，共存于统一体之中，又能在一定条件下相互转化的。其转化机制即心理自卫。因挫折和挫折感而导致心理紧张，为消除或缓解心理紧张则会出现防卫性的心理反应，称为心理自卫。

2. 心理自卫及其机制

因为受挫折的人各有特点，所以其受挫折后因心理自卫而导致的行为表现也总有差异。一般有两类：一类是建设性心理自卫，采取积极进取的态度；另一类是破坏性心理自卫，采取消极的态度，甚至是对抗的态度。

（1）建设性心理自卫。

① 增强努力。即当个体在追求某一目标受挫时，不放弃原有目标，而是加倍做出努力，尝试其他方法和途径，最终达到目标。

② 重新解释。即重新解释目标，指当个体达不到既定目标时，则延长完成期限、修定或重新调换目标。

③ 补偿。即当个体追求实现某一目标受挫时，则改为追求其他的目标，以补偿和取代原来未能实现的目标。

④ 升华。即当遭受挫折时，把敌对、悲愤等消极因素转化为积极进取的动力，从而取得更有意义的成就，这是建设性程度最高的。

（2）破坏性心理自卫。

① 推诿。即人们受到挫折后会想出各种理由原谅自己或者为自己的过失辩解。

② 逃避。即人受挫折后不敢面对挫折情况，而是逃避到较安全的地方或幻想。

③ 忧虑。即一个人连续遭到挫折，便慢慢失去了自尊和信心，不知所措，最终形成一种由紧张、不安、焦急、恐惧等感受交织而成的复杂情绪状态。

④ 攻击。也称为侵犯、侵略，是一种无理智的、消极的、带有破坏性的公开对抗的行为，这是破坏性程度最高的。

⑤ 冷漠。当一个人受到挫折后压力过大，无法攻击或攻击无效，或因攻击而招致更大的痛苦时，便会将他愤怒的情绪压抑下来，采取冷漠行为。

第五节　激励的应用实践

一、激励的应用原则

1. 物质激励与精神激励相结合原则

对于调动人的积极性来说，物质和精神激励都是不可缺少的，单独使用，效果往往不佳。物质激励是基础，精神激励是必不可少的，物质激励必须与精神激励相结合。原北大方正总经理王选说过："只对员工进行物质激励，忘掉了精神激励，这是害民政策；反过来只进行精神激励和思想激励，没有物质激励，这是愚民政策。不害民，不愚民，就要做到物质与精神相结合。"

2. 正激励与负激励相结合原则

正激励指的是用某种正面的方式，例如，认可、赞赏、增加工资、提升或创造一种令人满意的环境等，以表示对员工行为的肯定。而负激励指的是对员工不良的行为或业绩，采用某种负面的方式，例如，批评、扣发或少发工资、降级、处分等，来表示对员工行为的否定。

3. 内在激励与外在激励相结合原则

内在激励，是从工作本身得到的某种满足，如对工作的爱好、兴趣、责任感、成长感等。这种满足能促使员工努力工作，积极进取。外在激励，是指外部的奖酬或在工作以外获得的间接满足，如劳保、工资等。

4. 组织目标与个人目标相结合原则

激励的目的是双重的，既要满足组织目标，也要满足个人目标（即满足员工的需要）。而企业和员工都在追求自己的利益，在这个过程中，两者之间往往会有矛盾，要激励员工，就必须重视培养和引导员工的个人目标，使其与组织目标保持一致性与相容性。

二、激励理论在管理中的应用

如果你作为一名管理者想要激励你的员工，那么你能从本章的理论中得到哪些具体建议呢？在这方面没有一个简单的、放之四海而皆准的行为指南。但是，以下这些建议会对管理者如何激励员工有实质性的帮助。

1. 认清个体差异

几乎所有的当代激励理论都认为每个员工都是一个独特的不同于他人的个体，他们的需要、态度、个性及其他重要的个体变量各不相同。比如，期望理论对内控型人比外控型人预测得更准确，因为前者认为自己的生活在很大程度上由自己掌握，这与期望理论中的自我利益假设是一致的。

2. 使人与职务相匹配

大量研究证据表明个体与职务进行合理匹配能够起到激励员工的作用。比如，高成就需要者应该从事小企业的独立经营工作，或在规模大的组织中从事相对独立的部门运作。但是，如果是在大型官僚组织中从事管理工作，候选人必须是高权力需要和低归属需要的个体。同样道理，不要让高成就需要者从事与其需要不一致的工作，当他们面对中度挑战水平的目标，并且具有自主性和可以获得信息反馈时，能够做得最好。但是要注意，不是每一名员工都会因工作的自主性、变化性和责任感而受到激励，这类工作只对高成就需要者具有很强的吸引力和激励作用。

3. 运用目标

目标设置理论告诉我们，管理者应确保员工具有一定难度的具体目标，并对他们工作完成的程度提供反馈。对于高成就需要者来说，外部目标的重要性比较小，他们靠内部动机激励，但高成就需要者在任何组织中显然都是少数的。

目标是应该由管理者单独设定，还是让员工参与设定？答案取决于对目标的可接受性和组织文化的认识。如果预期到目标会受到抵制，那么使用参与做法将会增加目标的可接受性程度。当两者抵触时，员工们很可能会把参与做法看做被组织所操纵，因而会拒绝这种方式。

4. 确保个体认为目标是可以达到的

无论目标是否可以真正达到，如果员工认为目标无法达到，则他们的努力程度就会降低，因而管理者必须保证员工充满自信心，让他感到只要更加努力，就可以实现绩效目标。对于管理者而言，这意味着员工必须能胜任他的工作，而且他们感到绩效评估系统是可靠而有效的。

5. 个别化奖励

每位员工的需要不同，因此对某人有效的强化措施可能并不适合于其他人。管理者应根据员工差异对他们进行个别化奖励，管理者能够支配的奖励措施包括加薪、晋升、授权、参与目标设定和决策的机会。

6. 奖励与绩效挂钩

管理者必须使奖励与绩效相统一，只有奖励因素而不是绩效才能对其他因素起到强化作用。主要的奖励如加薪、晋升等应授予那些达到了特定目标的员工。制定科学、公正、合理的绩效考评体系也是关键之一。

7. 检查公平性系统

在实践中，组织不可能做到绝对的公平，甚至大致公平都是很难做到的。从前面关于公平理论的论述中，可以发现公平感在很大程度上来源于和他人的比较，因此，很多组织采用了保密薪酬制，通过避免员工之间的比较来淡化这一问题。对于这种做法，目前仍存在争议。但可以肯定的一点是，组织应当尽量让员工感到自己的付出与所得是对等的。具体而言，员工的经验、能力、努力等明显的付出项目应当在员工的收入、职责和其他所得方面得到充分的体现。

8. 不要忽视物质的因素

当我们专心考虑目标设定、创造工作的趣味性、提供参与机会等因素时，很容易忘记金钱是大多数人从事工作的主要原因。事实上，以绩效为基础的加薪、奖励及其他物质刺激在决定员工工作积极性上起着重要作用。有一篇研究报告概括了80项评价激励方式及其对员工生产率影响的研究，其结论证实了这一观点：当仅仅根据生产情况来设定目标时，生产率平均提高了16％；重新设计激励机制以使工作更为丰富化，生产率水平提高了8％～16％；让员工参与决策的做法，使生产率水平提高了不到1％；以金钱作为激励物却使生产率水平提高了30％。这一研究所得的数据未必具有代表性，但至少提醒我们：物质是基础，只有满足了员工的基本物质需要，更高层次的需要才会占据主导地位，目标设定、创造工作的趣味性、提供参与机会等激励因素才能发挥作用。

本 章 小 结

（1）所谓激励，就是通过采取使人们的需要、愿望、欲望等得到满足的措施，来引导人们以组织或领导者所期望的方式行事。西方管理学先后提出了多种人性假设理论，构成了管理行为研究的基石。1965年，美国心理学家沙因将流行于西方的几种人性假设理论概括为经济人假设、社会人假设、自我实现人假设和复杂人假设。

（2）激励理论按照其所研究的激励侧面的不同及其与行为的关系可以归纳为内容型激励理论、过程型激励理论和调整型激励理论。

① 内容型激励理论着重对引发动机的因素，即激励的内容进行研究。主要包括马斯洛的需求层次理论、奥尔德佛的 ERG 理论、赫茨伯格的双因素理论、麦克利兰的成就需要论等。

马斯洛提出，每个人都有五个层次的需要：生理的需要、安全的需要、社交或情感的需要、尊重的需要、自我实现的需要。马斯洛的需要层次对于激励理论有着突出的贡献，它指明了人的需要的基本类型；划分了人的需要的两大类层次，指出了只有在低层次需要得到满足之后，高层次的需要才可能被人关注；需要层次理论还促使人们开始关注个人发展和自我实现的重要性。

奥尔德弗认为人有三种基本的需要，分别是生存的需要（Existence）、相互关系的需要（Relatedness）和成长发展的需要（Grow）。ERG 理论还提出了一种叫做"受挫—回归"的思想。ERG 理论认为，当一个人在某一更高等级的需要层次受挫时，那么作为替代，他的某一较低层次的需要可能会有所增加。

赫茨伯格提出，影响人们行为的因素主要有两类：保健因素和激励因素。保健因素是那些与人们的不满情绪有关的因素，激励因素是指那些与人们的满意情绪有关的因素。要调动和维持员工的积极性，首先要注意保健因素，以防止不满情绪的产生。但更重要的是要利用激励因素去激发员工的工作热情，努力工作，因为只有激励因素才会增加员工的工作满意感。

麦克利兰认为有三种基本需要，即成就需要、归属需要和权力需要与个体工作过程中的激励程度高度相关。这些需要是后天获得的，它们在个体中如何达到平衡也是因人而异的。

② 过程型激励理论着重对动机的形成过程进行研究。主要包括弗鲁姆的期望理论、亚当斯的公平理论等。

弗鲁姆提出的期望理论认为，只有当人们预期到某一行为能够带来既定的成果且他对个人具有吸引力时，个人才会采取特定的行动，以达到组织的目标。在一项工作上人们受到激励的程度（激励力），取决于经过努力后取得成果的价值（效价）与他对实现目标的可能性的估计（期望值或称期望概率）的乘积。

亚当斯提出的公平理论认为，对大多数员工而言，激励不仅受到绝对报酬的影响，还受到相对报酬的影响。员工并非工作在真空中，他会把自己的产出投入之比与其他人的产出投入之比进行比较以确定自己所获报酬是否合理，也会把自己现在的产出投入之比同过去的产出投入之比进行历史比较，比较的结果将直接影响今后工作的积极性和努力方向。

③ 调整型激励理论也称行为改造型激励理论，着重对达到激励的目的，即调整和转化人的行为方式进行研究。主要包括斯金纳德激励的强化理论、弗洛伊德的挫折理论等。

所谓强化就是指随着人的行为之后发生的某种结果会使以后这种行为发生的可能性增大。斯金纳认为，利用强化的手段改造行为，一般有四种方式：正强化、负强化、自然消退、惩罚。强化理论认为，在塑造组织行为的过程中，应当重点放在积极的强化，而不是简单的惩罚上，惩罚往往会对员工的心理产生不良的副作用。

挫折理论所注重的不是挫折而是挫折感，后者是行为主体对挫折的心理感受（或称知觉）。因挫折和挫折感而导致心理紧张，为消除或缓解心理紧张则会出现防卫性的心理反应，称为心理自卫。因为受挫折的人各有特点，所以其受挫折后因心理自卫而导致的行为表现也总有差异。一般有两类：一类是建设性心理自卫，采取积极进取的态度；另一类是破坏性心理自卫，采取消极的态度，甚至是对抗的态度。

【案例思考一】

白某为什么要另谋高就

白某在读大学时成绩不算突出，老师和同学都没认为他是很有自信和抱负的学生。他的专业是日语，毕业后便被一家中日合资公司招为推销员。他很满意这份工作，因为工资高，还是固定的，不用担心未受过专门训练的自己比不过别人。若拿佣金，比人少得太多就会丢面子。

刚上班的头两年，小白的工作虽然兢兢业业，但销售成绩只属一般，可是随着他对业务和他与客户们的关系越来越熟悉，他的销售额也渐渐上升了。到了第三年年底他已列入全公司几十名销售员中头20名了。未来他很有信心能当推销员冠军。不过公司的政策，是不公布每人的销售额，也不鼓励互相比较，所以他还不能说很有把握一定会坐上第一把交椅。

2008年，小白干得特别出色。尽管定额比前年提高了25%，但到了2008年9月初他就完成了这个销售额。根据他的观察，同事中间还没有人完成定额。2008年10月中旬，日方销售经理召开他去汇报工作。听完他的汇报后，经理对他格外客气，祝贺他已取得的成绩。在他要走时，经理对他说："咱公司要再有几个像你一样的推销明星就好了。"小白只微微一笑，没说什么，不过他心中思忖，这不就意味着他在销售员队伍中是出类拔萃的了吗？

2009年，公司又把他的定额提高了25%，尽管一开始不如去年顺利，他仍是一路领先，比预计干得要好。他根据经验估计，10月中旬前他准能完成自己的定额。可是他觉得自己的心情并不舒畅，最令他烦恼的事，也许莫过于公司不告诉大家干得是好是坏。他听说本市另两家也是中外合资的化妆品制造企业都在搞销售竞赛和有奖活动。其中一家是总经理亲自请最佳推销员到大酒店吃一顿饭，而且该公司还有内部发行的公司简报，让人人知道每人销售情况，还表扬每季和年度最佳销售员。想到自己公司这套做法，他就特别恼火。不仅如此，他开始觉得公司对推销员实行固定工资制是不公平的，一家合资企业怎么也搞大锅饭？应该按劳付酬。

因此，他主动去找了日方销售经理，谈了他的想法，建议改行佣金制，至少按成绩给奖金制。不料经理说这是既定政策，拒绝了他的建议。不久，令公司领导吃惊的是，小白辞职而去，到另一家公司了。

【案例思考题】 1. 试分析白某的需要发生了什么变化？

2. 应用激励的公平理论和激励的强化理论分析白某为什么辞职？

3. 公司的激励制度存在什么问题？应该怎样调整？

资料来源：聂锐，吕涛等，管理学，机械工业出版社，2008. 略有删改.

【案例思考二】

施科长没有解决的难题

施科长是富强油漆厂的供应科科长，前一阶段，常听见施科长对人嚷嚷说："咱厂科室工作人员的那套奖金制度，我看，到了非改不可的地步了，是彻底的'大锅饭'、平均主义。奖金总额不跟利润挂钩，每月按工资总额拿出5%当奖金，这5%是固定死了的，一共才那么一点钱。说是具体每人分多少，由各单位领导按每人每月工作表现去确定，要体现'多劳多得'原则，还要求搞什么重赏重罚，承认差距。可是谈何容易，'巧妇难为无米之炊'呀！总共就那么一点点，还玩得出什么花样？理论上是说要奖勤罚懒，干得好的多给，一般的少给，差的不给。可是你真的不给试试看？不给你造反才怪呢！结果实际上是大伙基本上拉平，皆大欢喜。要说有那么一点差距，确定分成三等，不过这差距也只是象征性的。照说这奖金也不多，有啥好计较的？可要是一个钱不给，员工就认为这简直是侮辱。唉，难办！一个是咱厂穷，奖金拨的就少；二是咱平均主义惯了，爱犯'红眼病'。"

最近，施科长却有了新的说法，"美国有位学者，他提出一个新见解，说是企业对职工的管理，不能太依靠高工资和奖金。他认为钱并不能真正调动人的积极性，能影响人积极性的因素很多，按其重要性，他列出了一长串单子。我记不太准了，好像是，最要紧的是'工作的挑战性'这个洋名词。照他解释，就是指工作不能太简单，轻而易举地就完成了，要艰巨点，让人得动点脑筋，花点力气，那活才有干头。再就是工作要有趣，要有些变化，多点花样，别老一套，太单调。他说，还要给自主权，给责任，要让人家感到自己有所成就，有所提高。还有什么表扬啦，跟同事们关系友好融洽啦，劳动条件要舒服安全啦什么的，我也记不准、记不全了。可有一条我是记准了，工资和奖金是摆在最后一位的，也就是说，是最无关紧要的。"

"你想想，钱是无关紧要的！闻所未闻，乍一听都不敢相信。可是我细想想，觉得这话是有道理的，所有那些因素对人说来，可不都还是蛮重要的嘛！于是我对那奖金制度不那么担心了，还有别的更有效的法宝呢。"

这不正赶上年末工作总结讲评，要发年终奖金了。这回施科长有了新主意。在供应科里，论工作，就数小李最突出，大学生，聪明能干，工作积极又能吃苦，还能动脑筋。于是施科长把他找来谈话。

施科长先强调了他这一年的贡献，特别表扬了他的成就，还细致讨论了明年怎么能使他的工作更有趣、责任更重，也更有挑战性，甚至还确定了考核他明年成绩的具体指标。最后才谈到这最不要紧的事——奖金。施科长说，"这回年终奖，你跟大伙儿一样，都是那么多。"施科长心里还挺得意："学的新理论，我马上就用到实际里来了。"

可是，小李竟发起火来了，他蹦起来说："什么？就给我那一点？说了那一大堆好话，到头来我就值那么一点？得啦，您那套好听的请收回去送给别人吧，我不稀罕。表扬又不能当饭吃！"

这是怎么一回事：美国专家的理论听起来那么有道理，小李也是知识分子，怎么就不管用了呢，施科长被搞糊涂了。

【案例思考题】 1. 案例中所提到的激励理论，是指管理学中的哪个激励理论？按照这个理论，工资和奖金属于什么因素？能够起到什么作用？

2. 施科长用美国学者介绍的理论去激励小李，结果碰了钉子，问题可能出现在什么地方？根据案例出现的情况，说出你的理由。

3. 你认为富强油漆厂在奖金分配制度上存在的主要问题是什么？可以用什么办法解决？

资料来源：黄雁芳，宋克勤，管理学教程案例集，上海财经大学出版社，2007. 略有删改.

复习思考题

一、单项选择题

1. 激励过程的出发点是（　　　）。

A. 紧张感　　　　　B. 目标　　　　　C. 未得到满足的需要　　　　D. 不满意

2. 马斯洛需要层次理论中的最基本需要是（　　　）。

A. 归属需要　　　　B. 自尊需要　　　C. 自我实现的需要　　　　D. 生理需要

3. 按照双因素理论，下述哪一种因素属于激励因素（　　　）。

A. 奖金　　　　　　B. 上下级关系　　C. 工作本身　　　　　　　　D. 工作条件

4. 当人们认为自己的报酬与劳动之比，与他人的报酬与劳动之比是相等的，这时就会有较大的激励作用，这种理论称为（　　　）。

A. 双因素理论　　　B. 公平理论　　　C. 强化理论　　　　　　　　D. 期望理论

5. 麦克利兰的研究表明，对主管人员而言，比较强烈的需要是（　　　）。

A. 成就需要　　　　B. 权力需要　　　C. 社交需要　　　　　　　　D. 安全需要

6. 提出需求层次理论的是（　　　）。

A. 梅奥　　　　　　B. 马斯洛　　　　C. 赫兹伯格　　　　　　　　D. 亚当斯

7. 双因素理论的提出者是（　　　）。

A. 梅奥　　　　　　B. 马斯洛　　　　C. 赫兹伯格　　　　　　　　D. 亚当斯

8. 权变理论对人的假设是（　　　）。

A. "经济人"　　　　B. "社会人"　　　C. "自我实现人"　　　　　　D. "复杂人"

9. 在应用期望理论对下属进行激励时，首先应该（　　　）。

A. 确保公平　　　　　　　　　　　　B. 判断员工可能想要的成果

C. 确保报酬优厚　　　　　　　　　　D. 确实实现目标所需要的业绩表现

10. 通过对某种行为不予理睬来减弱某种不良行为的强化方式是（　　　）。

A. 惩罚　　　　　　B. 正强化　　　　C. 自然消退　　　　　　　　D. 负强化

11. 某种不符合要求的行为有了改变时，减少或消除施于其身的某种不愉快的刺激，从而使其改变后的行为再现和增加的强化方式是（　　　）。

A. 惩罚　　　　　　B. 正强化　　　　C. 自然消退　　　　　　　　D. 负强化

12. 公平理论进一步表明，管理人员应该懂得的道理是（　　　）。

A. 满足是难以一概而论的　　　　　　B. 人贵有自知之明

C. 人无贵贱之分　　　　　　　　　　D. 好人难得好报

13. 斯金纳提出四种行为改造方式，在管理工作中最好采取（　　　）方式。

A. 惩罚　　　　　　B. 正强化　　　　C. 自然消退　　　　　　　　D. 负强化

14. 期望理论属于（　　　）。

A. 内容型激励理论　B. 过程型激励理论　C. 调整型激励理论　　　　D. 强化激励理论

二、判断题

1. 需要是人们产生激励行为的前提。　　　　　　　　　　　　　　　　　　　　（　　　）

2. 保健因素和激励因素没有绝对的划分标准。　　　　　　　　　　　　　　　　（　　　）

3. 高度的工作满足一定会产生高度的激励。　　　　　　　　　　　　　　　　　（　　　）

4. 努力和工作绩效的结果未必能带来期望的报酬。　　　　　　　　　　　　　　（　　　）

5. 正强化和惩罚能达到同样的效果。　　　　　　　　　　　　　　　　　　　　（　　　）

6. 根据激励理论，增加工人的工资能就能提高他们的工作积极性。　　　　　　　（　　　）

7. 管理者应该明白，每一个员工有一些基本的需要，但不同的员工，其需要的具体内容是各不相同的。　　　　　　　　　　　　　　　　　　　　　　　　　　　　　　　　　　　（　　　）

8. 按照马斯洛的需要层次理论，员工同时被多个需要所激励。　　　　　　　　　（　　　）

9. 凡是已经满足的需要，均不再具有很强的激励作用。　　　　　　　　　　　　（　　　）

10. 双因素理论认为，激励因素通常与工作内容和工作条件有关。　　　　　　　（　　　）

11. 双因素理论认为，消除了人们工作中的不满意因素，就能使工作结果令人满意。（　　　）

12. 一般情况下，成就需要高的人能做一个好经理。　　　　　　　　　　　　　（　　　）

13. 每个工人都有很高的成就感。　　　　　　　　　　　　　　　　　　　　　（　　　）

14. 工资保密影响员工对组织给予加薪的原因的认识。 （ ）

15. 根据公平理论，平均分配是最合理的。 （ ）

16. 管理者在采取强化手段改造下属行为时，应该奖惩结合，以奖为主。 （ ）

17. 根据 Y 理论，多数人都不愿意主动地去承担责任。 （ ）

18. 领导者无法激励没有需要动机的员工。 （ ）

19. 管理者对员工的假设不同，从而采取不同的领导方式和激励方式。 （ ）

20. 即使当惩罚没有被平等地应用于所有违纪员工时，它仍然是有效的。 （ ）

三、名词解释

激励，需要，动机。

四、思考题

1. 简述经济人假设的主要内容。

2. 简述社会人假设的主要内容。

3. 简述复杂人假设的主要内容。

4. 简述马斯洛的需求层次理论。

5. 简述奥尔德弗的 ERG 理论

6. 简述赫茨伯格的双因素理论。

7. 简述麦克利兰的成就需要理论。

8. 简述弗鲁姆的期望理论。

9. 简述亚当斯的公平理论。

10. 简述斯金纳的激励强化理论。

11. 简述弗洛伊德的挫折理论。

第十三章 沟 通

▶ **学习目的与要求：**

● 了解沟通的过程、类型及特点、作用，人际沟通含义及特点，沟通障碍类型，组织冲突类型及管理冲突的主要观点，谈判的含义及特点，谈判类型；

● 理解沟通要素及目的，人际沟通渠道，组织沟通渠道，组织沟通影响因素，造成沟通障碍原因，造成冲突的原因及管理冲突的原则，谈判基本方法及原则；

● 掌握沟通的含义、有效沟通的实现途径。

 引导案例：

沟通不当导致的悲剧

1990 年 1 月 15 日 19：40，阿维安卡 51 航班飞行在美国南新泽西海岸上空 3.7 万英尺的高空。在正常情况下，飞机降落至纽约肯尼迪机场不到半小时的时间，机上的油量可以维持近两个小时的航行。然而，此后发生了一系列耽搁。

首先，20：00 整，肯尼迪机场航空交通管理员通知 51 航班的飞行员，由于严重的交通问题，他们必须在机场上空盘旋待命。

20：45，51 航班的副驾驶员向肯尼迪机场报告燃料快用完了。管理员收到了这条信息，但在 21：14 之前，飞机仍没有被批准降落。在此之前，阿维安卡机组成员再没有向肯尼迪机场传送任何情况十分危急的信息，而飞机座舱中的机组成员却相互紧张地通知飞机的燃料供给出现了危机。

21：14，由于飞行高度太低及能见度太差，飞机无法安全着陆。51 航班第一次试降失败。当肯尼迪机场指示 51 航班进行第二次试降时，机组成员都知道他们的燃料将要耗尽，但飞行员却告诉机场管理员新分配的飞行跑道可行。

21：31，飞机的两个引擎失灵，1 分钟后，另外两个也停止工作。耗尽燃料的飞机于 21：34 坠毁于长岛，机上 73 名乘客及机组成员全部遇难。

这是一起典型的由于沟通不当酿成的悲剧。在这个悲剧中，影响沟通的因素很多，有飞行员的用词不当，有非语言沟通的作用发挥不够，以及沟通时心理环境的影响等。

资料来源：http：//finance. sina. com /manage/yygs/20050908 /17061953171. shtmp. 略有删改.

没有沟通，就没有组织的一切。组织的日常管理工作离不开沟通，组织经营目标的实现要求所有成员共同努力。组织的日常管理工作即组织的业务管理、财务管理、人力资源管理等必须借助于管理沟通才能得以顺利进行。作为组织的管理人员，必须理解沟通的本质与过程，掌握沟通的基本技巧，熟练运用各种策略管理冲突。沟通是管理的本质，沟通不良是组织低效的一个基本原因。但是人们往往忽略的是：不到位、不充分的沟通，其实与没有沟通同样可怕。这里不存在"聊胜于无"的尺度问题。要沟通，就必须要做到知无不言、言无不尽的充分沟通。特别是在重要事项的沟通中，绝不可抱有"心照不宣"、"点到为止"的侥幸心理。

第一节 沟通的本质与一般过程

一、沟通的含义与本质

哈佛大学一位教授曾经要求全班同学以画图的方式来解释什么是沟通。大多数同学画的都是管理者正在讲话或写作。教授对同学们说，你们中没有一个人真正抓住沟通的本质。沟通的意思是"分享"，而不是"说"或"写"。所谓沟通，就是指人与人之间的思想和信息的交换，是将信息由一个人传达给另一个人，逐渐广泛传播的过程。

在现代管理学中，沟通是指借助一定的手段把可以理解的信息、思想和情感在两个或两个以上的个人或群体中传递或交换的过程，沟通的目的在于通过相互间的理解和认同来使个人或群体间的认知以及行为相互适应。换言之，沟通是指人与人之间、人与群体之间思想与感情的传递和反馈的过程，以求思想达成一致和感情的通畅。沟通是为了一个设定的目标，把信息、思想和情感在个人或群体间传递，并且达成共同协议的过程。沟通由三大要素构成，即要有一个明确的目标；达成共同的协议；沟通信息、思想和情感。

在现代社会，沟通不仅是人际交流的基础，而且也是个人获得社会成功的基本前提。美国著名的普林斯顿大学曾对1万份人事档案进行分析，发现"智慧"、"专业技术"和"知识"在个人的社会成功中只起25％的作用，影响个人成功的其余75％的因素与良好的个体间沟通有关。哈佛大学就业指导小组在1995年对500名被解雇者调查结果也表明，82％的被调查对象失去工作岗位与个体间沟通不良有关。

个体事业的成功有赖于有效的沟通，企业的成功更是如此。日本松下电器公司的创始人松下幸之助有句名言："企业管理过去是沟通，现在是沟通，未来还是沟通。"松下幸之助也曾告诫世人："伟大的事业需要一颗真诚的心与人沟通"。管理者的真正工作就是沟通。据美国一项调查表明：管理者每个工作日至少要花80％的时间与他人进行直接沟通，换言之，管理者每小时中至少有48分钟是花在开会、打电话、在线交流或非正式交谈上。管理者另外20％的时间是花在文书工作上，但该工作的大部分实际上仍然还是以阅读和写作的方式进行的沟通。在任何时候，企业管理都离不开沟通。

二、沟通的要素、目的与作用

1. 沟通的要素

沟通就是信息传与受的行为，发送者凭借一定的渠道，将信息传递给接收者，并寻求反馈以达到相互理解的过程。沟通一般应包括五个要素，即沟通主体、沟通客体、沟通媒介、沟通环境和沟通渠道。

（1）沟通主体。沟通主体是指有目的地对沟通客体施加影响的个人和团体，诸如党、团、行政组织、家庭、社会文化团体及社会成员等。沟通主体可以选择和决定沟通客体、沟通媒介、沟通环境和沟通渠道，在沟通过程中处于主导地位。

（2）沟通客体。沟通客体即沟通对象，包括个体沟通对象和团体沟通对象，团体的沟通对象还有正式群体和非正式群体的区分。沟通对象是沟通过程的出发点和落脚点，因而在沟通过程中具有积极的能动作用。

（3）沟通媒介。沟通媒介即沟通主体用以影响、作用于沟通客体的中介，包括沟通内容和沟通方法。就沟通媒介对其影响力来说，沟通的内容占7％，影响最小；沟通的动作占55％，影响最大；沟通的方法占38％，居于两者之间。

（4）沟通渠道。沟通渠道即沟通媒介从沟通主体传达给沟通客体的途径。沟通渠道不仅能使正确的思想观念尽可能全、准、快地传达给沟通客体，而且还能广泛、及时、准确地收集客体的思想动态和反馈的信息，因而沟通渠道是实施沟通过程、提高沟通功效的重要一环。沟通渠道很多，诸如谈心、座谈等。

（5）沟通环境。沟通环境不仅包括与个体直接联系的区域环境，如学习、工作、单位或家庭等，对个体直接施加影响的社会情境及小型的人际群落，也包括与个体间接联系的社会整体环境，如政治制度、经济制度、政治观点、道德风尚、群体结构等。

2. 沟通的目的

著名组织管理学家巴纳德认为"沟通是把一个组织中的成员联系在一起，以实现共同目标的手段"。人们希望通过沟通可以实现以下主要目的：

① 通过沟通向交往对象提供行为建议；

② 通过沟通以积极或消极的方式激励或约束他人行为；

③ 通过沟通向上司、下属或合作单位提供与决策制定或执行有关的各种信息；

④ 通过沟通获得与组织的活动有关的信息。

3. 沟通在组织管理中的作用

没有沟通，就没有管理。沟通不良几乎是每个企业都存在的老毛病，组织的机构越是复杂，其沟通难度就越大。基层的许多建设性意见尚未到达高层决策者，便已被层层扼杀；而高层决策的传达，常常也无法以原貌展现在所有人员之前。良好沟通在组织管理中发挥重要作用。

（1）良好沟通是组织的生命线。管理的过程，也就是沟通的过程。组织是个有生命的有机体，而沟通则是机体内的血管，通过流动来给组织系统提供养分，实现机体的良性循环。沟通管理是组织管理的核心内容和实质。组织可以通过了解客户的需求，整合各种资源，创造出好的产品和服务来满足客户，从而为组织和社会创造价值和财富。没有沟通，就没有管理，没有沟通，管理只是一种设想和缺乏活力的机械行为。

（2）良好沟通可以创造和提升企业精神和企业文化。良好沟通是完成企业管理根本目标的主要方式和工具。管理的最高境界就是在企业经营管理中创造出一种企业独有的企业精神和企业文化，使企业管理的外在需求转化为企业员工内在的观念和自觉的行为模式，认同企业核心的价值观念和目标使命。而企业精神与企业文化的培育与塑造，其实质是一种思想、观点、情感和灵魂的沟通，是管理沟通的最高形式和内容。没有沟通，就没有对企业精神和企业文化的理解与共识，更不可能认同企业共同使命。

（3）良好沟通更是管理创新的必要途径和肥沃土壤。许多新的管理理念、方法技术的出台，无不是经过数次沟通、碰撞的结果。从某种意义上讲，现代管理就是沟通，沟通的确就是现代组织管理的核心、实质和灵魂。

（4）良好沟通是领导者激励下属，实现领导职能的基本途径。没有激励，就没有动力。人一般都会要求对自己的工作能力有一个恰当的评价。如果领导的表扬、认可或者满意能够通过各种渠道及时传递给员工，就会造成某种工作激励。沟通有利于领导者激励下属，建立良好的人际关系和组织氛围。一个组织的领导者要通过良好的沟通鼓励下属，以达到有效组织成员共同完成组织目标的过程。良好沟通可以使领导者了解员工的需要，关心员工的疾苦，在决策中就会考虑员工的要求，以提高他们的工作热情。同时，企业内部良好的人际关系更离不开沟通。思想上和感情上的沟通可以增进彼此的了解，消除误解、隔阂和猜忌，即使不能达到完全理解，至少也可取得谅解，使组织有和谐的氛围，所谓"大家心往一处想，劲往一处使"就是有效沟通的结果。通过沟通，员工可以进一步明确组织的目标，尽可能调整自身的工作目标，使之与组织的期望保持一致。

（5）良好沟通是组织与外部环境之间建立联系的桥梁。组织客观存在的社会性要求企业必须与外部进行有效沟通。通过沟通，树立企业的社会形象；通过沟通，了解消费者的需求；通过沟通，设计并生产出满足消费者需求的产品，实现企业、社会、消费者的多赢。

三、沟通的过程

沟通过程是指沟通主体对沟通客体进行有目的、有计划、有组织的思想、观念、信息交流，使沟通成为双向互动的过程。从表面看，沟通只是一个信息传递的过程，但在实际上，管理意义上的沟通却是一个复杂的过程。这种复杂过程可以通过图 13-1 反映出来。

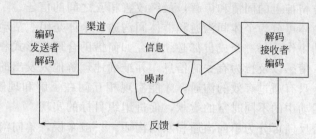

图 13-1　沟通过程

简单地说，沟通就是传递信息的过程。在这个过程中至少存在着一个发送者和一个接收者，即发出信息一方和接收信息一方。信息在二者之间的传递过程，一般经历七个环节。

① 发送者需要向接收者传递信息或者需要接收者提供信息。这里所说的信息是一个广义的概念，它包括观点、想法、资料等内容。

② 发送者将所要发送的信息译成接收者能够理解的一系列符号。为了有效地进行沟通，这些符号必须适应媒体的需要。例如，如果媒体是书面报告，符号的形式应选择文字、图表或照片；如果媒体是讲座，就应选择文字、投影胶片或板书。

③ 发送符号传递给接收者。由于选择的符号种类不同，传递的方式也不同。传递的方式可以是书面的，如信、备忘录等；也可以是口头的，如交谈、演讲、电话等；甚至还可以通过身体动作来表述，如手势、面部表情、姿态等。

④ 接收者接收符号。接收者根据发送来的符号的传递方式，选择相应的接收方式。例如，如果发送来的符号是口头传递的，接收者就必须仔细地听，否则，符号就会丢失。

⑤ 接收者将接收到的符号译成具有特定含义的信息。由于发送者翻译和传递能力的差异，以及接收者接收和翻译水平的不同，信息的内容和含义经常被曲解。

⑥ 接收者理解被翻译的信息内容。

⑦ 发送者通过反馈来了解他想传递的信息是否被对方准确地接收。一般来说，由于沟通过程中存在着许多干扰和扭曲信息传递的因素（通常把这些因素称为噪声），这使得沟通的效率大为降低。因此，发送者了解信息被理解的程度也是十分必要的。沟通过程图中的反馈，构成了信息的双向沟通。

现在结合沟通过程来看管理中的沟通情况。经理（信息发送者）把想法或指令进行整合（编码）而生成信息，通过媒介物（通道）传给业务员（信息接收者）。业务员在理解所接收到的信息后，再将自己的反应反馈给经理。经理整合、传递信息，业务员理解这些想法或指令，及时反馈，以及让经理正确理解自己的想法等过程中，都存在干扰因素。从上面的沟通过程中可以清楚地看到，沟通是一个完整双向的过程。在发送、接收和反馈的过程中，经理时时需要注意的是：怎样做才能达到最好的沟通效果。

四、沟通的类别

沟通的类别依据划分标准的不同而不同。

（1）按具体结构可分为非正式沟通与正式沟通。沟通按具体结构划分可分为正式沟通与非正式沟通两种。正式沟通是指以正式组织系统为渠道的信息传递。非正式沟通是指以非正式组织系统或个人为渠道的信息传递。通过对"小道消息"的研究发现,非正式沟通网络主要有集束式、流言式、偶然式等典型形式;正式沟通网络有链式、轮式、全通道式、Y式等形式。

(2)按照功能可分为工具式沟通和感情式沟通。工具式沟通是指信息发送者将信息、知识、想法、要求传达给接收者,目的是影响和改变接收者的行为。感情式沟通是指沟通双方表达感情,获得对方精神上的同情和谅解,最终改善相互之间的信任。

(3)按照行为主体可分为个体间沟通和群体间沟通。个体是组织活动的基本单元。为了实现个体之间的成功协作,每一个成员都必须研究如何借助合理的形式和手段准确地向其他人传递与自己思想、情感以及行为有关的信息,并准确地理解他人发出的信息。群体和部门间的关系也是如此。只有通过有效的沟通,才能实现相互间在了解和理解基础之上的合作,以整合各自在组织活动中的不同时空的贡献,促进组织目标的实现。

(4)按信息是否反馈可分为单向沟通和双向沟通。一般来说,单向沟通是指没有信息反馈的信息传递。双向沟通是指有信息反馈的信息传递,是信息发送者和接收者相互之间进行信息交流的沟通。两者在沟通方面有较大区别。在时间上,双向沟通需要更多的时间;在信息和理解的准确度上,双向沟通准确度更高;在接收者和发送者的置信度上,双向沟通中双方都比较相信自己对信息的理解;在满意度上,接收者比较满意双向沟通,发送者比较满意单向沟通;在噪声干扰方面,双向沟通噪音较大。

(5)按信息流动方向可分为上行沟通、平行沟通和下行沟通。上行沟通是指下级将信息报告给上级,是由下而上的沟通。平行沟通是指同级之间横向的信息沟通,也称横向沟通。下行沟通是指上级将信息传达给下级,是由上而下的沟通。

(6)按沟通方式分为语言沟通和非语言沟通。语言沟通是包括书面语言沟通,非语言沟通包括声音语气(比如音乐)、肢体动作(比如手势、舞蹈、武术、体育运动等),最有效的沟通是语言沟通和非语言沟通的结合。

第二节 人际沟通

一、人际沟通的含义与特点

1. 人际沟通的含义

人际沟通(Interpersonal Communication)是指个人之间在共同活动中彼此交流思想、感情和知识等信息的过程。它是沟通的一种主要形式,主要是通过语言、面部表情、手势、体态以及社会距离等来实现的。

2. 人际沟通的特点

人际沟通具有以下特点。

第一,在人际沟通中,沟通双方都有各自的动机、目的和立场,都设想和判定自己发出的信息会得到什么样的回答。因此,沟通的双方都处于积极主动的状态,在沟通过程中发生的不是简单的信息运动,而是信息的积极交流和理解。

第二,人际沟通借助语言和非语言两类符号,这两类符号往往被同时使用。二者可能一致,也可能矛盾。

第三,人际沟通是一种动态系统,沟通的双方都处于不断的相互作用中,刺激与反应互为因果,如乙的语言是对甲的语言的反应,同时也是对甲的刺激。

第四,在人际沟通中,沟通的双方应有统一的或近似的编码系统和译码系统。这不仅指双方应有相同的词汇和语法体系，而且要对语义有相同的理解。语义在很大程度上依赖于沟通情境和社会背景。沟通场合以及沟通者的社会、政治、宗教、职业和地位等的差异都会对语义的理解产生影响。

二、人际沟通渠道

管理者可以选择不同的沟通渠道与员工进行沟通。沟通渠道的选择可以决定信息是否会被噪音干扰或扭曲。常见的沟通渠道主要有：面对面讨论问题、打电话、发送电子邮件信息、信函以及正式报告等。管理者如何选择有效的沟通渠道来加强沟通效果是每一位管理者必须掌握的技能。研究表明，不同的信息沟通渠道具有不同的信息传输能力。根据传递信息的丰富程度，可以把沟通渠道划分为一个层次结构，用渠道丰富度来表示。

渠道丰富度是指信息传递期间可以被传送的信息的数量。渠道丰富度的层级结构如图13-2所示。影响沟通渠道的信息容量的有三个因素：一是同时处理多种信号的能力；二是快速、双向反馈的能力；三是建立个人沟通焦点的能力。

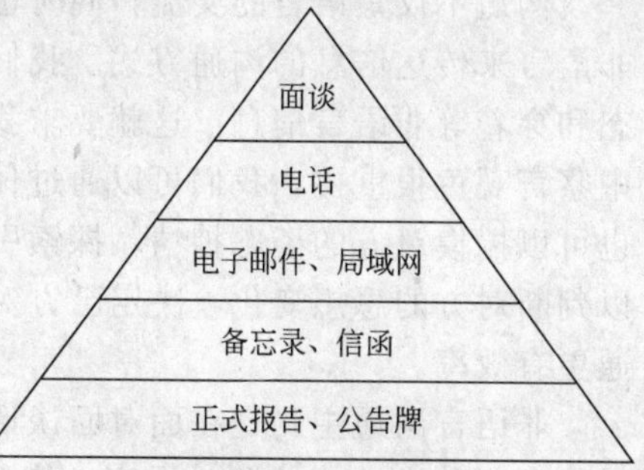

面谈的渠道丰富度最大，因为面谈允许直接体验、多信息交流、及时反馈以及个体聚焦。面谈有助于对多种信号的同化和对沟通情景的深层次、情绪化的理解。面谈时，管理者可以与员工进行眼神交流，通过员工的眼神或者声音的变化，管理者可以了解到员工的真正想法。

图 13-2　渠道丰富度金字塔

渠道丰富度位居第二位的是电话交流，尽管在电话交流中缺少了眼神、姿势或者其他的身体语言暗示，但是人的声音仍然可以传达大量的情感信息。

渠道丰富度位居第三位的是电子邮件和局域网。电子邮件日益被用来处理以前通过电话来处理的信息。俄亥俄州立大学的一项研究表明：电子邮件的使用导致电话数量的减少。大约50％的被访者说，他们喜欢用电话或者面谈的方式来传达尴尬的消息、提出建议或者表达感情。由于电子邮件信息既没有图像信号，也没有声音信号，所以信息有时会被误解。当前，许多组织都已经意识到了更大的渠道丰富度的必要性，因而使用通过因特网传输的交互式会议系统，有时还增加视频功能，以提供图像信号。

渠道丰富度较低的是书面信函与备忘录。这些沟通方式可以聚焦于个体，但是它们的传达只是书写在纸面上的文字，而且反馈速度也很缓慢。

非个性化的书面载体的渠道丰富度最低，它们包括传单、公告牌、标准的计算机报告等。这些沟通并不是聚焦于单一的信息接收者，他们使用为数有限的信息信号，信息接收者无法提供反馈。

每种沟通渠道各有其优缺点，渠道丰富度越高，沟通越趋向于双向化，此时沟通的个性化越强，沟通的反馈性越好；但是由于沟通是自发的、无记录的，因而沟通传播的难度就越大。反之，渠道丰富度越低，沟通越趋向于单向化，并且由于沟通的非个性化，沟通的反馈速度很慢，但是此时沟通是有记录的、预先考虑的，因而沟通就容易传播。管理者应该熟悉每一种沟通渠道的优缺点，以便在适当的情况下选择最恰当的沟通方式。选择沟通渠道主要考虑传输信息的性质，是例行公事还是非常规的。非常规的信息具有时间上的紧迫性，传播此类信息适合选择渠道丰富度大的沟通渠道；例行公事信息具有简单明了的特点，传播此类信息适合选择渠道丰富度低的沟通渠道。此外，受众面的大小也会影响沟通渠道的选择。

三、人际沟通技巧

1. 语言沟通技巧

语言是沟通最有效、最基本的途径。如何运用语言去表达心声、透露意见，并得到预期效果，往往就是培养沟通能力的一种有效方式。换言之，言语玲珑、措辞得体、声调动听，通通都是沟通魅力的发挥；而吞吞吐吐、言语暧昧、词不达意的人，是不会受欢迎的。其实谈吐吸引的基本法不外乎几点：其一是言之有物，不要内容空洞，浪费了聆听者的时间和精神；其二是说话清楚，就是思路清晰，表达时有条不紊，且控制说话速度，流畅表达自己的观点；其三是选择合适的时候发言，一般要在一个人人都准备聆听、有兴趣静心聆听的时刻讲话，才能发挥魅力。

2. 非语言沟通技巧

沟通不仅是语言的交流，同时也是行为的交流。非语言沟通是指通过人的动作和行为而非语言来传达信息的沟通方式。我们对沟通的共识来自于人们的面部表情、声音、风度、姿态和穿着等非语言信息。这就要求我们在人际沟通中，不仅要听其言，还要观其行。在沟通中察言观色很重要，我们可以通过仔细观察对方的举止言谈，捕捉其内心活动的蛛丝马迹；也可以揣摸对方的姿态神情，探索引发这类行为的心理因素。运用非语言沟通技巧，不仅可以判断对方的思想变化，决定己方对策，同时可以有意识地运用行为语言传达信息，促使沟通更有效率。

非语言沟通主要是在面对面谈话时发生的。外国一项研究表明，当我们进行面对面沟通时，有三种沟通信号源：语言，指实际说出的话语；声音，包括音高、声调以及声音的音质；面部表情。根据这项研究，三种要素在信息解释过程中的相对重要性如下：语言影响力仅占 7%；声音影响力占 38%；面部表情影响力占 55%。中国有句俗话"此时无声胜有声"，即说明有些时候，人们通过姿势、动作过程等无声的语言传递的信息，有时可以代替，甚至超过有声语言所起的作用。

据一位在第二次世界大战期间服役于德国情报局的人讲，他当时抓获了许多美国的情报人员，依据的线索是：这些人在用餐时，往往用右手拿叉子，没有严格地训练成欧洲人吃东西用叉子的方法；另外，他们在就坐的时候，两腿交叉的姿势是美国式而不是欧洲式的。因此，对沟通对方姿态和动作的观察、分析，是我们获得沟通信息、了解对方的一个极为重要的方法和手段。

在与人沟通时，要使自己能够对沟通产生最大的影响，必须通过自己的手势、语调和词汇，使用最为广泛的表达方式。为了使自己的信息传达给对方并使之完全被理解，传送信息时必须伴随有恰当的身体语言、语音、语调，并贴切地加强语气。

第三节 组织沟通

组织沟通是人力资源管理中最为基础和核心的环节，它关系到组织目标的实现和组织文化的塑造。目前我国大多企业在组织沟通领域的确存在许多问题，虽然有些问题所导致的不良现象已有所反映，但是企业的管理者们却不能正确认识问题的起源和本质。所以，重视组织沟通、采取有效措施改善组织沟通是实现组织目标的关键。

一、组织沟通的内涵

组织沟通（Organization Communication）是指组织内个体之间、团队之间、组织与组织之间所进行的信息交流和传递的过程。它是沟通的另外一种主要形式，组织沟通包括三个层面，即个体间沟通、团队沟通和组织间沟通。

1. 个体间沟通

在组织中，个体间沟通构成组织沟通最基本的内容。在一般意义上，组织中的个体间沟通是指组织中的个体成员间相互传递相关信息以促成行为与目标相互协调并与组织目标相一致的过程。每个组织都由数人、数十人、数百人、数千人甚至数万人组成的，由于个体的地位、利益和能力不同，他们对组织目标的理解、感受的信息也不同，这就使得各个个体的目标有可能偏离企业的总目标，甚至完全背道而驰。如何保证上下一心、不折不扣的完成组织的总目标呢？这就需要个体间相互交流意见、统一思想认识、自觉协调各自的工作活动，以保证组织目标的实现。因而，个体间沟通在组织中是最基本的协调工作，认识不到这一点，就无法完全实现组织的目标。

2. 团队沟通

团队沟通是指组织中以工作团队为基础单位进行信息交流和传递的方式。在当今许多组织中，团队是组织最基本的组成单位，团队成员在一起工作，共同完成任务，因此，团队的沟通结构既影响团队绩效又影响员工的满意度。

有关团队沟通的研究集中在两个方面：一是团队沟通集中化程度；二是团队工作任务的性质。这两者的关系如表 13-1 所示。在集权化的网络组织中，团队成员之间的沟通是通过单个个体来实现的，其目的是为了解决问题或者制定决策。在分权化的网络组织中，个体可以与其他团队成员自由沟通，所有团队成员之间平等地加工处理信息直至达成一致。

表 13-1　团队沟通网络的有效性

沟通集中程度 任务性质	较慢且不够准确	较快且比较准确
简单任务	分权沟通	集权沟通
复杂任务	集权沟通	分权沟通

集权沟通网络对简单问题能够较快解决，此时员工们只需要把有关信息提供给某一个中心人物，由他去做出决策。就解决简单问题而言，分权沟通网络则显得迟缓，沟通效率较低，因为信息必须在个体之间传来传去，直至某个人把零散的信息集中起来进而解决问题为止。然而，对于较为复杂的问题而言，分权沟通网络的解决速度较快，由于所有必要的信息并不局限于某一个人，通过广泛的沟通而产生的信息汇总使得决策者的决策基础更加扎实。同样，解决问题的精度与问题的难度是相关的。集权网络沟通适合解决精度较高的问题；而分权网络沟通适合解决精度较低的问题。

沟通网络方式选择对组织的启示在于，在高度竞争的全球环境中，组织必需借助团队来解决复杂问题。当团队活动复杂而且难度较大时，应采用分权沟通网络，此时团队成员共享信息，以便解决问题。运用分权沟通网络时，团队需要在各个方向上的自由沟通。而在执行常规任务时，应采用集权沟通网络，此时在处理信息上花费的时间不必过多，而应把更多的时间花在任务的完成上。

3. 组织间沟通

组织间沟通就是组织之间如何加强有利于实现各自组织目标的信息交流和传递的过程。组织间沟通的目的在于，通过协调共同的资源投入活动，实现各方的共同利益。组织间沟通日益成为管理沟通的重要一环，这主要是企业战略管理中战略和企业边界扩张范式分别转型的结果。

在知识经济时代，组织本身应是由有形资源和无形资源组成的集合体，组织要进行有效竞争，必须走向合作，选择合作的竞争战略。战略联盟是合作竞争战略的形式之一。它以松散的组织方式为特征，企业在自愿加盟的基础之上，以共同的方式，拓展未来的竞争空间，实现"全赢"。管理学家们声称，21世纪的企业竞争将主要是企业联盟以及联盟基础上企业网络的竞争。战略联盟的稳定性以及战略联盟成功与否，在一定程度上取决于战略联盟存在过程中的沟通效果。管理这种战略，通常需要建立特别的联络委员会，这一机构一般是由各联盟企业的最高管理层来负责的。它的主要职责是协调联盟的运行并监督合作伙伴在共同领域中的新动向，加强组织间沟通，以使联盟切实为各成员企业创造价值。

组织间沟通的重要基础，一般不是建立在市场交易关系基础上的契约关系，而是建立在相互信任基础上的互惠关系。如果沟通的主要目的是有关践约和履约的问题，那组织间的关系就会走向纯粹的市场交易关系，进而失去组织间沟通的本来意义。在经济活动全球化和技术进步日益加快的背景下，组织间的沟通，尤其是对互联网领域的企业而言，正起着越来越重要的作用。

二、组织沟通渠道

组织沟通渠道可以分为正式沟通渠道和非正式沟通渠道。管理者负责建立和维护正式的沟通渠道，也要注意使用非正式沟通渠道。

1. 正式沟通渠道

正式沟通渠道（Formal Communication Channel）是指组织所定义的指挥链或者任务责任关系，有下行沟通、上行沟通和水平沟通三种方式。在大多数传统的组织结构中，下行沟通和上行沟通是最主要的两种沟通方式；而现代企业则更强调水平沟通，人们不断跨越部门和跨越组织层级共享信息。

（1）下行沟通。下行沟通是我们最熟悉、最常见的正式沟通形式，它是指信息从最高管理层向下传达给下属的过程。当前，许多跨国公司都要定期召开全球网络工作会议，在会上，公司首席执行官和其他高管要公布公司近期的工作业绩，沟通重要信息，宣布战略决策或者澄清战略目标。通过全球网络工作会议，坐落在每一个国家的分支机构的员工可以同时获取公司的重要信息。

管理者可以运用多种方式与员工进行下行沟通。最为常见的方式是演讲、公司时事通信、电子邮件、公司宣传资料、公告牌信息、政策与程序手册等。管理者还需要决定沟通的内容。管理者不可能与员工们沟通组织运行中的一切问题，因此，他们必须选择重要的信息进行沟通。组织的下行沟通包括下列话题。

① 目标和战略的实施。就组织的新战略和目标进行沟通，需要提供关于特定目标和预期行为的信息，这会给组织的较低层次提供指南。

② 工作说明与原则。工作说明与原则主要是告诉员工如何完成某一特定的工作和该工作与组织其他活动的关系。例如："采购部现在就必须定购砖了，以便建筑工人2周后就可以正式开工。"

③ 程序与惯例。程序与惯例详细说明了组织的政策、规定、规章、福利和组织结构。例如："上班90天以后，你就有资格参加由公司赞助的储蓄计划。"

④ 绩效反馈。绩效反馈信息是用来考评组织中的个人和部门的工作效果。例如："小王，你对计算机网络的改进大大提高了我们公司订货过程的效率。"

⑤ 教导。这些信息主要是用来激励员工接受公司的使命和文化价值观，并鼓舞员工参加特殊仪式的活动，如野餐会、公司庆典、晚宴等。例如："公司视全体员工为一家，公司拟邀请每一位同仁参加于12月30日举行的年度聚会。"

下行沟通的主要问题是信息离散，即信息内容的扭曲或者丢失。尽管正式沟通是将信息传给所有员工的强有力方式，但是大量信息可能丢失（有研究表明：每当信息从一个人传到另一个人的时候，会失去大约 25％的内容）。此外，如果信息从其源头传到最后的接收者需要经历一个漫长的过程，那么信息就有可能被扭曲。在美国陆军就曾发生了一起因信息离散而导致的悲剧。美国陆军第一骑兵师 1967 年炸毁了一个小村庄。调查表明：该师司令部发给该旅的命令是："在任何情况下也不得炸毁这些小村庄。"（On no occasion must hamlets be burned down.）该旅致电下属营部："除非你们绝对确信越南人在里面，否则不得炸毁任何村庄。"（Do not burned down any hamlets unless you are absolutely convinced that the Viet Cong are in them.）营部致电村庄的步兵连："如果你们认为村庄里有越南人，就炸毁它。"（If you think there are any Viet Cong in the hamlets，burned it down.）最后，连长下达命令："炸毁那个村庄。"（Burned down that hamlets.）

信息离散难以完全避免，但前面所谈到的沟通技巧的掌握可以大大减少信息离散的程度。使用正确的沟通渠道、语言信息与非语言信息之间的一致性以及积极的倾听，可以使信息在组织内部自上而下沟通时保持其准确性。

（2）上行沟通。上行沟通是指在组织层级结构中由下而上传递信息的过程。许多组织花了大量力气建设了大量的上行沟通渠道。员工们需要有机会表达申诉、报告工作进程、对管理活动提供反馈意见。将上行沟通与下行沟通有机结合在一起能够保证员工与管理者之间的沟通形成完美的循环。常见的上行沟通方式包括建议箱、员工调查、开放政策、管理信息系统报告、员工与管理层之间面对面的交流。

上行沟通的主要话题包括：问题及例外，改进建议，绩效报告，申诉与争议，财务与会计信息。

尽管大家都很努力，但要进行准确地上行沟通依然存在障碍。管理者可能会拒绝倾听员工反映的问题，或者员工对管理者实施的上行沟通不够信任。当今许多富有创意的公司努力寻求确保信息能够毫无扭曲到达最高管理层的方法，如"总经理信箱"、"校长信箱"等方式。世界著名的 IBM 公司有一项受人尊敬的计划，称为"勇敢表达"，包括定时送往管理层以便采取管理行动的员工匿名信件或电子邮件。

（3）水平沟通。水平沟通是指同伴或者同事之间沿水平方向或者对角线方向进行的信息沟通。水平沟通可以在部门内部进行，也可以在部门之间发生。水平沟通的目的不仅仅是沟通信息而且是寻求支持或者协作。水平沟通的主要话题有以下几种。

① 部门之间的协作。部门之间的信息有助于促成合作项目或任务的完成。例如："刘处长，请与营销部和生产部联系，安排开会讨论这个新组件的规格问题。看来我们可能没有办法达到他们的要求。"

② 解决部门内部的问题。这类信息出现在同一部门内部员工之间，常常与任务的完成情况有关。例如："小赵，你能帮我们填写好这份医药费报表吗？"

③ 帮助组织改进提高。这类信息有助于在团队和部门内部分享信息以帮助组织改革、成长和改进。例如："我们正在简化公司的财务报销程序，并希望就这个问题和你们部门进行协商。"

水平沟通在学习型组织中特别重要，因为在学习型组织中员工团队需要不断解决问题和寻求开展工作的新方法。许多组织以任务小组、委员会甚至矩阵结构等方式进行水平沟通，以鼓励协同工作。

2. 非正式沟通渠道

非正式沟通渠道存在于正式沟通渠道之外，不遵从组织的职权等级关系。非正式沟通与正式沟通并存，但却可以跳过等级层次，跨越纵向指挥链，几乎可以与组织中的任何人沟通。例如，为了提高工作效率，许多公司的销售部经理可以召开晨会，全体员工聚在一起，一边喝饮料,一边闲聊,每个人都可以讲述一些日前与客户接触中所发生的奇闻逸事。站着交谈的规定使得会议气氛显得轻松、非正式、高效率,这也为大家提供了分享信息、日有所进的良机。许多组织经常使用的两种非正式沟通形式是巡回管理和滕状网络式沟通。

(1) 巡回管理。巡回管理是指管理者与员工直接交流,以了解当前发生的事情。巡回管理对于所有层级的管理人员都适用。这些管理者与员工一起工作,建立友好的工作关系,并通过他们直接了解有关他们所在部门、岗位或者组织的情况。例如,世界著名的 ARCO 公司的总裁有走访地区现场办公室的习惯。他不是安排让地区主管也参加的大型战略性会议,而是未经通知便突然到访,与最底层的员工闲谈。

(2) 滕状网络式沟通。滕状网络式沟通是员工与员工之间非正式的、面对面的沟通。这种沟通不是组织官方所认可的。滕状网络式沟通把所有的员工联系起来,从总裁到中层管理者、支持性参谋人员和直线经理等无所不包。滕状网络式沟通总是存在于组织当中,尤其是当正式沟通渠道闭塞时,滕状网络式沟通就会成为主导的沟通方式。在这种情况下,滕状网络式沟通实际上是一种服务手段,因为它提供的信息能够帮助管理人员弄清楚不明确或者不确切的事情。员工利用滕状网络式沟通的信息填补信息空白、澄清管理决策。在组织改革之际,在组织有激动人心或令人焦虑的事情发生或者经济状况不佳时,滕状网络式沟通就会变得更加活跃。

研究表明,滕状网络式沟通的成功往往主要归功于几个人。流言蜚语式沟通和集群式沟通是滕状网络式沟通最典型的两种方式。流言蜚语式沟通是由一个人向其他许多人传播小道消息。集群式沟通是指几个人中每个人都向另外几个人传播消息。只有几个人来传播消息就可以解释为什么滕状网络式沟通所传达的消息是确切的。相反,如果每个人都把消息告诉另外一个人,然后这个人再把消息传达给第三者,依次类推下去,那么信息的扭曲将是非常严重的。

滕状网络式沟通传递的信息准确性很高,且与组织关联性较强。有研究表明,大约有80%的滕状网络式沟通涉及与组织相关的话题。更为重要的是,通过滕状网络式沟通传递的信息当中,大约 70%～90% 的细节是准确无误的。许多管理者都希望滕状网络式沟通被破坏,因为他们认为这些小道消息都是捏造的、恶意的、有害的,可事实却并非如此。管理者应该明白,每 6 个重要信息中大概有 5 个在某种程度是由滕状网络式沟通传递的,而不是官方渠道传递的。精明的管理者应该理解公司的滕状网络式沟通,并知道谁与谁有关,谁是非正式信息传播的关键人物。无论如何,特别是在公司的危急时刻,管理者需要有效控制沟通方式,以使滕状网络式沟通不是消息的唯一来源。

第四节 沟通管理

在日常的沟通行为中,由于存在着外界干扰以及其他原因,常常会出现一些"意外"导致信息丢失或被曲解,使得信息的传递不能发挥正常的作用,进而导致沟通无法实现,更要命的是有时甚至会出现相反的效果。这些情况都表明,沟通出现了障碍,有一些因素影响了信息的有效传递。沟通管理的重点就是要研究造成沟通障碍的原因并寻求克服沟通障碍的有效方法。

一、有效沟通的障碍

所谓有效沟通,简单来说就是传递和交流信息的可靠性和准确性高,实际上还表示组织对内外噪音的抵抗能力强,因而和组织智能是联系在一起的。沟通的有效性越明显,则说明组织的智能越高。

1. 沟通障碍的类型

沟通障碍可以划分为两类：一类是存在于个体之中的个体障碍；另一类是存在于组织之中的组织障碍。

（1）个体障碍。个体障碍是存在于个体之间的沟通障碍，主要有以下四种。

一是语义产生的沟通障碍。语义是指词语的意思以及词语的使用方式。例如"效益"一词对于车间主任而言意味着高产量，而对于人力资源专员而言则是指员工的满意度，对于一般员工而言则是指收入。由于一词多义，沟通者必须仔细选择能够准确传递信息的词汇。

二是人与人之间的沟通障碍，包括由于员工的情绪和认知而引发的问题。如果在沟通开始前某人已就某问题形成定论，沟通就会失败。合理化（对行为的自圆其说）、扭曲（对现实的重构）、理智化（对思想的过度抽象）等防卫机制妨碍了人们之间的坦诚沟通。

三是语言沟通与非语言沟通寓意的不一致导致的障碍。如果某人的面部表情与其语句表达的意思不一致，该沟通就带有噪声和不确定性。声音的语调以及身体语言必须与言辞一致，行动也不得与言辞相冲突。

四是沟通渠道的错误选择产生的沟通障碍。如果某种信息是情感型的，则面对面沟通的效果就比书面沟通的效果要好。另一方面，对于常规信息来说，书面沟通的效果最好。

（2）组织障碍。组织障碍是指存在于组织之中的沟通障碍。主要有以下五种障碍。

一是缺乏正式的沟通渠道引起的障碍。组织必须建立以员工调查、开放政策、时事通信、备忘录、任务小组以及人员联络等方式为基础的足够的上行沟通、下行沟通和水平沟通渠道。缺乏这些正式的沟通渠道，组织就无法进行整体沟通。

二是部门之间在需要和目标上的差异引起的障碍。每一个部门都站在自己的立场上看问题，营销部门关心销售业绩、生产部门关心生产效率、物流部门关心如何快速将产品送到消费者手中。

三是组织内部协调不够导致的沟通障碍。由于协调不够，导致组织内部不同部门孤军作战，既不了解也不理解其他部门在做些什么，自己部门的工作也不被别人理解。最高管理层与基层员工之间缺乏联系，或者部门之间协调不力，以至于大家都不知道整个组织系统是如何运转的。

四是沟通信息量不适合团队任务。如果某种集权式沟通结构被运用于非常规任务，那么沟通的信息量就不足以解决问题。当员工之间的信息沟通量适应于任务要求时，组织、部门、团队的工作效率就是最高的。

五是地位与权力差异引起的障碍。权力地位低的人可能不愿意向上级报告坏消息，因而给上级以错误的印象。权力地位高的人可能没有注意到或者可能认为下面层级的人没有做出什么贡献。

2. 产生有效沟通障碍的原因

（1）个人原因。产生沟通障碍的原因很多，从个人角度看，主要有以下三种情况。

① 个性差异。由于每个人的个性不同，为人处事的方式不同，这种差异将引起沟通的障碍。在组织内部的信息沟通中，个人的性格、气质、态度、情绪、兴趣等差别，都可能导致信息沟通的障碍。

② 知觉选择偏差。所谓知觉选择偏差，是指人们有选择地接受信息。例如，人们在接收信息时，符合自己利益需要又与自己切身利益有关的内容很容易接受，而对自己不利或可能损害自己利益的则不容易接受。由于人们对人对事的态度不同和观点、信念不同，这些可能会造成人们的知觉选择偏差。

③ 沟通技巧差异。由于每个人的语言表达能力、交流沟通能力和理解能力不同，这些

也会造成沟通的障碍。同样的词汇对不同的人来说含义不同。在一个组织中，员工常常来自不同的背景，有着不同的说话方式和风格，对同样的事物有着不一样的理解，这些都会造成沟通的障碍。

（2）人际原因。人际原因主要包括沟通双方的相互信任、信息来源的可靠程度和发送者与接收者之间的相似程度。

① 双方是否相互信任。沟通是发送者与接收者之间"发出信息"与"接收信息"的过程。信息传递不是单向的，因此，沟通双方的诚意和相互信任至关重要。在组织沟通中，当同一信息来自不同来源时，员工最可能相信他们认为最值得信任的那个来源的信息。上下级之间的猜疑只会增加抵触情绪，减少坦诚交谈的机会，也就不可能进行有效的沟通。

② 发送者与接收者之间的相似程度。沟通双方的特征，包括性别、年龄、智力、种族、社会地位、兴趣、价值观、能力等的相似程度会对沟通的有效性产生直接影响。双方相似程度越高，沟通的准确性就越高。

③ 信息来源的可靠程度。信息来源的可靠性取决于诚实、能力、热情、客观四个因素。有时信息来源的可靠性并不同时具有这四个因素，但只要信息接收者认为发送者具有即可，可以说信息来源的可靠性实际上是由接收者主观决定的。就个体而言，员工对上级是否满意很大程度上取决于他对上级可靠性的评价；就团体而言，可靠性较大的组织或部门相对能比较公开、准确和经常地进行信息沟通，他们的工作成就也相应较为出色。

（3）技术原因。技术原因主要包括语言、非语言暗示、媒介的有效性和信息过量。

大多数沟通的准确性依赖于沟通者赋予字和词的含义。由于语言只是个符号系统，本身没有任何意思，它仅仅是我们描述和表达个人观点的符号或标签。每个人表述的内容常常是由他独特的经历、个人需要、社会背景等决定，因此，语言和文字极少对发送者和接收者双方都具有相同的含义，更不用说许许多多不同的接收者。语言的不准确性不仅表现为符号多样，它还能激发各种各样的感情，这些感情可能又会进一步歪曲信息的含义。同样的字词对不同的团体来说，会导致完全不同的感情和不同的含义。

管理者往往很关心各种不同沟通工具的效率。一般而言，口头沟通和书面沟通各有所长。口头沟通更适合于需要翻译或精心编制才能使拥有不同观念和语言才能的人理解的信息。其优点是：快速传递信息，并且希望立即得到反馈；传递敏感的或秘密的信息；适用于不适合书面媒介传递的信息；传递感情和非语言暗示的信息。书面沟通常常用于传递篇幅较长、内容详细的信息。其优点是：为读者提供以适合自己速度、用自己方式阅读材料的机会；易于远距离传递；易于储存，并在做决策时提取信息；因为经过多人审阅，所以比较精确。总之，选择何种沟通工具，在很大程度上取决于信息的种类和目的，还与外界环境和沟通双方有关。

（4）结构原因。信息传递者在组织中的地位、信息传递链、团体规模和空间约束四大结构因素也都影响了有效的沟通。

研究表明，地位的高低对沟通的方向和频率有很大的影响。例如，人们一般愿意与地位较高的人沟通。地位悬殊越大，信息趋向于从地位高的流向地位低的。信息传递层次越多，它到达目的地的时间也越长，信息失真率则越大，越不利于沟通。当组织机构庞大，层次太多，也会影响信息沟通的及时性和真实性。如果组织中的工作常常要求员工在某一固定地点进行操作，则这种空间约束不仅不利于员工之间的交流，而且也限制了他们的沟通。一般而言，两个人之间的距离越短，他们交往的频率也越高。

当今世界是一个信息爆炸的时代。组织管理人员每天都面临着信息过量的问题。例如，管理者只能利用他们所获得信息的 $1/1000 \sim 1/100$ 进行决策。信息过量不仅使主管人员没有时间去处理，而且也使他们难于向同事提供有效的、必要的信息，沟通也随之困难重重。

二、克服沟通障碍，实现有效沟通

从上述沟通的障碍及产生障碍的原因来看，采取适当的行动方式就能够有效消除沟通障碍，实现有效沟通。管理者可以通过设计组织形式、建立沟通渠道、掌握沟通技能、改善沟通方法来实现有效沟通。

1. 个人沟通技能的改善

（1）积极倾听。个人沟通技能改善的最为关键点就是积极倾听，掌握"听"的艺术，如表 13-2 所示。积极倾听意味着要提出问题、表现出兴趣以及不时用自己的语言解释对方的意思，以确保正确理解对方的意图。积极倾听还意味着要向信息发布人反馈信息以形成完整的沟通回路。

表 13-2 "听"的艺术

八　　要	六　不　要
表现出兴趣	争辩
全神贯注	打断
该沉默时必须沉默	从事与谈话无关的活动
选择安静的地方	过快或提前做出判断
留适当的时间用于辩论	草率地给出结论
注意非语言暗示	让别人的情绪影响你
当你没有听清楚时,以疑问的方式重复一遍	
当你发觉遗漏时,直截了当地问	

是什么因素构成了有效倾听呢？表 13-3 列出了有效倾听的 10 个关键要素，并说明了优秀沟通者与拙劣沟通者的一些做法。优秀的沟通者能够找到共同感兴趣的领域，富有灵活性，专心倾听，思维敏捷，内心归纳，权衡和预测说话人的意思。良好的倾听意味着，要从以自我为中心的思维方式转向去感受移情作用，这就需要较高的情商。有些组织营造了一种文化氛围，强调管理者要积极倾听他人的讲话。倾听是领导者的重要沟通技能之一。

表 13-3 有效倾听的 10 个关键要素

关键要素	拙劣的沟通者	优秀的沟通者
1. 主动倾听	被动、懒散	提出问题,用自己的话说出对方的意思
2. 找出兴趣点	排除枯燥内容	寻找机会,学习新内容
3. 防止分散精力	容易分心	集中精力,防止或避免分散精力
4. 强调思维快于言语表达	当对方语速慢时走神	挑战、预期、心里归纳,权衡证据
5. 反应	最不用心	点头,表现出兴趣,给予反馈
6. 判断内容而非表达方式	若表达不清则不予理睬	判断内容,跳过表达错误
7. 控制情绪	先入为主,开始争论	当完全理解时才做出判断
8. 倾听别人意见	通过听了解事实真相	倾听中心思想
9. 专心倾听	没有活力,假装注意	努力倾听,视线接触,积极姿态
10. 训练思维	抵制难懂信息	运用难以理解的材料来训练思维

（2）正确使用语言文字。语言文字运用得是否恰当会直接影响沟通的效果。使用语言文

字时要简洁、明确，叙事说理要言之有据、条理清楚、富于逻辑性、措辞得当、通俗易懂，不要滥用词藻，不要讲空话、套话。非专业性沟通时，少用专业性术语。可以借助手势语言和表情动作，以增强沟通的生动性和形象性，使对方容易接受。

（3）选择恰当沟通渠道。沟通个体应该选择恰当的沟通渠道来传递信息。复杂信息应该通过渠道丰富度高的途径来发送，比如面对面讨论或者电话交流。常规信息和数据可以通过备忘录、信件或者电子邮件等方式来传递。

（4）换位思考。信息发送者和信息接收者应当特别努力去理解对方的观点和立场。管理者应使自己对信息接收者保持高度的敏感性，以使他们能够更好地确定目标，找出其中的偏见并澄清未能理解之处。通过换位思考，就可以澄清语义、理解观点、保持客观性。

（5）巡回管理。管理者必须心甘情愿走出办公室与他人进行沟通。通过巡回管理，管理者可以直接观察员工行为或与员工进行面对面的交谈，管理者可以增进对组织的理解，并能够把他的重要思想和价值观念直接灌输给其他成员。

2. 组织有效沟通的实现

组织要实现有效沟通，必须消除上述组织沟通障碍。在实际工作中，可以通过以下几个方面来努力。

（1）营造一种信任与坦诚的组织氛围。管理者能够为组织有效沟通做的最重要的事情就是营造一个相互信任、有利于沟通的小环境。管理者不仅要获得下属的信任，而且要获得上级和同僚们的信任。管理者必须明白，信任不是人为的或从天上掉下来的而是诚心诚意争取来的。信任可以鼓励人们坦诚沟通，例如，下属可以向报告好消息一样向上级报告坏消息，而不必担心受到惩罚。在员工之间培训人际交流技巧也有利于培养公开、诚实与信任。

（2）明确沟通的重要性，正确对待沟通。组织领导者要认识到沟通的重要性，并把这种思想付诸行动。组织的领导者必须真正地认识到与员工进行沟通对实现组织目标的重要性。如果组织领导者通过自己的言行认可了沟通，这种观念会逐渐渗透到组织的各个环节中去，这将有利于组织沟通效率的提高。

（3）全方位开发正式渠道，多元化使用沟通渠道。组织的沟通渠道既包括正式的沟通渠道，也包括非正式的沟通渠道。管理者应全方位地开发正式沟通渠道，尤其要注重上行沟通渠道的建设和水平沟通渠道的使用。通常，企业内部的沟通以与命令链相符的垂直沟通居多，部门间、车间之间、工作小组之间的横向交流较少。加强平行沟通有助于促进横向交流，加强横向合作。另一方面，管理者应激发员工自下而上地上行沟通。例如，运用交互式广播电视系统，允许下属提出问题，并得到高层领导者的解答。如果是在一个公司，公司内部刊物应设立有问必答栏目，鼓励所有员工提出自己的疑问。此外，在利用正式沟通渠道的同时，可以开辟非正式的沟通渠道，让领导者走出办公室，亲自和员工们交流信息。坦诚、开放、面对面的沟通会使员工觉得领导者理解自己的需要和关注，取得事半功倍的效果。通过多元化的沟通渠道，员工可以更多地了解组织，为实现组织的目标做出自己的贡献。例如，GE 公司下属的 Packard Electric 工厂的管理者就运用多种渠道，包括月报、员工团队定期会议以及员工餐厅举办的新闻展示等。通过这些渠道发送信息使得信息更容易被恰当接收。

（4）缩短信息传递链，拓宽沟通渠道。信息传递链过长，会减慢流通速度并造成信息失真。因此，要减少组织机构重叠，拓宽信息沟通渠道，以保证信息的畅通无阻和完整性。在充分利用正式渠道的基础上，开辟高层管理人员至基层管理人员的非正式沟通渠道，以便信息的传递。组织可以考虑建立特别委员会，定期相互讨论问题，加强上下级的沟通。

（5）调整组织结构，适应沟通需要。组织可以通过组织结构设计，使用团队、任务小组、项目经理或矩阵结构来促进信息的横向流动，以达到协调和解决问题的目的。当团队或部门的任务很难完成时，应该建立分权结构来鼓励员工讨论和参与。此外，组织的反馈与学习机制也有利于克服协调不力的问题。当组织发生重大问题，引起上下关注时，管理者可以授命成立特别工作小组，该小组由部分管理人员和员工自愿参加，利用一定时间，调查企业问题，并向最高主管部门汇报。最高管理层也要定期公布他们的报告，就组织"热点"问题向全组织员工沟通。

（6）提高员工沟通的心理水平。组织成员要克服沟通的障碍必须注意以下心理因素的作用。

① 在沟通过程中要认真感知，集中注意力，以便信息准确而又及时地传递和接收，避免信息错传和减少接收时信息的损失。

② 增强记忆的准确性是消除沟通障碍的有效心理措施，记忆准确性高的人，传递信息可靠，接收信息也准确。

③ 提高思维能力和水平是提高沟通效果的重要心理因素，高的思维能力和水平对于正确地传递、接收和理解信息，起着重要的作用。

④ 培养镇定情绪和良好的心理气氛，创造一个相互信任、有利于沟通的小环境，有助于人们真实地传递信息和正确地判断信息，避免因偏激而歪曲信息。

总之，有效的沟通在组织的运作中起着非常重要的作用。成功的组织领导者把沟通作为一种管理的手段，通过有效的沟通来实现对组织成员的控制和激励，为组织的发展创造良好的环境。因此，组织成员应统一思想，提高认识，克服沟通障碍，实现有效沟通，为实现个人和组织的共同发展而努力。

【阅读材料 13-1】

如何沟通新老员工

新员工与老同事由于生长的环境和时代不同，在某些方面相互不理解是正常的。而且，每个人的性格脾气都不会完全一样。因此，即使你的适应能力很强，也要注意跟老同事的沟通，以避免无谓的摩擦和误会。

归纳起来，让人头疼的老同事一般有以下几类。

（1）欺生型。

① 症状。这类人有一个习惯，凡是新来的人都要排挤或役使一下，以显示自己在这个地盘上的重要地位。他们不是对你一个人，而是针对带"新"字头的一类人。

② 对症下药。对待这类人，要学习黄牛的坚忍执著。这些人喜欢支使新人做这个做那个，其实也没什么恶意。只要对集体有利而且不以完不成本职工作为代价，你不妨去做一下，可以熟悉一下环境并打开自己的交际圈。如果他说的话可行，就去试一试；如果毫无道理，也不必和他斤斤计较，只管按照自己的思路去做。工作成绩是谁也抹杀不掉的。当你逐渐融入这个大环境时，这类人就会转移目标。

（2）性格怪异型。

① 症状。他们并不是专门与新来者作对，只是在性格、行为上与常人有些不同，或许缺乏热情，或许不善交流，或许爱发脾气，但本身并无恶意。

② 对症下药。对待这类人，要学习猴子的机智应变。对待这样的老同事，首先应做到尊重对方，千万不要有任何先入为主的偏见。更重要的是，你要在交往中了解他的内心世界，应对他特殊的性格采取不一样的交往方式，机智灵活、沉着应付，才会收到良好的效果。如果他被你的诚心感动，或许他会比别人更容易成为你事业上的好帮手。

（3）目中无人型。

① 症状。这类人自以为是，认为自己在什么方面都比别人强，因此高高在上，目中无人，可一旦新人工作有成绩，就会担心自己的地位被取代，进行打压。

② 对症下药。对待他们，要学习大象的脚踏实地。大象走路，一步一个脚印。如果你受到这类人物的攻击，与他们争辩毫无意义，你不妨一笑而过，全身心投入到自己的工作中，脚踏实地地作出成绩，用事实说明一切。其实领导心里也有一个小算盘，谁的能力强，谁的功劳大，自然会看得八九不离十。

资料来源：http://baike.baidu.com/view/54445.htm.

第五节 冲突管理

所谓组织冲突，就是指组织内部成员之间、成员个人与组织之间、组织中不同团体之间，由于利益上的矛盾或认识上的不一致而造成的彼此抵触、争执或攻击的组织行为。冲突来源于组织之间以及组织中员工之间沟通不当，来源于组织摩擦和人员摩擦，冲突会带来额外的管理组织成本。冲突程度越大，组织的协调成本就越高。

一、组织冲突的类型

（1）依据冲突性质不同可以将冲突划分为积极冲突和消极冲突。对组织冲突性质的认定，是选择管理冲突策略的前提。只有对组织冲突的性质判定准确、真正把握，才能端正态度，采取行之有效的相应措施和政策，给消极性质的组织冲突以有效的抑制、消除和排解；对积极性质的组织冲突给以充分展开和有效利用，从而达到调适冲突、推动事业的目的。

（2）按冲突要素构成可将冲突划分为管理主体内部冲突、管理客体内部冲突和管理主体与管理客体交叉冲突。事物的性质和效能决定于事物的构成要素。管理主体和客体的状况如何，直接决定着管理的效能和效率。一般来说，管理的高效能和高效率，来源于其主体状况适应于客体状况，来源于客体状况易于被主体教化。另外，二者各自内部冲突及其交叉冲突是否属于良性互动，又起着很重要作用。冲突若属于良性互动，组织界限就会越来越清晰，组织目标就会越来越明确，管理就会发挥强势作用，就会取得理想绩效。相反，冲突若属于内耗性互动，甚至于恶性互动，组织界限就会越来越模糊，组织目标就会越来越丧失，管理就会难以发挥应有作用，就会出现低效甚至负效。我们要力倡良性冲突互动，力戒内耗性冲突互动，确保冲突的性质和质量，使之为巩固组织疆界、实现组织目标服务。

（3）根据隶属关系可以把冲突划分为与上级冲突、与下级冲突和与同级冲突。组织冲突，在一定意义上我们可以把它归结为一种组织系统内部的结构要素冲突。由于与上级冲突、与下级冲突和与同级冲突，它们各自存在的前提和依据不同，因而其冲突的表现形式和解决方式也可能有所不同。

① 与上级冲突。由于上级处于主导地位，是管理的主体，所以作为下级，在一般情况下，有意见可以提，有要求可以说。但只能通过用说理和动情的方式去实现目的，使冲突和分歧朝着有利于自己的方向发展。一旦不能达到目的，应该善于放弃，服从上级。这是由组织原则决定的。

② 与下级冲突。首先应该区分与下级的冲突是工作性冲突还是非工作性冲突。工作性冲突，尤其是上级对下属实施的批评、教育、矫正以及其他规范，这是领导职能在管理上的体现。作为上级必须坚持原则、坚持到底，不可中途妥协，不可无原则退让，否则就可能养成不好习惯，为以后工作埋下祸患。非工作性冲突，则恰恰相反。作为上级应该有妥协、有退让和有风度，这样方显领导情操、水平和身份。

③ 同级冲突。同级管理者之间的冲突，由于其前提是同级，因而其表现形式往往比较隐蔽，其解决方式往往多是调和，其最终结果往往是各方退让。一些时候还需要领导参与解决，形成居高临下的裁判态势。

二、组织内冲突的原因

由于人与人之间的利益、观点、掌握的信息或对事件的理解都存在差异，所以在组织内就可能引起冲突。不管冲突是否真实存在，只要一方感觉到有差异就会发生冲突。显而易见，沟通不畅或没有沟通，都会导致冲突。因此，要管理冲突，首先必须了解差异的原因及表现形式。造成组织冲突的差异主要有结构差异、沟通差异和个体差异。

1. 结构差异

组织中经常发生的冲突绝大多数是由组织结构的差异引起的。分工造成组织结构中垂直方向和水平方向各系统、各层次、各部门、各单位、各岗位的分化。组织越庞大、越复杂，则组织分化越细密，组织整合越困难。由于利益不一致和信息不对称，人们在计划目标、实施方法、绩效评估、资源分配、劳动报酬、奖惩等许多问题上都会产生不同看法，这种差异是由组织结构本身造成的。为了本单位的利益和荣誉，许多人都会理直气壮地与其他单位甚至上级组织发生冲突。不少管理者，甚至把挑起这种冲突看作是自己的职责，或作为建立威信的手段。几乎每位管理者都会经常面临这类冲突。

2. 沟通差异

由于文化和历史背景不同、语言困难、误解以及沟通过程中噪声的干扰，都可能造成人们之间意见不一致。沟通不良是产生这种冲突的重要原因。

3. 个体差异

由于每个人的社会背景、教育程度、阅历、修养塑造了每个人各不相同的性格、价值观和作风，这种个体差异也会造成合作困难，很容易导致冲突。

由于沟通差异、结构差异、个体差异的客观存在，冲突也就在所难免。因此，一个组织必需加强冲突管理，以使组织得以良好运行。

三、冲突管理

1. 对组织冲突的看法

多年来，对组织冲突有多种看法，主要有以下三种观点。

第一种观点是冲突的传统观点。该观点存在于 19 世纪末到 20 世纪 40 年代，认为冲突本身表明组织内部的机能失调，对组织有害无利，组织应该采取有效措施避免冲突。

第二种观点是冲突的人际关系观点。该观点强调冲突的必然性，自 20 世纪 40 年代到 20 世纪 70 年代中期在冲突理论中占主导地位。该观点认为，冲突是任何组织不可避免的产物；冲突并不一定会导致对组织的危害，相反，冲突可能是有利于组织发展的积极动力。显然，这一观点认为冲突是客观存在的，主张接纳冲突，使冲突的存在合理化，并希望将冲突转化为有利于组织的程序。

第三种观点是冲突的相互作用观点。该观点突出冲突对于组织的运作效率，是当今的冲突管理观点。该观点明确认为冲突不仅可以成为组织的积极动力，而且其中有些冲突对于组织或组织单元的有效运作是必要的。换言之，冲突是组织保持活力的一种有效手段。因此，这种观点鼓励管理者维持一种冲突的最低水平，以便使组织保持创新的激发状态。

从冲突的相互作用观点看，组织应保持适度的冲突，使组织养成批评与自我批评、不断创新、努力进取的风气，此时组织就会出现人心汇聚、奋发向上的局面，组织就有旺盛的生命力。20 世纪 90 年代中期以来，世界范围内的企业管理界掀起建立学习型组织的企业管理浪潮，这在很大程度上，是关于如何转化企业环境中激发的越来越多的冲突，实际上是要求组织开放和提高内外沟通效率，达到提高组织在市场上盈利水平的目的，并进一步提高组织的竞争力。

2. 冲突管理的方法

冲突管理实际上包括两个方面。一是管理者要设法消除冲突产生的负面效应，因为这些冲突阻碍了组织实现目标，属于功能失调的冲突，它们对组织具有破坏性作用。二是要求管理者激发冲突，利用和扩大冲突对组织产生的正面效应，因为这些冲突支持组织的目标，属于建设性的、功能正常的冲突。因而，冲突管理是一门艺术，优秀的管理者会采用以下方法来管理冲突。

（1）谨慎选择冲突。管理者可能面临许多冲突，其中有些冲突非常琐碎，不值得花很多时间去处理；有些冲突虽然很重要，但不是自己力所能及的，不宜插手；有些冲突难度很大，要花很多时间和精力，未必有好的回报，也不要轻易介入。管理者应该选择那些员工关心、影响面大、对推进工作、打开局面、增强凝聚力、建设组织文化有意义、有价值的事件，亲自抓，一抓到底。对冲突事必躬亲的管理者并不是真正优秀的管理者。

（2）仔细研究冲突双方的代表人物。冲突管理的第二个重点是仔细研究冲突双方的代表人物。其包括哪些人卷入了冲突？冲突双方的观点是什么？差异在哪里？双方真正感兴趣的是什么？代表人物的人格特点、价值观、经历和资源因素如何？

（3）深入了解冲突的根源。管理者在管理冲突时，不仅要了解冲突公开的、表层的原因，还要深入了解冲突深层次的、没有说出来的原因。如果冲突是多种原因交叉作用的结果，管理者还要进一步分析各种原因作用的强度。

（4）妥善选择冲突处理策略。人在与人交往时有两种行为方式，合作性行为和武断性行为。所谓合作性行为，就是指一方力图满足对方愿望的行为，越努力满足对方的愿望和要求，合作性也就越强。而武断性行为，就是指坚持自己的行为，和别人没有商量的余地。如"我绝不会去找别人，而是等着别人来找我"；"我永远是对的，别人是错的，一旦发生什么事就怪别人"；"不管什么情况下，不管对方怎么样，我绝不会改变自己的观点"等。这两种行为方式的组合，形成了管理者处理冲突的五种策略，即回避、强制、妥协、迁就、合作（图13-3）。

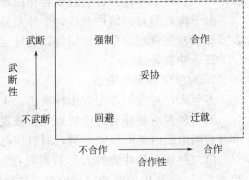

图 13-3　冲突处理策略

① 回避。回避又称冷处理，这是解决冲突的最简单的方法，即让冲突双方暂时从冲突中退出或抑制冲突。回避是日常工作中最常用的一种解决冲突的方法。当冲突无关紧要时，或当冲突双方情绪极为激动，需要时间恢复平静时，可选用回避策略。注意采用回避策略时，组织中会有更多的工作被耽误，更多的问题被积压，更多的矛盾被激发，回避策略不能从根本上解决冲突问题。

② 强制。强制又称支配，是管理者利用职权强行解决冲突的策略。当必须对重大事件或紧急事件进行迅速处理时，可采用强制策略，用行政命令强制牺牲某一方的利益，事后再慢慢做安抚工作。

③ 妥协。妥协又称折中，是指管理者通过要求冲突各方面都作出一定的让步，使问题得到解决的策略。这种策略适用于冲突双方势均力敌、争执不下的情况，此时冲突双方都做出一些让步，妥协属于权宜之计。

④ 迁就。迁就又称忍让策略，是指管理者通过树立更高目标使冲突各方为了应付新目

标而摆脱冲突，甚至做出一定让步，为完成目标而统一起来的策略。当维持和谐关系十分重要时，管理者可采用迁就策略。

⑤ 合作。合作又称协同策略。合作是指将冲突各方召集到一起，让他们进行开诚布公的讨论，搞清楚分歧在哪里，并商量可能的解决办法。当事件十分重大，冲突双方不可能妥协时可采用这种策略。此时，冲突双方可以通过谈判寻求对双方都有利的合作或双赢的解决方式。

四、有效谈判的实现

为了管理冲突，管理者必须和组织内外的人员打交道。在组织内部，冲突管理可以通过行政手段来解决；但组织间的冲突则需要通过谈判来加以解决。例如，当组织联盟各方协调上出现困难时，不可能用简单的行政干预手段去降低管理成本，实现组织目标。相反，联盟各方必须从协议、信任和互惠等多种视角，寻求解决冲突的途径。谈判作为一种对目标实现的调剂手段，必然是冲突管理的重要内容。

1. 谈判的含义

美国著名谈判专家杰勒德·I·尼尔伦伯格指出：谈判是指人们为了协调彼此之间的关系，满足各自的需要，通过协调而争取达到意见一致的行为过程。对这一定义，我们可以从以下五个方面来理解：第一，谈判双方之间有一定的联系和直接的关系；第二，谈判的直接原因是谈判双方都有自己的需要，并且满足一方的需要会涉及和影响他方需要的满足，任何一方都不能无视他方需要的满足；第三，谈判双方的需要必需通过协商取得一致意见；第四，谈判作为人们的一种行为和活动，要涉及有关人的许多方面和领域；第五，谈判是一个过程，不只是指双方达成一致意见的一刻，还包括为谈判所作的准备与双方达成协议后的贯彻实施。

英国著名谈判大师比尔·斯科特指出：贸易谈判是双方面对面会谈的一种形式。美国谈判专家伊沃·昂特认为：谈判是一个合作的过程，能和对手像伙伴一样，共同找到满足双方需要的方案。我国谈判专家刘必荣指出：谈判不是打仗，它只是解决冲突、维持关系或建立合作架构的一种方式，是一种技巧，也是一种思考方式。谈判是赤裸裸的权力游戏，强者有强者的谈法，弱者有弱者的方式。我国学者丁建忠教授认为：谈判是为妥善解决某个问题或分歧，并力争达成协议而彼此对话的行为或过程。我国学者周三多认为：谈判是双方或多方为实现某种目标就有关条件达成协议的过程。

2. 谈判的基本特征

作为人类一种有意识的社会活动，谈判具有以下六个特点。

(1) 谈判是一种交流。谈判是双方通过不断调整各自的需要，相互接近从而达到意见一致的过程。需要指出的是，利益上的平衡不等于利益上的平均，而是双方各自在内心所能承受的平衡。任何单方面的"让"或"取"都不能被看成是谈判。

(2) 谈判是"合作"与"冲突"的对立统一。谈判同时含有"合作"与"冲突"两种成分，是"合作"与"冲突"的对立统一。谈判的合作性表现在：通过谈判而达成的协议对双方都有利，各方利益的获得是互为前提的。而谈判的冲突性则表现在：谈判各方均希望自己在谈判中获得尽可能多的利益，为此要进行积极地讨价还价。

(3) 谈判有利益界限。对谈判各方来说，谈判都有一定的利益界限。参与谈判的每一方都是应该有某些需要得到满足，如果把其中任何一方置于死地，那么最终大家都将一无所获。参与谈判的人员应该注意把握彼此的利益关系，明确利益界限。

(4) 谈判是互惠但不平等的。谈判的互惠性是指通过谈判，双方都可以从中得到利益。谈判的不平等性是指谈判双方由于受企业实力不同、对谈判的环境了解不同、谈判人员的谈判技巧与策略的选用不同等因素的影响，对谈判利益的享有不会是完全一样的。

（5）谈判是科学与艺术的有机整体。谈判既是一门科学，又是一门艺术，是科学与艺术的有机整体。首先，谈判作为人们协调彼此之间的利益关系、满足各自的需求并达成一致意见的一种行为和过程，谈判人员必须以理性的思维对所涉及的问题进行系统分析和研究，根据一定的规律、规则来制定方案和对策，这就充分体现了谈判科学性的一面。其次，谈判是人们的一种直接交流活动，谈判人员的素质、能力、经验、心理状态以及思维的运用，都会直接影响谈判的结果，具有难以预测性。同样的谈判内容、条件和环境，不同的人去谈判，其最终结果往往会不同。这就是谈判艺术性的体现。

3. 谈判的基本方法

市场经济本身就是一种契约经济，一切有目的的经济活动，一切有意义的经济关系都要通过谈判来建立。谈判有两种基本方法：零和谈判和双赢谈判。

（1）零和谈判。零和谈判就是有输有赢的谈判，一方所得就是另一方所失。零和谈判能够成功，在于双方的目标都有弹性并有重叠区存在，重叠区就是双方和解达成协议的基础。

（2）双赢谈判。双赢谈判就是谈判要找到一种双赢的方案。这种谈判要求双方对另一方的需求十分敏感，各自都比较开放和灵活，双方都对另一方有足够的了解和信任。在此基础上通过开诚布公的谈判，就可能找到双赢方案，从而建立牢固的长期合作关系。

4. 谈判原则

优秀的管理者为实现有效的谈判，一般要遵循如下原则。

（1）理性分析谈判事件。管理者在进行谈判时，应该抛弃历史和感情上的纠葛，理性地判断信息、依据的真伪，分析事件的是非曲直，分析双方未来的得失。

（2）理解你的谈判对手。面对谈判对手，管理者应该理解对手。对手的制约因素是什么？他的真实意图是什么？他的战略是什么？他的兴奋点和抑制点在哪里？

（3）抱着诚意开始谈判。优秀的谈判者在谈判时不卑不亢，提出条件合情合理，提法易于接受，必要时可主动让步，尽可能寻找双赢方案。

（4）坚定与灵活相结合。谈判者对自己目标的基本要求要坚持，对双方最初的意见不必太在意。当谈判陷入僵局时，应采取暂停、冷处理后再谈，或争取第三方调停，尽可能避免谈判破裂。

本 章 小 结

（1）在现代管理学中，沟通是指借助一定的手段把可以理解的信息、思想和情感在两个或两个以上的个人或群体中传递或交换的过程，沟通的目的在于通过相互间的理解和认同来使个人或群体间的认知以及行为相互适应。沟通一般应包括五个要素，即沟通主体、沟通客体、沟通媒介、沟通环境和沟通渠道。简单地说，沟通就是传递信息的过程。在这个过程中至少存在着一个发送者和一个接收者，即发出信息一方和接收信息一方。信息在二者之间的传递过程，一般经历七个环节。沟通的类别依据划分标准的不同而不同。

（2）人际沟通指个人之间在共同活动中彼此交流思想、感情和知识等信息的过程。它是沟通的一种主要形式，主要是通过语言、面部表情、手势、体态以及社会距离等来实现的。组织沟通是人力资源管理中最为基础和核心的环节，它关系到组织目标的实现和组织文化的塑造。

（3）沟通管理的重点就是要研究造成沟通障碍的原因并寻求克服沟通障碍的有效方法。沟通障碍可以划分为两类：一类是存在于个体之中的个体障碍；另一类是存在于组织之中的组织障碍。组织要实现有效沟通，必须消除上述组织沟通障碍，在实际工作中，可以通过以下几个方面来努力：明确沟通的重要性，正确对待沟通；营造一种信任与坦诚的组织氛围；全方位开发正式渠道，多元化使用沟通渠道；调整组织结构，适应沟通需要；缩短信息传递链，拓宽沟通渠道；提高员工沟通的心理水平。

（4）所谓组织冲突，就是指组织内部成员之间、成员个人与组织之间、组织中不同团体之间，由于利益上的矛盾或认识上的不一致而造成的彼此抵触、争执或攻击的组织行为。造成组织冲突的差异主要有沟通差异、结构差异、个体差异。为了管理冲突，管理者必须和组织内外的人员打交道。在组织内部，冲突管理可以通过行政手段来解决；但组织间的冲突则需要通过谈判来加以解决。

【案例思考】

公司高管之间的一次失败沟通

一、沟通过程简述

王杰是一个精力充沛，敢作敢为的人，且具有敏锐的市场敏感度，由于以前工作的成功经验使他具备了一定的创新能力和影响力。由于其出色的表现，被公司新提拔担任公管公司生产经营的副总经理。上任伊始，当他得知某一较大工程项目即将进行招标，他便打电话向总经理做了简单汇报，总经理没有明确答复，王杰误以为被默认而在情急之下，组织业务小组投入跟踪该项目，最终因准备不充分而成为泡影。事后，在总经理办公会上陈述有关情况时，总经理认为王杰"汇报不详，擅自决策，组织资源运用不当"，并当着下属面给予王杰严厉的批评。王杰反驳："已经汇报、领导重视不够、故意刁难，是由于责任逃避所致"。由于双方信息传递、角色定位、有效沟通、团队配合、认知角度等存在意见分歧，致使企业内部人际关系紧张。

二、失败原因分析

王杰由于角色转换，新任分管领导，缺少一定管理经验和沟通技巧，最终导致了总经理对他的偏见认识，是造成此次沟通失败的主要一方。具体分析其原因有以下四点。

第一，忽略了信息组织原则。王杰在掌握对方信息不足及总经理反馈信息不足的情况下盲目决策，扩大自己的管理幅度，并没有有效地对人力资源信息进行合理分析，发挥企业最强的竞争优势，致使准备不充分导致投标失败。

第二，忽视了正确定位原则。王杰仅凭自己的主观经验，而没有采取合理有效的分析，拿出具体的实施方案与总经理进行沟通并获得批准，使总经理误以为其抢功心切，有越权之嫌疑。

第三，没有运用好沟通渠道。事后对结果没有与总经理提前进行面对面及时有效沟通，而是直接在总经理办公会上表达了自己的想法，造成总经理在不知情的情况下产生了言语误会，进而通过领导者的影响力导致了企业内部的关系紧张。

第四，缺少组织团队意识。公司是一个团队，而王杰负责的部门成员只是一个工作组，当获得为企业创造利润的机会时，他没有发挥团队协作精神，没有充分利用公司最有效资源，不但没给企业带来好的绩效，而且损伤了下属的工作积极性。

总经理作为决策者，在此次沟通中也犯了一些严重的错误，导致了企业的凝聚力下降，企业经营业绩不佳。其主要如下所述。

第一，总经理缺乏"同理心"倾听。王杰打电话给总经理汇报工作交流信息时，总经理没有核查对传达信息的理解，也没有积极的回应，让王杰误以为默认而做出不正确判断。事后，当王杰向总经理陈述自己的想法时，总经理也没有认真从下属的角度去倾听王杰的工作思路。

第二，总经理缺少对下属员工理解和信任。如果沟通双方处在一个公平的位置，总经理就不会当着王杰下属的面对他进行严厉批评，使其下不了台，严重挫伤下属的自尊和积极性。在整个沟通过程中，总经理应该保持坦诚，并以换位思考的方式，宽容包含对方的这次过失，以鼓励下属在以后的工作中汲取教训。

第三，总经理缺少建立有效团队技巧。此次风波后，总经理没有以整个事件为借鉴，及时采取有效方法消除误解，构建和谐团队。而是听之任之，不和下属员工交流，使事态进一步扩大。

三、改善沟通建议

沟通是一个互动的过程，实现有效沟通需要沟通双方共同努力。基于上述原因分析，沟通双方都有责任。建议沟通双方在以下几个方面做出改进。

王杰应做出的改进：（1）在沟通前做好信息准备工作，这些信息包括电话汇报、翔实的书面汇报、经营分析、因素分析、可行性分析、经费分析、总结分析等报告，做到有备而战；（2）改进和完善沟通方式，除电话请示汇报外，可以采取面对面或者进一步的书面分析汇报材料，供于决策及反馈；（3）自我认知度的加强，由于公司是一个整体，要及时进行角色的换位思考，及时调整自己的位置做出相应的工作对策，以创新方式配合好总经理工作。

总经理应做出的改进：（1）培养充分有效的授权艺术，作为总经理日理万机，应尽可能的掌握好授权艺术，充分发挥领导班子整体功能，而不应该权力过于集中；（2）加强对下属宽容心态的培养，作为主管领导，应对事不对人，不能在下属已经犯错误或者失误的情况下，再去过于指责，导致人心涣散；（3）"同理心"倾听技巧的培养，作为领导，不能过于看重自己的权力，让员工在惧怕或者防备的状态中去工作，而应更多的从对方的心理去分析、倾听来自不同方面的建议，以便更好的改进工作和机制；（4）加强解决问题和决策能力的培养，对于企业内部出现的各种矛盾问题，要通过不同的手段和方式去化解矛盾，同时要培养果断和科学决策意识，促进企业全面健康发展。

【案例思考题】1. 什么是沟通？组织中的正式沟通有哪几种形式？

2. 为什么说本案例所述的沟通是一次失败的沟通？

3. 作为下级，应该如何进行有效的上行沟通？

4. 作为上级，应该如何进行有效的下行沟通？

资料来源：http://yhf88188.blog.sohu.com/47837690.html. 略有删改.

复习思考题

一、单项选择题

1. 沟通按照（ ）可分为工具式沟通和感情式沟通。

    A. 行为主体   B. 功能   C. 组织系统   D. 沟通媒介

2. 在组织中，（ ）构成组织沟通最基本的内容，是最基本的协调工作。

    A. 个体间沟通   B. 团队沟通   C. 组织间沟通   D. 单向沟通

3. 沟通一般应包括（ ）个要素。

    A. 二   B. 三   C. 四   D. 五

4. 将沟通分为个体间沟通和群体间沟通是按照（ ）来划分的。

    A. 行为主体   B. 功能   C. 组织系统   D. 沟通媒介

5. 下列情况下，适合使用单行沟通的是：（ ）。

    A. 时间比较充裕，但问题比较棘手

    B. 上级缺乏处理负反馈的能力，容易感情用事

C. 下属能对解决问题提供有价值的信息和建议

D. 下属对决策方案的态度至关重要

6. 各种沟通方式中，快速传递、快速反馈、信息量很大，但在传递中经过层次越多信息失真越严重，核实越困难的沟通方式是（   ）。

    A. 电子媒介沟通　　　　　　B. 非语言沟通　　　　　C. 书面沟通　　　　　　D. 口头沟通

7. 各种沟通方式中，快速传递、信息量很大，易远程传递一份信息同时传递多人，传递成本低廉，但属于单向传递的沟通方式是（   ）。

    A. 电子媒介沟通　　　　　　B. 非语言沟通　　　　　C. 书面沟通　　　　　　D. 口头沟通

8. 各种沟通方式中，具有持久、有形、可以核实等优点，但效率低，缺乏反馈的沟通方式是（   ）。

    A. 电子媒介沟通　　　　　　B. 非语言沟通　　　　　C. 书面沟通　　　　　　D. 口头沟通

9. 各种沟通方式中，具有信息意义十分明确、内涵丰富、含义隐含灵活等特点，但传递距离有限、界限模糊，只能意会不能言传的沟通方式是（   ）。

    A. 电子媒介沟通　　　　　　B. 非语言沟通　　　　　C. 书面沟通　　　　　　D. 口头沟通

10. 下列选项中，（   ）不是决定信息来源可靠性的因素。

    A. 诚实　　　　　　　　　　B. 能力　　　　　　　　C. 客观　　　　　　　　D. 权威

11. 关于沟通过程，下列说法不正确的是：（   ）。

A. 至少存在着一个发送者和一个接收者

B. 发送者将所要发送的信息译成接收者能够理解的一系列符号

C. 接收者将接收到的符号译成具有特定含义的信息

D. 信息传递的有效性和接收者的翻译能力无关，只与发送者的翻译能力有关。

12. 有信息反馈的信息沟通是（   ）。

    A. 单向沟通　　　　　　　　B. 双向沟通　　　　　　C. 上行沟通　　　　　　D. 下行沟通

13. 当冲突无关紧要时，或当冲突双方情绪极为激动时，需要时间慢慢恢复平静，此时可以选用（   ）策略。

    A. 回避　　　　　　　　　　B. 迁就　　　　　　　　C. 强制　　　　　　　　D. 合作

14. 当必须对重大事件或紧急事件进行迅速处理时，可采用（   ）策略。

    A. 回避　　　　　　　　　　B. 迁就　　　　　　　　C. 强制　　　　　　　　D. 合作

15. 当维持和谐关系十分重要时，管理者可采用（   ）策略。

    A. 回避　　　　　　　　　　B. 迁就　　　　　　　　C. 强制　　　　　　　　D. 合作

16. 当事件十分重大，冲突双方不可能妥协时可采用（   ）策略。

    A. 回避　　　　　　　　　　B. 迁就　　　　　　　　C. 强制　　　　　　　　D. 合作

17. 如果发现一个组织中小道消息很多，而正式渠道的消息很少，这意味着该组织（   ）。

A. 非正式渠道中信息传递很畅通，运作良好

B. 正式渠道中消息传递存在问题，需要调整

C. 组织中部分人特别喜欢在背后乱发议论，传递小道消息

D. 充分运用了非正式渠道的作用，促进了信息的传递。

18. 甲、乙、丙三位领导都从原单位调到了一个新单位担任领导，上任之前，他们聚到一起，畅谈到新单位的利弊。请你为他们出主意，上任后最应该注意的工作是什么？（   ）。

    A. 决策　　　　　　　　　　B. 用人　　　　　　　　C. 沟通　　　　　　　　D. 激励

19. 在实践中，经常可以看到许多大公司将不同部门安排在一个没有分隔的大办公室办公。如果这种做法有利于组织发展，你认为以下哪种解释最为合理？（   ）。

A. 增加人们相互沟通的机会，有利于造成一种团队氛围

B. 可以消除小办公室各部门之间的相互背后议论，从而减少部门隔阂

C. 无建无栏，使得管理者可以非常方便的监控下属

D. 大办公室中员工之间在做什么都一清二楚，有助于增强自我约束力

20. 据资料表明，语言表达为管理沟通的有效手段，可以分为三种类型：体态语言、口头语言、书面

语言。它们所占的比例分别为：50％、43％、7％。根据这一资料，你认为下述哪种观点正确？（　　　）。

    A. 这份资料有谬误，因为文件存档时，最常用的是书面语言

    B. 体态语言太原始，大可不必重视它

    C. 人与人之间的沟通，还是口头语言好，体态语言太费解

    D. 在管理沟通中，体态语言起着十分重要的作用

二、判断题

1. 选择何种沟通工具，在很大程度上取决于信息的种类、沟通目的、外界环境以及沟通双方。（　　）

2. 优秀的管理者要实现有效谈判，必需妥善选择处理办法。（　　）

3. 团队沟通是组织沟通最基本的形式。（　　）

4. 口头沟通适用于在决策时提取信息。（　　）

5. 电子媒介适用于传递篇幅较长、内容详细的信息。（　　）

6. 口头沟通适用于需要翻译或精心编制的信息。（　　）

7. 冲突管理就是指管理者要设法消除冲突产生的负面效应。（　　）

8. 人际沟通技巧包括语言沟通技巧和非语言沟通技巧。（　　）

9. 造成有效沟通障碍的主要原因有个人原因、人际原因、结构原因和技术原因。（　　）

10. 当管理者必须对重大事件或紧急事件进行迅速处理时，可采用合作策略。（　　）

三、名词解释

沟通，个体间沟通，团队沟通，组织间沟通，正式沟通，非正式沟通，上行沟通，下行沟通，平行沟通，谈判，冲突。

四、思考题

1. 沟通的目的主要有哪些？

2. 沟通有哪些作用？

3. 沟通的过程一般包括哪些环节？

4. 人际沟通有哪些特点？

5. 人际沟通的渠道有哪些？

6. 影响组织沟通的主要因素有哪些？

7. 造成组织有效沟通障碍的原因有哪些？

8. 消除组织沟通障碍的方法有哪些？

9. 组织有效沟通的实现途径有哪些？

10. 管理者应该如何进行冲突管理？

第五篇　控　制

第十四章 控制原理与过程

学习目的与要求：

- 了解控制特点与原理，控制的类型；
- 理解控制内容，控制过程的三个环节；
- 掌握控制的含义及必要性，前馈、同期、反馈三种控制方式，掌握有效控制的方法及其运用。

 引导案例：

某大型电子零件连锁商店的管理失控

在某大型电子零件批发公司的一家连锁商店里，刚出任经理的比尔正被一些事搞得心烦意乱。店里两位售货员，每天上午轮流去隔壁的自助餐厅喝咖啡、吃甜馅饼。因为少了一个售货员，顾客们在店里等候服务已经司空见惯。更令人头痛的是，这家零售商店的营业额一直达不到公司的平均水平。当比尔对售货员们谈及这两件事的时候，售货员认为公司给的工资太少。对此，比尔提出三点要求：第一，在上班时间，要坚守岗位，谁也不可以离开商店；第二，如果这家商店还要营业，每天就必须完成 1000 美元的平均销售额，总公司的记录表明，每位顾客大约购买 5 美元的货，也就是说，要求每个售货员每天至少要接待 100 位顾客；第三，要求售货员在接待顾客时，应做到礼貌周到、有问必答。比尔认为，如果售货员能做到这三点，他们的工资就会提高。

从这则例子中，我们可以看出，顾客服务和营业收入都未能达到预期水平，而员工却在抱怨公司付给他们的工资太少了。这是典型的管理失控问题！

资料来源：http://www.doc88.com/p-085712737743.html. 略有删改.

第一节 控制概述

管理的控制职能，是对组织绩效进行衡量与纠正，以确保组织目标以及为实现目标所制定的计划能够得以完成。管理学一般都用控制来概括管理的这一基本职能。控制工作的主要内容包括确立标准、衡量绩效和纠正偏差。一个有效的控制系统可以保证各项活动朝着组织目标的方向前进，而且控制系统越完善，组织目标就越容易实现。

一、控制的含义与特点

1. 控制的含义

所谓控制，是指管理者为了保证实际工作与计划的要求相一致，按照既定的标准，对组织的各项工作进行检查、监督和调节的管理活动。把握这一概念，必须注意三点：第一，控制是一项有目的的管理活动，即防止问题的发生，确保计划的执行和组织目标的达成；第二，控制是通过"监督"和"纠偏"来实现的；第三，控制是一个过程，即一个发现问题、分析问题和解决问题的过程，如图 14-1 所示。

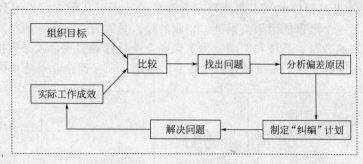

图 14-1　控制过程

2. 控制的特点

管理控制无论是着眼于纠正执行中的偏差还是适应环境的变化，都是紧紧围绕着组织的目标进行的。管理控制具有以下特点。

（1）目的性。同其他工作一样，控制工作也具有明确的目的性。即管理控制工作并不是管理者的主观任意行为，而是受一定的目标指引，按政策、程序、规则进行的，服务于达成组织特定目标的需要。管理者在行使控制职能时，更是一种责任，而不仅仅是一种权力，控制促使组织更有效地实现其根本目标。

（2）整体性。整体性包含两层意思：一是从控制的主体来看，完成计划和实现目标是组织全体成员共同的责任，管理控制应该成为组织全体成员的职责，而不仅仅是管理人员的职责；二是从控制的对象来看，管理控制覆盖组织的各个方面，人、财、物、时间、信息等资源，各层次、各部门、各单位的工作，以及企业生产经营的各个不同阶段等，都是管理控制的对象，在进行管理控制时，管理者要把整个组织的活动作为一个整体来看待，使各个方面的控制能协调一致，达到整体的优化。

（3）动态性。组织是动态的，其外部环境和内部条件随时都发生着变化。从而决定了控制标准和方法不可能固定不变。管理控制的动态性，可以保持和提高控制工作的有效性与灵活性。

（4）人性。管理工作不能忽视人性方面的因素。管理工作应该是提高员工工作能力的工具，而不仅仅是监督，更重要的是指导和帮助。管理者可以制定偏差纠正计划，但这种计划要靠员工去实施，只有当员工认识到纠正偏差的必要性并具备纠正能力时，偏差才会被纠正。通过纠偏工作，管理者可以帮助员工分析偏差产生的原因，端正员工的工作态度，指导他们采取纠正的措施。这样，既能达到控制的目的，又能提高员工的工作和自我控制能力。

二、控制的基本原理

任何系统都是由因果关系链接在一起的元素集合，元素之间的这种关系叫做耦合。控制论就是研究耦合运行系统的控制和调节的。

为了控制耦合系统的运行，必须确定系统的控制标准 Z。控制标准 Z 的值是不断变化的某个参数集的函数，即 $Z=f(S)$。例如为了控制飞机的航行，必须确定航线，飞机在航线上的位置是不断变化的，所以控制标准 Z 的值也必须是不断变化的。可以通过对系统的调节来纠正系统输出与标准值 Z 之间的偏差，从而实现对系统的控制。

企业也是一个耦合运行系统。企业生产经营活动的全过程就是由严密的因果关系链接起来的。无论是整个过程或其中的某个阶段、某个环节，为了得到一定的产出，就必须有一定的投入。通过控制该系统的投入，包括生产过程的资金、人力、物资、管理和技术信息，就可以控制该系统的产出，即企业生产经营活动的产出。

图 14-2 是一个及其简略的汽车制造厂耦合系统示意图。从图中可以看到，企业系统内一系列因素形成了一个严密的因果关系链。企业的投入是人力、设备、原材料和资金，企业的最终产出是汽车的数量、质量和期限。为了保证企业目标的实现，就必须把计划作为控制标准值 Z，然后通过调节各子系统和各生产环节的活动，来保证企业系统目标的实现。

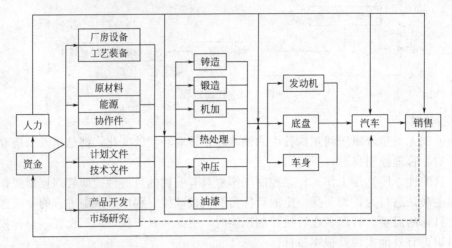

图 14-2 汽车制造厂耦合系统示意图

三、控制的目标与必要性

1. 控制与计划的关系

要理解控制，需要把控制与计划的职能联系起来。计划起着指导性作用，而控制则是为了保证组织的产出与计划保持一致的一种管理职能。计划预先指出了所期望的行为和结果，而控制则是按计划指导实施的行为和结果。控制是保证计划的实施和完成，计划是控制的目标，这两项职能是不可能分割的。虽然，在管理学中一般从概念上对两者加以区分，实际上，人们仍然可以把计划与控制看成是一把剪刀的两刃，缺任何一刃，剪刀就没用了。

计划与控制是同一事物的两个方面。一方面，有目标和计划而没有控制，人们可能知道自己干了什么，但无法知道自己干的怎么样，存在哪些问题，哪些方面需要改进；另一方面，有控制而没有目标和计划，人们将不知道控制什么，也不知道怎么控制。计划越明确、全面和完整，控制效果也越好。没有计划就无法衡量行动是否偏离计划，更谈不上纠正偏差。计划是控制的前提，控制是完成计划的保证。没有了目标与计划，控制就无从谈起；没有了控制，计划就毫无意义。

一切有效的控制方法首先是计划方法，而如何控制以及控制到什么程度都取决于计划的要求；企业要制定有效的计划必须从控制过程中得到有效信息；控制不仅是实现计划的保证，而且可以能动地影响计划。

2. 控制的主要目标

控制的主要目标有两个，限制偏差的积累和适应环境的变化。

（1）限制偏差的积累。有效的管理控制系统应当能够及时地获取偏差信息，及时地采取纠正偏差措施，以防止偏差的累积而影响到组织目标的顺利实现。现实中，任何工作的开展都可能会出现一些偏差，小的偏差和失误不会立即就给组织带来严重的损害，但如果不加以及时纠正，小的偏差和失误就会积少成多和累积放大，最终对计划目标的实现造成威胁，甚至给组织酿成灾难性的后果。防微杜渐，及早地发现潜在的错误和问题并进行处理，就有助于确保组织按预定的轨迹运行下去。

（2）适应环境的变化。从组织提出计划和目标，到计划的实施和目标的实现总要经历一段时间。在这期间，组织内部的条件和外部环境可能会发生一些变化，这些变化不仅会妨碍计划的实施进程，甚至影响计划本身的科学性和现实性。因此，任何组织都需要构建有效的控制系统，帮助管理人员预测和把握内外环境的变化，并对这些变化带来的机会和威胁做出正确、有力的反应，以将组织调整到适应的状态。

3. 控制的必要性

（1）控制可以保证计划的顺利实施。控制通过纠偏，使计划执行中的偏差得以及时纠正或减少，从而确保计划的顺利实施；通过调试，积极调整原定标准或重新制定新标准，以确保计划运行的适应性。

（2）控制可以促进组织运行效率的提高。控制通过纠偏，有助于提高人们工作责任心和工作能力，可以防止类似偏差的再现；通过反馈，有助于提高管理者的决策能力水平。

（3）控制有助于组织适应环境。一个组织只有不断地适应环境的变化，才能更好地生存和发展。计划就是组织为适应环境而做的准备，但由于环境的变化，使组织事先所制定的计划不再正确、合理和有效，控制在某种程度上就是防止这种不适应距离的拉大。

（4）控制可以促进组织创新。通过反馈，管理者不仅可以及时掌握计划的执行情况，纠正所产生的偏差，还可以从反馈中受到启发，激发管理方法、管理手段的创新。

四、控制的主要内容

控制的内容也就是控制的对象，按照美国管理学家斯蒂芬·罗宾斯的观点，其主要包括五个方面。

（1）人员控制。管理者是通过他人的工作来实现其目标的。为了实现组织的目标，管理者需要而且必须依靠下属员工，并确保员工按其所期望的方式工作，而这就有赖于对人员的控制。对人员控制最常用的方法有两种：一是直接巡视，及时发现问题，随时予以纠正；二是评估员工的工作表现，有针对性的予以奖罚，同时采取相应措施，纠正出现的行为偏差。

（2）财务控制。每个企业的首要目标都是获得一定的盈利。为了达到这一目标，维持企业的生存与发展，即需要进行财务控制，包括控制成本费用水平、审核财务报表等。

（3）作业控制。作业控制，就是对组织的生产作业过程亦即资源转换过程进行的控制。一个组织的成功与否，在很大程度上取决于它在生产产品或提供服务上的效率和效果，因此，作业控制也是管理控制的重要内容。常见的如生产控制、质量控制、库存控制和成本控制等。

（4）信息控制。信息是一种重要的资源，管理者需要靠信息来完成他们的工作，而不精确、不完整、不及时的信息会严重阻碍他们的行动，降低组织的效率。因此，就需要在组织内开发和建立一个管理信息系统，以便能为管理者提供及时、充分和可靠的信息服务。

（5）组织绩效控制。组织绩效是组织上层管理者的控制对象。由于组织目标的达成与否都要从这里反映出来的，因而不论是组织内部的管理者，还是组织外部的相关人员与机构，对此都高度关注，并努力探索如何科学衡量组织绩效的高低。

五、控制的类型

1. 根据控制的时机分类

（1）前馈控制。前馈控制亦称预先控制、事前控制，即在企业生产经营活动开始前对工作中可能产生的偏差进行预测和估计并采取防范措施，将可能的偏差消除于产生之前。前馈控制的着眼点是防患于未然，首先是要防止不符合标准的资源投入，避免因资源投入不当而造成的工作偏差；其次通过有关工作，引导人们采取必要的预防措施，防止问题的发生。也就是说，前馈控制是要控制原因，而不是控制行动结果。

前馈控制是一种预防性控制。前馈控制的优点表现在预防偏差的出现，是工作开始前针对某项计划行动所依赖的条件进行，不针对具体人员，容易被接受和实施。前馈控制需要准确的信息，并要充分了解前馈控制的因素与计划工作的影响关系。

要实施有效的前馈控制，就必须满足以下六个必要条件：第一，必须对计划和控制系统作出透彻、仔细的分析，确定重要的输入变量；第二，必须建立清晰的前馈控制系统模型，明确系统输入量与输出结果之间的关系；第三，注意保持模型的动态性，经常检查模型以了解所确定的输入变量及其相互关系是否仍然反映实际情况；第四，必须经常收集系统输入变量的数据并输入控制系统；第五，必须定期评估实际输入量与计划输入量的差异，并评估其对最终结果的影响；第六，必须采取行动，不但要指出问题，还要采取措施予以解决。

（2）同期控制。同期控制亦称现场控制、同步控制或过程控制，是指在企业生产经营活动开始以后，对活动进行中的人和事所进行的控制。同期控制一般都在工作现场进行，主要由基层管理者承担，其主要职能是指导和监督。指导是管理者针对工作中出现的问题，在现场指导改进工作，或与员工共同讨论，正确地完成所规定的任务；监督是按照预定标准检查正在进行的工作，以保证目标的实现。同期控制的优点是对出现的偏差能及时纠正，有助于提高工作人员的工作能力和自我控制能力，但同期控制受时间、精力以及业务水平的制约。同期控制的应用范围较窄，一般来说，对于便于计量的工作较易进行同期控制，例如工作人员的自检就属于同期控制。

同期控制的效果主要取决于控制者的个人素质、个人作风、指导的表达方式以及下属的理解程度等，其中，控制者的言传身教至关重要。

（3）反馈控制，亦称成果控制或事后控制，是指在生产经营活动已经结束之后进行的控制及其对其结果的总结。反馈控制是把注意力集中于生产经营活动的结果上，通过对已形成的结果进行测量、比较和分析，发现偏差情况，依此采取措施，对今后的工作进行纠正。反馈控制是一种最主要也是最传统的控制方式。

反馈控制具有稳定系统、跟踪目标和抗干扰的特性，这使得它可以用来改善管理控制工作，提高工作效率，因而反馈控制在现实生活中的应用十分普遍。但反馈控制存有一个重大的缺陷，即实施控制时，整个活动已经结束，活动中出现的偏差已在系统内造成损害，并且已无法弥补或避免，也就是说，它只能在事后发挥作用，类似于亡羊补牢。

反馈控制可在以下五个方面发生作用：一是在周期性的重复活动中，可以避免下一次活动发生类似的问题，也就是反馈控制的纠偏措施可以转化为预防性的措施，进行前馈控制；二是可以消除偏差对后续活动的影响，如产品在出厂前进行的最终质量检验，剔除不合格品，可避免这些产品流入市场后对品牌信誉和顾客使用造成的不利影响；三是人们可以总结教训，了解工作失误的原因，为下一轮工作的正确开展提供依据；四是系统性、复杂性的偏差只有通过事后分析才能解决和改进；五是可以提供员工奖惩的依据。在企业的生产经营活动中，反馈控制主要用于财务分析、成本分析、质量分析以及职工的业绩评定等方面。

总的说来，三种控制方式都各有优缺点，有效的管理控制不能只依靠某一种控制方式，而必须根据特定的情况将各种方式侧重地结合起来使用，以提高管理有效性。

2. 根据确定控制标准 Z 值的方法分类

（1）程序控制。程序控制的控制标准 Z 值是时间 t 的函数，即 $Z = f(t)$。在组织生产经营活动中，大量的管理工作都属于程序控制性质。例如计划编制程序、统计报告程序、信息传递程序等都必须严格按事前规定的时间进行活动，以保证整个系统行动的统一。

（2）跟踪控制。跟踪控制的特点是，控制标准 Z 值是控制对象所跟踪的先行量 W 的函数，即 $Z=f(W)$。在组织生产经营活动中，税金的缴纳，利润、工资、奖金的分配，资金、材料的供应都属于跟踪控制性质。如销售额是先行量，税金就是跟踪量，控制标准就是各个税种的税率。这是一种动态的跟踪控制。国家通过制定各个税种的税率，就可以有效控制国家与企业在经济利益上的分配关系。

(3) 自适应控制。自适应控制的特点是没有明确的先行量，控制标准 Z 值是过去时刻（或时期）已达到状态 K_t 的函数。也就是说，Z 值是通过学习过去的经验而建立起来的，即 $Z=f(K_t)$。在激烈竞争的市场环境中，企业最高领导人对企业的发展方向很难进行程序控制或跟踪控制，必须进行自适应控制。为使组织不断适应外部环境发生的新变化，领导者往往需要根据过去某一时刻组织所处的状态，凭自己的经验和预感去分析、判断，并做出相应的决策。

(4) 最佳控制。最佳控制的特点是，控制标准 Z 值是由某一目标函数的最大值或最小值构成。这种函数通常含有输入量 X、传递因子 S 和 K 以及各种附加参数 C，即 $Z=\max f(X,S,K,C)$ 或 $Z=\min f(X,S,K,C)$。最佳控制原理普遍应用在组织的经营活动中。例如用最短路程来控制运输路线，用最大利润率来控制投资规模，用最小费用来控制库存，用最低成本来控制生产规模等。几乎所有可以用线性规划、网络技术等运筹学方法和其他数学方法求解的问题，都毫无例外地要得出过程的最优解，并以此作为对过程实行管理的控制标准。

3. 根据控制主体与控制对象的作用关系分类

(1) 直接控制。直接控制是指控制主体直接作用于控制对象的过程。应用直接控制是有多种条件限制的，其中最重要的是要求管理者必须具备良好的素质，即必须具备高水平的决策能力。拥有决策成功率高的业绩。只有这样，管理者在直接控制中才能避免或少犯错误。管理者应恰当地把握直接控制的应用场合和使用频率等因素，在一般情况下，对于复杂的管理活动应避免直接控制。

(2) 间接控制。间接控制是指控制主体与控制对象非直接接触的控制过程。在间接控制中，通过有关管理部门对某种工作过程进行检查和监督，将从检查和监督中获得的信息及结果向管理者汇报，管理者从中找出偏差并分析偏差产生的原因，然后采取措施来纠正偏差。管理者把获得控制信息的注意力集中在对监督和检查结果的分析上。为了提高控制信息的客观性，应尽量减少监督检查的中间环节，同时在实施间接控制过程中，应辅以管理者实地考察、调查研究、抽样分析等方法。

第二节 控 制 过 程

管理中的任何活动，都可以而且应当予以控制，不过这需要管理者了解管理控制的基本过程。控制的对象包括新技术的研究与开发、产品的加工制造、市场营销宣传、企业的人力资源、物质要素、财务资源等。管理的控制过程一般均包括以下三个基本环节：制定控制目标，建立控制标准；衡量实际工作，获取偏差信息；分析偏差原因，采取纠正措施。

一、制定控制目标，建立控制标准

控制目标、控制标准是控制工作得以开展的前提，是检验和衡量实际工作的依据和尺度。如果没有控制目标、标准，便无法衡量实际工作，控制工作也就失去了目的性。

1. 确定控制对象

标准的具体内容涉及到需要控制的对象。组织经营活动的成果无疑是控制的重点对象，控制工作的目的就是有效地取得预期的活动结果。要保证企业经营取得预期的成果，必须在成果最终形成以前进行控制，纠正与预期成果的要求不相符的活动。因此，需要分析影响企业最终经营结果的各种因素，并把它们列为需要控制的对象。

影响组织在一定时期经营成果的主要因素有以下三种。

（1）环境特点及其发展趋势。组织在特定时期的经营活动是根据决策者对经营环境的认识和预测来计划和安排的。如果预期的市场环境没有出现，那么原来计划的活动就可能无法继续进行，从而难以为组织带来预期的结果。因此，制定计划所依据的对经营环境的认识应作为控制对象，列出"正常环境"的具体标志或标准。

（2）资源投入。企业经营成果是通过对一定资源的加工转换得到的。没有或缺乏这些资源，企业经营就会成为无源之水、无木之本。投入的资源，不仅会影响经营活动的按期、按量、按要求进行，从而影响最终的物质产品，而且其取得费用会影响生产成本，从而影响经营的盈利程度。因此，必须对资源的投入进行控制，使之在数量、质量以及价格等方面符合预期经营成果的要求。

（3）组织活动。输入到生产经营活动中的各种资源不可能自然形成产品。企业经营成果是通过全体员工在不同时间和空间利用一定技术和设备对不同资源进行不同内容的加工劳动才最终得到的。企业员工的工作质量和数量是决定企业经营成果的重要因素，必须使企业员工的活动符合计划和预期结果的要求。因此，必须建立员工的工作规范和各部门在各个时期的阶段成果的标准，以便对企业的活动进行控制。

2. 建立控制标准

管理者实施控制时必须以计划为基础，制定出控制工作所需要的标准。它们是衡量工作成果的规范，是在一个完整的计划中选出的计量工作成果的"控制点"。

（1）控制标准的类型。标准的类型很多，可以是定量的，也可以是定性的，但一般情况下，控制标准应尽量数字化和定量化。以工商企业为例，目前，经常使用的主要有以下几种类型的标准：时间标准；生产力标准；消耗标准；质量标准；行为标准。当然，这只是一个总体的表述，对不同的组织、不同的计划、不同的控制环节，控制标准也会而且应当有所不同。

（2）建立标准的常用方法。控制的对象不同，建立标准的方法也不一样。一般来说，组织可以使用的方法有三种：利用统计法来确定预期结果；在客观定量分析的基础上建立工程标准；根据经验和判断来估计预期结果。

① 统计方法，即根据组织的历史数据或对比同类组织的水平，运用统计学的方法确定有关标准——统计标准。统计方法具有简便易行的好处，常用于制定与组织的经营活动和经济效益有关的标准。

② 工程方法，即以准确的技术参数和实测的数据为基础来确立有关标准——工程标准，工程方法主要用于测定生产定额标准。例如，机器的产出标准是设计者计算的正常情况下的最大产出量；工人的操作标准是研究人员在对构成作业的各项动作和要素的客观描述与分析的基础之上，经过消除、改进和合并而确定的标准作业方法。

③ 经验估计法，即由有经验的管理人员凭经验来制定标准，它是一种带有浓厚主观判断色彩的方法，一般用作上述两种方法的补充。经验估计法常用于新从事的工作，或缺乏统计资料的工作的标准建立。利用这种方法时，要注意利用各方面的管理人员的知识和经验，综合大家的判断，给出一个相对先进合理的标准。

3. 选择关键控制点

由于在组织系统的运营过程中，要想衡量所有的活动不仅不现实，而且也没有必要。因此，对于管理者而言，他要做的并不是去观测所有的活动，而是挑选出一些关键的控制点，并通过它们对全部活动内容进行控制，以确保整个运作过程符合计划要求。

关键控制点的"关键性"在于该因素对整个运作过程及其结果的影响大小，它可能是经营活动中的一些限制因素，也可能是能够使计划更好地发挥作用的因素。选择关键控制点的能力是管理者必须具备和掌握的一种能力或艺术，有效的控制在很大程度上就取决于这种能力。

选择关键控制点需要全面的分析企业的经营绩效，弄清企业的发展现状，做出综合性的分析。以美国通用电气为例，该公司选择了市场地位、收益力、生产率、产品领导力、人员能力开发、员工态度、短期目标与长期目标的平衡和社会责任八个关键控制点。

【阅读材料14-1】

GE 经营控制的关键

美国通用电气公司（GE）采用业绩分析法，在分析影响和反映企业经营成果的众多因素的基础上，选择了决定企业经营成败的八个要素作为关键控制点，并为它们建立了相应的控制标准。这八个方面如下。

（1）市场地位。市场地位是反映企业相对于其他厂家的经营实力和竞争能力的一个重要标志。市场地位要求分析企业在市场的哪一部分、哪种产品、哪种服务项目、哪种价值上所处的地位，反映企业在市场上的占有份额。如果企业的市场份额下降，就意味着由于价格、质量或服务的某个方面的原因，企业产品相对于竞争对手来说吸引力降低，因此应该采取相应的措施。

（2）收益力。收益力即企业的获利能力，一般用利润与销售额或资金占用量相比较的利润率来表示，反映了企业对某段时期内投资应获利润的要求，也是衡量企业经营成败的综合标志。利润率实现情况与计划的偏离，可能反映出生产成本的变动或资源利用效率的变化，从而为企业采取改进措施指出了方向。对企业的收益力分析要对企业内部各个部门的收益力进行分析。所以对收益力既要有纵向比较，又有横向比较；既有比率比较，又要有净利额的比较。

（3）生产率。生产率是投入与产出之比，可用来衡量企业各种资源的利用效果。投入就是人力资源、物资资源和资金资源等三大基本资源的投入；产出包括产品或服务的数量、销售额、企业的利润等。净产值反映了企业创造的价值，因此可以把三种资源的净产值率作为企业整体的生产率。影响企业生产率高低的因素是多种多样的：如知识的应用、时间的利用、产品的组合、程序的组合，以及组织结构、企业的各种活动的平衡等。

（4）产品领导力。产品领导力通常是指产品的技术先进水平和功能完善程度。产品领导力不是指产品现有的市场地位，而是指为了发展新产品与改善现有产品的品质时，公司在技术、制造及市场领域里是否具有创造及采用最新科学技术知识的能力。企业为了维持自身产品的领导力，必须定期评估产品在质量、成本方面的状况及其在市场上的受欢迎程度。如果达不到标准，就要采取相应的改善措施。

（5）人员能力开发。企业的长期发展依赖于人员素质的提高，企业的各个阶层都应该拥有合适的人才。对于人员能力开发要有计划，要制定开发计划指标。同时，为确保企业需要的时候能够找到合适的人才，企业应备有人才储备表，列出有能力升迁的人员名单。企业要通过人员发展规划的制定和实施，为企业及时供应足够的人才，为员工提供成长和发展的机会。

（6）员工态度。员工的工作态度会对企业目前和未来的经营成果产生非常重大的影响，企业应该把它作为各领域内的最基本的项目，因为员工态度可以反映主管人员对员工个人的基本欲求与目标的满足是否负起了责任。测定员工态度的方法有：员工的离职率、缺勤率、迟到、安全记录以及有关改善工作的提案数量等。管理人员应直接与员工交谈、询问，以了解其态度。如果发现员工态度不符合企业的预期，企业应该采取有效措施来提高员工在工作或生活上的满足程度，以改变员工态度。

(7) 短期目标与长期目标的平衡。只顾近期需要而不顾长期发展，企业很快就会因为环境变化而不能继续存在下去。相反，只顾远期，不顾近期，远期的目标也难以实现。所以企业要把短期目标与企业的成长发展相结合，保证长期计划和短期目标融为一体。而且企业还要检讨长期计划与短期目标是否具体、完善和相互呼应，甚至要测算以何种成本期待取得何种成果等。

(8) 社会责任。企业的存续是以社会承认为前提的，企业应该对社会负责，必须履行必要的社会责任。企业的社会责任，可从以下几个方面加以考察：为员工提供稳定的就业机会；对员工工资、工作环境及生活水平的保障；对企业生产过程的环保评价；向慈善机构的捐献等。社会责任是否很好履行关系到企业的社会形象，企业应根据有关部门对公众态度的调查，了解企业的实际社会形象同预期的差异，改善对外政策，提高公众对企业的满意度。

资料来源：http://blog.ceconlinebbs.com/BLOG_ARTICLE_2339.HTM.

二、衡量实际工作，获取偏差信息

理想的纠偏方式是通过预防性管理来解决偏差的出现。无论预防性管理如何强化，现实中总有一些因素不能被预见，进而导致偏差的出现。在这种客观情况下，最满意的方式就是：在偏差产生后迅速采取必要的纠偏行为。

偏差信息是实际工作情况或结果与控制标准要求之间所发生偏离程度的信息。了解和掌握偏差信息，是控制工作的重要环节。如果没有或无法得到这方面的信息，那么就无法知道是否应该采取纠正措施以及采取多大强度的纠正措施，这样控制工作便无法正常地开展。信息是控制的前提和基础，管理者应及时掌握能够反映偏差是否会产生、并能判定其严重程度的信息。

为了及时、正确地获得偏差信息，管理者在实际衡量工作中要注意做好以下四项工作。

1. 制定合理的衡量计划

对照标准衡量实际工作，以取得偏差信息，是控制过程的第二步。衡量业绩的目的是为了取得衡量对象的有关信息。在对业绩进行衡量前，应该对需要衡量什么、如何衡量、间隔多长时间进行衡量和由谁来负责衡量等做出安排。

(1) 确定衡量项目。衡量项目，即衡量什么，是衡量工作中最重要的方面。管理者应该将决定实际工作绩效好坏的重要特征项作为衡量项目。但在实际管理中，经常出现一种怪相，即侧重于衡量那些容易衡量的项目，而忽视那些不易衡量、较不明显但实际相当重要的项目。衡量项目应该围绕构成好绩效的重要特征项来进行，而不是偏向那些易衡量的项目。

(2) 确定衡量方法。当前比较流行的衡量方法有：观察；利用报表和报告；抽样调查；召开会议等。管理者可以通过上述一种或几种方法获得衡量工作绩效的资料和信息。

(3) 确定衡量频率。适当的衡量频率是非常关键的，衡量频率过高，不仅费用过高，也会给员工带来负面影响；衡量频率过低，将会导致信息量过少，不足以反映偏差的现实情况。

(4) 确定衡量主体。由谁来衡量，将对控制效果和控制方式都产生重大影响。不同的衡量主体，衡量效果不同。在传统的质量管理中的自检、互检、专检等，就是对衡量的主体要求不一样。

2. 收集并反馈有效的信息

对实际情况进行衡量的目的，是为了提供有用的信息，为纠正偏差提供依据。将有效的信息迅速地反馈与集中，并将纠偏指令迅速地对问题作出处置，是非常必要的。信息能有效地服务于纠偏，需要符合以下三项基本要求。

（1）信息的及时性。首先，对信息的收集要及时。信息具有很强的时效性，对那些无法追忆和不能再现的重要信息，如没有及时记录和收集，过后便很难再获取。而且，对于大多数信息来说，如果不能及时收集，信息的价值就会大大降低。因此，组织内部要建立健全统计、原始记录工作，促使组织成员养成重视信息收集的意识，培养他们信息收集方法。其次，信息的加工、检索和传递工作也要及时。如果信息不能及时提供给各相关人员，信息的价值就会丧失，甚至会给组织带来无形或有形的损失。

（2）信息的可靠性。只有依靠准确、可靠的信息才可能对工作中的问题做出正确的决策。信息的可靠性首先来源于准确，包括准确地收集信息、完整的信息传递等各个环节。

（3）信息的适用性。收集信息是为了利用信息。要对信息的种类、范围、详细程度、使用频率等进行整理、分析，并保证为相关人员提供精练而又满足要求的信息。

3. 衡量工作绩效

有了完整的控制标准体系，就要采集有关信息，并据此对实际工作情况做出分析与评价。在测定实际工作的基础上，应对工作成效进行分析评估，即通过与标准的比较，以判定：

① 实际与计划之间有无偏差；

② 如果有偏差，是什么性质的偏差——正偏差或负偏差；

③ 偏差是否超出了允许的范围；

④ 导致偏差的原因是什么；

⑤ 应采取哪些措施减少偏差？

4. 衡量工作绩效时应注意的问题

为了能够及时、正确地提供能够反映偏差的信息，同时又符合控制工作在其他方面的要求，管理者在衡量工作绩效时应该注意以下问题。

（1）通过评价工作成效，检验标准的客观性和有效性。评价工作成效是以预定的标准为依据的，但利用预定标准检查各部门各阶段的工作，本身也是对标准的客观性和有效性进行检验的过程。检验标准的客观性和有效性，是要分析通过对标准执行情况的测量能否取得符合控制需要的信息来确定。由于企业中许多经营活动难以用精确的手段和方法加以衡量，建立标准就相对困难，因此，企业可能会选择一些易于衡量、但并不反映控制对象特征的标准，如科研人员和管理人员的劳动成果，并不总能用精确的数字表示出来，有关领导可能根据其上交报告的数量和质量来判断其工作，这样就会导致科研人员将更多的精力放在报告的撰写上而不是科研工作上；管理人员将更多的精力放在图表的设计和张贴上而不是管理的基础工作。评价过程中的检验就是要辨别并剔除这些不能为有效控制提供必要信息、容易产生误导作用的不适宜的标准。

（2）确定适宜的衡量频度。控制过多或不足都会影响控制的有效性。这种过多或不足，不仅体现在控制对象、衡量标准的数目选择上，而且表现在对同一标准的衡量次数或频度上。对影响各种结果的要素或活动过于频繁的衡量，不仅会增加控制的费用，而且可能引起有关人员的不满，从而影响他们的工作态度；而检查和衡量次数过少，则可能对产生的重大偏差不能及时发现，从而不能及时采取措施。以什么样的频度，在什么时候对某种活动的绩效进行衡量，取决于被控制活动的性质。如，对产品质量的控制常常以小时为单位进行；对新产品开发的控制只需要以月为单位就可以了。需要控制的对象可能发生重大变化的时间间隔是确定适宜的衡量频度所需要考虑的主要因素。

（3）建立信息反馈系统。企业应该建立有效的信息反馈网络，使反映实际工作情况的信息适时地传递给适当的管理人员，使之能与预定的标准相比较，及时发现问题。这个网络还应能够及时将偏差信息传递给予被控制活动有关的部门和个人，以使他们及时知道自己的工作状况、为什么错了以及需要怎样做才能更有效地完成工作。建立这样的信息反馈系统，不仅更有利于保证计划的实施，而且能够防止基层工作人员把衡量和控制视作上级检查工作、进行惩罚的手段，从而避免产生抵触情绪。

三、分析偏差原因，采取纠正措施

利用科学方法，依据客观标准，对工作绩效进行评价，可以发现计划执行中出现的偏差。分析偏差原因，采取纠正措施可以使得控制过程得以完整，并将控制与管理的其他职能相互联接。通过纠偏，使企业的计划得以遵循，使企业的组织结构和人事安排得到调整。

1. 找出偏差产生的主要原因

任何控制行动都是针对问题及其产生的原因而采取相应的解决对策。纠正措施、对策、办法的提出必须建立在对偏差原因进行正确分析的基础上。不正确的归因会导致控制行为的低效、无效甚至负效果。

一般来说，导致偏差产生的原因不外乎三种：其一是计划或标准本身是基于错误的假设和预测，因而本身就不科学、不合理；其二是组织内部因素的变化，如营销工作不力、生产人员工作懈怠等；其三是组织外部环境的变化，如宏观经济的调整等。

2. 采取管理行动，纠正已有偏差

采取管理行动是控制过程的最终实现环节，也是其他管理工作与控制工作的连接点，很大一部分管理工作都是控制工作的结果。这是控制过程的最后一个步骤。由于偏差是由标准与实际工作成效的差距产生的，因此，纠正偏差的方法也就主要有三种：改进工作绩效、修定工作标准和启动备用计划。

（1）改进工作绩效。如果分析表明，偏差是源于实际工作绩效的不足，则管理者就应该采取纠正行动，努力提高工作绩效。这种针对绩效不足的纠正行动可以是组织中的任何管理行动，但按行动效果的不同，可将其归并为两大类：立即纠正行动和彻底纠正行动。

（2）修定工作标准。工作中的偏差有时也可能源于不切实际的标准。因为标准定得过高或过低，即使其他因素都发挥正常，偏差也难以避免。此时，值得注意的是标准，而不是工作绩效。如大部分员工没有完成劳动定额，可能不是由于全体员工的抵制，而是定额水平太高；承包后企业经理的兑现收入高达几十万，可能不是由于经营性的努力而是由于承包基数过低；企业销量下降，可能不是由于质量劣化或价格过高，而是由于市场需求饱和或经济萧条。此时，首先改变的应该是这些工作的标准或指导性计划。

（3）启动备用计划。如果企业的运行环境出现了重大变化，致使原计划失去了客观的依据，那么相应的纠偏措施就是启动备用计划或重新启动计划。

上述三种纠正行动，第一种重点纠正的是偏差的结果，第二种重点纠正的是偏差的原因，第三种是在环境发生变化时，启用新的计划。因此，在实际工作中，管理者应注意灵活地加以运用，特别注意不应满足于"救火式"的立即纠正行动，而忽视从事物的原因入手，采取彻底纠正行动，杜绝偏差的再度发生。

大量的事实证实，作为管理者，老是热衷于"头痛医头，脚痛医脚"，尽管也能收到一些表面的、一时的成效，但由于忽视了分析问题的深层原因，不从根本上采取纠正行动，最终将难逃"被煮青蛙的命运"。

3. 纠偏时应注意的问题

采取管理行动，纠正偏差时应该注意以下三个问题。

（1）使纠偏方案双重优化。纠正偏差，不仅在实施对象上可以选择，而且对同一对象也可采用多种不同的措施。所有这些措施，其实施条件和效果相比的经济性都要优于不采取任何行动、使偏差任其发展可能会给企业造成的损失，有时，当采取行动的费用超过偏差带来损失的时候，最好的方案也许就是不采取任何行动，这是纠偏方案选择过程中的第一重优化。第二重优化是在此基础之上，通过对各种经济可行方案的比较，找出其中追加投入最少，解决偏差效果最好的方案来组织实施。

（2）充分考虑原计划实施的影响。由于对客观环境认识能力的提高，或者由于客观环境本身发生了重要变化而引起的纠偏需要，可能会导致对原计划与决策的局部甚至全局的否定，从而要求企业活动的方向和内容进行重大的调整，这种调整被称为"跟踪调整"，即当原有决策的实施表明将危及决策目标的实现时，对目标或决策方案所进行的一种根本性修正。在制定和选择跟踪决策方案时，要充分考虑到伴随着初始决策的实施已经消耗的资源，以及这种消耗对客观环境造成的种种影响。

（3）注意消除人们对纠偏措施的疑虑。任何纠偏措施都会在不同程度上引起组织结构、关系和活动的调整，从而会涉及某些组织成员的利益。不同的组织成员会因此而对纠偏措施持不同态度，特别是纠偏措施属于对原先决策和活动进行重大调整的追踪决策时，人们的疑虑更大。因此，管理者要充分考虑到组织成员对纠偏措施的不同态度，特别要注意消除执行者的顾虑，争取更多人的理解、赞同和支持，以保证避免在纠错方案的实施过程中可能出现的人为障碍。

总之，控制目标与标准、偏差信息、纠正措施是控制工作的三项基本要素。它们相互关联、相互依存、缺一不可。有效的管理控制不仅要能够保证计划中的偏差得到及时纠正，同时还要能在实际情况发生了变化时，适当地修正控制的标准和调整、改变原有的计划，使组织的运行更好地适应新的环境条件。真正有效的管理控制系统应该具有这种调适和适应的功能。

第三节　有效管理控制

控制的目的是保证组织活动符合计划的要求，以有效地实现预定目标。但是，并不是所有的控制活动都能达到预期的目的。为此，有效的控制应是适时控制、适度控制、弹性控制和客观控制。

一、适时控制

组织经营活动中产生的偏差只有及时采取措施加以纠正，才能避免偏差的扩大，或防止偏差对组织不利影响的扩散。及时纠偏，要求管理人员及时掌握能够反映偏差产生及其严重程度的信息。如果管理者不能及时掌握信息并迅速采取纠偏措施，偏差就会持续扩大，严重时将会对组织造成重大影响。此时，即使这种信息是非常系统、绝对客观、完全正确的，也不可能对纠正偏差带来任何指导作用。

纠正偏差的最理想方法应该是在偏差未产生以前，就注意到偏差产生的可能性，从而预先采取必要的防范措施，防止偏差的产生。

预测偏差的产生，虽然在实践中有许多困难，但在理论上是可行的，即可以通过建立企业经营状况的预警系统来实现。我们可以为需要控制的对象建立一条警报线，反映经营状况的数据，一旦超过这个警戒线，预警系统就会发出警报，提醒人们采取必要的措施防止偏差的产生和扩大。

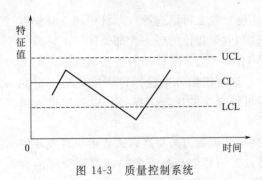

图 14-3 质量控制系统

质量控制图可以被认为是一个简单的预警系统，如图 14-3 所示。图 14-3 中，纵轴表示反映产品某个质量特征或某项工作质量完善程度的数值，横轴表示取值（即进行控制）的时间，中心线 CL 表示反映质量特征的标准状况，UCL 和 LCL 分别表示警戒上限、警戒下限。如果反映质量特征的数据如果始终分布在 CL 周围，则表示质量在控制中，而一旦越过 UCL 和 LCL，则表示出现了质量问题。在这以前，质量控制人员就应引起警惕，注意质量变化的趋势，并制定或采取必要的纠正措施。

二、适度控制

适度控制是指控制的范围、程度和频度都要恰到好处。这种恰到好处的控制要注意以下几个方面的问题。

1. 有效防止控制过多或控制不足

控制会让被控制者不愉快，但缺乏控制又会导致企业的瘫痪。有效控制应该既能满足企业活动监督和检查的需要，又能防止与组织成员发生强烈的冲突。适度控制应能同时体现两方面要求：一方面要避免过多控制对企业人员的伤害，进而影响企业的效率；另一方面也要避免过少控制使企业活动不能有序进行，最终导致组织的涣散和崩溃。

控制程度是否得当，受多种因素影响，包括活动的性质、管理层次、下属受培训的程度等。一般而言，生产企业控制程度高，科研机构控制程度低；现场生产作业控制程度高，科室管理控制程度低；从业能力低的员工控制程度高，从业能力高的员工控制程度低等。此外，外界环境也会影响企业的控制程度：在市场疲软时，为了共渡难关，企业员工会同意接受比较严格的行为控制；而在市场繁荣期，企业员工会希望得到较大的工作自由度。

2. 正确处理好全面控制与重点控制的关系

任何组织都不可能对每一个部门、每一个环节的每一个人在每一时刻的工作情况进行全面的控制。由于存在对控制者再控制的问题，这种全面控制甚至会造成组织中控制人员远远多于现场作业者的现象。值得庆幸的是，并不是所有成员的每一项工作都具有相同的发生偏差的概率，并不是所有可能发生的偏差都会对组织带来相同程度的影响。企业工资成本超出计划的 5% 对经营成果的影响要远远高于行政系统的邮资费用超过预算的 20%。这表明，全面系统的控制不仅代价极高，而且也是不必要的。适度控制要求企业在建立控制系统时，利用 ABC 分析法和例外原则等工具找出影响企业经营成果的关键环节和关键因素，并据此在相关环节上设立预警系统或控制点，进行重点控制。选择关键控制点是一条比较重要的控制原则，有了这类标准，主管人员便可以管理一大批下属，从而扩大管理幅度，达到节约成本和改善信息沟通的效果，同时，也使主管人员以有限的时间和精力做出更加有成效的业绩。

3. 使控制收益最大化

任何控制都需要一定费用，衡量工作成绩、分析偏差产生的原因，以及为了纠正偏差而采取的措施都需支付一定的费用；同时，任何控制，由于纠正了组织活动中存在的偏差，都会带来一定的收益。一项控制，只有当它带来的

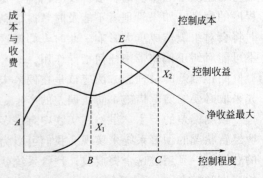

图 14-4 控制费用与收益变化

收益超出其他所需成本时，才是值得的。控制费用与收益的比较分析，实际上是从经济角度去分析上面考察过的控制程度与控制范围的问题。图 14-4 说明了控制费用与收益是如何随控制程度变化而变化的。

从图 14-4 中可以看出，控制费用基本上随着控制程度的提高而增加，控制收益的变化则比较复杂。在初始阶段，较小范围和较低程度的控制不足以使企业管理者及时发现和纠正偏差，因此控制费用的需要会高于可能产生的收益。随着控制范围的扩大和控制程度的提高，控制的效率会有所改善，能指导管理者采取措施纠正一些重要的偏差，从而使控制收益能逐渐补偿并超过控制费用。图中，控制成本和收益曲线在 X_1 至 X_2 点的变化便反映了这种情况，在 E 点，控制净收益达到最大。在 X_2 点，控制收益与控制费用曲线再度相交，自此点开始，控制所需的费用重新超出其收益。之所以会出现这种情况，是因为组织活动的主要偏差在 X_2 点以前已经解决，这以后的控制只能解决一些次要的、影响不大的问题，因此带来的收益甚小；同时，由于过度的控制会抑制组织成员的工作积极性，从而影响劳动生产率和经济效益的提高。

从理论上讲，控制程度在与 X_1 和 X_2 相对应的 B、C 两点之间为适度控制；低于 B 点，为控制不足；高于 C 点，为控制过剩。虽然在实践中企业很难确定各种控制的费用与收益之比，但这种分析告诉我们，过多的控制并不总能带来较高的收益，企业应根据活动的规模特点和复杂程度来确定控制的范围和频度，建立有效的控制系统。

三、弹性控制

有效的控制系统应该在组织面临某种突发的、无力抗拒的变化时仍能发挥作用。这些突变使组织计划与现实条件严重背离，为维持组织的正常运营，组织的控制系统必须具有灵活性或弹性。一般地说，弹性控制要求组织制定弹性的衡量标准和设计弹性的系统。

（1）弹性的衡量标准。弹性的衡量标准会直接影响控制系统的弹性。比如说，预算控制通常规定了各经营单位的主管人员的经费额度。这个额度如果规定得绝对化，那么一旦实际产量或销售量与预测数发生差异，预算控制就可能失去意义。经营规模扩大，会使经营单位感到经费不足；而销售量低于预测水平，则可能使经费过于宽绰，甚至造成浪费。有效的预算控制应能反映经营规模的变化，应该考虑到未来的企业经营可能呈现出不同的水平，从而为标志经营规模的不同参数值规定不同的经营额度，使预算在一定范围内是可以变化的。

（2）弹性的系统。控制系统的设计是否具有弹性也会影响到控制的弹性。一般而言，组织的目标不是单一的，而是多重目标的结合。由于控制系统的存在，人们为了避免受到指责或是为了使业绩看起来不错，会故意采取一些行动，从而直接影响一个特定控制阶段内信息系统所产生的数据。例如，如果控制系统仅仅以产量作为衡量依据，则员工就会忽略质量，如果衡量的是财务指标，那么员工就不会在生产指标上花费更多时间，因此采取多重标准可以防止工作中出现做表面文章的现象，同时也能够更加准确地衡量实际工作和反映组织目标。

四、客观控制

控制工作应该针对企业的实际状况，采取必要的纠偏措施，或促进企业活动沿着原先的轨道继续前进。因此，有效的控制必须是客观的、符合企业实际的。客观的控制源于对企业经营活动状况及其变化的客观了解和评价。为此，控制过程中采用的检查、测量的技术和手段必须能正确地反映企业经营时空上的变化程度和分布状况，准确地判断和评价企业各部门、各环节的工作与计划要求的相符或相背离程度，这种判断和评价的正确程度还取决于衡量工作成效的标准是否客观和恰当。为此，企业还必须定期检查过去规定的标准和计算规范，使之符合现时的要求。另外，由于管理工作带有许多主观成分，只要是凭主观来控制的地方，都会影响对业绩的判断，因此，对一名下属人员的工作是否符合计划要求，不应不切实际地加以主观评定。没有客观的标准、态度和准确的检测手段，人们对企业实际工作就不易有一个正确的认识，从而难以制定出正确的措施，进行客观的控制。

除此之外，一个有效的控制系统还应该站在战略的高度，抓住影响整个企业行为或绩效的关键因素。有效的控制系统往往集中精力于例外发生的事情，即例外管理原则，凡已出现过的事情，皆可按规定的控制程序处理，第一次发生的事例，需投入较大的精力。

本 章 小 结

（1）控制是指管理者为了保证实际工作与计划的要求相一致，按照既定的标准，对组织的各项工作进行检查、监督和调节的管理活动。控制具有目的性、整体性、动态性、人性的特点。计划与控制是同一事物的两个方面。计划起着指导性作用，而控制则是为了保证组织的产出与计划保持一致的一种管理职能；计划预先指出了所期望的行为和结果，而控制则是按计划指导实施的行为和结果。控制是保证计划的实施和完成，计划和控制这两项职能是不可能分割的。控制的主要目标有两个，限制偏差的积累和适应环境的变化。

（2）控制按照分类的不同，可以有各种各样的分类法。根据确定控制标准，可以把控制分为程序控制、跟踪控制、自适应控制、最佳控制。根据控制的时机可以把控制分为前馈控制、同期控制、反馈控制。根据控制主体与控制对象可以把控制分为直接控制、间接控制。前馈控制亦称预先控制、事前控制，即在企业生产经营活动开始前对工作中可能产生的偏差进行预测和估计并采取防范措施，将可能的偏差消除于产生之前。同期控制亦称现场控制、同步控制或过程控制，是指在企业生产经营活动开始以后，对活动进行中的人和事所进行的控制。反馈控制，亦称成果控制或事后控制，是指在生产经营活动已经结束之后进行的控制及其对其结果的总结。

（3）管理的控制过程一般均包括以下三个基本环节：制定控制目标，建立控制标准；衡量实际工作，获取偏差信息；分析偏差原因，采取纠正措施。有效的控制应是适时控制、适度控制、弹性控制和客观控制。

【案例思考】

扁鹊的医术

魏文王问名医扁鹊说："你们家兄弟三人，都精于医术，到底哪一位最好呢？"

扁鹊答说："长兄最好，中兄次之，我最差。"文王再问："那么为什么你最出名呢？"扁鹊惭愧地说："我长兄治病，是治病于病情发作之前。由于一般人不知道他事先能铲除病因，所以他的名气无法传出去，只有我们家的人才知道。我中兄治病，是治病于病情初起之时。一般人以为他只能治轻微的小病，所以他的名气只及于本乡里。而我扁鹊治病，是治病于病情严重之时。一般人都看到我在经脉上穿针管来放血等大手术，所以以为我的医术高明，名气因此响遍全国。"

【案例思考题】1. 扁鹊及其长兄、中兄的医术各属于哪种控制类型？

2. 为什么说扁鹊长兄的医术最好？

3. 为什么扁鹊的名气最大？

4. 你认为管理者应该如何防止进入管理误区？

资料来源：http://wenku.baidu.com/view/3b7a8a1252d380eb62946d14.html. 略有删改.

复习思考题

一、单项选择题

1. 保证组织计划与实际作业动态相适应的管理职能是（　　　）。
    A. 领导职能　　　　　B. 控制职能　　　　　C. 组织职能　　　　　D. 计划职能

2. 控制就是（　　　）各项活动，保证其按计划进行，并纠正各项偏差的过程。
    A. 监视　　　　　　　B. 协调　　　　　　　C. 领导　　　　　　　D. 组织

3. 实施控制关键性的步骤是（　　　）。
    A. 选择关键点　　　　B. 预算　　　　　　　C. 统计　　　　　　　D. 制定规章

4. 控制工作的关键步骤是（　　　）。
    A. 拟定标准　　　　　B. 衡量成效　　　　　C. 纠正偏差　　　　　D. 管理突破

5. 强调预防作用的控制方法是（　　　）。
    A. 现场控制　　　　　B. 反馈控制　　　　　C. 前馈控制　　　　　D. 间接控制

6. 控制工作通过纠正偏差的行动与管理的其他四个职能紧密结合在一起，使管理过程形成一个（　　　）。
    A. 完全封闭的系统　　　　　　　　　　　B. 完全开放的系统
    C. 相对封闭的系统　　　　　　　　　　　D. 相对开放的系统

7. 控制工作的下列原理中，强调主管人员应只注意重要的偏差的是（　　　）。
    A. 控制关键点　　　　B. 直接控制　　　　　C. 例外情况　　　　　D. 反映计划要求

8. 质量处李处长在生产现场中发现一个工人没有按照作业规范操作，他立即上前去制止。这种控制方式属于（　　　）。
    A. 同期控制　　　　　B. 直接控制　　　　　C. 预先控制　　　　　D. 间接控制

9. 按控制的时机分类，可把控制方法分为（　　　）。
    A. 预先控制、持续控制、现场控制　　　　B. 战略控制、任务控制、结果控制
    C. 前馈控制、现场控制、反馈控制　　　　D. 内在控制、外在控制、结果控制

10. 利用年终财务报告分析进行控制是属于（　　　）。
    A. 现场控制　　　　　B. 反馈控制　　　　　C. 前馈控制　　　　　D. 直接控制

11. 控制活动应该（　　　）。
    A. 与计划工作分头进行　　　　　　　　　B. 先于计划工作进行
    C. 在计划工作之后进行　　　　　　　　　D. 与计划工作结合进行

12. 未雨绸缪，防患于未然的行为，属于（　　　）。
    A. 前馈控制　　　　　B. 后馈控制　　　　　C. 过程控制　　　　　D. 现场控制

13. "亡羊补牢，犹未为晚"，可以理解成是一种（　　　）。
    A. 前馈控制　　　　　B. 反馈控制　　　　　C. 过程控制　　　　　D. 现场控制

14. 控制是保证组织的（　　　）与实际作业动态相适应的管理职能。
    A. 计划　　　　　　　B. 沟通　　　　　　　C. 领导　　　　　　　D. 结构

15. "确保计划实现"的工作被称为（　　　）。
    A. 领导工作　　　　　B. 协调工作　　　　　C. 组织工作　　　　　D. 控制工作

16. 在企业的经营过程开始以后，对活动中的人和事进行指导和监督的控制类型是（　　　）。
    A. 前馈控制　　　　　B. 反馈控制　　　　　C. 同期控制　　　　　D. 间接控制

17. 企业无力、也无必要对所有成员的所有活动进行控制，只能在影响经营成果的众多（　　　）因素中选择若干作为重点控制对象。
    A. 关键环节　　　　　B. 随机环节　　　　　C. 活动环节　　　　　D. 直接环节

18. 确定控制对象和选择控制重点是属于控制过程中（　　　）环节的工作。
    A. 衡量成效　　　　　B. 纠正偏差　　　　　C. 确立标准　　　　　D. 找出偏差

19. 所有权与经营权相分离的股份公司，为强化对经营者行为的约束，往往设计各种治理和制衡的手

段，包括：（1）股东们要召开大会对董事和监视人选进行投票表决；（2）董事会要对经理人员的行为进行监督和控制；（3）监事会要对董事会和经理人员的经营行为进行检查监督；（4）要强化审计监督等。这些措施是（　　　）。

    A. 均为前馈控制

    B. 均为反馈控制

    C.（1）为前馈控制，（2）为同期控制，（3）、（4）为反馈控制

    D.（1）、（2）为前馈控制，（3）、（4）为反馈控制

20. 某公司人力资源部门为自己创立了一个规矩：每当一个员工离开公司时，人力资源部经理主动与离职员工交谈，收集离职员工对公司的意见和看法，并了解其去向。如果有 3 个以上的员工流向同一个企业（竞争对手），人力资源部将设法了解该竞争对手的战略、激励政策，并在此基础上向公司决策部门提出人力资源管理建议。人力资源管理部的这种做法属于（　　　）。

    A. 前馈控制   B. 反馈控制

    C. 同期控制   D. 既有前馈控制，又有反馈控制

二、判断题

1. 俗话说的"吃一堑，长一智"在控制上就是前馈控制。 （　　）
2. 同期控制的目的就是要保证本次活动尽可能地少发生偏差，并改进下次活动的质量。 （　　）
3. 组织对产品质量的检验、人事考评、对各类财务报表的分析稽查都属于反馈控制。 （　　）
4. 同期控制的特点就是把注意力放在行动的输入端上，一旦发生偏差，马上采取行动。 （　　）
5. 由于控制的力度加大，可能出现的偏差就会减少，所以控制工作的力度越大越好。 （　　）
6. 反馈控制是在活动完成之后，通过对已发生的工作结果的测定来发现偏差和纠正偏差。 （　　）
7. 反馈控制对于本次所完成的活动已不再具有纠正偏差的作用。 （　　）
8. 控制系统越是完善，组织目标就越易实现。 （　　）
9. 适度控制是指控制的范围、程度和频度要恰到好处。 （　　）
10. 企业在生产经营过程中经常可能遇到某种突发的、无力抗拒的变化，这些变化使企业计划与现实条件严重背离。因此有效的控制系统要在这样的情况下仍能发挥作用，就应该具有弹性。 （　　）
11. 前馈控制是以系统的输入为输入信息，反馈控制是以系统的输出为输入信息，前者控制结果，后者控制原因。 （　　）
12. 企业应对影响经营成果的所有因素进行控制。 （　　）
13. 通过衡量成绩，检验标准的客观性和有效性是控制过程的确立标准环节中应注意的问题。 （　　）
14. 组织分权程度越高，控制就越有必要。 （　　）
15. 控制过多或不足都会影响控制的有效性。 （　　）
16. 未雨绸缪，防患于未然的行为，属于反馈控制。 （　　）
17. 只有当控制带来的收益超出其所需成本时，才是值得的。 （　　）
18. 全面系统的控制不仅代价高，而且也是不必要的。 （　　）
19. 有人把计划工作与控制工作看成是一把剪刀的两刃，说明控制工作与计划工作密切相关。 （　　）
20. 由于控制力度的加大，可能出现的不利偏差就会减少，损失也会减少，所以，控制工作力度越大越好。 （　　）

三、名词解释

控制，跟踪控制，最佳控制，前馈控制，同期控制，反馈控制，适时控制，适度控制，弹性控制。

四、思考题

1. 控制有哪些特点？
2. 控制与计划是什么关系？
3. 管理控制的必要性主要由哪些原因决定？
4. 在组织中，管理控制包括哪些内容？
5. 确定控制的标准有哪些？
6. 企业可以建立标准的方法有哪些？

7. 前馈控制、同期控制和反馈控制各有什么特点？

8. 控制过程包括哪些基本环节？

9. 在组织运行中，有哪些关键控制点？

10. 在控制过程的衡量绩效环节中应注意哪些问题？

11. 在控制过程的纠正偏差环节中应注意哪些问题？

12. 什么是纠偏方案的双重优化？

13. 如何对组织实施有效控制？

14. 在实施适度控制时要注意哪些问题？

15. 客观控制的思想包括哪些内容？

16. 对一所高校而言，你认为该如何采用前馈控制来识别其教师岗位的最佳人选？

17. 请你举出现实中运用反馈控制的例子。

第十五章　控制方法

- 了解预算控制的作用及缺点,财务控制的方法,标杆控制的含义,标杆控制的类型,平衡计分卡的含义;
- 理解标杆控制的作用,平衡计分卡原理;
- 掌握预算控制的含义,平衡计分卡的优点,平衡计分卡的控制指标,平衡计分卡的作用。

引导案例:

标杆控制在中国的成功实践

一、宝钢集团

宝钢集团(简称宝钢)是中国最大的现代化钢铁联合企业,在多年的建设与发展过程中着眼于提升企业的国际竞争力,始终坚持技术创新,形成了自己的鲜明特色和优势。为了跻身于世界第一流钢铁企业之林,宝钢在 2000 年引入了标杆控制作为技术创新管理工具,选定了 164 项生产经营指标作为进行标杆定位的具体内容,选择了 45 家世界先进钢铁企业作为标杆企业。

宝钢的标杆控制是比较成功的,其管理成效也非常显著。其将标杆控制运用到企业的各个方面,并且选择本行业的佼佼者为标杆企业,最大可能的为宝钢提供了借鉴优势。同时借鉴了其他行业经验,在特定方面可以引用"外援"。标杆控制的引入和实施为宝钢的技术创新提供了一种可信、可行的奋斗目标,极大地增强了宝钢的技术创新体系对外部环境变化的反应能力。

二、海尔集团

海尔集团(简称海尔)的"OEC"管理不但以自身的先进管理为我国企业树立了学习标杆,而且提供了防止标杆控制中战略趋同的创新理念。这套管理系统方法学习先进企业基本管理理念,以海尔文化和日清日高为基础,以订单信息为中心,带动物流和资金流运行,激励员工创造并完成有价值的订单,使员工人人对用户负责,实现了企业管理的新飞跃。并且在学习标杆战略的基础上,突出其企业自身优势,利用海尔的文化创出本土化的世界名牌。

在学习标杆技术的基础上,海尔进行自身技术创新。海尔以技术创新为本企业实力的坚强后盾,在策略上,着眼于利用全球科技资源,除在国内建立有独立经营能力的高科技开发公司外,还在国外建立了海外开发设计分部,并与一些世界著名公司建立了技术联盟。

资料来源:http://wenku.baidu.com/view/ababf2d08oeb6294dd886cb8.html.

企业管理实践中可运用多种控制方法,管理人员除了利用现场巡视、监督或分析下属依循组织路线传送的工作报告等手段进行控制外,还经常借助预算控制、库存控制、质量控制、比率分析、审计控制。在最近几年,以标杆控制和平衡计分卡为代表的综合控制方法在我国企业得到了广泛运用。

第一节　预算控制

企业未来的几乎所有活动都可以利用预算进行控制。所谓预算，就是用数字特别是用财务数字的形式来描述企业未来的活动计划，它预估了企业在未来时期的经营收入或现金流量，同时也为各部门或各项活动规定了在资金、劳动、材料、能源等方面的支出额度。预算控制就是根据预算规定的收入与支出标准来检查和监督各个部门的生产经营活动，以保证各种活动或各个部门在完成既定目标、实现利润的过程中对经营资源的利用，从而使费用支出受到严格有效的约束。预算控制是管理控制中运用最为广泛的控制方法。

一、预算的基本概念

1. 预算

预算是一种以货币和数量表示的计划，是一项关于完成组织目标和计划所需资金的来源和用途的书面说明。预算将计划规定的活动用货币量表现出来，通过预算就可以使计划具体化，从而更便于控制。国外与我国使用的预算概念在含义上有所不同。在我国，预算一般指经法定程序批准的政府部门、事业单位和企业在一定时期的收支预计；而在国外，则是指计划的数量说明，而不仅是金额方面的反映。一般来说，预算的内容包括以下三个方面：

第一是"多少"，即为实现计划目标的各种管理工作的收入与支出各是多少；

第二是"为什么"，即为什么必须收入这么多数量，以及为什么需要支出这么多数量；

第三是"何时"，即什么时候实现收入、什么时候支出，必须使得收入与支出取得平衡。

2. 分预算与总预算

（1）分预算。分预算是按照部门和项目来编制的，分预算详细说明了相应部门的收入目标或费用支出水平，规定了他们在生产活动、销售活动、采购活动、研究开发活动或财务活动中筹措和利用劳动力、资金等生产要素的标准。

（2）总预算。总预算，又称全面预算，是在对所有部门或项目分预算进行综合平衡的基础上编制而成的，它概括了企业相互联系的各个方面在未来时期的总体目标。只有编制了总预算，企业才能进一步明确组织各部门的任务、目标、制约条件以及各部门在活动中的相互联系，从而为正确评价和控制各部门的工作提供客观依据。

预算主要是一种控制手段。编制预算实际上是控制过程的第一步，即拟定标准。预算以数量化的方式表明了管理工作的标准，为控制过程的第二步，即考核工作业绩提供了具体的、明确的指标，从而更便于发现偏差，制定和实施纠正措施。

二、预算的种类

对于不同的企业，由于其生产经营活动不同，预算的内容也各有特点。按照不同的内容，可以将预算分为经营预算、投资预算和财务预算三大类。

1. 经营预算

经营预算是指企业日常发生的各项基本活动的预算，主要包括收入预算和支出预算两大类，具体包括销售预算、生产预算、材料采购预算、直接人工预算、制造预算、单位生产成本预算、推销及管理费用预算等。

（1）收入预算。由于企业收入主要来自于销售产品和劳务，因此收入预算的主要内容是销售预算。销售预算是在销售预测的基础上编制的，即通过分析企业过去的销售情况、目前和未来的市场需求特点及其发展趋势，比较竞争对手和本企业的竞争实力，确定企业在未来时期为了实现利润目标必须达到的销售水平。由于销售预测是计划的基础，加之企业主要是靠销售产品和劳务所提供的收入,来维持经营费用的支持和获利,因而销售预算也就成为预算控制的基础。

(2) 支出预算。企业销售的产品是在内部生产过程中加工制造出来的,在这个过程中,企业必然消耗劳动力和物质资源。因此与销售预算相对应,企业必须编制生产预算,以保证销售过程得以正常进行。生产预算是根据销售预算中的预计销售量,经过对生产能力的平衡,排出分季度的生产进度日程表,在此基础上可以编制直接材料采购预算、直接人工预算和制造费用预算。这三项预算构成了对企业生产成本的统计。

关于生产活动的预算,不仅要确定为取得一定销售收入所需要的产品数量,而且更重要的是要预计为得到这些产品、实现销售收入需要付出的费用,即编制各种支出预算。

2. 投资预算

投资预算,又称资金支出预算,由于投资预算涉及组织经营的几个阶段,属于长期预算。如果能够很好地执行收支预算,就可以有效地组织资源的利用,那么利用这些资源创造的收入就会超出资源消耗的支出,从而给组织带来盈余,组织可以将部分盈余用来进行生产能力的恢复和扩大。这些支出由于具有投资的性质,因此对其的计划安排通常被称为投资预算。投资预算的项目包括:用于更新改造或扩充包括厂房、设备在内的生产设施的支出;用于增加品种、完善产品性能或改进工艺的研究与开发支出;用于提高职工和管理队伍素质的人事培训与发展支出;用于广告宣传、寻找顾客的市场发展支出等。

3. 财务预算

财务预算是指企业在计划期内反映有关现金收支、经营成果和财务状况的预算。它主要包括现金预算和资产负债预算。由于经营预算和投资预算中的资料,都可以折算成金额反映在财务预算中,这样,财务预算就成为各项经营业务和投资的整体计划,所以财务预算也称为总预算。

(1) 现金预算。现金预算通常由财务部门编制,是对组织未来生产与销售活动中现金的流入与流出所做的预测。值得注意的是,现金预算只能包括那些现金流中的项目。现金预算并不需要反映组织的资产负债情况,而是要反映组织在未来活动中的实际现金流量和流程。通过现金预算,管理者可以发现组织资金的闲置或不足,从而指导组织及时利用暂时过剩的现金,或及早筹齐维持营运所短缺的资金。

(2) 资产负债预算。资产负债预算是对企业会计年度末的财务状况进行预测。它通过将各部门和各项目的分预算汇总在一起,表明如果企业的各种业务活动达到预先规定的标准,在财务期末,企业资产与负债会呈现何种状况。作为各分预算的汇总,管理人员在编制资产负债预算时虽然不需做出新的计划或决策,但通过对预算表的分析,可以发现某些分预算的问题,从而有助于采取及时的调整措施。比如,通过分析流动资产与流动债务的比率,可能发现企业未来的财务安全性不高,偿债能力不强,可能要求企业在资金的筹措方式、来源及其使用计划上作相应的调整。另外,通过将本期预算与上期实际发生的资产负债情况进行对比,还可发现企业财务状况可能会发生哪些不利变化,从而指导事前控制。

以上论述的三种主要预算,实际上构成了企业预算的体系,它们之间的相互关系如图15-1 所示。

三、预算编制的步骤

预算编制涉及组织中的各个层次和部门,应有一个自上而下和自下而上的循环过程,预算编制步骤主要包括以下环节。

(1) 由组织的高层管理人员向主管预算编制的部门提出组织在一定时期内的发展战略、与目标。

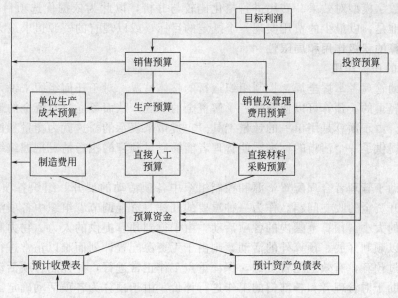

图 15-1　企业预算的主要关系

（2）主管预算编制的部门在对组织发展战略、计划与目标进行研究的基础上，向组织各部门的主管人员提出有关编制预算的建议和要求，并提供必要的资料。

（3）各部门的主管人员依据组织计划与目标的要求，结合本部门的实际情况，编制本部门的预算，并与其他部门相互协调。在此基础上，将本部门预算上报主管部门。

（4）主管编制预算的部门将各部门上报的预算进行汇总，在认真协调的基础上，编制出组织的各类预算和总预算。最后，上报组织的高层管理层进行审核批准。

为了有效地从预期收入和费用两个方面对组织经营全面控制，不仅需要对各个部门、各项活动制定分预算，而且要对组织整体编制全面预算。任何预算都需用数字形式来表述。全面预算必须用统一的货币单位来衡量，而分预算则不一定用货币单位计量。比如，原材料预算可能用千克或吨等来表述。不论以何种方式表述的各部门或项目的分预算，在将它们综合平衡以编制组织的全面预算之前，必须转换成用统一的货币单位来表达的方式。

四、现代预算方法

1. 零基预算

传统的预算均是以前期费用水平为基础，通过适度增减的方式制定的。而零基预算的最大特点是以零为基础，即一切预算项目都按重新开始的项目进行审查，不以现有的费用状况为基础。它的最大优点是不受过去预算框框的影响，完全按新的目标要求来制定预算，从而更有效地保证目标实现。

零基预算的基本程序是：

① 建立组织的目标体系，明确组织的总目标；

② 对所有申报预算项目进行重新审查，重点是该项开支要达到的目标或效益；

③ 依组织的目标体系，排出与开支相关的各子目标的重要与优先顺序；

④ 资金安排出分配的优先顺序，从而使预算最有效地保证组织目标的实现。

2. 项目预算

项目预算是针对许多组织制定规划和预算分别进行的传统方式的弊端，将两者有机结合的一种方法。项目预算就是在对各项目的多种可能方案进行费用效果分析的基础上，选取实现目标最佳途径的现代预算方法。它要求规划与预算部门相互配合，对各种规划项目的可能方案，运用数字模型对效果、费用进行量化比较与分析，以此为依据优选项目与安排预算。其选择的标准是：以最少的费用实现一个既定的目标，或以现有的资源追求最大的效果。

五、预算的积极作用和局限性

1. 预算的积极作用

（1）帮助管理者掌握全局，控制组织运行的整体情况。对于任何组织来说，资金财务状况都是举足轻重的。预算可以使管理者了解资金的状况，从而可通过对资金的运筹，控制组织整体活动。由于预算是用单一的计量工具——货币来表示的，这就为衡量和比较各项活动的完成情况提供了一个清晰的标准，使管理者能够通过预算的执行情况把握组织运行的整体状况。

（2）有助于管理者合理配置资源和控制组织中各项活动的展开。组织各项活动的开展，几乎都离不开资金的收支问题。作为一种重要的杠杆，资金调节着组织中各项活动的轻重缓急及其规模的大小。预算范围内的各项活动，由于得到预算提供的人力、物力和财力等资源的支持，可以顺利开展。预算外的活动，则由于无资源配置计划而难以正常进行。因此，管理者可以通过预算，有效地配置资源，保证重点工作正常进行，并控制各项活动的开展。

（3）有助于对管理者和各部门的工作进行评价。由于预算为各项活动确定了投入产出的标准，因此，在正常情况下，就可以根据预算执行的情况，来评价各部门的工作成果。同时，由于预算规定了各项资金的运用范围和负责人，就可以通过预算控制各级管理人员的职权范围，明确他们各自应当承担的责任。

（4）有助于培养组织成员勤俭节约、精打细算的工作作风。由于预算一般不允许超支，而且又常把预算作为考核工作能力和业绩的依据，因此，预算客观上对管理者形成了一种要求节约的压力，促使他们尽可能精打细算，杜绝铺张浪费的现象。可以说，严格和严肃的预算，对于降低成本、提高效益有着十分重要的意义。

由于这些积极作用，预算手段在组织管理中得到广泛运用。

2. 预算的局限性

在预算的编制和执行中，也暴露了一些缺点，主要表现在以下几个方面。

（1）导致组织经营缺乏灵活性和适应性。由于组织的外部环境不断变化，组织获得资源的支出或销售产品实现的收入就会随之改变，从而使预算变得不合适。因此，缺乏弹性、非常具体、特别是涉及较长时期的预算可能会过度束缚决策者的行动，使组织经营缺乏灵活性和适应性。

（2）难以控制不能计量的组织活动。它只能帮助组织控制那些可以计量的，特别是可以用货币单位计量的业务活动，而不能促使组织对那些不能计量的组织文化、组织形象、组织活力的改善予以足够的重视。

（3）忽视组织活动的根本目的。预算，特别是项目预算或部门预算，不仅对有关负责人提出了希望他们实现的结果，而且也为他们得到这些成果而能够开支的费用规定了限度，这种规定可能使得主管们在活动中精打细算，小心翼翼地遵守不得超过支出预算的准则，而忽视了部门活动的本来目的。

（4）忽视组织的实际需要。编制预算时，通常参照上期的预算项目和标准，从而会忽视本期活动的实际需要，因此会导致这样的错误：上期有的而本期不需的项目仍然沿用，而本期必需上期没有的项目会因缺乏先例而不能增设。

（5）预算不准会造成组织的低效运行。在编制费用预算时，通常会参照上期已经发生过的本项目费用，同时，主管人员也知道，在预算获得最后批准的过程中，预算申请多半是要被削减的。因此他们的费用预算申报数要多于其实际需要数，特别是对于那些难以观察、难以量化的费用项目，更是如此。所以，费用预算总是具有按先例递增的习惯，如果在预算编制的过程中，没有仔细地复查相应的标准和程序，预算可能成为低效管理部门的保护伞。

只有充分认识了上述局限性，才能有效地利用预算这种控制方法，并辅之以其他工具。

【阅读材料 15-1】

部门核算——破解企业成本控制的难题

对任何一家企业来说，运营成本的有效控制都是管理者最头疼的问题之一。企业里到处都在花钱：客户接待要花钱，市场公关要花钱，行政办公更要花钱，水电气、房屋维修、汽车、电话费等没有一样是不花钱的。企业的管理者感叹：这一天从早到晚签出去的哪是单子啊，整个是一张张的钞票！

企业的管理者每天都在重复思考一件事：提高竞争力、满足客户、花最少的钱办最多的事！这就涉及到企业中非常敏感的话题：成本的有效控制问题。

一、企业成本控制者的困惑

一般来说，企业对员工的考核是通过业绩、工作成果、工作量和效率等来进行的，即为绩效考核。但对一个部门，特别是企业的职能部门，考核的方法和标准就难以准确确定，考核的标准和成果是否合理真实也难以界定。

员工的考核通过人力资源部，辅以有效的管理工具即能有效实现目标，但企业成本的有效控制就不是靠一、二个部门就能实现的，企业的管理者为控制成本想了许多办法，比较常见的有以下三种。

(1) 高度集权。大到上千万，小到几角几分，全部都要经过最高管理者的签字，一句话，没有最高管理者的签字，一分钱也休想从财务拿出来。

(2) 部分授权。中层经理们有一定限额的审批权，超过限额就必须请上一级主管签字，如是层层审批，直到最高管理者。

(3) 亲信授权。这是许多民营企业的特色，财务审批上全部是亲信（往往也是亲戚）把关，凡是财务开支全部由亲信确认，然后是自己签字，外人一概不用。

以上种种方法的效果一般都不大好，高度集权的管理者日益发现自己被一大堆的琐碎小事所淹没，办公室老是有经理们、秘书们进进出出，每天上班第一件事是签无数的字，具体哪些是该花的哪些是不该花的，根本没有时间细看。月底看财务报表才吓一跳，这个月又比上月多了几百万的开销，赶紧叫财务部门查账，发现全部是自己签了条子的，这边账还没处理完，那边又一大堆的单子等着签字了。

部分授权的领导自己以为管理得当，忽然有一天发现了问题，经理们经常把超过权限的单子分开来签报，这样每笔单子都在经理们的审批权限内；部门的办公费用连续上涨，复印纸一个月用了三十多箱、有的部门四五个人一个月领了六七个计算器、二十多支笔，公司水、电、气、电话费更是数目惊人，而行政部门根本没有办法控制，于是管理者认为行政部门失职，走马换将一番，结果费用开支依然如此。

选择亲信授权的管理者在费用开支上感觉良好，每月花的都还可以，但渐渐发现公司有点儿不对劲，公司内死气沉沉、员工们情绪低落、工作效率低的让人吃惊，工作你推我让，当年一起意气风发的干劲全然不见了。

纠其根本原因，症结在这些管理者采用的是"堵"的办法，在他们眼中企业到处是窟窿，需要到处去堵窟窿。

高度集权使得中层管理者和员工没有积极性，一个没有自主性和发展空间的岗位怎能留住真正的人才？

部分授权的中层经理们虽然有自主权但这个自主权与高度集权一样，并没有什么实际意义，部门经理实际并不控制本部门的开支，他们乐得作个好人，凡是在自己权限内的开支一律放行而不会有任何阻碍，行政部并没有权力否定其他部门的经理们（那样岂不是行政部经理要高于其他经理们了），怎样控制的了？

亲信授权最直接的结果是伤害了员工和其他经理们的心，在这样的环境中有谁愿意成为"企业人"？那么有能力的都飞走了，留下的多是无所作为的，这样的企业怎能长久？

所以说："堵"不是办法，"导"才是上策。要知道，成本控制的要害在于企业的单元——部门，而不是在于个体——员工，抓住了这个根本，企业成本控制难题迎刃而解。

二、部门核算有效解决成本控制难题

成本控制实际上是一个全员参与、个体控制的过程。说它全员参与是指企业的每一个人都会影响成本控制的结果，但成本控制的重点不是这些单个的个体，而是这些个体的直接领导者——部门经理们。

现代企业对部门经理职能的界定最主要的一项就是：对本部门的成本进行有效控制。如果部门经理们真正对本部门实施了有效的成本控制，实际上就实现了整个企业的成本控制目标。因此实行以部门为单位的部门核算方法是一个有效的工具。

部门核算是一种针对部门进行的经济控制考核方法，也是一种充分授权部门经理的经济核算方法。主要内容是：对各部门下达全年度的成本、利润指标，在这个指标的控制下，部门经理可以自行决定本部门收支项目，公司指定财务、行政、审计等部门（或者是一个专门的项目小组）定期对其进行监督检查、费用稽核，定期进行公布，年终进行汇总，兑现奖惩。部门经理在整个部门的费用上有充分的自主权，但同时也承担完全的责任。

为刺激部门经理和员工的成本控制意识，一般的核算办法中都包含这样的信息：凡年度成本低于预算、利润高于预算的部分按比例进行奖励，奖励的方法是按照一定比例进行部门提留，反之进行相应惩罚。年度费用的控制结果将直接影响部门经理下一年度的薪资待遇。企业通过对部门经理、员工本身的控制意识增强以及员工和部门经理间的自觉监督实现了成本控制的目标。

部门核算的指标包含经济收支但不局限于此，可以有其他指标，比较常用的有：薪资、嘉奖、员工带薪休假等。

部门核算优点是充分授权部门经理，极大地调动了中层管理人员、员工的积极性和责任心，成本利润与个人（部门）利益挂钩，每个部门、每个主管、每个员工都会密切关注成本利润，追求最低成本和最大利润，从而实现公司经营成本降低和利润最大化。

可以说，部门核算解决了两个问题：部门主管不管和没有依据管的问题。没有制度就没有执行的依据，部门主管怎样来管？为什么管？往往会导致这样的问题：部门主管做好好先生，只要员工申请就签字，或者部门主管想控制，但没有依据。

实施部门核算最重要、也最关键的问题是：怎样确定部门的预算，预算高了失去核算的意义，预算低了部门会难以运转，关键是确定这个度，要想处理好这个问题，关键的就是发动财务、行政部门（成本运行部门）的力量，同时在制定这个指标时考虑缩小执行周期，比如一个季度。在第一、二个（甚至更多）考核周期内依照实际进行微调，试运行一段时间。

具体的预算指标的确定方法及比重：

① 人员办公费用70%；

② 设备设施维护（折旧）25%；

③ 其他不可预见支出5%。

综上所述，成本控制的主要任务就是：明确部门经理的职责权限，将其对本部门费用的成本控制任务作为考核和监督部门经理的重要内容之一来明确说明，通过部门经理的控制以及员工的普遍监督达到目标，实现公司内的成本控制目的。

通过这种方式进行的成本控制，一般能够有效解决企业的费用控制难题，这对于企业的长远发展大有裨益。

资料来源：http://wenku.baidu.com/view/d3d69753fo1dc281e53af017.html.

第二节　非预算控制

随着科学技术的进步和社会活动规模的扩大，管理理论和管理技术不断涌现。除了预算控制方法以外，管理控制工作中还采用了许多其他控制手段和方法。有些方法属于传统的控制方法，例如视察、报告；另外一些方法则代表了新一代的计划和控制方法，例如计划评审法。有些控制方法适用于局部控制，例如程序控制方法；而另一些方法适用于综合控制，例如损益控制法。随着组织规模的扩大和分权管理的发展，管理工作的综合控制显得日益重要。

一、视察

视察是一种运用最早、使用最直接的控制方法，它的基本作用在于获得第一手的信息。高层主管人员通过视察，可以了解到组织的方针、目标和政策是否深入人心；可以发现职能部门的情况报告是否属实；员工的合理化建议是否得到认真对待；还可以从与员工的交谈中了解他们的情绪和士气等。职能部门主管人员通过视察，可以了解到工艺文件是否得到了认真的贯彻；生产计划是否按预定进度执行；劳动保护等规章制度是否被严格遵守；以及生产过程中存在哪些偏差和隐患等。作业层（基层）主管人员通过视察，可以判断出产量、质量的完成情况，设备运转情况和劳动纪律的执行情况等。所有这些第一手信息，都是主管人员最需要了解而在正式报告中见不到的。

视察的优点不仅仅在于能够掌握第一手信息，它还能够使得组织的管理者保持和不断更新自己对组织的感觉，使他们感觉到事情是否进展顺利以及组织这个系统是否运转正常。视察还能够使得上层主管人员发现被埋没的人才，并从下属的建议中获得启发和灵感。此外，领导亲自视察本身就有一种激励下级的作用，它使得下属感到上级在关心他们。所以，坚持经常亲临现场视察，有利于创造一种良好的组织气氛。亲临视察的显著好处使得一些优秀的管理者仍坚持这种作法。

视察也可能引起消极作用。例如，也存在着这样的可能，即下属可能误解上司的视察，将其看作是对他们工作的一种干涉和不信任，或者是看作不能充分授权的一种表现，这是需要引起主管人员注意的。

二、报告

报告是用来向负责实施计划的主管人员全面地、系统地阐述计划相关情况的一种管理方式。报告内容一般包括：计划的进展情况、存在的问题及原因、已经采取的措施、取得的效果、预计可能出现的问题等。控制报告的主要目的是提供一种如有必要，即可用作纠正措施依据的信息。

对控制报告的基本要求是：适时、突出重点、指出例外情况、简明扼要。通常，运用报告进行控制的效果，取决于主管人员对报告的要求。管理实践表明，大多数主管人员对下属应当向他报告什么，缺乏明确的要求。随着组织规模及其经营活动规模的日益扩大，管理也日益复杂，而主管人员的精力和时间是有限的，从而，定期的情况报告也就越发显得重要。

1. 上层主管人员对掌握情况的需要

负责实施计划的上层主管人员对掌握情况的需要，可归纳为以下四个方面。

（1）投入程度。即主管人员需要确定他本人参与的程度，他需要逐项确定他应在每项计划上花费多少时间，应介入多深。

（2）进展情况。即主管人员需要获得哪些应由他向上级或向其他有关单位（部门）汇报的有关计划进展的情况，诸如：我们的进度如何；怎样向我们的客户介绍计划进展情况；在费用方面我们做得如何；如何向客户解释费用问题等。

（3）重点情况。即主管人员需要在向他汇报的材料中挑选哪些应由他本人注意和决策的问题。

（4）全面情况。即主管人员需要掌握全盘情况，而不能只是了解一些特殊情况。

2. 报告的主要内容

为了满足上述四项要求，企业应该建立一套行之有效的报告制度。报告主要包括以下八个方面的内容。

（1）客户的鉴定意见以及上次会议以来外部的新情况。该项内容的作用在于使上级主管人员判断情况的复杂程度和严重程度，以便决定他是否要介入以及介入的程度。

（2）进度情况。该项内容是将工作的实际进度与计划进度进行比较，说明工作的进展情况。通常，拟定工作的进度计划可以采用计划评审技术。对于上层主管人员来说，他所关心的是处于关键线路上的关键工作的完成情况，因为关键工作若不能按时完成，那么整个工作就有可能误期。

（3）费用情况。该项内容是说明费用开支的情况。同样，要说明费用情况，必须将其与费用开支计划进行比较，并回答实际的费用开支为什么超出了原定计划，以及按此趋势估算的总费用开支（超支）情况，以便上级主管人员采取措施。

（4）技术工作情况。该项内容是表明工作的质量和技术性能的完成情况以及目前达到的水平。其中很重要的问题是说明设计更改情况，要说明设计更改的理由和方案，以及这是客户提出的要求还是自己做出的决定等。

以上关于进度、费用和技术性能的报告，从三个方面说明了计划执行情况。下面是要报告需要上层主管人员决策和采取行动的那些项目，分为当前的关键问题和预计的关键问题两项。

（5）当前的关键问题。报告者需要检查各方面的工作情况，并从所有存在的问题中挑出三个最为关键的问题。他不仅要提出问题所在，还须说明对整个计划的影响，列出准备采取的行动，指定解决问题的负责人，以及规定解决问题的期限，并说明最需要上级领导帮助解决的问题所在。

（6）预计的关键问题。该项内容是指出预计的关键问题。同时也需要详细地说明问题，指出其影响，准备采取的行动，指定负责人和解决问题的日期。预计的关键问题对上层主管人员来说特别重要：这不仅为他制定长期决策提供选择，也避免他认为下属容易陷入日常问题而对未来漠不关心的误会。

（7）其他情况。该项内容是提供与计划有关的其他情况。例如，对组织及客户有特别重要意义的成就，上月份（或季、年）的工作绩效与下月份的主要任务等。

（8）组织方面的情况。该项内容是向上层领导提交名单，名单上的人员可能会去找这位上层领导，这位领导也需要知道他们的姓名。同时还要审查整个计划的组织工作，包括内部的研制开发队伍以及其他的有关机构（部门）。

三、比率分析法

一般来说，仅从有关企业经营管理工作成效的绝对数量的度量中很难得出正确的结论。例如，仅从一个企业年创利 1.5 亿元这个数字上很难得出该企业经营成效显著的结论。因为我们不知道这个企业的销售额是多少；不知道它的资金总数是多少；不知道它所处的行业的平均利润水平是多少；也不知道该企业历年实现利润是多少等。所以，在我们做出有关一个组织的经营活动是否有显著成效的结论之前，必须首先明确比较的标准。

对于企业经营活动中的各种不同度量之间的比率分析，是一项非常有益和必需的控制方法。有比较才会有鉴别，也就是说，信息都是通过事物之间的差异传达的。企业经营活动分析中常用的比率可以分为两大类，即财务比率和经营比率。前者主要用于说明企业的财务状况；后者主要用于说明企业经营活动的状况。

1. 财务比率

组织的财务状况综合地反映着组织的生产经营情况。通过财务状况的分析可以迅速、全面地了解一个组织资金来源和资金运用的情况；了解组织资金利用的效果以及组织的支付能力和清偿债务的能力。常用的财务分析比率有销售利润率与营业利税率、资本金利润率、成本费用利润率、资产负债率、流动比率、速动比率。

（1）销售利润率与营业利税率。销售利润率，也称销售收入利润率，是反映实现的利润在销售收入（或营业收入）中所占的比重。营业利税率，是衡量企业营业净收入获取盈利的指标。比率越大，表明企业获利的能力越高，企业的经营效益越好。其计算公式为：

销售利润率＝利润总额/产品销售收入（或营业收入）×100％

营业利税率＝（利润总额＋销售税金）/营业收入总额×100％

（2）资本金利润率。资本金利润率说明的是一定时期组织投入资本的获利水平，它是直接衡量组织经营成果的尺度，是财务绩效的最佳衡量尺度，是一种高度综合的计量比率。资本金利润率的计算公式如下：

资本金利润率＝利润总额/资本金总额×100％

式中，利润总额指的是税前利润，资本金总额指的是组织在工商管理部门登记的注册资金。组织人、财、物、供、产、销等各方面工作的好与坏，都会影响这项指标。组织的固定资产利用率高，流动资产周转速度快，就可以用同样的资本可完成更多的财务成果。资本金利润率，应高于银行存款利率或债券利率，只有这样，组织才能继续经营下去。

（3）成本费用利润率。成本费用利润率指利润总额与营业成本（销售成本）之间的比率。它是衡量组织营业成本、各项费用获利水平的指标，表明组织承担成本降低方面取得的经济效益如何。其计算公式如下：

成本费用利润率＝利润总额/产品销售成本×100％

销售利润率、成本费用利润率均是收益性指标，受组织机械化、自动化程度的影响，但不受生产规模大小的影响。因而可以比较本组织不同时期的经济效益。

以上三种指标属于评价组织盈利能力的比率指标，分析这些指标的目的在于考察组织一定时期实现总目标的收益及获利能力，分析组织以一定的劳动占用和劳动耗费取得了多少盈利。

（4）资产负债率。资产负债率指组织负债总额与组织全部资产的比率，即在组织全部资产中负债总额占多大比重，用以衡量组织利用债权人提供资金进行经营活动的能力，也就是反映债权人借出资金的安全程度。因此它是组织长期偿债能力的晴雨表，负债的比例越低，表明组织的偿债能力越强，债权人得到保障的程度越高。其计算公式如下：

资产负债率＝负债总额/全部资产总额×100％

一般来说，在经济迅速发展时期，债务比例可以很高。如 20 世纪 60～70 年代，日本许多企业的外借资金占全部营运资金的 80％左右。确定合理的资产负债率是企业成功举债经营的关键。

（5）流动比率。流动比率指流动资产与流动负债的比率，它用以衡量组织流动资产在短期债务到期以前，可以变为现金用于偿还流动负债的能力。其计算公式如下：

$$流动比率＝流动资产总额/流动负债总额×100％$$

一般来说，组织资产的流动性越大，偿债能力就越强；反之，组织资产的流动性越小，偿债能力就越弱。当组织流动资产大于流动负债，一般表明组织偿还短期债务的能力强，即组织的流动资产在清偿流动负债以后，还能基本满足日常生产经营中的资金需要，但并不意味着流动比率越大越好。从组织的角度看，过大的流动比率说明经营管理不善，因为它表示组织存在财务资源闲置或存在不能利用的现金超出。同时，也表示组织很可能没有充分利用当前短期信贷的能力。当然，如果比率过低，说明组织偿债能力较差。经验表明，2∶1 左右的流动比率对大多数组织来说是比较适合的。但各行业生产经营方式不同、生产周期不同，对资产流动性的要求并不完全一致。因此，要根据不同具体情况确定标准比率，作为考核的尺度。

（6）速动比率。速动比率指组织速动资产与流动负债的比率。所谓速动资产是指流动资产减去存货等非速动资产后的差额。其计算公式如下：

$$速动比率＝速动资产/流动负债×100％$$

速动比率和流动比率一样，也是衡量组织短期偿债能力的指标，反映组织流动资产中可以立即用于偿付流动负债的能力。当组织有大量存货且这些存货周转率较低时，速动比率比流动比率更能精确反应组织的客观实际。速动资产具体来讲，只包括流动资产中的现金、银行存款、应收票据、短期投资、应收账款、有价证券等能变现的资产。一般认为这个比率低于 0.6，就说明组织的某些方面可能很糟糕；而低于 0.4，组织就已经接近了破产的边缘。在美国，一般认为这个比率在 100％以上为好。但是，从经营的动态性生角度来看，速动比率应为多少合适，最好还应同时分析一下组织在未来时期的经营情况。

以上三种比率，是用于评价组织偿债能力的指标。组织在经营中需要从银行或其他途径获得贷款或投资。作为贷款者或投资者必然有两方面的考虑，他们一方面乐于投资取得利润；另一方面，他们又担心发生清算破产以及收不回资金。因此，在国外，贷款者或投资者通常使用上述这三种比率来估计组织的支付能力和偿还债务的能力。

2. 经营比率

前面已指出，财务比率是衡量一个企业生产经营状况和财务状况的综合指标。除此以外，还有一些更直接的比率，可以用来进一步说明企业的经营情况。这些比率称为经营比率，也称活力比率，是与资源利用有关的几种比率关系。常用的有以下几种。

（1）应收账款周转率。应收账款周转率指企业赊销收入净额与平均应收账款余额的比率。它是衡量企业收回应收账款效率的指标，反映企业应收账款的流动程度。其计算公式如下：

$$应收账款周转率＝赊销收入净额/平均应收账款余额×100％$$

式中，

$$赊销收入净额＝销售收入－现销收入－（销售退回＋销售折让＋销售折扣）$$
$$平均应收账款余额＝（期初应收账款＋期末应收入账款）/2$$

应收账款周转率反映的是企业一定时期内销售债权（即应收账款的累计发生数）与期末应收账款平均余额之比，表明销售债权的收回速度。收回速度越快，说明资产的利用效率越高。

（2）库存周转率。库存周转率指销售总额与库存平均价值的比率。它是衡量企业销售能力和管理库存效率的指标，反映了与销售收入相比库存数量是否合理，表明了投入库存的流动资金的使用情况。其计算公式如下：

$$库存周转率＝销售总额/平均存货×100\%$$

式中，

$$平均存货＝（期初存货＋期末存货）/2$$

库存周转率反映企业库存在一定时期内使用和利用的程度，即利用库存的效率如何。在一定时期内周转率越高，即周转次数越多，周转一次所需的时间越少，表明资产的利用效率越高。

以上两个比率是用于分析企业营运能力的指标。

（3）固定资产周转率。固定资产周转率指销售总额与固定资产的比率。它反映了固定资产能够提供的销售收入，表明了企业固定资产的利用程度。其计算公式如下：

$$固定资产周转率＝销售总额/固定资产总额×100\%$$

（4）销售收入与销售费用比率。销售收入与销售费用比率是指单位销售费用能够实现的销售收入，在一定程度上反映了企业营销活动的效率。其计算公式如下：

$$销售收入与销售费用比率＝销售总额/销售费用总额×100\%$$

由于销售费用包括了人员推销、广告宣传、销售管理费用等组成部分，因此还可以进行更加具体的分析。

（5）市场占有率。市场占有率又称市场份额，指的是企业的主要产品在该种产品的市场销售总额中所占的比重。对大公司来说，这是一个最重要的经营比率，是应当为之奋斗和捍卫的目标。因为只有取得了稳定的市场占有率，企业才能在激烈的市场竞争中取胜，才能获得可观的利润。而市场占有率的下降，是一个企业开始衰败的最显著特征。值得引起注意的问题是，市场占有率的下降，可能被销售额的缓慢增长所掩盖。例如，当一定公司在一个增长率为 10％的市场中年销售额增加 5％，这仍然说明它的市场占有率在下降。

（6）相对市场占有率。当缺乏总的市场规模的统计资料时，可以采用相对市场占有率作为衡量的指标。常用的相对市场占有率指标有两种：一种是某公司的销售量与该公司所在市场中占领先地位的三名竞争对手销售量总和的百分比；另一种是与最大的公司销售量的百分比。

四、经营审计

审计是对反映企业资金运动过程及其结果的会计记录及财务报表进行审核、鉴定，以判断其真实性和可靠性，从而为控制和决策提供依据。根据审查主体和内容的不同，可以将审计划分为三种主要类型：一是由外部设计机构的审计人员进行的外部审计；二是由内部专职人员对企业财务控制系统进行全面评估的内部审计；三是由外部或内部审计人员对管理政策及其绩效进行评估的管理审计。

1. 外部审计

外部审计（Outside Audit；External Audit）是指独立于政府机关和企事业单位以外的国家审计机构所进行的审计，以及独立执行业务会计师事务所接受委托进行的审计。为了检查财务报表及其反映的资产与和负债的账面情况与企业真实情况是否相符，外部审计人员需要抽查企业的基本财务记录，以验证其真实性和准确性，并分析这些记录是否符合公认的会计准则和记账程序。

外部审计实际上是对企业内部虚假、欺骗行为的一个重要而系统的检查，因此起着鼓励诚实的作用：由于知道外部审计不可避免地要进行，企业就会努力避免做那些在审计时可能会被发现的不光彩的事。我国财政、银行、税务部门为了做好其本职工作，而对其管辖区各单位的业务（如税利上缴和信贷资金使用情况等）所进行的检查，不属于审计，更谈不上是外部审计，而只是经济监督中的财政监督、税务监督和信贷监督。

外部审计包括国家审计和社会审计。国家审计是指由国家审计机关所实施的审计。国家审计的主体是审计署以及各省、市、自治区、县设立的审计机关，对被审计单位的财务财政活动、执行财经法纪情况以及经济效益性进行的审计监督。社会审计是指经政府有关部门审核批准的社会中介机构进行的审计，其主体是注册会计师。

外部审计的优点是审计人员与管理当局不存在行政上的依附关系，不需看企业领导的眼色行事，只需对国家、社会和法律负责，因而可以保证审计的独立性和公正性。但是，由于外来的审计人员不了解内部的组织结构、生产流程和经营特点，在对具体业务的审计过程中可能产生困难。此外，处于被审计地位的内部组织成员可能产生抵触情绪，不愿积极配合，这也可能增加外部审计的难度。

2. 内部审计

1999 年 6 月，内部审计师学会董事会通过了内部审计的如下定义："内部审计是一项独立、客观的咨询活动，用于改善机构的运作并增加其价值。通过引入一种系统的、有条理的方法去评价和改善风险管理、控制和公司治理流程的有效性，内部审计可以帮助一个机构实现其目标。"在我国内部审计，是指由被审计单位内部机构或人员，对其内部控制的有效性、财务信息的真实性和完整性以及经营活动的效率和效果等开展的一种评价活动。内部审计是和政府审计、注册会计师审计并列的三种审计类型之一。

内部审计针对不同的行业和领域表现出特定的审计内容：如对于医疗卫生行业而言，审计的内容主要包括医疗收费监控、医疗设备监控和药品物价监控；对行政事业单位而言，主要审计预算执行监控和专项经费监控；对制造行业而言，审计的主要内容包括存货库龄监控、销售业务监控、财务监控、财务规范性控制、财务分析监控、经济指标监控、大额收支监控、审计作业监控、重大疑点监控、重大违规金额监控、违规问题监控和审计作业进度监控。

内部审计的方法主要有顺查法、逆查法、抽查法、审阅法、分析法。顺查法是指按照经济活动发生的先后顺序和会计核算程序，依次审核和分析会计凭证、会计账簿和会计报表。逆查法是指按照经济活动进行的相反顺序，先审查会计报表，从中发现错弊和问题，然后有针对性地依次审查和分析账簿和凭证。抽查法是指通过抽查财务凭证，可以抽查多个科目的凭证，对企业进行审计。目前提供三种抽样方法，包括等距抽样、随机抽样、PPS 抽样，从被审单位被审计对象中抽取其中一部分进行审查，根据审查结果，借以推断审计对象总体有无错误和弊端。审阅法是指对企业取得的有关会计资料进行审查，以判断其合规性，检查记账凭证。分析法是指利用实时查证工具中的趋势分析功能，对会计资料进行综合比较，分析各种数据的内在联系，以找出存在的问题，确定审计重点。

此外，在审计实践中，审计人员确定审计样本是根据内控制度要求和对审计重要性评估基础上进行的，当对某一样本产生怀疑时，审计人员可能会扩大样本的数量或对某一样本的业务流程进行详细审计。此时可以采用抽样审计与详细审计结合法。

内部审计的优势：一是改进建议更有针对性，由于内部审计人员了解企业实际情况，通过审计，提出的改进公司政策、完善工作程序、改进作业方法的建议更有针对性，从而可以更有效地实现组织目标；二是有助于组织推行分权化管理，内部审计不仅评估了企业的财务记录是否健全、正确，而且为检查和改进现有控制系统的效能提供了一种重要手段，因此有利于组织推行分权化管理；三是为企业的经营控制提供了大量信息。

在实际使用中，内部审计也存在不少局限性，集中表现在：一是费用较多，特别是在进行深入、详细的审计时，表现突出；二是要解释事实，并指出事实与计划的偏差所在，要很好地完成这些工作，而又不被审计的部门报怨，需要对审计人员进行充分的技能训练；三是内部审计容易遭受被审计人员心理上的抵触情绪。如果审计过程中不能进行有效沟通，可能会对组织活动带来负激励作用。

3. 内部审计和外部审计的联系与区别

内部审计和外部审计总体目标是一致的，两者均是审计监督体系的有机组成部分。内部审计具有预防性、经常性和针对性，是外部审计的基础，对外部审计能起辅助和补充作用；而外部审计对内部审计又能起到支持和指导作用。

内部审计机构和外部审计机构所处的地位不同，它们在独立性、强制性、权威性和公证作用方面又有较大的差别，主要表现在以下几个方面。

(1) 在审计性质上。内部审计属于内部审计机构或专职审计人员履行的内部审计监督，只对本单位负责；外部审计则是由独立的外部机构以第三者身份提供的鉴证活动，对国家权力部门或社会公众负责。

(2) 在审计独立性上。内部审计在组织、工作、经济方面都受本单位的制约，独立性受到局限；外部审计在经济、组织、工作等方面都与被审计单位无关系，具有较强的独立性。

(3) 在审计方式上。内部审计是根据本单位的安排进行审计工作的，具有一定的任意性；外部审计大多是受委托施行的。

(4) 在工作范围上。内部审计的工作范围涵盖单位管理流程的所有方面，包括风险管理、控制和治理过程等；外部审计则集中在企业的财务流程及与财务信息有关的内部控制方面。

(5) 在审计方法上。内部审计的方法是多样的，应结合组织的具体情况，采取各种不同的方法，其中也可以包括外审的一些程序；外部审计的方法则侧重报表审计程序。

(6) 在服务对象上。内部审计的服务对象是单位负责人；外部审计的服务对象是国家权力机关或各相关利益方。

(7) 在审计报告的作用上。内部审计报告只能作为本单位进行经营管理的参考，对外不起鉴证作用，不能向外界公开；国家审计除涉及商业秘密或其他不宜公开的内容外，审计结果要对外公示，社会审计报告则要向外界公开，对投资者、债权人及社会公众负责，具有社会鉴证的作用。

(8) 在审计对象上。国家审计以各级政府、事业单位及大型骨干企业的财政财务收支及资金运作情况为主；社会审计对象则包括一切盈利及非盈利单位。内部审计的对象是本单位及所属单位财政收支、财务收支、经济活动。

(9) 在审计权限上。国家审计代表国家利益，对被审计单位的违法违纪问题既有审查权，也有处理权；社会审计只能对委托人指定的被审单位的有关经济活动进行审查、鉴证。内部审计有审查处理权，但其内向服务性决定了其强制性和独立性较国家审计弱，其审查结论也没有社会审计的社会权威性高。

(10) 在审计监督的性质上。国家审计属于行政监督，具有强制性；社会审计属于社会监督，国家法律只能规定哪些企业必须由社会审计组织查账验证，而被审计企业与社会审计组织之间则是双向自愿选择的关系。内部审计是单位自我监督。

(11) 在依据的审计准则上。国家审计所依据的准则是审计署制定的国家审计准则；社会审计依据的审计准则是中国注册会计师协会制定的独立审计准则。内部审计所依据的则是中国内部审计协会制定的内部审计准则。

4. 管理审计

管理审计是现代审计一种新的审计类别，它是经济发展的必然结果，也是审计事业发展的必然结果，是审计人员对被审计单位经济管理行为进行监督、检查及评价并深入剖析的一种活动。它的目的是使被审计单位的资源配置更加富有效率。从管理审计的辅助手段上来说，它是相对于财务审计的一个概念，从被审计单位经济活动的外延来看，管理审计又是相对于经营审计的一种认知。对企业而言，经营讲的是市场，管理讲的是效率。从这个意义上讲，管理审计又可以称之为效率审计。

管理审计的内容包括管理过程审计和管理部门审计。管理过程审计是指以计划、组织、决策和控制等管理职能为对象的一种经济效益审计。它通过对各种管理职能的健全性和有效性的评估，以考查管理水平的高低，管理素质的优劣以及管理活动的经济性、效率性，并针对管理中所存在的问题，提出改进的建议和意见。管理部门审计，是以企业的各管理部门为基本对象，通过对企业各管理部门应承担的经济责任及其履行状况以及管理人员素质的审计，是促进企业提高经济效益的一种审计活动。

管理审计的重点是价格审计、经济合同审计、内部控制审计和管理过程审计。价格审计是对本部门、本单位在购销过程中发生的价格行为进行咨询、审核、监察，确认其真实性、合法性和效益性，提出审计意见和建议，为公开、公平、公正地进行价格决策服务。价格审计包括购价审计、销价审计、成本价审计、造价审计和投资价格审计。企业在联营投资、技术引进、资源开发、设备订购、生产协作、工程施工等方面存在大量的经济合同，经济合同审计就是通过对经济合同的签订、履行、结果各个阶段的审计，及时发现影响企业权益的种种问题，制止无效经济合同的签订，避免给企业带来经济损失。内部控制审计是对内部控制的评审主要是检查其健全性、合理性和有效性，查找"盲点"。通过符合性测试和实质性测试，对组织机构的职责分工、授权审批、会计控制、主要经营管理环节、实物控制程序以及经营实体管理等环节进行检查，评价经营管理秩序是否规范，是否严密和有效，各控制点是否由不同部门和个人去完成，有无"独揽"情况，经营管理职权是否民主科学和相互制约，寻找失控点和漏洞，提出弊端及症结所在，从而强化企业管理，提高经济效益。管理过程审计是以计划、组织、决策和控制管理职能为内容的一种管理审计。

管理审计的常用方法有："因果分析法"、"果因分析法"、"窗帘中间拉开式"审计法、"遵循性"审计法、"思维创新"审计法、"解剖麻雀"审计法、"高屋建瓴"审计法、"否定之否定"审计法等。

【阅读材料 15-2】

管理审计的主要方法

一、"因果分析法"与"果因分析法"

"因果分析法"是从事件的起因查起，最终查出所对应的结果。"果因分析法"则正好相反，是从事件所产生的结果查起，最终透析出问题产生的原因。这两种方法各有优缺点。"因果分析法"的优点是循序渐进，环环相扣，审计内容较为全面，不足之处是审计所需时间较长，技术难度较大。"果因分析法"的优点是溯果撷因，方法简便，需要时间较短，不足之处是审计过程容易以点带面，内容不够全面。究竟哪种方法效果更好，这要视具体的审计情况和审计目的而定。一般来说，在没有审计线索的情况下，更多地采用"因果分析法"，如果审计人员掌握了审计线索，为了提高审计效率，便可以考虑采用"果因分析法"。

二、"窗帘中间拉开式"审计法

如果一个窗帘由两幅组成，在阳光充足的早晨，我们从中间拉开，眼前便会迅速地明亮起来。这种拉窗帘的方法应用到管理审计中，也会起到事倍功半的效果。具体来说，就是审计人员根据掌握的审计线索，依据自己的职业经验，对问题产生的原因做出判断。同时，向"左"追查问题产生原因的整体脉络，向"右"验证分析自身判断的准确性。这种方法也可以称为"先入为主"法。例如，某项工程成本管理审计，已知该项工程成本过高。审计人员根据经验判断，知道问题产生的原因是材料采购成本过高。依此判断，审计人员便可向"左"追寻材料采购过程及管理方式，向"右"可通过抽查票据的方式，具体验证材料采购成本是否真的过高。如果向"右"的结果验证了审计人员的判断，向"左"的工作业已完成，此项管理审计便可初步结束。这种审计方法的优点是工作效率会大大提高，缺点是如果审计人员的判断出现偏差，反而会迟滞审计工作进度。因此，运用该审计方法，职业经验不足的审计人员不宜使用。

三、"遵循性"审计法与"思维创新"审计法

"遵循性"审计法是针对管理审计中发现的问题，依据已有的管理模式和固有的思维习惯，对问题的是与非做出判断。"思维创新"审计法则相反，它根据被审计单位的实际情况并打破原有的思维方式，对问题进行判断。举例来说，企业临时用工问题，按照国企固有的管理模式及固有的思维方式，企业临时用工是不可取的，因为国企本身已经存在冗员。按照"遵循性"审计法，就会否定企业临时用工的做法。但我们如果采用"思维创新"法，换个角度去思考问题，可能又会得出不同的结论。如果由于临时用工可以使生产效率提高，所带来的经济效益大于用国有企业闲置职工，而这种大于效益又足可以抵偿临时工用工成本的话，用临时工也未尝不可。因此，审计人员不能因循守旧，死抱框框。否则，审计结论不可能是实事求是的，甚至会给企业决策带来一定的误导作用。

四、"解剖麻雀"审计法与"高屋建瓴"审计法

强调管理审计要进行深入细致地分析与解剖，并不是说管理审计要一味地在"微观世界"中探索。深入地了解"微观世界"之后，审计人员还要"跳"出来，站在一定的高度，对"微观"进行总结、提炼，使之上升到一定高度，这就是我们所说的"高屋建瓴"审计法。通常所说的"既要进得去又要出得来"，就是这个道理。"解剖麻雀"法停留在"微观"层次，"高屋建瓴"审计法则提高到"宏观世界"，二者相辅相成，缺一不可。微观是宏观的基础，没有微观只有宏观是不可能的，同样只有微观没有宏观也是不行的，站在微观和站在宏观的角度所得出的审计结论也可能是不同的。如一个集团公司，内部有许多子公司，某一个子公司车辆需要进行修理，经过考察，委托集团公司以外的单位进行修理，比集团公司内部其他公司的价格要低得多。如果站在这个子公司"微观"的角度考虑问题，就会得出用外部单位进行修理的结论，但如果站在集团公司这个"宏观"角度考虑问题，从集团公司整体效益出发，又会得出用集团公司其他子公司进行修理的结论。可见，看问题的角度和高度不同，会在很大程度上影响审计结论。

五、"否定之否定"审计法

在实际审计工作中，由于受环境和知识水平等因素的影响，审计人员做出的审计结论往往不可能一次完成，先前的审计结论可能存在一定的偏差。这时，如果审计人员发现了这一偏差，应对原有的审计结论进行否定，重新得出正确的结论。否定之否定才是肯定。审计人员只有勇于面对自己的错误，才能不断得出正确的结论。我们所说的否定之否定，并不是单指一次否定，有些情况下，可能需要多次否定才能得出正确的结论。

总之，搞好管理审计需要审计人员细致入微的工作，需要实事求是的态度，同时还需要掌握正确方法。只有这样，管理审计才能逐步迈入正轨，内部审计的职能作用才能得到更好的发挥。

资料来源：http://www.chinaacc.com/new/1e30903453181101026900.html.

第三节 综合控制方法

随着市场竞争的加剧和企业经营复杂性的提高，现代企业需要进行控制的组织层面越来越高，所要控制的活动范围越来越广，这就需要企业采用综合控制的方法对企业的整个运营过程进行控制。当前最有代表性的综合控制方法是标杆控制和平衡计分卡控制。

一、标杆控制法

标杆控制法是由美国施乐公司于 1979 年首创，是现代西方发达国家企业管理活动中支持企业不断改进和获得竞争优势的最重要的管理方式之一，西方管理学界将其与企业再造、战略联盟一起并称为 20 世纪 90 年代三大管理方法。作为一种学习先进经验的系统、科学、高效的方法，标杆控制方法较好地体现了现代企业管理中追求竞争优势的本质特性，因此具有巨大的实效性和广泛的适用性。如今，标杆控制已经在市场营销、成本管理、人力资源管理、新产品开发、教育部门管理等各个方面得到广泛的应用。其中杜邦、Kodak、通用、Ford、IBM 等这些知名企业在日常管理活动中均应用了标杆控制法。而在我国像海尔、雅芳、李宁、联想等知名企业也通过采用标杆控制的方法取得了巨大成功。

1. 标杆控制的内涵

标杆控制的概念可以概括为：不断寻找和研究同行一流公司的最佳实践，并以此为基准与本公司进行比较、分析、判断，从而使自己公司得到不断改进，进入或赶超一流公司，创造优秀业绩的良性循环过程。其核心是向业内或业外的最优秀的企业学习。通过学习，企业重新思考和改进经营实践，创造自己的最佳实践，这实际上是模仿创新的过程。标杆控制本质是一种面向实践、面向过程的以方法为主的管理方式，它与流程重组、企业再造一样，基本思想是系统优化，不断完善和持续改进。

标杆控制是站在全行业、甚至更广阔的全球视野上寻找基准，突破了企业的职能分工界限和企业性质与行业局限，它重视实际经验，强调具体的环节、界面和流程，因而更具有特色。同时，标杆控制也是一种直接的、中断式的、渐进的管理方法，其思想是企业的业务、流程、环节都可以解剖、分解和细化。企业可以根据需要，或者寻找整体最佳实践，或者发掘优秀"片断"进行标杆比较，或者先学习"片断"再学习整体，或者先从整体把握方向，再从"片断"具体分步实施。

标杆控制是一种有目的、有目标的学习过程。通过学习，企业重新思考和设计经营模式，借鉴先进的模式和理念，再进行本土化改造，创造出适合自己的全新最佳经营模式。这实际上就是一个模仿和创新的过程。通过标杆控制，企业能够明确产品、服务或流程方面的最高标准，然后做必要的改进来达到这些标准。标杆控制是一种能引发新观点、激起创新的管理工具，它对大公司或小企业都同样有用。标杆控制为组织提供了一个清楚地认识自我的工具，便于发现解决问题的途径，从而缩小自己与领先者的距离。

2. 标杆控制的要素

标杆控制的要素是界定标杆控制定义、分类和程序的基础。标杆控制主要有以下三个要素：

（1）标杆控制实施者，即发起和实施标杆控制的组织；

（2）标杆伙伴，也称标杆对象，即定为标杆被学习借鉴的组织，是任何乐于通过与标准管理实施者进行信息和资料交换，而开展合作的内外部组织或单位；

（3）标杆控制项目，也称标杆控制内容，即存在不足，通过标杆控制向他人学习借鉴以谋求提高的领域。

3. 标杆控制的类型

根据标杆伙伴选择的不同，通常可将标杆控制分为五类。

（1）竞争性标杆控制。标杆伙伴是行业内部直接竞争对手。由于同行业竞争者之间的产品结构和产业流程相似，面临的市场机会相当，竞争对手的作业方式会直接影响企业的目标市场，因此竞争对手的信息对于企业在进行策略分析及市场定位有很大的帮助，收集的资料具有高度相关性和可比性。但因为标杆伙伴是直接竞争对手，信息具有高度商业敏感性，难以取得竞争对手的积极配合，获得真正有用或是准确的资料，从而极有可能使标杆控制流于形式或者失败。

（2）非竞争性标杆控制。标杆伙伴是同行业非直接竞争对手，即那些由于地理位置不同等原因虽处同行业但不存在直接竞争关系的企业。非竞争性标杆控制在一定程度上克服了竞争性标杆控制资料收集和合作困难的弊端，继承了竞争性标杆控制信息相关性强和可比性强的优点。但可能由于地理位置等原因而造成资料收集成本增大。

（3）内部标杆控制。标杆伙伴是组织内部其他单位或部门，主要适用于大型多部门的企业集团或跨国公司。由于不涉及商业秘密的泄露和其他利益冲突等问题，容易取得标杆伙伴的配合，简单易行。另外，通过展开内部标杆控制，还可以促进内部沟通和培养学习气氛。但是其缺点在于视野狭隘，不易找到最佳实践，很难实现创新性突破。

（4）功能性标杆控制。标杆伙伴是不同行业但拥有相同或相似功能、流程的企业。其理论基础是任何行业均存在一些相同或相似的功能或流程，如物流、人力资源管理、营销手段等。跨行业选择标杆伙伴，双方没有直接的利害冲突，更加容易取得对方的配合；另外可以跳出行业的框框约束，视野开阔，随时掌握最新经营方式，成为强中之强。但是投入较大，信息相关性较差，最佳实践需要较为复杂的调整转换过程，实施较为困难。

（5）通用性标杆控制。标杆伙伴是不同行业具有不同功能、流程的组织，即看起来完全不同的组织。其理论基础是：即使完全不同的行业、功能、流程也会存在相同或相似的核心思想和共通之处。如多米诺比萨饼公司通过考察研究某医院的急救室来寻求提高送货人员的流动性和工作效率的途径，提高了员工的应急能力。从完全不同的组织学习和借鉴会最大限度地开阔视野，突破创新，从而使企业绩效实现跳跃性的增长，大大提高企业的竞争力，这是最具创造性的学习。而其信息相关性更差，企业需要更加复杂的学习、调整和转换过程才能在本企业成功实施学到的最佳实践，因此困难更大。

企业最好的选择就是根据需要实施综合标杆控制，即将各种标杆控制方式根据企业自身条件和标杆控制项目的要求相结合，取长补短，以取得高效的标杆控制。

4. 标杆控制的作用

（1）通过标杆控制，企业可以选择标杆，确定企业中、长期发展战略。将本企业战略与竞争对手对比分析，制定战略实施计划，并选择相应的策略与措施。

（2）标杆控制可以作为企业业绩提升与业绩评估的工具。标杆控制通过设定可达目标来改进和提高企业的经营业绩。标杆控制是一种辨识世界上最好的企业实践并进行学习的过程。通过辨识行业内外最佳企业业绩及其实践途径，企业可以制定业绩评估标准，然后对其业绩进行评估，同时制定相应的改善措施。通过标杆控制，企业可以明确本企业所处的地位、管理运作以及需要改进的地方，从而制定适合本企业的有效的发展战略。

（3）标杆控制有助于建立学习型组织。学习型组织实质是一个能熟练地创造、获取和传递知识的组织，同时也要善于修正自身的行为，以适应新的知识和见解。通过标杆控制，有助于企业发现在产品、服务、生产流程以及管理模式方面存在的不足，并学习"标杆企业"的成功之处，再结合实际，将其充分运用到自己的企业当中。由于企业所在的竞争环境持续改变，"标杆企业"不断升级与更新，企业业务范围和企业规模不断扩大，这就必然导致标杆控制过程是一种持续往复的过程。

5. 标杆控制的实施步骤

一个完整的标杆控制一般包括以下五个步骤。

（1）计划。在计划这一步，主要工作有：组建项目小组，担当发起和管理整个标杆控制流程的责任；明确标杆控制的目标；通过对组织的衡量评估，确定标杆项目；选择标杆伙伴；制定数据收集计划，如设置调查问卷，安排参观访问，充分了解标杆伙伴并及时沟通；开发测评方案，为标杆控制项目赋值以便于衡量比较。

（2）内部数据收集与分析。在这一阶段，主要工作有：收集并分析内部公开发表的信息；遴选内部标杆控制合作伙伴；通过内部访谈和调查，收集内部一手研究资料。通过内部标杆控制，可以为进一步实施外部标杆控制提供资料和基础。

（3）外部数据收集与分析。在这一阶段，主要工作有：收集外部公开发表的信息；通过调查和实地访问收集外部一手研究资料；分析收集的有关最佳实践的数据，与自身绩效计量相比较，提出最终标杆控制报告，标杆控制报告揭示标杆控制过程的关键收获，以及对最佳实践调整、转换、创新的见解和建议。

（4）实施与调整。这一步是前几步的归宿和目标之所在。根据标杆控制报告，确认正确的纠正性行动方案，制定详细实施计划，在组织内部实施最佳实践，并不断对实施结果进行监控和评估，及时作出调整，以最终达到增强企业竞争优势的目的。

（5）持续改进。标杆控制是持续的管理过程，不是一次性行为，因此，为便于以后继续实施标杆控制，企业应维护好标杆控制数据库，制定和实施持续的绩效改进计划，以不断学习和提高。

6. 标杆控制的局限性

虽然作为一种管理方法或技术，标杆控制可以有效地提升组织的竞争力，但是组织实施标杆控制的实践业已证明，仅仅依赖标杆控制未必就一定能够将竞争力的提高转化为竞争优势，有的组织甚至陷入了"标杆控制陷阱"之中。这就意味着标杆控制还存在许多局限之处，主要表现在两个方面。

（1）标杆控制导致企业竞争战略趋同。标杆控制鼓励企业相互学习和模仿，因此，在奉行标杆控制的行业中，可能所有的企业都企图通过采取诸如提供更广泛的产品或服务以吸引所有的顾客细分市场等类似行动来改进绩效，在竞争的某个关键方面超过竞争对手。模仿使得从整体上看企业运作效率的绝对水平大幅度提高，然而企业之间相对效率差距却日益缩小。普遍采用标杆控制的结果必然使各个企业战略趋同，各个企业的产品、质量、服务甚至供应销售渠道大同小异，市场竞争趋向于完全竞争，造成在企业运作效率上升的同时，利润率却在下降。以美国印刷业为例，在 1980 年，利润率维持在 7％以上，在普遍实施标杆控制之后，到 1995 年已降至 4％～6％，并且还有继续下降的趋势。所以说标杆控制技术的运用越广泛，其有效性就越是受到限制。

（2）标杆控制导致企业陷入"标杆控制陷阱"。由于科技的迅速发展，使得产品的科技含量和企业使用技术的复杂性日益提高，模仿障碍提高，从而对实施标杆控制的企业提出了严峻的挑战：能否通过相对简单的标杆控制活动就能获得、掌握复杂的技术和跟上技术进步的步伐？如果标杆控制活动不能使企业跨越与领先企业之间的技术鸿沟，单纯为赶超先进而继续推行标杆控制，则会使企业陷入繁杂的"落后—标杆—又落后—再标杆"的"标杆控制陷阱"之中。例如 IBM、通用电器公司和柯达等公司在复印机刚刚问世时，曾标杆复印机领先者施乐公司，结果 IBM 和通用电器陷入了无休止的追赶游戏之中，无法自拔，最后不得不退出复印机市场。

关于如何突破标杆控制的局限性，人们已经进行了许多研究。从企业竞争的角度，可以总结为：企业应该由"效率-成本"竞争模式转向"战略-价值"竞争模式。

不难理解，价格和成本之间的差就是企业的盈利空间。企业改善绩效可以有两个选择：以提高运作效率降低成本为取向的"效率-成本"模式或者以高差异化、高附加价值、高价格为取向的"战略-价值"模式。当然，能在降低成本的同时提升产品附加值是最理想的状态，但通常二者不可兼得。标杆控制的选择在于前者，因此，尽管在远离效率极限时标杆控制带来的利益非常显著，然而，一旦企业运作效率接近当前技术水平下的效率极限，企业想继续改善绩效，只能转向决定利润的另外一端——通过为顾客创造独特价值而赢得某种程度的市场垄断势力，使顾客愿意支付较高价格，从而企业可以获得高于行业平均水平的利润。

总之，标杆控制局限性的突破不在于标杆控制自身的完善，而在于超越标杆，把价值创造作为企业的根本战略抉择，才能获得持久竞争优势。

二、平衡计分卡控制

平衡计分卡（Balanced Score Card，简称 BSC），源自哈佛大学教授罗伯特·卡普兰（Robert Kaplan）与诺朗诺顿研究院（Nolan Norton Institute）的执行长大卫·诺顿（David Norton）于 20 世纪 90 年代所从事的"未来组织绩效衡量方法"（一种绩效评价体系）。当时该研究的目的，在于找出超越传统以财务量度为主的绩效评价模式，以使组织的战略能够转变为行动。平衡计分卡被《哈佛商业评论》评为 75 年来最具影响力的管理学，它打破了传统的单一使用财务指标衡量业绩的方法，而是在财务指标的基础上加入了未来驱动因素，即客户因素、内部经营管理过程和员工的学习成长。经过将近 20 年的发展，平衡计分卡已经发展为组织的综合控制方法，在组织控制管理方面发挥着非常重要的作用。

1. 平衡计分卡的内涵

卡普兰和诺顿认为，企业的发展，不仅依赖于企业的内部因素，还依赖于企业的外部环境，如市场需求和消费者偏好的变化。企业不仅要注重短期目标，还要兼顾长期发展需要；企业除了关注财务指标之外，必须同样重视非财务方面的组织运作能力。平衡计分卡是从财务、客户、内部运营、学习与成长四个角度，将组织的战略落实为可操作的衡量指标和目标值的一种综合控制体系。设计平衡计分卡的目的就是要建立"实现战略制导"的绩效管理系统，从而保证企业战略得到有效的执行。平衡计分卡的关键在于平衡，兼顾战略与战术、长期与短期目标、财务与非财务衡量方法、滞后与先行指标。因此，人们通常认为平衡计分卡是加强企业战略执行力的最有效的管理控制工具。

2. 平衡计分卡的基本原理

BSC 是一套从四个方面对公司战略管理的绩效进行财务与非财务综合评价的评分卡片，不仅能有效克服传统的财务评估方法的滞后性、偏重短期利益与内部利益以及忽视无形资产收益等诸多缺陷，而且是一个科学的集公司战略管理控制与战略管理的绩效评估于一体的管理系统，其基本原理简述如下。

（1）以组织的发展战略为内核，运用综合与平衡的哲学思想，依据组织结构，将公司的战略转化为下属各责任部门在财务（Financial）、客户（Customer）、内部流程（Internal Processes）、创新与学习（Innovation & Learning）四个维度的系列具体目标（即成功的因素），并设置相应的四张计分卡，其基本框架见图 15-2。

（2）依据各责任部门分别在财务、客户、内部流程、创新与学习等四种计量可具体操作的目标，设置一一对应的绩效评价指标体系，这些指标不仅与公司战略目标高度相关，而且是以先行（Leading）与滞后（Lagging）两种形式，同时兼顾和平衡公司长期与短期目标、

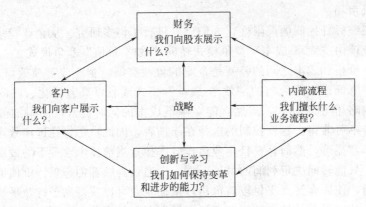

图 15-2 平衡计分卡基本原理图

内部与外部利益，综合反映战略管理绩效的财务与非财务信息。

（3）由各主管部门与责任部门共同商定各项指标的具体评分规则。一般是将各项指标的预算值与实际值进行比较，对应不同范围的差异率，设定不同的评分值。以综合评分的形式，定期（通常是一个季度）考核各责任部门在财务、客户、内部流程、创新与学习等四个维度的目标执行情况，及时反馈，适时调整战略偏差，或修正原定目标和评价指标，确保公司战略得以顺利与正确地实行。

3. 平衡计分卡的优点

平衡计分卡不仅是一种管理手段，也体现了一种管理思想，就是：只有量化的指标才是可以考核的。达成组织战略需要考核多方面的指标，不仅是财务要素，还应包括客户、业务流程、学习与成长。采用平衡计分卡作为控制工具的优点主要体现在以下四个方面。

（1）平衡计分卡将企业的战略至于核心地位。平衡计分卡将企业的战略目标在四个方面依序展开为具有因果关系的局部目标，即财务指标、客户指标、内部流程指标、创新与学习指标，并进一步展开形成对应的评价指标。这些评价指标将所有的员工指向总体的愿景规划，要求员工采取能够实现战略目标的行动方案。

（2）平衡计分卡能有效地将组织的战略转化为组织各层的绩效指标和行动。平衡计分卡能够促使战略在企业上下进行交流和学习，并与各部门和个人的目标联系起来，有助于各级员工对组织目标和战略的沟通和理解。平衡计分卡要求部门和个人制定自己的计分卡，在此过程中，必然要求企业更多地交流和相互学习，确立支持整体目标的局部目标行动方案，并确保组织中的各个层次都能理解长期战略和评价指标，从而使部门和个人目标服从总体的战略目标。

（3）平衡计分卡有助于实现组织战略目标。多数情况下，驱动组织成功的能力已经存在于组织之中，比如员工具备了执行战略所需要的技术和知识，但是缺少对战略目标的理解和相应的集中。成功运用平衡计分卡，可以促成对经营各个层面战略目标的统一而使企业形成一个有机整体，充分发挥企业的潜能，创造最佳业绩。

（4）平衡计分卡有助于协同组织的短期成果和长远发展。成功运用平衡计分卡可以克服财务比率方法的短期行为，有助于组织将短期成果和长远发展统一考虑。同时，平衡计分卡还着重于开发新的能力，接近新的客户和市场等未来发展指标，使企业合理分配资源，在不断的短期成果中促进长期目标的实现。

4. 平衡计分卡的控制指标

平衡计分卡是一种革命性的评估和管理体系，它在四个维度选用了四类控制指标，即财务指标、客户指标、内部流程指标和创新与学习指标。建立平衡计分卡的顺序，通常是在先制定财务和客户方面的目标与指标后，才制定企业内部流程的目标与指标，这个顺序使企业能够抓住重点，专心衡量那些与股东和客户目标息息相关的流程。创新与学习的目标为其他三个方面的宏大目标提供基础架构，是驱使上述三个方面获得卓越成果的动力。

（1）财务指标。财务性指标是组织常用于绩效评估的传统指标。财务指标衡量的主要内容：收入的增长、收入的结构、降低成本、提高生产率、资产的利用和投资战略等。财务性绩效指标可显示出组织战略及其实施和执行是否正在为最终经营结果（如利润）的改善做出贡献。但是，不是所有的长期策略都能很快产生短期的财务盈利。

（2）客户指标。平衡计分卡要求组织将使命和策略诠释为具体的与客户相关的目标和要点。客户最关心的是时间、质量、性能、服务和成本，组织必须在这五个方面树立清晰的目标，然后将这些目标细化为具体的指标。客户指标主要包括：市场份额、老客户挽留率、新客户获得率、客户满意度、从客户处获得的利润率。这些指标存在着内在的因果关系：客户满意度决定了老客户挽留率和新客户获得率，后两者又决定了市场份额的大小；老客户挽留率、新客户获得率和市场份额等指标共同决定了销售利润率；客户满意度又源于组织对客户需求的反应时间，产品的功能、质量、价格。组织应以目标客户和目标市场为导向，应当关注于是否满足核心顾客需求，而不是满足所有客户的偏好。

（3）内部流程指标。内部流程控制应以对客户满意度和实现财务目标影响最大的业务流程为核心。内部流程指标既包括短期的现有业务的改善，又涉及长远的产品和服务的革新。例如，在产品设计与开发过程中，可选用新产品销售额比重、专利产品销售额比重、比竞争对手率先推出新产品比例、开发新产品所用时间、开发费用占营业利润比例等指标。在生产制造过程中，可以选用标准成本与实际成本的差异、成品率、次品率、返工率等指标。在售后服务方面，可以选用公司对产品故障反应的速度、用于售后服务人力与物力成本、售后服务一次成功的比例等指标。

（4）创新与学习指标。在创新与学习方面，涉及员工的能力、信息系统的能力与激励、授权与相互配合。要促进组织的创新与学习，必须改善组织内部的沟通渠道，加强对员工的基于职业生涯发展的教育和培训，激发员工的积极性，提高员工的满意度。创新与学习指标主要包括：培训支出、培训周期、员工满意度、员工挽留率、信息覆盖率、每个员工提出的建议数量、被采纳建议的比例、采纳建议后的成效、工作团队成员彼此的满意度等。面对激烈的全球竞争，组织今天的技术和能力已无法确保其实现未来的业务目标。这就要求组织增加在创新与学习能力方面的投资，虽然在短期内会减少财务收入，但从长远看将会增加组织发展的后劲。

5. 平衡计分卡的作用

平衡计分卡方法可以突破财务作为唯一指标的衡量工具，使组织做到了多个方面的平衡。平衡计分卡可以反应长期目标与短期目标之间的平衡，外部和内部的平衡，结果和过程的平衡，财务与非财务衡量方法之间的平衡，管理业绩和经营业绩的平衡等多个方面。所以它能反映组织综合经营状况，使组织控制趋于平衡和完善，利于组织长期发展。平衡计分卡制度是把组织的战略和一整套财务与非财务评估手段联系在一起的控制方法，也是组织绩效的评价手段，更是一种战略管理方法。平衡计分卡在组织发展中，可以发挥巨大作用，主要表现在以下几方面。

（1）平衡计分卡为企业战略管理提供强有力的支持。随着全球经济一体化进程的不断发展，市场竞争的不断加剧，战略管理对企业持续发展更为重要。平衡计分卡的评价内容与相关指标和企业战略目标紧密相连，企业战略的实施可以通过对平衡计分卡的全面管理来完成。

（2）平衡计分卡可以提高企业整体管理效率。平衡计分卡所涉及的四项内容，都是企业未来发展成功的关键要素，通过平衡计分卡所提供的管理报告，将看似不相关的要素有机地结合在一起，可以大大节约企业管理者的时间，提高企业管理的整体效率，为企业未来成功发展奠定坚实的基础。

（3）平衡计分卡注重团队合作，防止企业管理机能失调。团队精神是一个企业文化的集中表现，平衡计分卡通过对企业各要素的组合，让管理者能同时考虑企业各职能部门在企业整体中的不同作用与功能，使他们认识到某一领域的工作改进可能是以其他领域的退步为代价换来的，促使企业管理部门考虑决策时要从企业整体出发，慎重选择可行方案。

（4）平衡计分卡可提高企业激励作用，扩大员工的参与意识。传统的业绩评价体系强调管理者希望（或要求）下属采取什么行动，然后通过评价来证实下属是否采取了行动以及行动的结果如何，整个控制系统强调的是对行为结果的控制与考核。而平衡计分卡则强调目标管理，鼓励下属创造性地（而非被动）完成目标，这一管理系统强调的是激励动力。因为在具体管理问题上，企业高层管理者并不一定会比中下层管理人员更了解情况、所做出的决策也不一定比下属更明智。所以由企业高层管理人员规定下属的行为方式是不恰当的。另一方面，目前企业业绩评价体系大多是由财务专业人士设计并监督实施的，但是，由于专业领域的差别，财务专业人士并不清楚企业经营管理、技术创新等方面的关键性问题，因而无法对企业整体经营的业绩进行科学合理的计量与评价。

（5）平衡计分卡可以使企业信息负担降到最少。在当今信息时代，企业很少会因为信息过少而苦恼，随着全员管理的引进，当企业员工或顾问向企业提出建议时，新的信息指标总是不断增加。这样，会导致企业高层决策者处理信息的负担大大加重。而平衡计分卡可以使企业管理者仅仅关注少数而又非常关键的相关指标，在保证满足企业管理需要的同时，尽量减少信息负担成本。

6. 平衡计分卡应用的成功案例

（1）美孚石油（Mobil Oil）美国营销及炼油事业部。该事业部于 1993 年引入平衡计分卡，帮助美孚从一个高度中央集权的、以生产为导向的石油公司转变为一个分散的、以客户为导向的组织。产生的结果是迅速和富有戏剧性的。1995 年，美孚的行业利润率从最后一名跃居第一名，并连续四年保持了这个地位（1995～1998）。不良现金流发生了戏剧性转变，投资回报率位居同行业榜首。

（2）信诺保险集团（CIGNA Insurance）财产及意外险事业部。该事业部于 1993 年引入平衡计分卡，帮助信诺从一个亏损的多元化经营者，转变成一个位居行业前列、专注主营业务的企业。其结果同样迅速和富有戏剧性。两年内，信诺扭亏为盈。1998 年，该公司的绩效迈入行业的前四分之一强。

（3）Brown & Root 能源服务集团分公司。1993 年，Rockwater 分公司总裁为管理团队引进了平衡计分卡，用以帮助两个新合并的工程公司明确战略并达成共识，将他们从低成本的小贩转变为有高附加值的合作伙伴。平衡计分卡的设计过程被用于构建团队、鉴别客户价值目标的不同观点以及为企业目标达成共识。1996 年，该公司的增长和获利率均在本行业位居榜首。

（4）汉华银行（Chemical Retail Bank）。汉华银行，即现在的汉华大通银行，在 1993 年引入平衡计分卡，以帮助银行吸收一家并购银行，引进更为一体化的金融服务，加速电子银行的使用。平衡计分卡明确地说明了战略的重点，并为在战略与预算间建立联系提供了构架。三年内，其获利率增长了20％。

【阅读材料15-3】

中国企业实施平衡计分卡问题探悉

所谓企业业绩评价就是按照企业目标设计相应的评价指标体系，依据特定的评价标准，采用特定的评价方法，对企业一定经营期间的经营业绩做出客观、公正和准确的综合判断。我国传统的企业业绩评价主要依据财务报告资料，根据其揭示的指标来分析评价企业使用财务资本和实物资本创造价值的效率。随着信息经济时代的到来，企业间的竞争已不再是单纯的技术、资本之间的竞争，而更多地表现为智力等无形资产的竞争，而传统的业绩评价主要是针对企业的有形资产进行，无法对无形资产和智力资产进行评价，但这些资产恰恰是企业在现代社会竞争中取胜的关键因素，传统的业绩评价体系已不能适应现实的需求。同时，传统的企业业绩评价主要采用财务指标进行评价，而忽视了对非财务指标的关注，这无疑不利于企业的长远发展。因此，建立一套全新的业绩评价体系，将财务衡量指标和非财务衡量指标完美结合，以弥补传统业绩评价体系的不足，并将业绩评价和战略联系起来，已经势在必行。而平衡计分卡的出现，正是满足了这种要求，它在保留传统财务指标的同时，成功地引入了非财务指标，通过财务、客户、内部经营、学习与创新四个方面的指标对企业的业绩进行全面、综合的评价。平衡计分卡已经跳出了财务核算的范围，它与传统的业绩评价系统最大的区别就在于它所具有的战略性，有关战略的制定、沟通、执行和调整均可借助这个工具有效的完成。

一、平衡计分卡的优越性

平衡计分卡是由哈佛商学院教授罗伯特·卡普兰和诺顿研究院的执行长大卫·诺顿通过对12家在业绩评价方面处于领先地位的公司进行为期一年的研究后，于1992年提出的一种综合业绩评价系统。许多跨国公司多年来一直把它用作主要的管理工具，据权威机构调查：美国60％，欧洲50％，澳大利亚40％，新加坡80％的组织使用了平衡计分卡，在现代管理中它的优越性主要体现在如下几方面。

1. 实现了业绩评价与财务目标的结合

企业战略体系是多层次的，要实现企业战略，首先要将其转化为具体的战略目标。企业的财务战略属于部门性战略，财务指标自然是描述企业战略的主要目标，同时也是企业其他三个方面非财务指标的出发点和归宿。企业在运用财务指标保持对短期经营业绩关注的同时，又通过非财务指标揭示了企业在保持长期财务业绩和竞争优势方面取得的成果。所以说，平衡计分卡是使来源于企业战略的各种评价方法一体化的一个新框架，通过对财务、顾客、内部经营过程、学习与成长等方面的评价将企业战略转化为具体目标和评价方法。

2. 平衡计分卡建立了以因果关系为纽带的战略实施系统

平衡计分卡所包括的四个方面并不是相互独立的，它展示了财务业绩和业绩动因之间的一系列因果关系。比如说，为了改善财务业绩，企业就需要对顾客群体的定位进行调整，调整后的顾客群体将有新的需求变化，企业为了获得调整后顾客群体的满意，就必须对企业的内部业务流程进行改进，而这个过程又需要企业对员工不断地进行培训。平衡计分卡就是根据这一系列因果关系建立的综合评价系统。

3. 平衡计分卡跨越了制定战略与实施战略之间的鸿沟

实施战略的第一个障碍是无法让员工理解和支持企业战略，以及如何使经营战略与各部门、各小组和个人的目标联系起来。平衡计分卡所展示的财务业绩与业绩动因之间的因果关系，有助于员工对经营战略的理解和信任。同时，平衡计分卡从开始制定起就注重各部门之间的协调和沟通，它通过对学习与成长方面的评价增加了企业上下交流的机会，使各部门在如何实施战略上达成共识。另外，平衡计分卡将企业战略目标及实施战略的措施具体化为各部门、小组和个人的业绩评价指标，实现了企业战略与各部门、小组、个人目标的结合。实施战略的第二大障碍是战略实施中的反馈是战术性的，而非战略性的。平衡计分卡要求所有评价手段最终必须与财务业绩联系起来，如果平衡计分卡所运用的各项非财务评价指标都达到了目标值，而财务业绩并没有明显改善，这就提醒经理们需要对制定战略依据的一系列因果假设进行质疑并进行调整，或根据当前的迹象对企业战略进行修正。平衡计分卡通过对业绩监督为企业提供了战略性反馈信息，经理们可据此更新战略。

二、我国企业实施平衡计分卡遇到的问题

中国从 2001 年开始引进平衡计分卡，一些著名企业已经开始尝试应用平衡计分卡，比如联想、中国移动、平安保险和顺驰集团等就是其中较为成功的案例。2002 顺驰集团开始实施平衡计分卡，2002 年收入 12 亿元，2003 年收入 40 亿，2004 年收入 100 亿，短短几年成为全国年收入排行第一的房地产企业。虽然一些企业应用平衡计分卡获得了成功，但据调查，大多数中国企业实施平衡计分卡的效果并不理想。为什么会这样呢？实施中到底存在什么问题？究其原因与病症主要有以下几方面。

1. 缺乏高层的充分支持

平衡计分卡是一套战略管理工具，它的构建模式是由上至下，即由高层主管主导战略的制定，然后将制定好的战略转换成一套环环相扣的业绩评价指标体系，以确保全体员工努力达成企业的战略目标。平衡计分卡在实施中必须要由高层主管直接参与才能确保平衡计分卡的构建不会流于形式。而我国企业在实施平衡计分卡时只由一两个部门（如财务部或人力资源部）去做，或只是以中层主管为主导，而缺乏高层主管的参与，导致平衡计分卡实施的号召力不强，员工的积极性没有被调动起来。

2. 将战略目标简单地层层分解

建立平衡计分卡的一个重要的前提条件是企业的战略目标能够在企业内部层层分解，转换为企业的部门目标和个人目标，并设定各种业绩评价指标来帮助我们判断行动是否满足战略目标的要求。许多企业管理人员误以为公司级计分卡可简单分解成部门计分卡，部门计分卡又可简单分解为个人计分卡。实际上，公司级、部门级与岗位等之间不是简单的叠加关系，而是战略协同关系，是战略目标从上到下的层层落实与从下到上的层层推动，三者之间是一种协同关系。部门级的战略目标支持并推动公司层的战略目标，部门级的战略目标应根据部门的职能战略来确定，不是简单的分解。

3. 与奖励机制脱节

战略与奖励脱节是组织战略实施的障碍之一。许多企业由于其平衡计分卡的关键评价指标值要么无法确定，要么只设一个值，难以确定浮动薪酬方案。导致平衡计分卡与奖励机制脱节，难以达到预期结果。

4. 员工对企业战略难以达成共识

平衡计分卡是基于企业战略的一种业绩评价系统，因此，全体员工是否清楚企业战略对平衡计分卡的成功实施有着重要作用是很关键的。据调查，多数企业不能成功地执行战略的一个重要原因是只有 5% 的员工明白企业的战略。尽管高层管理者认识到达成战略共识的重要性，但却少有企业将战略有效地转化成被基本员工能够理解且必须理解的内涵，职务层级越低对战略越不清楚，各层级对战略的看法也颇为分歧。

5. 信息系统方面的障碍

平衡计分卡的编制和实施涉及大量的业绩指标的取得和分析，是一个较为复杂的过程，一般要通过管理软件来辅助实现。信息系统在帮助管理者分解总体性测评指标方面，可以发

挥难以估量的作用。当平衡计分卡出现了未预期到的信号时，管理者就可以查询信息系统，找出问题的根源所在。若企业对信息的管理及信息基础设施的建设不完善而致使信息系统不够灵敏，它就会成为业绩评价的致命弱点。与欧美企业相比，我国企业的信息化进程较慢，信息的精细度和质量偏低，这会在很大程度上影响到平衡计分卡的应用。

6. 与管理流程脱节

管理流程包括年度计划制定流程与全面预算管理流程。许多企业的平衡计分卡由人力资源组织制定，年度计划由办公室组织制定，预算由财务部组织制定，三者各自为政、互不相干。实际上，平衡计分卡的关键指标需要通过预算流程确定，而实现指标值的行动方案需要在制定年度计划时确定，而年度计划与预算又是对应互动关系，是战略计划的具体体现。因此平衡计分卡作为一套战略管理工具，它必须与预算管理流程、年度计划制定流程无缝相连，保持内在的一致性。否则，相互不支持，企业根本不可能实现战略目标。中国大多数企业的预算流程与年度计划流程不完善，基本是为做预算而做预算，根本未考虑战略。平衡计分卡要想实施成功，必须想方设法完善管理流程，以达到内在战略的一致性。

三、我国企业实施平衡计分卡绩效评价体系的政策建议

虽然平衡计分卡绩效评价系统在我国的实施存在着上述诸多障碍，但这些障碍并不能够成为许多企业不采用平衡计分卡绩效评价系统的理由。我们只要认清障碍并想办法去清除这些障碍，在实践的过程中不断地去摸索，采取一些切实可行的措施，就能最大限度的保证平衡计分卡的成功实施。

(1) 获得高层主管支持。高层主管主导实施平衡计分卡是成功的必要条件。在中国，企业战略的制定通常依靠高层主管的洞察力和直觉，因此，大多数中国企业要想成功实施平衡计分卡，就需要高层主管全力支持，并带动管理团队将企业战略和目标具体落实到基层，使企业上下协同配合，让所有员工都充分理解并参与战略的执行工作。

(2) 注意沟通和反馈。在使用平衡计分卡时，要利用各种沟通渠道如刊物、信件、公告栏、标语、会议等，让各层管理人员知道企业的愿景、战略、目标与业绩衡量指标，通过沟通了解员工对平衡计分卡衡量指标的意见，以便修正指标和企业战略。

(3) 与企业的激励机制挂钩。企业中每个员工的职责虽然不同，但使用平衡计分卡会使大家清楚企业的战略方向，有助于群策群力，也可以使每个人的工作更具有方向性，从而增强员工的积极性和责任感。为充分发挥平衡计分卡的实施效果，就必须和奖励制度挂钩，使企业的每个层次、不同部门员工的注意力集中在各自的工作业绩上，最终实现企业的战略目标。只有这样，平衡计分卡才具有现实意义。

(4) 与企业的预算结合起来。预算是实现企业战略目标的有效手段。优秀的企业，一般都具有积极、先进的财务计划、业务计划和预算编制体系。从表面上看，预算的编制费时费力，但随着企业信息系统的完善，这些问题将得到解决。预算包括运营预算和战略预算。通过运营预算，企业确定为维持现有的生产和客户所需花费的成本。我国现行的预算基本上都是这种预算。在预算管理实践中，除了编制详细的运营预算，进行决策管理和决策控制外，更需要关注企业长远的发展状况和发展目标。而战略预算则是从一个长远的角度来编制预算，将企业的战略目标分解为具体的企业各期的预算任务，再通过企业当期预算的制定和分解来落实到部门和个人，利用预算控制，形成切实可行的战略部署。战略预算实际上是"预算中的预算"。通过这两种预算，企业一方面实现了同时对战略和战术的管理，另一方面，这些预算数字将成为企业成本控制、业绩评价和信息反馈的依据。

(5) 重视信息系统的选择与完善。信息系统在帮助组织成功的实施平衡计分卡绩效评价系统的过程中起着极其重要的作用。但如果组织选择信息系统不当，信息系统不够灵敏，则

无法满足组织使用平衡计分卡法来客观、公正的评价各项业绩指标的信息需要，那它会成为这个新的系统的致命之处。因此，组织在实施平衡计分卡的过程中应该根据自身的需要选择合理的信息系统。选择好了合适的信息系统，我们还必须根据组织内外环境的变化不断地完善它，从而使它紧密的与组织的战略结合在一起。

资料来源：http://wenku.baidu.com/view/5279fd21bcd126fff7050bfc.html.

本 章 小 结

（1）预算控制就是根据预算规定的收入与支出标准来检查和监督各个部门的生产经营活动，以保证各种活动或各个部门在完成既定目标、实现利润的过程中对经营资源的利用，从而使费用支出受到严格有效的约束。按照不同的内容，可以将预算分为经营预算、投资预算和财务预算三大类。预算编制步骤主要包括以下环节：由组织的高层管理人员向主管预算编制的部门提出组织在一定时期内的发展战略、计划与目标；主管预算编制的部门向组织各部门的主管人员提出有关编制预算的建议和要求，并提供必要的资料；各部门的主管人员编制本部门的预算，并与其他部门相互协调；在此基础上，将本部门预算上报主管部门；主管编制预算的部门将各部门上报的预算进行汇总，编制出企业的各类预算和总预算；最后，上报组织的高层管理层进行审核批准。

（2）除了预算控制方法以外，管理控制工作中还采用了许多不同种类的控制手段和方法：视察、报告、比率分析法、经营审计等。许多控制方法同时也是计划方法，这再一次说明了一个客观事实，即控制和计划是一个问题的两个方面，控制的任务是使计划得以实现。

（3）标杆控制的概念可以概括为：不断寻找和研究同行一流公司的最佳实践，并以此为基准与本企业进行比较、分析、判断，从而使自己企业得到不断改进，进入或赶超一流公司，创造优秀业绩的良性循环过程。其核心是向业内或业外的最优秀的企业学习。通过学习，企业重新思考和改进经营实践，创造自己的最佳实践，这实际上是模仿创新的过程。

（4）平衡计分卡是从财务、客户、内部运营、学习与成长四个角度，将组织的战略落实为可操作的衡量指标和目标值的一种综合控制体系。设计平衡计分卡的目的就是要建立"实现战略制导"的绩效管理系统，从而保证企业战略得到有效的执行。平衡计分卡的关键在于平衡，兼顾战略与战术、长期与短期目标、财务和非财务衡量方法、滞后和先行指标。因此，人们通常认为平衡计分卡是加强企业战略执行力的最有效的管理控制工具。

【案例思考】

平衡计分卡在 W 公司的运用

W 公司是国内一家从事炊具研发和生产制造集团的全资子公司，目前集团在国内的炊具行业中处于领先地位，市场占有率位居全国第一。W 公司主要负责集团内销产品的生产制造。中国加入 WTO 后，国外的领先企业已经大举进攻中国市场，加剧了炊具行业的竞争。竞争使 W 公司在关注内部的同时，更加关注外部的影响，绩效测评指标体系也必须顺应这种变化。为使公司的经理层能及时准确地了解和掌握企业的各种绩效测评指标，并能够做到聚焦于企业的战略，从而真正有效地测评公司的绩效，带动公司向纵深发展，公司引入平衡计分卡作为绩效评估的基石。

一、W 公司平衡计分卡的设计

在引入平衡计分卡之前，W 公司首先通过应用 SWOT 等战略分析工具，对自身的发展进行了明确的定位，形成自己的战略愿景和战略规划，从而建立起平衡计分卡的核心和基础。在明确公司战略的前提下，把平衡计分卡看作是公司高层对公司战略进行阐明、简化并使之实际运作的一条途径。

平衡计分卡使经理们能从四个主要方面来考察。

1. 财务角度

财务绩效测评指标显示了公司的战略及执行是否有助于利润的增加。虽然客户满意度、内部运作绩效以及学习与成长的测评指标等，来自公司对环境的特定看法和对关键的成功因素的认识，但如果经营绩效有所改善，却又未能导致财务绩效的好转，则说明经理们应重新思考公司战略或其执行计划。因此对财务维度的有效评估是传统的，但也是必不可少的。W将公司财务目标表示为：完成生产任务、保持稳定的利润增长。除了这几个重要测评指标外，反映企业财务能力的其他指标也可根据战略目标的要求进行选择。通过定期的财务报表，可以提醒经理们在生产、质量、反应时间、提高劳动生产率等方面及时加以改进，以使各项工作的开展对公司变得更为有利。

2. 客户角度

W公司是按定单生产型企业，生产炊具系列产品。顾客所关心的事情有四类：质量、性能、供货及时性和成本。为了使平衡计分卡能发挥作用，公司明确了用以衡量质量、性能、供货及时性和成本的具体评估指标。

3. 内部运作角度

优异绩效来自组织中所发生的程序、决策和行为。因此，公司还需要关注这些能满足公司整体战略实现的关键的内部经营活动。平衡计分卡的内部评估指标，应当来自对实现公司整体战略有最大影响的业务程序，包括影响循环周期、质量、雇员技能和生产率的各种因素。W公司的经理们断定，技术上的持续改进和创新，是公司要培养的核心能力，而良好的过程管理能力和对安全与损失的控制也是公司势在必行的努力方向。

4. 学习与成长角度

在W公司设计的平衡计分卡中，以顾客为基础的测评指标和内部运作过程测评指标，确定了公司认为竞争取胜最重要的参数。在强调长期运作和未来规划发展的前提下，雇员素质的提高，公司创新能力和学习能力的加强，都是不容忽视的方面。因此，W公司平衡计分卡的第四部分就是从学习和成长的角度提出提升人力资源能力和构建信息沟通平台两个战略目标，并制定了对应的评估指标。

最后，W公司在坚定了进行战略管理的决心之后，把平衡计分卡继续作为一个战略管理体系去管理公司的长期战略。为此公司设计了一个两年期的工作推进计划，通过一个周而复始的行动顺序，逐步建立战略管理体系，最终使之成为公司整个管理体系的一个固定组成部分。这样，可以使公司每个人都集中精力于实现长期战略目标，这是单纯的财务框架所做不到的。

二、平衡计分卡的应用总结

W公司利用平衡计分卡之后，发现它更适合于建立许多公司都力图实现的那种组织形态。传统的测评体系是从财务职能发展而来，这些体系偏向于控制。而平衡计分卡不仅仅是控制，它用评估指标把人们导向愿景规划，因此对每一个部分的正确评估和分析是最为关键的。

在平衡计分卡的应用过程中，必须让那些最了解公司愿景和首要任务的经理们参与其中。同时由于平衡计分卡的测评指标是关键指标，在W公司的平衡计分卡中总共只有20个测评指标，其目的就是使经理们对公司绩效的评估集中到公司的战略和愿景上来。事实上，平衡计分卡的出现并不是为了代替其他的评估方法，而是将各种评估方法相结合，并使其系统化，最终有利于公司战略的贯彻和愿景目标的实现。

在平衡计分卡的使用频次上，通常要求经理们每月分组考察各部门上交的报告。当然，有些测评指标，如创新指标是不能每月更新的，但大多数测评指标是可以每月计算一次的。平衡计分卡与公司正在推行的管理重心是一致的，即顾客与供应商之间的伙伴关系、团队责任、ISO 9000 系列质量标准等。平衡计分卡把财务、顾客、内部运作过程和学习与成长结合起来，使经理们至少能从中悟出多种相互关系，能帮助经理们超越对职能障碍的传统观念，在决策和解决问题时有更好的表现。由此可见，平衡计分卡是推动公司前进的有效管理方法，它在 W 公司的应用，使公司能一直向前看、向前走。

三、应用平衡计分卡遇到的障碍

应用平衡计分卡作为绩效测评的工具，对企业的战略制定能力和基础管理是有较高要求的。由于 W 公司本身管理水平的限制，也使平衡计分卡在实施过程中遇到一些困难。

（1）公司原有的管理基础相对薄弱，战略管理的思想刚刚被接受，而相应的一些关键职能部门也才刚刚完善，这就需要公司必须做到团结一致，统一公司的文化和价值观念，加快对有关人员的培训，同时明确岗位职责，从而为实施平衡计分卡提供有效的内部保证。

（2）公司中高层管理人员年龄偏大，总体学历水平较低，在平衡计分卡推进过程中接受新知识、新概念的能力较弱，增加了实施的困难。因此对当前中高层人员进行管理知识的培训是势在必行的。只有具备人才和知识的保证，平衡计分卡才能被较好地理解和运用。

（3）由于平衡计分卡推进速度过快，相应的交叉考评制度和指标评价标准体系没有得到及时修改和完善，导致在绩效评估过程中产生争议，出现了许多沟而不通的现象，影响了工作效率。因此建立相应的交叉考评制度和指标评价体系是当务之急。有了制度保障，平衡计分卡才能被更好地应用，绩效评估才能更真实客观地反映工作业绩，从而保证各项工作的开展不偏离公司的战略目标。

【案例思考题】1. 什么是平衡计分卡？运用平衡计分卡必须具备什么条件？

2. W 公司是如何设计平衡计分卡的控制指标的？

3. 平衡计分卡在 W 公司运用中发挥了哪些作用？

4. W 公司在应用平衡计分卡时还存在哪些问题？

5. 如果你是 W 公司总经理，你将如何完善平衡计分卡？

资料来源：http://wenku.baidu.com/view/8ba4fc1714791711cc7917b2.html. 略有删改.

复习思考题

一、单项选择题

1. 预算是用数字，特别是用财务数字的形式来描述企业未来的活动（　　　）。

　　A. 条件　　　　　　　　B. 种类　　　　　　　　C. 方式　　　　　　　　D. 计划

2. （　　　）是在对所有部门或项目分预算进行综合平衡的基础上编制而成的，它概括了企业相互联系的各个方面在未来时期的总体目标。

　　A. 总预算　　　　　　　B. 收入预算　　　　　　C. 支出预算　　　　　　D. 现金预算

3. 现金预算是对企业未来生产与销售活动中现金的（　　　）进行预测，通常由财务部门编制。

　　A. 使用情况　　　　　　B. 流出　　　　　　　　C. 流入与流出　　　　　D. 流入

4. 涉及企业的多个经营阶段，属于长期预算的是（　　　）。

　　A. 现金筹措　　　　　　B. 资金支出预算　　　　C. 收入预算　　　　　　D. 支出预算

5. 分预算是（　　　）。

　　A. 按照部门和项目来编制的　　　　　　　　　　B. 一般由各部门自行编制

  C. 概括了企业相互联系的各个方面在未来时期的总体目标

  D. 在对所有部门或项目进行综合平衡的基础上编制而成的

6. 一般而言预算内容不涉及（　　　　）。

  A. 收入预算　　　　　　B. 现金预算　　　　　　C. 资金支出预算　　　　　D. 人员编制预算

7. 流动比率是（　　　　）。

  A. 流动资产与流动负债的比率　　　　　　　　　B. 企业负债总额与企业全部资产的比率

  C. 流动资产和存货之差与流动负债的比率　　　　D. 利润总额与营业成本之间的比率

8. 平衡计分卡是（　　　　）首创的。

  A. 戴明　　　　　　　　B. 施乐公司　　　　　　C. 卡普兰和诺顿　　　　D. 国际标准化组织

9. 平衡计分卡的控制指标包括财务、内部经营过程、学习和成长以及（　　　　）。

  A. 客户　　　　　　　　B. 采购　　　　　　　　C. 成本　　　　　　　　D. 人力资源

10. （　　　　）是销售总额与库存平均价值的比例关系。

  A. 库存周转率　　　　　B. 固定资产周转率　　　C. 资金利润率　　　　　D. 销售利润率

11. （　　　　）是销售总额与固定资产之比。

  A. 库存周转率　　　　　B. 固定资产周转率　　　C. 资金利润率　　　　　D. 销售利润率

12. 企业资产的流动性越大，偿债能力就（　　　　）。

  A. 越强　　　　　　　　B. 越弱　　　　　　　　C. 不变　　　　　　　　D. 无法判断

13. 关于平衡计分卡的优点，叙述不正确的是（　　　　）。

  A. 平衡计分卡将企业的战略至于核心地位

  B. 平衡计分卡能有效地将组织的战略转化为组织各层的绩效指标和行动

  C. 平衡计分卡使战略目标在各个经营层面达成一致，有助于整个组织行动一致，实现组织战略目标

  D. 平衡计分卡有助于企业建立学习型组织

14. 在平衡计分卡中，（　　　　）不仅是一个单独的衡量方面，而且是其他几个衡量方面的出发点和落脚点。

  A. 客户　　　　　　　　B. 财务　　　　　　　　C. 内部经营过程　　　　D. 学习和成长

15. 在平衡计分卡控制中，下列（　　　　）不是在成长阶段的财务衡量应着重的方面。

  A. 资产报酬率的增长率　　　　　　　　　　　　B. 销售额总体增长百分比

  C. 特定地区的销售额总体增长率　　　　　　　　D. 特定顾客群体的销售额总体增长

16. 标杆控制是（　　　　）首创的。

  A. 戴明　　　　　　　　B. 施乐公司　　　　　　C. 卡普兰和诺顿　　　　D. 国际标准化组织

17. 关于标杆控制的作用，叙述不正确的是（　　　　）。

  A. 标杆控制可以作为企业业绩提升与业绩评估的工具

  B. 标杆控制可以确定企业中、长期发展战略

  C. 标杆控制可以使战略目标在各个经营层面达成一致

  D. 标杆管理有助于企业建立学习型组织

18. 主要核对企业财务记录的可靠性和真实性的是（　　　　）。

  A. 管理审计　　　　　　B. 财务审计　　　　　　C. 内部审计　　　　　　D. 外部审计

19. 预算控制属于（　　　　）。

  A. 前馈控制　　　　　　B. 反馈控制　　　　　　C. 同期控制　　　　　　D. 间接控制

20. 以下属于经营比率的是（　　　　）。

  A. 流动比率　　　　　　B. 资金利润率　　　　　C. 固定资产周转率　　　D. 负债比率

二、判断题

1. 任何预算都需用数字形式来表述。　　　　　　　　　　　　　　　　　　　　　（　　　）

2. 任何企业预算表中的项目都是相同的。　　　　　　　　　　　　　　　　　　　（　　　）

3. 全面预算必须用统一的货币单位来衡量，而分预算则不一定用货币单位计量。　　（　　　）

4. 现金预算并不需要反映企业的资产负债情况，而是要反映企业在未来活动中的实际现金流量和流程。 （　　）

5. 全面预算和分预算都必须用统一的货币单位来衡量。 （　　）

6. 全面预算也可以用材料的原单位表示。 （　　）

7. 内部审计有助于推行集权化管理。 （　　）

8. 管理审计是一种对企业所有管理工作及其绩效进行全面系统地评价和鉴定的方法。 （　　）

9. 标杆控制有助于企业建立学习型组织。 （　　）

10. 平衡计分卡的控制指标包括财务、客户、内部经营过程、学习与成长。 （　　）

三、名词解释

预算，经营比率，外部审计，内部审计，管理审计，标杆控制，平衡计分卡。

四、思考题

1. 什么是预算控制？预算内容一般涉及哪几个方面？

2. 分预算和总预算是什么关系？

3. 经营预算包括哪些内容？

4. 财务预算包括哪些内容？

5. 预算的作用和局限性有哪些？

6. 根据审查主体和内容的不同，可将审计划分为哪几个主要类型？

7. 内部审计与外部审计有哪些区别？

8. 管理审计主要包括哪些内容？

9. 标杆控制有哪些类型？

10. 如何实施标杆控制？

11. 标杆控制的作用和局限性是什么？

12. 什么是平衡计分卡？为什么说它是一种战略控制工具？

13. 平衡计分卡的控制包括哪些指标？

14. 采用平衡计分卡作为控制工具有哪些优点？

15. 为什么当代管理者都愿意用平衡计分卡来对组织绩效进行考评和控制？

参 考 文 献

[1] 陈传明，周小虎. 管理学原理［M］. 北京：机械工业出版社，2007.

[2] 杨文士，焦叔斌，张雁，李晓光. 管理学［M］. 北京：中国人民大学出版社，2009.

[3] 周三多，陈传明. 管理学［M］. 北京：高等教育出版社，2010.

[4] 聂锐，凌云，吕涛. 管理学［M］. 北京：机械工业出版社，2008.

[5] 单凤儒，金彦龙. 管理学原理［M］. 北京：高等教育出版社，2009.

[6] 王克岭，张建民等. 管理学［M］. 北京：高等教育出版社，2009.

[7] 单凤儒. 管理学基础实训教程. 北京：高等教育出版社，2009.

[8] 余凯成. 组织行为学［M］. 大连：大连理工大学出版社，2006.

[9] 李永清，钱敏. 现代管理学导论［M］. 北京：化学工业出版社，2010.

[10] 圣才学习网. 周三多《管理学》（第3版）笔记和考研真题详解. 北京：中国石化出版社. 2010.

[11] 李东. 管理学——理论方法工具［M］. 北京：科学出版社，2008.

[12] 孔繁玲. 管理学原理分析［M］. 广州：华南理工大学出版社，2008.

[13] 沈波，李岩，蒋新宁，肖立刚. 管理学概论［M］. 南京：东南大学出版社，2008.

[14] 孙军. 管理学［M］. 北京：机械工业出版社，2007.

[15] 周鸿. 管理学——原理与方法［M］. 北京：机械工业出版社，2007.

[16] 李维刚，白瑗峥. 管理学原理［M］. 北京：清华大学出版社，2007.

[17] 张英奎，孙军. 现代管理学［M］. 北京：机械工业出版社，2007.

[18] 周三多，贾良定. 管理学习题与案例［M］. 北京：高等教育出版社，2006.

[19] 罗珉. 管理学［M］. 北京：机械工业出版社，2006.

[20] 高闯. 管理学［M］. 北京：清华大学出版社，2006.

[21] 卢昌崇. 管理学［M］. 大连：东北财经大学出版社，2006.

[22] 理查德 L. 达夫特，多萝西·马西克. 管理学原理［M］. 高增安，马永红，李维余译. 北京：机械工业出版社，2005.

[23] 孙班军，陈晔. 管理学［M］. 北京：科学出版社，2005.

[24] 芮明杰. 管理学现代的观点［M］. 上海：复旦大学出版社，2005.

[25] 莫寰. 新编管理学［M］. 北京：清华大学出版社，2005.

[26] 魏江，严进. 管理沟通——成功管理的基石［M］. 北京：机械工业出版社，2011.

[27] 基蒂 O. 洛克. 商务与管理沟通［M］. 第8版. 赵银德译. 北京：机械工业出版社，2008.

[28] 贾蔚，栾秀云. 现代商务谈判理论与实务［M］. 北京：中国经济出版社，2006.

[29] 彼得·德鲁克. 卓有成效的管理者［M］. 许是祥译. 北京：机械工业出版社，2005.

[30] 芭芭拉·格兰兹. 高效沟通的399条黄金法则［M］. 马小丰，吴振兴译. 哈尔滨：哈尔滨出版社，2005.

[31] 王建民. 管理沟通理论与实务［M］. 北京：中国人民大学出版社，2005.

[32] 胡魏. 管理沟通：案例101［M］. 济南：山东人民出版社，2005.

[33] 刘爱华. 如何进行有效沟通［M］. 北京：北京大学出版社，2004.

[34] 任浩，张周，郝斌等. 战略管理：现代的观点［M］. 北京：清华大学出版社，2008.

[35] 揭筱纹，杨斌. 战略管理——概论、案例与分析［M］. 北京：清华大学出版社，2001.

[36] 戴昌钧，符谢红. 现代人力资源管理［M］. 上海：东华大学出版社，2009.

[37] 岳澎，黄解宇. 现代组织理论［M］. 北京：中国农业大学出版社，2010.

[38] 斯蒂芬 P. 罗宾斯，玛丽·库尔特. 管理学［M］. 孙健敏译. 北京：中国人民大学出版社，2008.

[39] 徐国华，张德等. 管理学［M］. 北京：清华大学出版社，1998.

[40] 王凤彬，李东. 管理学［M］. 北京：中国人民大学出版社，2011.

[41] 张明玉. 管理学［M］. 北京：科学出版社，2005.

[42] 张玉利，陈炳富. 管理学［M］. 天津：南开大学出版社，2004.

[43] 谭力文，李燕萍. 管理学［M］. 武汉：武汉大学出版社，2009.

[44] 海因茨·韦里克，马克·V·坎尼斯，哈罗德·孔茨. 管理学：全球化与创业视角［M］. 马春光译. 北京：经济科学出版社，2011.

[45] 彼得·德鲁克. 管理的实践［M］. 齐若兰译. 北京：机械工业出版社，2009.

[46] 乔忠. 管理学［M］. 北京：机械工业出版社，2007.

[47] 林志扬. 管理学原理 [M]. 厦门：厦门大学出版社，2009.

[48] 邢以群. 管理学 [M]. 杭州：浙江大学出版社，2005.

[49] 王利平. 管理学原理 [M]. 北京：中国人民大学出版社，2009.

[50] 尤建新，陈守明. 管理学概论 [M]. 上海：同济大学出版社，2007.

[51] 汪克夷，刘荣，齐丽云. 管理学 [M]. 北京：清华大学出版社，2010.

[52] 里基 W. 格里芬. 管理学：理论与实践 [M]. 刘伟译. 北京：中国市场出版社，2010.

[53] 罗哲. 管理学 [M]. 北京：电子工业出版社，2010.

[54] 斯蒂芬·罗宾斯，戴维·德森佐. MBA 管理学 [M]. 李自杰，赵众一译. 北京：中国人民大学出版社，2009.

[55] 戴淑芬. 管理学教程 [M]. 北京：北京大学出版社，2009.

[56] 莱斯利 W. 鲁，劳埃德 L. 拜厄斯. 管理学：技能与应用 [M]. 刘松柏译. 北京：北京大学出版社，2006.

[57] 刘俊生. 管理学 [M]. 北京：中国政法大学出版社，2009.

[58] 孙永正. 管理学 [M]. 北京：清华大学，2007.

[59] 方振邦. 管理学基础 [M]. 北京：中国人民大学出版社，2011.

[60] 赵丽芬. 管理理论与实务 [M]. 北京：清华大学出版社，2010.

[61] 罗珉. 管理学 [M]. 北京：机械工业出版社，2008.

[62] 赵伊川. 管理学 [M]. 大连：东北财经大学出版社，2009.

[63] 黄雁芳，宋克勤. 管理学教程案例集 [M]. 上海：上海财经大学出版社，2001.